| 乡村教育振兴丛论 |

雷万鹏／主编

农村小规模学校发展政策研究

张雪艳／著

华中师范大学出版社

新出图证(鄂)字 10 号
图书在版编目(CIP)数据

农村小规模学校发展政策研究/张雪艳著. —武汉:华中师范大学出版社,2023.6
(乡村教育振兴丛论/雷万鹏主编)
ISBN 978-7-5769-0144-3

Ⅰ.①农… Ⅱ.①张… Ⅲ.①农村学校—学校管理—研究—中国 Ⅳ.①G725

中国国家版本馆 CIP 数据核字(2023)第 095126 号

农村小规模学校发展政策研究

责任编辑:曾 艳　　责任校对:骆 宏
编 辑 室:学术出版中心　　电话:027-67863280/7792
出版发行:华中师范大学出版社有限责任公司　　封面设计:罗明波
社址:湖北省武汉市洪山区珞喻路 152 号　　邮编:430079
电话:027-67863426(发行部)　　传真:027-67863291
网址:http://press.ccnu.edu.cn　　电子邮箱:press@mail.ccnu.edu.cn
印刷:湖北新华印务有限公司　　督印:刘 敏
字数:384 千字
开本:710mm×1000mm 1/16　　印张:24.25
版次:2023 年 7 月第 1 版　　印次:2023 年 7 月第 1 次印刷
定价:133.00 元

欢迎上网查询、购书

总　序

乡村要振兴，教育必先行。乡村教育是全面推进义务教育优质均衡发展和乡村振兴的重要基石，乡村教育高质量发展也是促进社会流动、推动新型城镇化发展、加快中国式现代化发展的重要力量。改革开放以来，乡村教育在经费投入、办学条件、师资队伍建设等方面有了巨大改变，乡村教育发展取得了显著成就。与此同时，随着城镇化快速发展和人口流动，乡村留守儿童关爱服务体系虚化、乡村小规模学校发展边缘化、城乡教师流动浅层化、乡村儿童家庭教育弱化、乡村家校社协同育人体系碎片化等问题集中显现。补齐乡村教育发展短板、推进城乡教育一体化发展、以人的现代化促进经济社会现代化是新时代的重大战略议题。

乡村振兴背景下农村小规模学校发展现状如何？家庭环境对城乡学生的人力资本投资产生何种影响？如何制定科学的学校布局调整政策以顺应人口流动与城镇化发展需求？城乡一体化发展进程中政府教育支出偏好与行为怎样？乡村教师流动与城乡义务教育优质均衡发展的关系如何？回答上述问题，需要在科学理论的指导下，扎根中国大地进行持续的实证研究。“乡村教育振兴丛论”运用教育学、经济学、社会学和人类学等多学科分析范式对上述问题进行了深入的实证研究。“丛论”聚焦乡村教育发展的难点焦点问题，从乡村儿童发展、教师队伍建设、家庭教育能力提升、区域教育治理等视角探讨了乡村教育发展政策选择与制度创新。研究成果有助于人们深刻反思乡村教育的定位、功能、困境与出路，有助于人们深度理解制约乡村教育发展的体制机制问题，有助于探索乡村教育发展的内生动力与发展动能。

“乡村教育振兴丛论”获2022年国家社会科学基金重大项目和国家出版基金项目资助。“丛论”共有6卷，具体包括：《城镇化进程中的教育变迁》从整体上探讨了城镇化进程中义务教育学校布局、随迁子女教育与发展、留守儿童教育与发展、教师发展政策等；《地方政府教育支出行为研究》利用宏观统计数据和微观调查数据，从财政分权理论和政府行为理论出发，对地方政府教育支出行为进行了实证研究；《农村小规模学校发展政策研究》运用量化与质化相结合的方法，从学校财政、教师发展、学校内外部关系等角度深入探讨了农村小规模学校的生存与发展问题；《教师“县管校聘”政策执行研究——以教育均衡发展为视角》基于S市10个县（市、区）的实证调查，从政策执行环境、执行行为与执行结果三个维度对S市“县管校聘”政策执行进行了较为全面的探讨与研究；《教师特质与学生非认知能力发展研究》从学生非认知能力发展的角度探讨了教师特质问题，实证回答了有效促进学生非认知能力发展的教师应具备的特质以及城乡教师表现出的特质差异；《家庭环境与儿童非认知能力发展研究——以城镇化进程为背景》基于家庭教育调查数据，从学习适应性、意志力和情绪稳定性三方面着手，探讨了家庭环境影响城乡儿童非认知能力发展的过程机制。“丛论”作者除了笔者，其他如张雪艳博士、钱佳博士、黄旭中博士、王浩文博士、向蓉博士，都是我指导的博士生，关心关爱乡村儿童、扎根田野研究乡村教育、坚持实证研究范式是华中师范大学乡村教育研究团队秉持的基本理念和价值观念。

乡村教育是乡村建设和乡村治理的关键，高质量教育发展有助于强化人力资本投资，阻断贫困代际传递，促进乡村人口社会流动。在全面实施乡村振兴战略、迈向共同富裕的新征程中，乡村教育大有可为。伴随着脱贫攻坚战的伟大胜利、义务教育基本均衡发展目标的实现，当前乡村教育的实践样态、政策支持以及社会环境发生了较大转变，一系列新问题正在制约着乡村教育的高质量发展。快速城镇化与大规模人口流动催生了乡土中国向城乡中国的转变，但城市与乡村不是分割的两极，而是涵盖乡村、乡镇、县城、中小城市、大城市、特大城市的多样形态，是梯度发展的空间连续体与内在关联的社会有机体。在乡村振兴时代，乡村教育、县镇教育和城市教育各有其不可替代的功能，唯有推动城乡教育协调发展、包容性发展和共同发展才是中国教育现代化的必然选择。

华中师范大学乡村教育研究团队将在“丛论”的基础上，以研究阐释党的十九届六中全会和党的二十大精神及国家社科基金重大项目“推进义务教育均衡发展和城乡一体化研究”为牵引，围绕乡村教育振兴面临的重大战略问题展开持续研究。乡村教育发展应秉持何种价值定位？乡土文化如何融入乡村教育？如何构建需求导向的义务教育财政保障机制，确保农村小规模学校经费配置充足、高效率和公平？如何规避乡村教育信息化发展中的“技术决定论”问题，充分发挥信息技术服务乡村教育的作用？如何加强乡村教师队伍建设，让优秀教师“下得去”“留得住”“教得好”？如何保障留守儿童、随迁子女等弱势群体享有公平而有质量的教育？如何发挥职业教育在服务乡村振兴、共同富裕战略中的作用？如何为乡村处境不利家庭提供更有效的社会支持？如何从城乡“二元对立”走向“互融共生”“美美与共”，实现城乡教育一体化发展？这些问题都是乡村振兴时代乡村教育发展的核心议题，也是本团队持续跟踪研究的重要方向。我们将在乡村教育研究之路上永不懈怠，勤勉努力，再攀高峰！

雷万鹏

2023 年 3 月 20 日

目　　录

导　论

第一节　研究缘起

教育是人类发展和社会进步不可或缺的基石，特别是基础教育，对实现人力资本提升、经济的可持续发展至关重要。从20世纪80年代起，中国用不到三十年的时间实现了九年义务教育全面普及，义务教育发展进入质量提升的新阶段。在城乡一体化发展、构建和谐社会的今天，农村教育成为新时期教育发展的焦点。切实推进城乡区域间义务教育均衡发展成为义务教育发展的重中之重，社会公平和教育公平受到空前的关注。

城镇化加速推进过程中，农村人口大量流向城镇，人口结构的改变不可避免地影响着农村社会的政治、经济、文化、教育发展格局。农村学校学生规模连年下降，调整学校布局、缩减学校数量成为不可避免的趋势。自2000年起，农村学校数量快速减少，小规模学校成为被撤并的主要对象。关注农村小规模学校的生存状态，认识其发展的多元价值，探寻促进农村小规模学校发展之路，成为我国基础教育改革和发展中重要的战略议题。

一、城镇化发展影响农村教育发展

城镇化是指第二、三产业在城镇聚集，农村人口不断向非农产业和城镇转移，使城镇数量增加、规模扩大，城镇生产方式和生活方式向农村扩散、城镇物质文明和精神文明向农村普及的经济、社会发展过程[①]。在我国，城乡二元结构长期存在，农村社会的教育、文化、卫生、社会保障等方面明显落后于城市，统筹城乡发展、实施城镇化战略成为从根本上改变城乡二元结构的必然选择。

（一）城镇化快速推进

改革开放以来，我国城镇化进程快速推进，中国的常住人口城镇化率从 1978 年的 17.9% 提高到 2021 年的 64.72%[②]，目前仍然处于城镇化的较快发展阶段。农村进城务工人员规模及增速也持续上升，《2021 年农民工监测调查报告》显示，当年农民工总量达 29 251 万人。农村人口大量流出不仅促进了我国经济持续、快速增长，也带来了农村社会广泛的变化，农村的经济、政治、文化、社会、生态等都烙上了鲜明的城镇化印记。在打工经济的带动下，农民收入大幅提升，农民生活条件得到改善，2021 年农民全年人均纯收入为 18 931 元，较上年实际增长 9.7%。随着农村人口的急速流出，农村公共设施的需求总量逐渐降低，公共交通系统的拓展推动了公共服务供给格局由分散向相对集中转变，医院、学校、商品交易中心等公共设施离村进镇，公共资源在中心地带和边缘地带的分布差距更加明显。

城镇化必须重视农业现代化和农村的建设。农村是城镇化发展的强大后盾与力量源泉，城镇化发展只有把农村建设纳入发展体系才可能实现其终极目标。城镇化的快速发展不能以牺牲农村的发展为代价，而应该对农村产生深刻而积极的影响。从国际经验看，在城镇化进程中延续农村对城市的支持，实施积极的农村发展政策，不仅有利于经济的可持续发展，还是巩固社会团结的有效手段。

---

① 简新华，黄锟.中国城镇化水平和速度的实证分析与前景预测[J].经济研究，2010(3)：28-39.

② 国家统计局.中华人民共和国 2021 年国民经济和社会发展统计公报[EB/OL].(2022-02-28)[2022-08-28].http：www.stats.gov.cn/xxgk/sjfb/zxfb2020/202202/t20220228_1827971.html.

（二）农村学校生源持续减少

人是学校教育形成与发展的前提条件，人口的密度决定着学校教育的规模；人口出生的高峰与低谷影响到学校不同时期的学额与班级的调整；人口的迁移影响到学校的拆、迁、建、并[①]。近年来，我国农村儿童总量逐年下降。由于计划生育政策的施行，人口出生率逐年下降，1978 年我国的人口出生率为 18.25‰，到 2011 年降至 11.93‰，2020 年则降到了 7.52‰。同步地，14 周岁及以下人口规模和比重也随之减小，1982 年第三次人口普查数据显示，0~14 岁人口规模为 3.37 亿人，占总人口比例 33.45%；2010 年第六次人口普查数据中，0~14 岁人口有 2.22 亿人，占总人口比例 16.6%，两相比较，规模减少了 1.15 亿，所占比例下降一半；至 2020 年第七次人口普查，0~14 岁人口占总人口比例17.95%，有少量增加。农村人口流动规模持续增加，农村儿童随父母进城接受教育的数量持续增加。据人民大学人口所对第六次全国人口普查数据的推算，全国 14 周岁及以下流动儿童的规模已达到 2 749 万人，较 2005 年增长将近 50%，其中绝大多数为从农村流向城市的随迁人口子女。对中国统计年鉴年度数据的整理发现，2016 年至 2020 年间义务教育阶段在校生数中流动儿童数量持续增加，而留守儿童数量从 2017 年的 15 505 603 人减少至 2020 年的 14 297 334，年增速保持在-6%左右。儿童出生率的下降与农村生源的净流出总量持续增加对农村学校在校生数量同步施加影响。据教育部网站公布的数据，2010 年农村义务教育学校在校生数量为 7 134.7 万人，相比 2000 年的 11 932.2 万人减少了 4 797.5 万人，减幅达 40.2%。在校生数的下降引起农村学校数量的减少。以 2000 年—2010 年间农村义务教育学校数量的变动情况为例，如图 0-1 所示，农村学校数量直线下降趋势明显，初中减幅达 45.8%，小学为 52.1%，而教学点减幅最大，达 58.5%。总的看来，学校数量的减幅大于学生数量的减幅。

① 王道俊，郭文安.教育学[M].北京：人民教育出版社，2009：56.

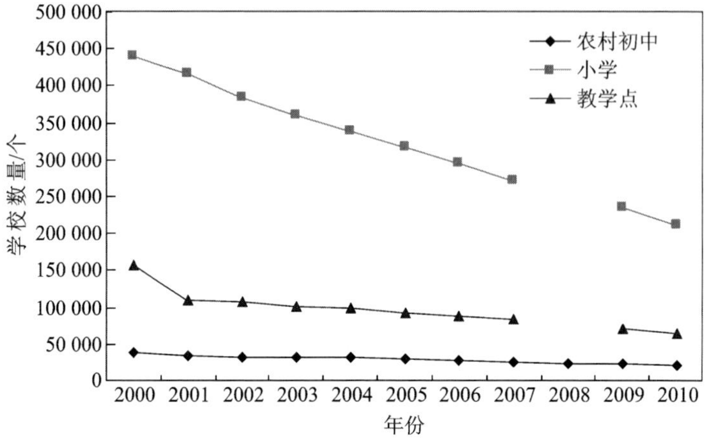

图 0-1　农村义务教育学校数量变化（2000—2010 年）

数据来源:教育部网站公布的“教育统计数据”(2000—2010 年),见 http://www.moe.edu.cn/publicfiles/business/htm files/moe/s6200/list.html(由于教学点被单独统计,将初中、小学、教学点的数据分别列出作一比较)。

注:2008 年小学和教学点数据缺失,导致小学和教学点数量变化曲线出现断点。

在农村劳动力由乡向城转移的过程中，出现了大量的留守儿童。根据教育部《2009 年全国教育事业发展简明统计分析》提供的数据，2009 年农村义务教育学校在校生数 12 682.3 万人，其中留守儿童 2 224.2 万人，所占比例达到 17.5%。大量的留守儿童由他们的祖辈监护，儿童监护质量得不到保障。伴随着农村生源总量的减少以及城镇寄宿制学校对农村留守儿童的大规模吸纳，分布在相对偏远地带的村级学校，呈现出凋敝的景象：学校越来越小，班级人数越来越少，完全小学逐渐变成不完全小学、教学点，越来越多的学校在消失。乡村振兴战略的实施，把公共服务均等化作为一个重要目标，为农村儿童提供均等的义务教育服务，是乡村学校义不容辞的责任。在城镇化快速发展，农村生源逐渐减少的大趋势下，农村学校形态的改变，需要进行合理的学校布局调整以回应经济社会和人口变动的需要。

二、农村学校布局调整是教育发展的必然要求

学校布局就是在哪里设立学校的问题，但学校设在何处又是涉及学生、教师、教育管理者以及社区居民利益的大事，因此对学校布点进行调整，本质上是利益调整，不仅是学校地理位置的变更，更是教育资源和文化资源的再分配。布局调整是一个动态长期的过程，既外显为学校的分散或集中、撤并或新建，又内化为与社区的融合与隔离、学校文化的变革等。长期来看，学校布局并非一次调整就恒固不变了，学校外部环境的变动必将引起新的调整需求。在城镇化进程中，农村学校布局调整一定程度上适应了农村社会结构的变迁。

（一）财政体制和教育管理体制变革对农村学校布局的影响

几十年间，我国农村基础教育格局发生过多次变化，从“乡办高中、村办初中、小学就在家门口”逐渐演变为“县办高中、乡办初中、村办小学”，近年来则表现为“初中向县城集中、小学向乡镇集中”。生源减少是影响学校布局变化的最直接、最关键、最根本的因素[①]，而每一次财政体制改革引起的财权、事权的重新分配必将引发基础教育管理体制变革，这成为影响学校布局调整最重要的制度诱因。

改革开放以来我国的财政体制经历了两次转型，基础教育管理体制也发生过两次改革。图 0-2 显示了两个领域内的制度变革时间。

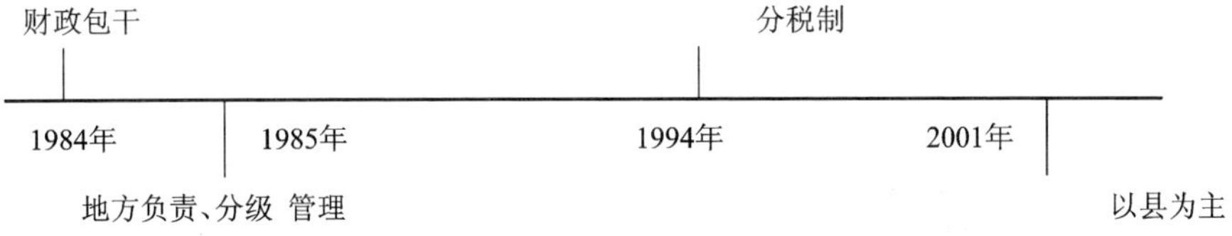

图 0-2　改革开放以来财政体制和教育体制的重要变革点

1980 年起我国开始进行“划分收支，分级包干”的“分灶吃饭”

① 雷万鹏.义务教育学校布局：影响因素与政策选择[J].华中师范大学学报(人文社会科学版)，2010(9)：155-160.

财政体制改革，1984 年正式确立以“利改税”为前提实行“划分税种，核定收支，分级包干”的财政体制，形成“弱干强枝”型财政收入格局，即地方财力和财政自主支配权增强，中央财政能力相对减弱，中央财政占全国财政收入的比重从 1984 年的 41.5% 降到 1993 年的 22%[①]；地方政府有能力承担起主要的基础教育投入责任。为适应这一财政管理格局，1985 年《中共中央关于教育体制改革的决定》提出建立“地方负责、分级管理”基础教育管理体制，县、乡、村三级办学，县、乡成为教育财政与人事管理的主体。由于具备了一定的财政能力，基层办学热情被激发，义务教育投入有了显著增长。在此后十余年里，办学主体重心在基层政府，普及九年义务教育成为地方政府重要政治目标，提供充足入学机会和保障儿童“就近入学”成为农村学校布局的基本原则。在此背景下，“村村办学”模式凸显。

1994 年我国分税制改革正式实施，财政收入能力大幅提高，在 1994—2007 年间平均每年增加 3 354 亿元。但由于税基大、税额稳定的税种上划，财政收入迅速向县以上政府特别是中央政府聚集，而原有事权格局保持不变，财力最弱的乡镇政府承担最沉重的义务教育投入责任。财权、事权不对等的格局中，“人民教育人民办”缺乏足够财力支持的弊端逐渐显现。2000 年 3 月启动的农村税费改革取消了农村教育费附加，农村教育倚重于乡、县级政府微薄的教育财政投入，教育经费紧张问题空前严重，义务教育管理体制亟须变革。

2001 年，我国宣布基本普及九年义务教育和基本扫除青壮年文盲。为适应新的基础教育发展要求，并扭转“人民教育人民无力办”的局面，国务院在 2001 年 5 月颁布了《关于基础教育改革与发展的决定》（下称《决定》），正式确立“在国务院领导下，由地方政府负责、分级管理、以县为主”的农村义务教育管理体制，义务教育管理重心上移，同时中央也提出了“因地制宜调整农村义务教育学校布局”的改革诉求。分税制体制下，地方财政收入大幅减少，导致 1994—2001 年间县、

① 项怀诚.改革是共和国财政 60 年的主线：上[J].读书，2009(9)：3-15.

乡政府特别是乡级政府以最薄弱的财力承担最沉重的义务教育发展责任，乱收费、拖欠教师工资等众多问题迅速涌现。《决定》提出的农村学校布局调整措施成为释放这一重压的最佳途径。缩减学校、节约开支的地方诉求在中央政府的布局调整号召之下，迅速变成单纯地追求规模效益的撤点并校。

（二）学校布局调整政策中农村小规模学校的地位变化

自2001年新一轮学校布局调整开始，布局调整政策对农村小规模学校的态度发生了几次较为明显的转变。2001年至2005年，中央政策更加强调撤并小规模学校的合理性，可称为“以撤并小规模学校导向为主”的阶段；自2006年以后更加强调布局调整要遵循“实事求是、稳步推进、方便入学”的原则，进入“以适度保留、建设小规模学校导向为主”的阶段。2012年9月《国务院办公厅关于规范农村义务教育学校布局调整的意见》的发布，标志着政策开始保护农村小规模学校并提出“办好村小学和教学点”。表0-1呈现出政策的态度变化。

表0-1 2001年至2018年间中央政府农村学校布局调整政策中对小规模学校的态度

文件名称	时间	文件主要精神	态度
1.关于报送中小学布局调整规划的通知	2001.3	打破村村办学的“小而全”的办学方式……撤并一些村小学和教学点。	以撤并导向为主
2.国务院关于基础教育改革与发展的决定	2001.5	农村小学和教学点要在方便就近入学的前提下适当合并，在交通不便的地区仍需保留必要的教学点。	
3.财政部关于中小学布局调整专项资金管理办法	2003.6	撤并规模小、办学条件差的学校和教学点，扩大办学规模。	
4.教育部关于进一步推进义务教育均衡发展的若干意见	2005.5	在新建、扩建和改建学校时，适当调整和撤销一批生源不足、办学条件差、教育质量低的薄弱学校。	

续表

文件名称	时间	文件主要精神	态度
5.教育部办公厅关于切实解决农村边远山区交通不便地区中小学生上学远问题有关事项的通知	2006.6	对于低学龄儿童上学道路偏远、交通不便的，要保留、改建一批小学或教学点……要采取合校分班、走教送教和普及推广教学光盘等方法，为低年级学生创造学习条件。	以适度保留、建设导向为主
6.教育部关于实事求是地做好农村中小学布局调整工作的通知	2006.6	农村小学和教学点的调整要在保证学生就近入学的前提下进行，在交通不便的地区仍须保留必要的小学和教学点。	
7.教育部关于当前加强中小学管理规范办学行为的指导意见	2009.4	从实际出发、方便入学，避免"一刀切"。根据学龄人口变化，合理布局农村义务教育阶段学校，因地制宜地科学配置教育资源，撤点并校要十分慎重。	
8.中共中央、国务院关于加大统筹城乡发展力度、进一步夯实农业农村发展基础的若干意见	2010.1	农村学校布局要符合实际，方便学生上学，保证学生安全。	
9.教育部关于贯彻科学发展观进一步推进义务教育均衡发展的意见	2010.1	对条件尚不成熟的农村地区，要暂缓实施布局调整，自然环境不利的地区小学低年级原则上暂不撤并。	
10.国家中长期教育改革和发展规划纲要(2010—2020)	2010.7	合理规划学校布局，办好必要的教学点，方便学生就近入学。	
11.国务院办公厅关于规范农村义务教育学校布局调整的意见	2012.9	人口相对集中的村寨要设置村小学或教学点，人口稀少、地处偏远、交通不便的地方应保留或设置教学点；已经撤并的学校或教学点，确有必要的予以恢复。提高村小学和教学点的生均公用经费标准，为村小学和教学点配置数字化优质课程教学资源……提高村小学和教学点教学质量。	以保留建设、扶持发展为主

续表

文件名称	时间	文件主要精神	态度
12.国务院办公厅关于全面加强乡村小规模学校和乡镇寄宿制学校建设的指导意见	2018.5	学校布局更加合理,办学条件达到所在省份确定的基本办学标准,经费投入与使用制度更加健全,教育教学管理制度更加完善……为乡村学生提供公平而有质量的教育。	

2001 年《决定》确定的农村义务教育学校布局基本原则是“小学就近入学、初中相对集中、优化教育资源配置”，由县级政府主要负责布局调整工作。随后，国务院、教育部对布局调整的原则、指导方针、经费保障和调整方式作出进一步要求，农村中小学布局调整工作快速推进。在撤点并校工作中，规模小、条件差、质量低的薄弱学校成为被调整的主要对象。随着义务教育均衡发展被提上重要的工作日程，布局调整成为缩小城乡差距的重要手段。2005 年《教育部关于进一步推进义务教育均衡发展的若干意见》要求，“适当调整和撤销一批生源不足、办学条件差、教育质量低的薄弱学校”，撤点并校、消除薄弱学校依然是布局调整的主要目标。

2006 年 3 月国家第十一个五年规划纲要出台，“加快发展农村义务教育”成为建设社会主义新农村的重要措施，国家发展也更加关注民生问题。2007 年党的十七大报告中明确提出“加快推进以改善民生为重点的社会建设”，优先发展教育，办好人民满意的教育，使全体人民学有所教，成为社会建设的一项重点任务。这要求农村学校布局调整政策必须关注民生问题，回应民众需求。在布局调整中，过多、过快地撤并农村学校，尤其是撤并农村小规模学校，引发了诸多教育问题和社会问题。为遏制地方一刀切的撤点并校行为，2006 年 6 月起，教育部多次发文，强调立足本地实际，以人为本，以人民群众的需求为主，并对偏远地区农村小学和教学点的调整做出明确要求，要求各地改变“大撤大并”的过激方式，“方便入学”再次作为布局调整的重要目标被强调。此后，国务院和教育部发布的有关农村学校布局调整文件一直延续这一政策导向。2012 年 9 月国务院办公厅发布的文件已经明确表示，要叫停撤点并校以及要求必要的恢复、建设学校和教学点等布局调整的倾向。

小规模学校进入政策的“保护、建设为主”的跑道之后，2018 年 5 月国务院办公厅发布了一份重磅文件——《国务院办公厅关于全面加强乡村小规模学校和乡镇寄宿制学校建设的指导意见》，这是小规模学校首次以主角身份进入教育政策的舞台。在中央政策对小规模学校“留不留”的问题给出明确表态后，对小规模学校“保生存、促发展”成为政策的关键着力点。国务院办公厅的这份文件从统筹布局规划、改善办学条件、强化师资建设、强化经费保障、提高办学水平等方面对农村小规模学校发展提出了具体明确的要求。如提出“妥善处理撤并问题，撤并原则上只针对生源极少的小规模学校，并应有适当的过渡期，视生源情况再作必要的调整”。“对已经撤并的小规模学校，由于当地生源增加等原因确有必要恢复办学的，要按程序恢复。”再如，强调要适应一些乡村小规模学校教师包班、复式教学需要，加强实践培养；完善育人模式，推进“互联网+教育”发展等。

（三）小规模学校在布局调整中的尴尬境遇

不可否认的是，在小规模学校蹒跚前行、盼来中央政策的倾斜性保护之前，的确度过了一段非常艰难的时光。2001 年前后，在中央政策导向与地方财政约束的共同作用下，地方政府开始大规模撤点并校。在 2005 年以后，中央政策导向发生改变，基础教育财政责任也向上转移，但地方撤并小规模学校的冲动却未得到有效遏制，农村小规模学校在中央和地方的博弈中仍面临消失的危险，处境依然尴尬。“分税制”改革后，中央和省级政府加大了转移支付、专项拨款的力度，以缓解县级财力不足局面，但这一制度设计遭遇到地方配套能力不足的现实约束。2005 年《国务院关于深化农村义务教育经费保障机制改革的通知》发布后，基础教育发展的主要财政责任上升至省级和中央政府，“以县为主”

逐渐地成为“以省为主”，地方政府发展基础教育的财权与事权不对等所产生的财政压力有所缓解。然而，新的教育管理格局中，省级和中央政府运用经费、师资、政绩考核或行政命令等手段控制地方教育，对学校硬件建设、师资结构等可量化指标进行考核与督导评估，这迫使地方政府仍然继续将追求把外显的规模效益作为教育发展的重要目标，撤并小规模学校显然符合这种利益诉求。

在中央与地方对小规模学校定位的错位中，政策导向与具体执行的冲突将小规模学校再次拖入尴尬境地。小规模学校的尴尬处境引发人们对布局调整的目标、原则、方式等更加深刻的思考。比如，布局调整是否意味着消除农村学校，或者消除某一类型的农村学校？已经有研究者指出，通过减少学校并不能实现节约资金、提高教育质量和促进教育均衡发展的布局调整政策原初目标①。如何进行学校布局调整？布局调整方式如何与教育发展阶段相适应、与地方教育发展的实际需求相匹配？仅就学校的撤并而言，哪些学校可以被撤并？学校撤并的决策应如何作出？影响农村小规模学校或教学点撤还是留的因素中哪一个应该被重点考量？保留之后的农村学校能走上可持续发展道路吗？给了扶持政策就能发展好吗？这些的确是实施乡村振兴、为乡村培养人才要回应的基础性问题。

三、农村小规模学校引人关注

农村学校存在类别上的不同，如初中和小学、中心小学和村小，或完小和非完小，它们在地理区域、资源占有方面存在差异。从当前农村学校发展的现实来看，不同规模的学校之间所受待遇存在差异，规模偏小的农村学校主要是那些分布在村落中的学校，如教学点、非完小或初小，以及部分完全小学，在政策层面和实际的教育管理中它们往往受到不公平对待。

---

① 范铭.对农村学校布局调整三个“目的”的反思：以陕西为例[J].北京大学教育评论 2011(4)：178-187.

（一）存还是撤：小规模学校的存在价值持续被讨论

当前我国仍有相当数量的小规模学校存在。以人数偏少的教学点为例，其在农村学校中所占比例足以表明，小规模学校是我国农村学校中不可忽视的重要组成部分。2010 年我国农村教学点与农村小学的比例为 1∶3.2，即平均每 4 所提供小学教育的农村学校中就有 1 所是教学点这样的小规模学校，在西部省份如广西、四川、云南的偏远农村地区，这一比例更高。

小规模学校是否具有存在价值，有什么价值，一直引起学术界、管理者以及小规模学校的关键利益相关者的热烈讨论，其中也夹杂着许多质疑。以 2010 年前后小规模学校引起的强烈关注为例，作为被撤并的主要对象，农村小规模学校当时的境况堪忧。2001 年新一轮学校布局调整令教学点数量大幅下降，从 2000 年的 15.8 万所减至 11.0 万所，减幅达 30.0%。同年，农村初中的减幅为 10.9%，农村小学的减幅为 5.5%。从 2000 年到 2010 年十年间，农村教学点数量的年平均减幅为 5.7%，远远超过农村小学和初中。尽管 2012 年起小规模学校被“一刀切”撤并的情况有所缓解，但如何发展它，如何彰显其存在价值，依然充满未知数。

不同行动者对小规模学校的撤并反响不一。教育行政管理者认为，小规模学校的大量存在浪费了教育资源，不利于教育质量的提高和义务教育均衡发展，成为“当地教育发展的绊脚石”。各地布局调整文件中充斥着提高学校规模的工作目标，如“教学点在校生人数不足 20 人的必须撤并”，“用 3—4 年时间分期撤并生源少、规模小、质量差、办学效益低的完全小学、村办小学、教学点，使完全小学规模达 400 人以上，教学点规模达 100 人左右”。在教育部门看来，撤并学校整合优化了教育资源配置，是实现教育规模效益和教育现代化的必由之路，而将完小降为教学点等不完全小学也成为“布局调整的一种形式”，因为“教学点迟早要被撤并的”。

从大量的新闻报道看，大部分家长和村干部对撤并小规模学校“不理解、不赞同”，被撤并学校的教师们的出路也广受关注。《南方农村报》2010年9月一篇报道称，学校的突击撤并遭遇家长抵制，学生数周不能正常上课，后来学校由村民接管而被保留[①]；而武汉江夏区“百名教师因学校撤并看门养猪当厨师”[②]，引起人们对教师尴尬的身份转变的思考。类似事件在网络、报纸的报道中俯拾皆是，在每年秋季开学时尤为集中。小规模学校撤并的“一刀切”模式，带来学生上学远、成本增加、安全隐患和学校资产纠纷，成为反对者们主要的理由。

对于农村学校，尤其是小规模学校的“撤并”还是“存留”问题，学术界至今仍争论未果。王海英对撤并方和存留方的观点进行梳理认为，“发展规模效益”“提高教育质量”“促进教育均衡发展”是学校撤并倡导者的主要立场；而存留方则认为，学校撤并未必能实现这三个目标，而且损害了学生的身心健康和最弱势群体的利益，同时将导致乡村文化的空缺与衰落、加剧乡村社会的解组[③]。

在中央政策对存留小规模学校明确表态后，小规模学校存在价值被质疑的焦点转移到了其发展不良上。如2015年以来对小规模学校进行的一些调查显示，小规模学校并未走出发展困境，面临着生源不稳定，教师队伍素质不高，经费不足，管理松懈等问题，其教育质量广受诟病。在学界与实践中，不同利益相关者和不同研究者对小规模学校存在价值的争论，充分暴露出当前小规模学校的定位尚缺乏一个清晰全面的判断，也反映出当前对小规模学校生存与发展状态把握不清。小规模学校到底面临什么样的问题与危机？小规模学校之间是否存在差异？它们在当地教育发展和社会变迁中起到重要作用，但却时常处于窘迫境地，这些学校该不该留？该如何发展保留农村小规模学校？对这些问题的思考，有助于我们把握农村教育发展的脉动，有助于推动教育均衡发展，实现公平正义。

---

① 黄栋林.突击撤并、家长抵制、教学中断、村民接管[N].南方农村报,2010-09-15(1).

② “富余”教师新出路看门养猪当厨师[EB/OL].(2010-09-15)[2022-08-25].http://hsb.hsw.cn/2010-09/15/content_7866347.htm.

③ 王海英.农村学校布局调整的方向选择:兼谈农村学校的“撤并”之争[J].东北师大学报(哲学社会科学版),2010(5):19-22.

(二)国际比较：小规模学校的差异应该被充分尊重

小规模学校并非中国独有，直到21世纪初，全世界仍有相当比例（约30%）的学校为不到三个班的小规模学校，小规模学校在发达国家与发展中国家都广泛存在。在韩国，小规模学校占农村学校的35.5%；在美国2002—2003学年农村学生中超过45%的就读于小规模学校；在英格兰，有2 600多所小规模小学，其中约600所不足50名学生。2005年印度约78%的小学只有不到3名教师，55%的学校里学生不足100人[①]；根据秘鲁1998年的官方数据，有89.2%的农村小学采用复式教学，37.4%的为一师校；在斯里兰卡有12%的初等学校（1 252所）里教师不超过4名[②]。

处于不同教育发展阶段的国家，对小规模学校的定位也有差异，但许多国家更重视而非忽视小规模学校。在美国、韩国和日本等发达国家，小规模学校在城市和农村都经历过大量合并，但随着小规模学校减少后教育问题、社会问题的出现，教育决策者和研究者再次关注起小规模学校的独特作用。比如在美国百余年的学校合并历程中，小规模学校经历了“小是自然生成的”→“小是低效的”→“小是不可取代的”→“小的就是好的”等变化历程。当小规模学校被认为效率偏低、“小的就是差的”时，小规模学校大量被撤并。据统计，1927年美国一师校占该年公立学校的比例接近60%，约有15万所，到1999年，仅余留400所[③]。然而，学区和学校规模变大后，日益暴露出管理、安全、运转成本、儿童学业等问题，“规模较大的学校效益更佳”的论断开始被质疑。芝加哥市遂于1992年发起“小规模学校运动”，随即在全美国铺开，这一运动主要在城市进行。20余年间，小规模学校已实现“优质、高效、稳健、安全”的成功蜕变，“小而优”成为美国各界对小规模学校的主流

① BLUM N，DIWAN R.Small Multigrade Schools and Increasing Access to Primary Education in India [J].Create Research Monograph，2007(10).

② HARGREAVES E. Multigrade Teaching in Peru，Sri Lanka and Vietnam：An Overview [J]. International Journal of Educational Development，2001(21).

③ BERRY C，WEST M.Growing Pains：The School Consolidation Movement and Student Outcomes[J]. Comparative Education Review，1991，35(1).

判断。在韩国，农村生源减少后，约有三分之一的农村学校因在校生数量低于一定标准而被撤并。与众多农村学校的消失同步出现的是乡村凋敝问题，韩国政府已认识到小规模学校对乡村建设的重要作用，已开始把发展农村小规模学校作为推进“新村运动”的重要措施。对于处在义务教育普及阶段的众多发展中国家，小规模学校保障入学机会的作用被各国政府所重视。在印度，规定 300 人以上居住区的 1 公里以内必须设立学校，每个自然村都有一所学校，从 20 世纪 90 年代开始小规模学校大量增加；印度政府还在国际组织援助下通过“黑板计划”等全国性项目保障小规模学校的生存。

全世界范围内，小规模学校在不同国家以及同一国家内不同的教育发展阶段所受对待存在差异，但小规模学校在许多国家都经历过被撤并的命运。从小规模学校发展的国际轨迹可以看出：小规模学校自然兴起在人口密度较小地区；由于能提供便利的入学机会，政府在普及义务教育时大量开设小规模学校；当教育发展目标更强调优质的教育质量时，相对集中地办学、撤并小规模学校成为较为普遍的做法；同时，人口出生率下降，城市化进程中人口流动加速，政府和民众对资源利用效率的关注，以及重城市轻农村的政策导向，都会引发小规模学校被关闭。但过度追求大规模的办学方式，则会出现学校管理效率降低、运行成本高、教育不公平等问题，小规模学校便会重新受青睐。国外的小规模学校从“因被认为差而遭撤并”到“资源倾斜性配置、大力扶持”进而表现杰出、彰显特殊吸引力，由“小而差”向“小而优”的转变，充分证明了小规模学校具有强大的发展潜力。尽管他国经验我们不能完全照搬，但我国的教育政策也应尽可能地提供小规模学校发展的空间，教育实践者也应对小规模学校的发展抱持足够的信心。

“办好每一所学校，教好每一个学生”，是城乡义务教育均衡发展的应有之义。那么，每一所现存的学校都应该被办好，包括农村小规模学校；每一位学生都应该被教好，即便他们处在偏远的农村小规模学校。促进城乡义务教育均衡发展，不仅是培养人才、提高人力资源质量的重要举措，也是实现社会稳定和经济可持续发展的战略重点。

第二节 小规模学校发展政策研究的理论基础

关于小规模学校的研究文献非常丰富。现有研究大都围绕小规模学校师资、财政、社区关系以及学校的规模效益、优劣势、价值等议题展开。本节在对已有研究简要回顾的基础上，探讨开放系统理论和学校发展的关系。

一、小规模学校的要素研究

（一）小规模学校的界定标准

国内外学者对小规模学校的认定标准并未达成一致。尽管教学点作为小规模学校的代表进入国内学者的研究视域，但“何为教学点”并未获得清晰界定。官方文件中认为教学点是“为方便学龄儿童就近入学，在小学校本部以外设置的教学单位（含巡回点和下伸点）”[①]，强调其附属性；而学术界则强调建制、地理环境、教学等特征，如有人认为教学点是普遍存在于农村山区的小建制简易办学单元[②]，有人则认为教学点专指对不同年级的孩子实施复式教学的一师一校[③]，还有人认为教学点是那些“地处偏远、规模小、教学形式灵活、办学条件差、隶属中心校管理”的农村学校[④]。可见，对“何为教学点”人们目前还缺乏一致看法。

国际视域的小规模学校标准和含义也各不相同，学生数、教师数、班级数以及学校面积都被用来界定小规模学校。如有学者认为印度小规

① 教育统计指标解释[EB/OL].(2010-11-15)[2022-8-25]. http://www.ahjytj.gov.cn/show20101115.asp?1077.

② 漆茂喜.对教学点管理工作的几点思考[J].甘肃教育,2010(16):10-11.

③ 邬志辉.中国农村学校布局调整标准问题探讨[J].东北师大学报(哲学社会科学版),2010(5):140-149.

④ 赵丹.农村教学点问题研究[D].武汉:华中师范大学,2008.

模学校指学生不足100人、教师不足3人以及两间及以下常规教室的学校[①]。以学生规模标准看，各国的官方要求也不同。我国浙江省教育厅曾将6个班建制以下的学校归为小规模学校；印度使用25人、50人、100人作为三类小规模学校的临界点；芬兰以50人、韩国以60人、瑞典以100人为最低标准；英格兰则以不足100人作为小规模学校标准，50人以下为超小学校。学生规模标准近年来在不断变化，韩国在1982—2005年间判断小规模学校的标准由不足180人降至不足100人，最新标准为不足60人；而在美国，20世纪上半期小规模学校指一师一室和注册学生人数在50人以下的学校，随后柯南特于1959年提出的"毕业班人数在100人以下"标准被普遍使用，近年来对城市小规模学校的研究则多采用"小学300人以下、中学600人以下"的标准。学术界对小规模学校的界定标准包括了复式教学特征，在日本复式小学等于小规模学校，这类学校学生人数少，均含复式班；在韩国，小规模学校指因学校适龄学生数量过少而把2~3个年级编制成一个班级进行复式教学的学校[②]。这一标准的不足在于，复式教学与学校规模小并不完全对应，在教师短缺的较大规模学校也常采用复式教学形式。

学术界对小规模学校的判定标准远未形成共识。威廉姆斯回顾了30个有关学校规模的研究后指出，在小规模学校和大规模学校的区分界线上没有明确的共识[③]。正如Howley所言，学校规模大小在研究中应作为一个连续变量而非类别变量，小规模学校的界定不能依赖某一特定的在校生数量或其范围，在校生数可能在20~1 000人不等，称其为较小规模学校更为合适[④]；Robert Blum也认为，对于学校规模的争论都是无谓

① BLUM N, DIWAN R. Small Multigrade Schools and Increasing Access to Primary[J]. Education in India: Create Research Monograph, 2007(10).

② 崔东植，邬志辉. 韩国农村小规模学校合并政策评析[J]. 教育发展研究，2010(10)：58-63.

③ WILLIAM S, DAVANT T. The Dimensions of Education: Recent Research on School Size (working paper series)[J]. The Strom Thurmond, 1990(12).

④ HOWLEY C. Small by Design: Critiquing The Urban Salvation of "Small Schools"[C]. The Annual Meeting of the International Society for Educational Planning, 2004(10).

的，重要的是“学生推开教室大门之后会进入一个怎样的学习环境”①；研究者在小规模学校的标准问题上较为一致的看法是，并不存在一个绝对的标准，规模大小所产生的影响有限。

（二）小规模学校资源要素研究

对小规模学校内部要素的研究主要从资源、结构、关系等方面进行，其中以对小规模学校资源及资源利用的关注为多。资源制约的问题在不同的国家都存在，但严重程度和表现方式不同。比如在印度，一室学校和无校舍学校还占一定比例，我国则于20世纪90年代已基本实现办学条件的“一无两有”，即无危房、有教室、有桌椅。在教师总量严重不足的国家，招募非专业人员任教于小规模学校为各国（包括我国）政府所积极倡导；也有一些国家，未获专业资格认证者不得任教。

1. 小规模学校师资问题研究

师资对于小规模学校的重要性，已得到大多数研究者的认同。学校小，教师少，教师通常要身兼数职，比如任教多个年级多门科目、代表学校参与社区活动、与关闭学校作斗争等，单个教师的表现都对学校的形象和发展起关键作用，学校的重要性常等同于教师的价值②；同时，学生面对同一个教师的时间要更长，有时持续整个小学或中学阶段，一个不称职的教师对学生的有害影响就更加突出，但这仅在教育资源不足、教师态度消极或教学能力低下时才出现③。整体上看，大部分国家的农村小规模学校面临师资质量不高和数量短缺的突出问题，比如高一级学历和特殊学科的教师比例和仅任教本专业课程的教师比例都比较低④；

---

① 谭春芳，徐湘荷．大就好吗：美国小规模中小学校（学区）合并问题研究［J］．外国中小学教育．2009(2)：19-22.

② ESKO K, JANNE P. Small Rural Primary Schools in Finland: A Pedagogically Valuable Part of the School Network[J]. International Journal of Educational Research, 2009(48): 109-116.

③ HOPKINS D, ELLIS P D. The Effective Small Primary School: Some Significant Factors[J]. School Organisation, 1991, 11(1).

④ SLATE J, JONES C. Effects of School Size: A Review of the Literature with Recommendation[J]. Essays in Education, 2005(3).

而数量短缺的问题更为普遍。

教师数量短缺、质量偏弱的问题普遍存在。在我国，小规模学校教师数量不足、骨干教师缺乏，班师比远高于国家平均水平，小规模学校教师工作负担重，学习工作和生活条件极端简陋[①]，教师老龄化、结构性缺编问题突出[②]；教师以初中毕业、在学校布局调整中没能成功进入（或留任）中心小学的40多岁的本村男子为主体，90%有过代课教师或民办教师经历，他们学历起点低、接受专业培训机会少、缺乏比较意识、竞争压力小，尤其是缺少骨干教师的帮扶提携，职业发展也比较缓慢[③]。

在印度，小学教师数量短缺是长期累积的全国性问题，在小规模学校更甚。印度全国18%的学校为一师校，59%的学校仅有2~3名教师负责5个年级教学，全国有1.6%的学校连一个稳定教师都没有，而女教师短缺尤为严重；教师水平参差不齐，质量难以得到保障。同时，小规模小学教师的待遇差、不受尊重、职前职后培训缺乏，专业发展空间极为有限[④]。

已有大量研究显示，美国、英国、韩国和日本等国的农村小规模学校也同样因地处偏僻、交通不便、工作条件差很难吸引高质量教师，复式教学、多重角色以及教育教学设备陈旧匮乏等增加了教师工作压力[⑤]。

也有研究认为，仅考虑教师间的人际关系和工作氛围，小规模学校能让教师获得更多积极的工作体验。在小规模学校，没有指手画脚的同事和作为密切监视者的上级，师生关系、同事关系融洽；教师责任感和工作满意度更高，对工作也更加投入。由于校内竞争较弱，教学安排灵活、更易因材施教；小规模学校被认为更适合新手教师在此开始他们的

---

① 孙来勤，秦玉友．“后普九”时代农村小学教学点边缘化境遇和发展思路［J］．当代教育科学2010（8）：36．

② 杨润勇．中部地区农村义务教育阶段办学面临的突出问题研究［J］．当代教育科学 2009（3）：16-19．

③ 吕国光．中西部农村小学布局调整及教学点师资调查［J］．教育与经济，2008（3）：19-22．

④ BLUM N，DIWAN R．Small Multigrade Schools and Increasing Access to Primary Education in India［J］．Create Research Monograph，2007（10）．

⑤ 孙雪荧．美国农村教师培养计划研究［D］．长春：东北师范大学，2010．

职业生涯[①]。

2. 小规模学校财政问题研究

已有研究显示，小规模学校经费表现出总量短缺[②]和生均成本较高的特点，包括教师薪酬、建筑物维修等固定经费支出的生均水平较高且占支出总量的比重大[③]。在我国，新机制实施后，按学生数量下拨的公用经费成为小规模学校主要的收入来源。由于小规模学校许多支出项目不能随着学生数量的减少而减少[④]，小规模学校资金需求难以得到满足，教师工资待遇低，办学条件差[⑤]。

教育经费管理制度也经常被认为是造成小规模学校经费短缺的重要原因。新机制实施后，小规模学校的资金划拨被纳入中心学校管理，其基本支出和项目支出经费由中心学校统一分配和管理，中心学校对小规模学校在经费拨付上表现出分配性歧视[⑥]，不愿意将经费投到小规模学校身上，很少对小规模学校有额外的拨款。在学校合并运动中，部分地方政府采取了不合理的政策。如在美国部分州，学校规模越大获得拨款越多，政府倾向于新建而非维修旧的学校建筑，以财政手段诱导鼓励学校合并，这些政策都加剧了小规模学校经费短缺状况[⑦]。

（三）小规模学校的外部公共关系研究

学校的公共关系（public relationship）可以被定义为“一个教育组

---

① ESKO K,JANNE P.Small Rural Primary Schools in Finland: A Pedagogically Valuable Part of the School Network[J].International Journal of Educational Research,2009(48):109-116.

② 范先佐,郭清扬,赵丹.义务教育均衡发展农村教学点的建设[J].教育研究,2011,32(9):34-40.

③ Lewin K M.Costs and Finance of Multigrade Strategies for Learning: How do the Books Balance?[M]//Education for All and Multigrade Teaching : Challenges and Opportunities.Dordrecht: Springer, 2006: 257-258.

④ 孙来勤,秦玉友.“后普九”时代农村小学教学点边缘化境遇和发展思路[J].当代教育科学,2010(8):3-6.

⑤ 郭清扬,赵丹.义务教育新机制下农村教学点的问题及对策[J].华中师范大学学报(人文社会科学版),2009(6):115-121.

⑥ 赵丹.农村教学点问题研究[D].武汉:华中师范大学,2008.

⑦ 谭春芳,徐湘荷.大就好吗:美国小规模中小学校(学区)合并问题研究[J].外国中小学教育,2009(2):19-22.

织与内外公众之间有计划、系统性的双向沟通过程，这种沟通旨在建立起公众对该组织的信心、亲善、理解和支持”①。对小规模学校的外部关系研究主要集中在两个方面：一是上级管理者对小规模学校的管理，二是小规模学校与社区的关系。

1. 教育行政部门对小规模学校的管理

Mark Bray 认为小规模学校缺乏具备专业资质的教师，一个主要的原因是教育行政人员在师资配置和管理中无法给予小规模学校公平对待。他指出，“行政人员经常被迫将优秀师资分配给城镇学校，因为那些学校拥有更强的政治影响力；同时，不胜任的或不服从管理的教师通常被派到偏远地区学校以示惩戒”②。

教育管理机构通常无法为小规模学校提供充足支持，但可通过特殊措施来提高支持力度。Mark Bray 基于对国际经验的分析认为，教育管理机构可以采用的措施有三种：（1）构建小规模学校资源共享系统，以保证小规模学校享受到特殊专业教师、设备和服务等资源。在拉丁美洲和亚洲的部分国家，建立小规模学校发展群，共享较大规模学校的图书馆、实验室、专业职员。美国的部分州通过专门设计的流动实验室来服务小规模学校；在澳大利亚，专门的技术维修人员为偏远小规模学校提供教学仪器设备的上门维修服务。（2）提供专门设计的广播和电视节目，解决小规模学校教师专业有限的问题。（3）提供函授课程，提供特殊学科的教学③。

2. 小规模学校与社区的关系

小规模学校对农村社区非常重要。英国政府在 2000 年《农村白皮书》中指出，学校是所在农村社区的心脏④，村庄共用的音乐、体育及

---

① 汉森.教育管理与组织行为[M].上海：上海教育出版社，2005：318.

② BIAY M. Are Small Schools the Answer? Cost-effective Strategies for Rural School [M]. London: Commonwealth Secretariat, 1987: 32.

③ BIAY M. Are Small Schools the Answer? Cost-effective Strategies for Rural School [M]. London: Commonwealth Secretariat, 1987: 60-64.

④ WALKER M. Choice, Cost and Community: The Hidden Complexities of the Rural Primary School Market[J]. Education Management Administration & Leadership, 2010, 38(6) 712-727.

各种公共设施往往安置在学校里，学校的校长及教师往往是教会组织、地方政府里的社区代表[①]。

随着卫生中心、邮局、商店等搬向人口密集的中心城镇，学校已成为村庄中最后也是唯一的基本公共服务提供者[②]。农村社区的小规模学校关闭，给农村社区的基础结构带来强烈冲击，并对学校所在地的税基和财政能力产生不利影响。小规模学校的消失会使乡村社区变成不适宜居住的地区，加剧农村社区瓦解与农村人口外流，进而导致乡村社会的荒漠化[③]。

具体来看，农村社区与小规模学校相互需要。学校不仅被期望担当起社会代理机构和社区黏合剂的重任，还要帮助学生形成积极负责的态度和掌握解决社区实际问题的技巧；村民委员会在提高学校建筑利用率和开发地方课程中扮演重要角色；而教师们是否居住在本村或校内，将改变村社文化，是本地人还是外来者在教书对村民来说意义不同[④]。

小规模学校与社区关系在不同国家表现出显著差异。挪威的农村学校（大多是小规模的）与社区关系密切并对社区有所贡献；在芬兰，农村社区已经在学校课程设置与开发中占据一席之地；在英格兰，农村学校一直以丰富的活动引领社区发展，并鼓励社区积极扶持学校，学校与社区相互促进共同发展；然而在瑞典，农村学校与社区关系尚未被充分重视[⑤]。当然，各国小规模学校与社区的关系也存在共性，比如课程中

---

① 谭春芳，徐湘荷.大就好吗：美国小规模中小学校（学区）合并问题研究[J].外国中小学教育，2009(2)：19-22.

② ESKO K，JANNE P.Small Rural Primary Schools in Finland：A Pedagogically Valuable Part of the School Network[J].International Journal of Educational Research，2009(48)：109-116.

③ 邬志辉.中国农村学校布局调整标准问题探讨[J].东北师大学报(哲学社会科学版)，2010(5)：140-149.

④ ESKO K，JANNE P.Small Rural Primary Schools in Finland：A Pedagogically Valuable Part of the School Network[J].International Journal of Educational Research，2009(48)：109-116.

⑤ LINDA H，RUNE K，TWAURICE G.Reviews of Research on Rural Schools and Their Communities in British and Nordic Countries：Analytical Perspectives and Cultural Meaning[J].International Journal of Educational Research，2009(48).

是否有鲜明的本土元素是社区比较关心的事。

基于现有关注二者关系的研究较少且存在特定缺陷，Kvalsund 和 Hargreaves 提醒道，研究农村小规模学校与社区关系，要重视哈贝马斯所提出的系统世界和生活世界的二元观点①。现有研究偏重于前一个视角，即从外部俯视小规模学校和社区关系，关注小规模学校如何克服自身缺陷以达到国家的教育质量标准；而生活世界视角要求充分理解小规模学校师生的第一手生活体验，将学校和社区视为一个舞台，供不同的人在不同的条件、不同的进程、不同的场景中进行日常互动，教育在特定的自然、生产、文化背景中发生。总之，研究者需要充分重视"社区与小规模学校不可分割"这一前提。

二、小规模学校规模效益研究

学校的规模效益研究不仅包括不同规模学校的生均成本比较，还包括对不同规模学校的课程多样性、学生表现等方面的对比。

（一）经济学视野的规模经济研究

经济学认为，扩大规模能降低单位成本，这被称为"规模经济"（economies of scale），该理论源于对成本收益的分析。新古典经济学派创始人马歇尔（Alfred Marshall）首次明确提出"规模经济"概念②。新古典经济学认为，一个常态的平均成本曲线呈 U 型分布，随着生产规模的扩大，平均成本曲线起初降低，降至一定点后开始增加，生产也由逐渐扩大的规模经济，到达规模经济的最优点即边际效益等于边际成本之时，最后转变为规模不经济（diseconomies of scale）。新制度经济学进一步发展了规模经济理论。科斯在《企业的性质》一书中指出，在大规模的组织里进行生产，可以节省交易成本，但规模扩大会引起管理费用的逐渐

① KVALSUND R, HARGREAVES L. Reviews of Research in Raral Schools and Their Communities: Analytical Perspectives and A New Agenda[J]. International Journal of Educational Research,2009(48).

② 马歇尔.经济学原理[M].北京:商务印书馆,1964.

增加，当节约的交易成本小于新增的管理费用时，规模不经济便出现了①。古丁和瓦格纳也发现，在劳动密集型组织中，规模与效率成反比，也就是说，当生产率主要依靠人力而非机器时，规模扩大会引起经济效率的下降②。

（二）不同规模学校的生均成本比较

从在校生生均成本看，小规模学校存在规模不经济现象。2005 年韩国教育部统计数据显示，小学生均教育经费为 3 601 000 韩元，而农村小规模学校生均费用最高可达 24 628 000 韩元，小规模学校生均公共教育费用是大规模学校的 2~7 倍③。

较大规模学校更具成本效益，扩大学校规模可以降低生均成本，是布局调整中小规模学校撤并得到支持的重要原因。大规模学校的生均成本降低主要通过两个途径实现：（1）固定设备使用效率高，生均日常运转成本低④；（2）生师比高，校均教师数量多，可提供课程的多样性增加，而教师工资通常占到学校日常经费的 80%，生师比提高则生均成本降低⑤。根据已有研究，显著的成本节约主要出现在学校规模由很小向较大扩张的初始阶段，规模的变化对不同类型的费用节约产生不同影响，行政管理类成本、固定成本随规模扩大下降的幅度最大，教学类成本最小。

然而，学校撤并的反对者则认为古丁和瓦格纳的发现同样适用于学校组织。福克斯的研究表明，学校生均成本变化呈 U 型曲线，当学校规模扩大超过适度水平后，生均成本会不降反升；他还指出，当生师比随着学校规模扩大而增加时，生均经费下降，一旦达到班级合理规模的高

---

① 杨国亮.论范围经济、集聚经济与规模经济的相容性[J].当代财经,2005(11):5.

② SLATE J,JONES C.Effects of School Size: A Review of the Literature with Recommendations[J]. Essays in Education,2005 (3).

③ 韩春花,孙启林.韩国农村小规模学校合并政策实施效果及对策研究[J].外国教育研究,2010,37(11):10-15;28.

④ MCGUFFEY C W, BROWN C L.The Relationship of School Size and Rate of School Plant Utilization to Cost Variations of Maintenance and Operation[J].American Educational Research Journal,1978(15).

⑤ BRAY M.Are Small Schools the Answer? Cost-effective Strategies for Rural School [M].London: Commonwealth Secretariat,1987:24.

限，则增加学生人数不但不能节约经费，反而会增加管理成本①。过大或过小的学校都会出现规模不经济。

在以生均成本衡量学校规模经济现象时，在校生数和财政性经费投入作为较为单一的指标被使用。在 Mark Bray 看来，成本并不仅限于投入的经费，劳动力、物品、土地的投入以及机会成本都应被计算在内，非政府机构、个人和家庭的教育投入也应被考虑，否则，极易出现“节约政府的钱、增加社会负担”的政府规划；因此，全面的成本考量将对小规模学校有利，它的存在节约了学生家庭的交通成本和寄宿成本②。Steifel 等人认为，由于较大规模学校的辍学率较高，“小规模学校毕业生生均财政经费与较大规模学校的基本接近”③。

（三）不同规模学校的课程多样性比较

不少人认为学校合并能提高课程供给的综合、多样化水平。有研究者对比了不同规模学校提供课程的多样性和专业性。柯南特认为，小规模学校课程设置范围狭窄，无法开设综合性课程，专业教师需要任教专长以外的科目④，Walberg 基于对美国 38 个州的研究指出，小学区在提供多样化的专业课程方面能力非常有限⑤。然而，Barker 等对从 35 人至 2 287 人不等的多所中学进行研究，发现学校规模间最大可相差 64 倍，课程数量却仅相差两倍⑥；而且，大规模学校提供的特殊课程中绝大部分内容同样在小规模学校的普通课程中教授。Pittman 和 Haughwout 指出，在校生数增加 100%，课程数量仅随之增加 17%⑦。更多的研究者发

① FOX W F.Reviewing Economies of Size in Education[J].Journal of Education Firance, 1981(6).

② BRAY M.Are Small Schools the Answer? Cost-effective Strategies for Rural School [M].London: Commonwealth Secretariat,1987:23,27.

③ STEIFEL L,BERNE R,LATAROLA,etc.High School Size: Effects Budgets and Performance in New York City[J].Educational evaluation and policy analysis,2000(22).

④ 柯南特.柯南特教育论著选[M].陈友松,译.北京:人民教育出版社,1988:93-95.

⑤ WALBERG H J.Losing Local Control[J].Educational Researcher,1994(23).

⑥ BARKER R G,GUMR P V.Big School,Small School[M].Palo Alto,CA:Stanford University Press,1964.

⑦ PITTMAN R B,HAUGHWOUT P.Influence of High School Size on Dropout Rate[J].Educational Evaluation and Policy Analysis,1987(9).

现，课程丰富性在学校规模超过一定临界点后就不再有变化。Howley 认为，多样化课程的价值可能被过分夸大了，一所小规模学校提供的优质核心课程更容易带来学生的高成就水平①。Walberg 发现小规模学校提供的课程很适合学生的需要，所有的学生都能获得优质的核心课程教学②。Barker 和 Gump 发现，大规模学校中，很少有学生从非核心课程中受益，只有不到 12% 的学生在学那些小规模学校无法提供的课程③。Monk 提出，课程数量的增加未必能提高课程质量，规模增加并不一定带来课程数量增多，质量更难确保得到提高④。因此，小规模学校仅集中提供少量的核心课程，将比大规模学校更有可能对这些课程提供质量监控，课程质量更有保障。

（四）不同规模学校的学生学业成绩比较

学业成绩是衡量学校规模效益的终极指标。关注学校规模对学生成绩影响的早期研究发现，生均经费下降与更好的学业成绩存在相关⑤，但其后的研究得出的结论却与之大相径庭。Greenwald 等人对 60 所小学的分析表明，生均经费支出与学生学业成绩呈正相关，生均经费每上升 10 个百分点，学业成绩增加 1 个标准差，较大规模学校学生成绩更差⑥。可见，对规模与学生成绩关系的研究结论存在冲突。Cotton 对 103 份研究和文献回顾的元分析则发现，一半研究认为规模较小学校在学业成绩上更有优势，另一半则认为不同规模学校的学生学业成绩并无差异⑦。

---

① HOWLEY C.Small by Design：Critiquing The Urban Salvation of “Small Schools”[C].The annual meeting of the International Society for Educational Planning，2004(10).

② WALBERG H J.Losing Local Control[J].Educational Researcher，1994(23).

③ BARKER R G，GUMR P V.Big school，small school[M].Palo Alto，CA：Stanford University Press，1964.

④ MONK D H.Modern Conceptions of Educational Quality and State Policy Regarding Small Schooling Units[R].1992(Report No.RC 019 320).

⑤ MCGUFFEY C W，BROWN C L.The Relationship of School Size and Rate of School Plant Utilization to Cost Variations of Maintenance and Operation[J].American Educational Research Journal，1978(15).

⑥ GREENWALD R，HEDGES L V，LAINE R D. The Effect of School Resources on Student Achievement[J].Review of Educational Research，1996(66).

⑦ COTTON K.“School Size，School Climate，and Student Performance.”School Improvement Research Series[J].Northwest Regional Education Laboratory，1996.

随着对两者关系研究的深入，研究者发现，在学校规模与学生成绩之间存在两个重要的中间变量，一为学生的社会经济地位，一为学生所在年级。Howley 指出，学校规模与学业成绩之间关系的性质取决于学生的社会经济地位，增加学校规模，对于中上阶层的学生来说相当于增加了 0.25 年的学校教育，而对于较低阶层的学生而言则相当于减少 0.67 年的教育①。有研究者也发现大规模学校使富裕家庭儿童受益，而小规模学校则使贫困家庭的儿童受益。也有人认为，规模较大与贫困加剧对学业成绩的负面影响以及两因素的相互作用是复杂的，规模较小的学校对学生成绩有积极影响，且对易于遭受教育失败威胁的群体尤其重要。可以认为，来自不利家庭背景的学生倾向于在小规模学校中获得更好的成绩。也正因如此，Fowler 和 Walberg 提出，学校规模议题关涉社会公平②。

许多研究者注意到学生所在年级的重要影响。Friedkin 和 Necochea 对加利福尼亚州所有学校的三、六、八和十二年级进行研究，发现大规模学校十二年级学生的成绩比小规模学校更好，而其余三个年级学生成绩则在小规模学校更出色③；德克萨斯州教育机关（Texas Education Agency）对小学和中学的研究④显示，小学阶段学生倾向于在较小规模学校中取得更好成绩，而中学生则在大规模学校表现更优，因此，在学生获得基本的学习技能，如读和算，以及取得足够的自学能力之前，大规模学校对学业成绩的任何潜在优势都不能发挥作用。

将规模经济理论应用到教育领域，前提假设是教育产出质量相同。但教育产出与工业产出的最大不同在于，教育产出类型多、无形且异质，

① HOWLEY C.The Matthew Principle：A West Virginia replication［J］.Educational Policy Analysis Archives，2003（18）.

② FOWLER W J，WALBERG H J.School Size，Characteristics，and Outcomes［J］.Educational Evaluation and Policy Analysis，1991，（13）：2.

③ FRIEDKIN N，NECOCHEA J.School System Size and Performance：A Contingency Perspective［J］.Educational Evaluation and Policy Analysis，Fall 1988.

④ Texas Education Agency.School Size and Class Size in Texas Public Schools［R］.Report Number 12 Document Number GE9 600 03.Austin，TX：Texas Education Agency Office of Policy Planning and Research，1999.

即使是同一层次学校教育，甚至在同一个学校或同一个班级，学生质量也不完全相同，因此，规模经济理论只能在一定程度上谨慎应用于教育领域。正如靳希斌教授所提醒，“如果规模扩大产生各种不经济的缺陷，必将损害教育功能，此时，单位学生成本即使减少也不能叫作教育的规模经济”①。范先佐教授也强调，学校适度规模标准的设置必须“在不违背教育规律的前提下，保证培养规格、教育质量不受到影响”②。因此进行小规模学校的规模效益研究，不仅要采用多样化的指标，还要回归到教育本位，以满足基本质量要求、保障学生学业成绩与个人发展为底线标准。

三、小规模学校的优势、劣势与多元价值

（一）小规模学校优势与劣势的研究

小规模学校天然具有一些优势，如人际关系和谐、结构简单灵活、教学形式有效等，这自然为学生学业成绩的优秀表现提供了有利环境；而小规模学校的劣势主要是由于地理位置、资源分配与管理中的歧视性对待造成的，表现为物质资源不足、教师专业发展受限等。小规模学校优势与劣势对比如表0-2所示：

表0-2　小规模学校优势与劣势对比

优势	劣势
·结构简单、运转灵活、弹性大	·生均固定成本高
·管理和运转成本低，人际关系和谐	·办学条件差、教学设备陈旧
·如家氛围、安全、竞争小	·课程单调、专业化课程欠缺
·教师工作更投入、满意度高、因材施教	·难以吸引优秀教师和管理者
·学生主动学习和合作意识强	·教师兼科教学、多重角色、任务繁重

① 靳希斌.教育经济学：修订本[M].北京：人民教育出版社，2004：372-375.
② 范先佐.教育经济学[M].北京：人民教育出版社，2003：277.

续表

优势	劣势
· 学生出勤率、保留率、升学率高,成绩好	· 教师专业自觉低、专业发展环境不利
· 学生课外活动参与比例高、归属感强烈	· 学生与同龄群体交往受限,竞争意识弱
· 违纪现象较少发生,对 SES 低的学生尤为有利	· 学生异文化交流机会少
· 家校关系好,与社区有天然的密切联系	· 学校风险抵抗能力差

有研究者将小规模学校有利于学生优秀学业表现的优势总结为 10 个方面：①学生课外活动参与度高；②校园更安全；③学生归属感强；④小班额利于因材施教；⑤好的教学方法更易推行；⑥教师工作态度积极、责任感强；⑦不分快慢班，避免慢班学生自暴自弃；⑧混合年龄编班，有利于个性化学习和积极的社会交往；⑨小学校、小学区管理层级和人员少、管理更加人性化；⑩单个学校的年级跨度广，减少学生适应新学校的问题。此外，小规模学校还具有节约个人成本的优势，学生就近在小规模学校上学，减少交通、食宿支出，节约家庭教育成本，而家校距离近、儿童与父母一起生活的亲密关系也有利于儿童发展①。

小规模学校的不足是不容忽视的。首先，小规模学校因地处交通不便、文化相对封闭的农村地区，对优秀管理者和教师的吸引力不足，上级管理部门对小规模学校监管和扶持力度不够；其次，小规模学校学生数量少，经费总量不足、生均成本过高，教师紧缺。这些共同决定了小规模学校的脆弱：①办学条件差。学校建筑大多陈旧，设备不完善，缺乏专门教室和多媒体设施，以及操场、餐厅、礼堂、图书馆、游泳池等，资源不足难以满足学生的特殊需要；②师资薄弱。教师数量不足无法提供标准化和丰富的课程，难以向学生提供充分有效的指导；教师教学工作量大，非教学任务繁重，专业发展相对隔绝，缺乏有效支持、主动性

① 孙来勤,秦玉友."后普九"时代农村小学教学点边缘化境遇和发展思路[J].当代教育科学,2010(8):3-6.

不足；③学生之间竞争力不足，且缺乏足够的异质群体交往机会。小规模学校的脆弱使它几乎不具备风险承担能力，相比之下，大规模学校可以提供多样化课程、标准化教室、完备的教学设施、充足的教育资源，还有利于提高教师的专业性、组建教师专业发展团体、吸引优秀教师和管理者，可以组织大型活动，有助于学生广泛兴趣的培养和全面素质的提高。

（二）小规模学校的多元价值研究

小规模学校是各国尤其是农村地区教育发展的重要教育组织形式[①]，教学点等小规模学校在扩大平民的受教育机会、促进义务教育普及方面起到了重要作用[②]。国内外研究皆认为，小规模学校具有多元价值，主要表现在以下四个方面：

1. 经济价值

学生就近在小规模学校上学，可以减少其教育成本和降低时间成本，学生放学后可以帮忙做家务或轻便农活，增加家庭收入[③]。小规模学校的存在，可以节约政府高昂的校车费用，减轻了地方的财政压力。在美国1995—1996年度公立学校的交通费用接近104亿美元[④]。

农村小规模学校对于社区经济也有重要影响。学校是临近地区“适于居住性”的象征[⑤]。有学校的美国农村社区经济状况要更好，这些社区更能留住人口，人口出生率更高，房价更高，接受公共资助的家庭比例更低，专业人才和公司更多。学校往往是农村社区劳动力的最大雇佣部门、地方经济的主要消费部门，对地方经济的持续发展起重要作用。李红婷指出，学校存在与否、发展好坏，会直接影响（学校周围）商业店铺的生存与发展，也就直接影响他们生活的经济来源[⑥]。

---

① 吴宏超.农村教学点的未来走向：国外的经验与启示[J].外国教育研究，2008（6）：74-78.

② 赵丹.农村教学点问题研究[D].武汉：华中师范大学，2008.

③ 孙来勤，秦玉友.“后普九”时代农村小学教学点边缘化境遇和发展思路[J].当代教育科学，2010（8）：3-6.

④ 朱秀艳.美国小规模学校研究[D].武汉：华中师范大学，2004.

⑤ 石人炳.国外关于学校布局调整的研究及启示[J].比较教育研究，2004（12）：35-39.

⑥ 李红婷.“半耕时代”乡村教育发展的困境与出路：以湖南大金村为例[J].民族教育研究，2010（1）：24-29.

2. 教育价值

农村小规模学校有利于对儿童施行教育。首先，学校离学生居住点近，儿童与父母一起生活，亲密的亲子关系利于儿童情感和身心的健康发展。其次，家庭、学校和农村社会联系密切，有利于形成教育合力[①]；教师与家长或居民互动良好，成为一种宝贵的教育资源[②]。在小规模学校，社区中更多的人能出席庆典活动，参与管理和利用学校设施，这种联系既加强了社区对学校的参与和支持，也加强了学生成功的可能性[③]。再次，小规模学校所在的农村社区本身就蕴藏着丰富的教育资源，尤其是“在有关自然和农业等学习方面”。最后，农村小规模学校有助于儿童将来选择农村生活，也体现着现代社会所积极追求的价值，例如，“公民参与”“社区控制”和“服务于社区”等特征[④]。小规模学校因其课程的乡土性和灵活性更适合地域偏僻、生源较少的农村地区[⑤]。

3. 文化价值

对小规模学校文化价值的已有分析大多是基于学校对于社区的重要性，是出于对学校从村落消失后的一种担忧与反思。现有文献认为，村落中的学校具有非同一般的文化价值。尽管有人质疑村小能否成为“村庄的文化中心”，并认为村小没有办法承载乡村文化的大命题，但大部分研究者认同一所农村学校往往就是村民们的文化活动中心，是传播文化的载体，对村民的思想与文化素养的提高起着默化潜移的作用[⑥]。

学校不仅是乡村的标志性建筑，而且还是乡村的精神象征，具有超出实物的符号意义。对于具有几十年甚至上百年传统的老校来说，学校的建筑、学校内的每一个器物都代表着厚重的文化。“一所所乡村学校

① 孙来勤，秦玉友.“后普九”时代农村小学教学点边缘化境遇和发展思路[J].当代教育科学，2010(8)：3-6.

② 冉芸芳，王一涛.教学点：何去何从：关于农村学校布局调整的一项质的研究[J].当代教育科学2007(9)：17-20.

③ 朱秀艳.美国小规模学校研究[D].武汉：华中师范大学，2004.

④ 王强.从“规模效益”到“机会均等”：二战后美国推进城乡教育和谐发展的路径选择[J].比较教育研究，2007(9)：20-24.

⑤ 杜一萍，陶涛.美国农村小规模学校探究与启示[J].当代教育科学，2008(2)：47-49.

⑥ 卜文军，熊南凤.贫困地区中小学布局结构调整存在的问题[J].教育与经济，2007(4)：59-62.

相继关闭，随之被切断的是一个个村庄的历史传统与人文血脉。”[①] 小规模学校是偏远贫困农村地区“文化”存在的一个重要标志，乡村教师在偏远贫困农村地区有着较高的社会声望，在很大程度上是当地社区居民心中的行为楷模和文化精英[②]。“学校……是社区的文化中心”，离开村里的学校，“这个村落的文化、文明又如何延续”[③]。因此，小规模学校一定意义上能“培护农村儿童成长的文化之根”[④]。

4. 社会公平价值

农村小规模学校的服务对象主要是处于弱势群体地位的农村贫困人群子女[⑤]，农村小规模学校保障他们有同等的机会接受教育。而在21世纪，如何使所有的学习者（尤其是处在小学阶段的农村男女儿童）都具有公平的受教育机会，仍然是一个挑战[⑥]。

对美国小规模学校的众多研究显示，小规模学校是教育公平的重要保障。小规模学校有利于缩小贫富学生的成绩差距，差生或社会经济地位较低的学生，在规模较小的学校所取得的学习效果更好；小规模学校有助于改善贫困社区的教育，学校所在社区越贫困，小规模学校对学生学业成就的积极作用就越大[⑦]。较小的班级规模、不分快慢班的编班方式（学生越少，分快慢班的可行性越小）以及部分学校的复式教学形式都有利于学生特别是处境不利学生提高学业成绩[⑧]。少数民族学生以及

① 邬志辉.中国农村学校布局调整标准问题探讨[J].东北师大学报(哲学社会科学版),2010(5):140-149.

② 孙来勤,秦玉友.“后普九”时代农村小学教学点边缘化境遇和发展思路[J].当代教育科学,2010(8):3-6.

③ 孟祥丹.当村庄没有了学校[J].中国农业大学学报(社会科学版),2009(2):198-200.

④ 皮武.农村文化困境中的教育抉择[J].教育导刊:上半月,2010,(10):16.

⑤ 孙来勤,秦玉友.“后普九”时代农村小学教学点边缘化境遇和发展思路[J].当代教育科学,2010(8):3-6.

⑥ 张乐天,全球化视野中的农村教育[J].比较教育研究,2003(12):59-63.

⑦ 谭春芳,徐湘荷.大就好吗:美国小规模中小学校(学区)合并问题研究[J].外国中小学教育,2009(2):19-22.

⑧ HOWLEY C.The Matthew Principle: A West Virginia replication[J].Educational Policy Analysis Archives,2003(18).

社会经济地位低下的学生的社会行为在小规模学校更为积极[①]。

（三）小规模学校存留问题的研究

小规模学校的优势与劣势并存，且具有多元价值，在学理层面引发学者们对布局调整中小规模学校命运的争论。

1. 布局调整标准问题研究

国外的学校合并与我国的布局调整本质相同，都是因应人口变动、经济社会发展对学校从数量分布到内在结构的调整。标准之争一直与布局调整相伴而生。国外有学者对布局调整标准所持看法为，以成本效益的原则覆盖所有的孩子，既不能没有标准，也不能没有弹性标准[②]；对于我国的布局调整，有学者提出“要回归教育本位，注重学校的文化价值”，要向多元化标准、关注过程、需求为本转变，并提供制度保障[③]；邬志辉认为布局调整标准问题是一个多目标线性规划的问题，他基于物质性、社会性和教育性等3类共12项约束条件，构建了“底线+弹性”的农村学校布局调整标准设计模型[④]。吴宏超等提出，合理的学校布局调整评价标准应当包含上学距离、学校规模、调整方式、资源均衡和社会支持五个维度[⑤]。

2. 小规模学校在布局调整中撤或留命运的变化

不同时期研究者提出的布局调整标准侧重不同，从侧重规模效益到侧重公平正义的变化从根本上影响到小规模学校撤或留的命运。雷万鹏等认为布局调整中忽视地理、经济、社会、人口、文化等差异，用偏高的学校规模标准来决定学校的撤与留[⑥]，导致我国学校布局调整实践中，

---

① 王鑫，章婧.西方中小学学校规模的实证研究综述[J].浙江社会科学，2010(8)：121-125；129.

② 石人炳.国外关于学校布局调整的研究及启示[J].比较教育研究，2004(12)：35-39.

③ 雷万鹏，张婧梅.构建公正的学校撤并程序：对民众参与度和满意度的实证调查[J].全球教育展望，2011(7)：67-73.

④ 邬志辉.中国农村学校布局调整标准问题探讨[J].东北师大学报(哲学社会科学版)，2010(5)：140-149.

⑤ 吴宏超，赵丹.农村学校合理布局标准探析：基于河南省的调查分析[J].教育发展研究，2008(17)：11-15.

⑥ 雷万鹏，张婧梅.学校布局调整应回归教育本位：对学校撤并标准的实证分析[J].教育研究与实验，2010(3)：6-10.

农村小学撤并的主要对象是规模较小的村小和教学点。

在国外，农村小规模学校和学区经历了由急速大量被撤并转变为平缓发展并针对性地得到扶持的变化。在美国，随着小规模学校逐渐退出农村学校形态的主导位置，大规模学校日益暴露出其缺陷和问题，学者们开始质疑“小规模学校是落后的、不具规模效益”的观点，并逐渐认识到：农村小规模学校和小学区不可能被消除，学校规模效益理论被绝对化了①，推动将撤并学校以提高教育质量的做法让位给“提供特殊支持、保障教育机会均等”。然而，美国各州的做法并不一致。在部分州学校合并依然进行着，他们通过财政诱导、提高质量标准来加速小规模学校的消亡；而在另一些州，针对性的财政拨款和师资政策有效缓解了小规模学校发展面临的问题。总之，在城市小规模学校运动已赢取大多数的支持时，农村小规模学校仍前途未卜。

在英格兰，政府对小规模学校的认同度与小规模学校的撤并幅度、速度紧密相关。20 世纪 80 年代，政府认为学校规模小难以满足基本的教育要求，加之校长短缺和校舍利用率偏低，大量小规模学校被重组，包括关闭、兼并或联合发展，这一减少趋势一直持续了 15 年之久。此前虽有研究提出“农村小规模学校与城市大学校整体上并无大的差别”，但直到 20 世纪 90 年代后期官方机构才明确指出，“小规模学校尤其是 50~100 人规模的，比大规模学校成绩要好”，紧接着在 1998 年政府宣布“反对关闭学校”，决心扭转农村学校减少的趋势，使农村小规模学校重回社区中心的位置，并采取额外资助、面向“学校群”拨款的政策鼓励农村小规模学校抱团发展，以减少生源下降的冲击，小规模学校缩减速度得到遏制②。

从教育发展的特殊性出发，大多数研究者不赞成布局调整一刀切，认为“要慎重对待教学点撤留问题”。学校布局调整并不意味着消除小

---

① 王强.20 世纪美国农村“学校合并”运动述评[J].外国中小学教育,2007(8):1-4.

② LINDA H,RUNE K,TWAURICE G.Reviews of Research on Rural Schools and Their Communities in British and Nordic Countries: Analytical Perspectives and Cultural Meaning[J].International Journal of Educational Research,2009(48).

规模学校或教学点这种办学形式，中心学校与分散的教学点都是实施义务教育的重要组织形式①。但也有人认为乡校的衰败与城校的繁荣是同时并存的，农村教育的希望在城镇，初中和小学高年级应该集中到县城的教育园区，而小学低年级也应以乡（镇）寄宿制中心小学为主②。已有研究显示，未来五年，大面积撤并村小和教学点的布局调整还可能继续推进，其中教学点被撤并的比例可能高达58.9%③。为避免"教育真空地带"出现，农村偏远、落后山区的教学点应当会被保留④。

四、开放系统理论与学校发展

学校在本质上是社会组织，它又是一个开放系统。以组织的复杂性来区分，伯尔丁认为存在四类组织：（1）架构（framework），这是最原始与基本的系统；（2）齿轮结构（clockworks），这种系统像钟表一样，具有部分动态特征，但仍是静态组织；（3）自动机械系统（cybernetic system），这是可以完成一些有限度的自我操作动作的系统；（4）开放系统（open system），这种系统自我运作、自我调节，并根据外在环境的变化而调整，如学校系统⑤。开放系统是在连续的"诸事件的再循环（recurring cycle of events）"中存在的，在循环中开放系统不仅能保持既有能量，还能不断增加新能量。

理解开放系统理论有助于我们深入分析小规模学校发展。在组织理论的长期发展中，社会科学家对组织生生不息的运作形成了更为深刻的理解，他们据此提出的开放系统理论，也能更好地、多维度地解释组织的变化。

---

① 范先佐，曾新.农村中小学布局调整必须慎重处理的若干问题[J].河北师范大学学报(教育科学版)，2008(1)：7-12.

② 胡俊生.农村教育城镇化：动因、目标及策略探讨[J].教育研究，2010(2)：89-94.

③ 雷万鹏.义务教育学校布局：影响因素与政策选择[J].华中师范大学学报(人文社会科学版)，2010(9)：155-160.

④ 王嘉毅，吕晓娟.教育公平视野中的农村学校布局调整[J].甘肃社会科学，2007(6)：85-88.

⑤ 秦梦群.教育行政理论与应用[M].台北：五南图书出版公司，1999：219-220.

（一）组织的定义及组织理论的演进

组织的定义有许多种。组织可以被理解为“一群人彼此之间分工合作，为达成某一目的而形成的一种有机的结构”①；也可以被认为是“参与者之间不断变化的关系相互联系、相互依赖的活动体系；该体系植根于其运行的环境之中，既依赖于与环境之间的交换，同时又由环境建构”②。任何一个组织都必须具备一些基本的要素，如图0-3所示。

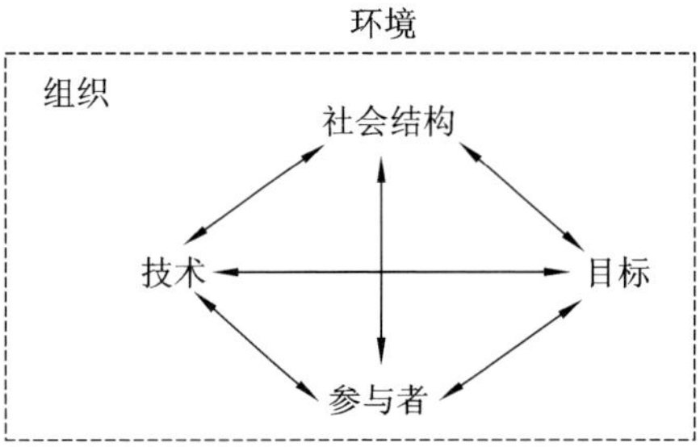

图0-3　利维特的钻石结构：组织模型

从图中可以看出，组织的五要素即社会结构、参与者、目标、技术和环境是同等重要的，所有的内部要素都必须依存于大环境且在要素间持续进行互动，组织的发展就是组织五要素的变革及互动的结果。

组织理论兴起于工业领域，获得认可后迅速渗入包括教育在内的其他众多领域。图0-4列出了组织理论的演进中出现的四种理论体系，它们分别成为不同时期理论思潮的主流，在当代管理思想系统中，它们的重要性仍难分高低。

古典理论家们相信，应用科层结构和组织控制过程，将会促进理性、有效和守纪律的行为，进而使明确界定了的目标有可能达成③。古典组织理论中以韦伯提出的科层结构（hierarchical structure）理论的影响最为

---

① 陈奎熹.教育社会学[M].台北:台北三民书局,1990:187.

② 斯格特.组织理论:理性、自然和开放系统[M].黄洋,等译.北京:华夏出版社,2002:25.

③ 汉森.教育管理与组织行为[M].冯大鸣,译.上海:上海教育出版社,2005:7.

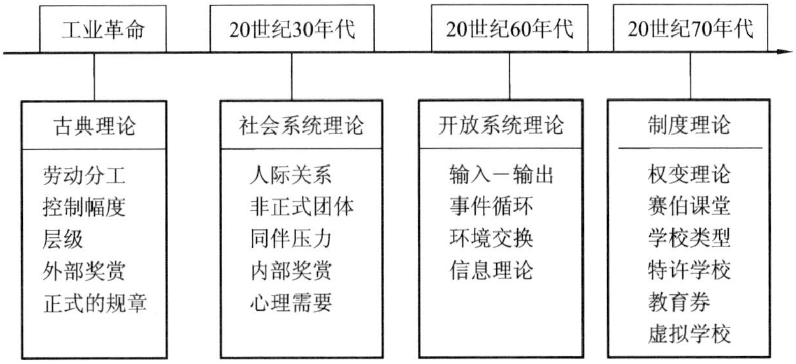

图 0-4　组织理论的演进

资料来源：Billy Hodge and Herbert Johnson, Management and Organizational Behavior: A multidimensional Approach (New York: John Wiley & Sons, 1970), p19。

深远，他认为科层组织与法定权威能保证组织产出的最大效率。但许多学者对学校科层化程度的研究表明，在学校中并不只有以权威分层的严密度科层因素，还具有以分工精细度、专业知识程度分层的专业化因素，Hoy 和 Miskel 依此将学校组织分为四种类型，如图 0-5 所示：

科层化程度 \ 专业化程度	高	低
高	类型一：韦伯型	类型二：权威型
低	类型三：专业型	类型四：混乱型

图 0-5　学校组织结构类型

资料来源：Wayne Hoy and Cecil Miskel, Educational Administration: Theory, Research, and Practice (New York: Random House, 1978), p64，转引自秦梦群：《教育行政理论与应用》。

埃尔顿·梅奥和他的同事在研究中发现，在生产过程中，工人群体内部会受到社会-心理变量的影响，是工人们而不是管理要求在控制工作的进程。这一研究表明组织理论进入社会系统理论的新时代。社会系统理论更关注人们在组织中实际具有什么样的行为，重视非正式团体的运作在组织发展中的重要性。20 世纪 70 年代，有研究者指出，学校并非完全具有古典理论的特征，Karl E. Weick 主张以社会系统理论（social system theory）来解释学校组织。weick 认为，学校是一个松散结合系统（loosely coupled system），在这一系统中，各成员之间彼此相关，但却保持自己一定的身份①。到了 20 世纪 80 年代中期，研究者进一步指出，学校在教学系统与学校组织上具有松散结合的特性，但在非教学的行政事务上却是高度结构化②。

在开放系统理论提出之前，组织理论将组织视为封闭、静态的系统，将更多注意力集中到组织内部要素。生物学家路德维格·冯·贝塔朗菲（Bertalanffy）提出一般系统理论之后，人们认识到组织不可能是绝对封闭的，而应该是一个开放系统。在输入、转换、输出及反馈的模式中不断循环，组织与外部环境不可分割地连成一体。学校就是这样一个按学年度循环的系统，而在每年度的学校运作中，各种既定事件如新生注册、教学活动、考试等相互连接，构成学校循环系统。学校在运转过程中，不能封闭自己，必须接受外在环境的冲突，并在组织内部与外部环境中寻找到系统平衡。

然而，有人注意到，组织环境中存在着强制力量，导致组织的僵硬刻板，制度理论便聚焦于这种限制组织变革能力的力量，而将组织环境再概念化③。这可谓是开放系统理论最新发展出的主张。这一理论认为，学校像其他组织一样，生存于组织场（organizational field）之中，当同位于这一组织场内的大量组织之间形成协调妥协时，一个有威力的力场就出现了，它像一个强制网络那样发挥作用，它通过法律、运作规范、

① 秦梦群.教育行政理论与应用[M].台北：五南图书出版公司，1999：38.

② 秦梦群.教育行政理论与应用[M].台北：五南图书出版公司，1999：39.

③ SCOTT W R. The New Institutionalism in Organizational Analysis[M]//Unpacking Institutional Argument. Chicago：University of Chicago Press，1991：165.

时间表、社会期望等对学校进行束缚。

尽管各种组织理论异彩纷呈，但“迄今为止还没有哪个理论已发展到能囊括各种类型的组织的所有方面，所有的研究成果都有某种局限性”①。可以说，新理论的出现并不意味着已有理论的终结，而是对组织理论体系的完善和补充。在对学校发展的讨论中，几乎可以看到各种组织理论流派的身影，由于开放系统理论在解释组织发展中具有全局视野，本书以开放系统理论作为分析小规模学校发展状况的理论视角。

（二）开放系统理论在学校研究中的应用

1. 开放系统的主要特征

20世纪60年代，卡茨和卡恩在《组织的社会心理》一书中，正式开始把开放系统理论视角运用到组织研究领域。在该书中，作者提出，“开放系统理论是被人们在最宽泛意义上过度运用的有关一种框架、一种元理论和一种模式的术语。开放系统理论是理解许多类型和层次现象的一种方法，也是描述这些现象的一种概念语言”②。这一理论认为组织是开放、有机和权变的系统，是在“诸事件的再循环（recurring cycle of events）”（奥尔波特语）中生存的，要研究组织中实际发生了什么，自然要看组织从其环境中得到了什么（输入），组织如何利用资源（全程），以及它向环境回报些什么（成果，输出）③。

W. 理查德·斯格特在其所著《组织理论：理性、自然和开放系统》一书中指出，自我维护能力和加工能力是开放系统的两大特征，系统通过加工从环境获得的资源进行自我维护。环境情况和系统内在特征之间存在紧密联系，与环境的互动是开放系统的关键。所有的系统都是由子系统组成的，同时其本身也从属于更大的系统，系统之间的界限是相互渗透的，子系统之间也存在相互输入、输出的关系。开放系统理论的一个贡献在于，将组织视为一个松散联结系统，而结构上的松散联结使系

① 达林.理论与战略:国际视野中的学校发展[M].范国睿,译.北京:教育科学出版社,2002:32.
② 汉森.教育管理与组织行为[M].冯大鸣,译.上海:海教育出版社,2005:154.
③ 达林.理论与战略:国际视野中的学校发展[M].范国睿,译.北京:教育科学出版社,2002:37.

统具有高度的适应性[①]。

E. 马克·汉森将开放系统理论与古典理论进行对比，认为开放系统理论有以下独特性：（1）组织的特征是各子系统内部和各子系统之间连锁的事件循环；（2）环境需求而非正式目标规定了事件的方向；（3）管理子系统必须发挥对其他子系统的需要加以支持的功能；（4）完成任务有多种同样令人满意的方法；（5）聚焦于组织实际发挥功能的方面；（6）通过输入—输出的交换对环境开放；（7）动态关系等等[②]。这些独特性为解决问题的行为提供了重要的指导，引导人们更专注于问题的本质。

2. 开放系统模式中的学校发展

开放系统理论不仅仅在组织发展中引入外部环境因素，它更强调对组织的分析应从静态的结构转向动态的过程[③]。以开放系统理论审视学校发展也应当如此。学校是与周围环境相互作用并受环境影响的开放系统，学校与其所处大环境之间也存在输入—加工—输出关系。教育作为一个过程，包括：（1）从大的社会环境（如社会中的知识、价值观念、期望目标和资金）的输入；（2）学校的子系统（包括组织结构、人、技术和工作目标）内部发生的过程；（3）由此过程而产生的向社会的输出（以被改变了的个体的形式）。E. 马克·汉森[④]认为开放系统模式图（图0-6）中所示输入、加工、输出的各项要素，也同样适用于学校教育过程。

在学校教育过程中，输入包括（1）人的输入，如教师、学生、校长、后勤服务人员等；（2）物质输入，如教室、书籍、运动场、教学仪器；（3）约束因素，如家长的期望、法律和政策的要求、价值观和社会规范等。加工过程由结构系统、人际-文化系统、策略系统和技术系统构

① 斯格特.组织理论：理性、自然和开放系统[M].黄洋，等译.北京：华夏出版社，2001：83-86.
② 汉森.教育管理与组织行为[M].冯大鸣，译.上海：上海教育出版社，2005：173.
③ 斯格特.组织理论：理性、自然和开放系统[M].黄洋，等译.北京：华夏出版社，2001：119.
④ 汉森.教育管理与组织行为[M].冯大鸣，译.上海：上海教育出版社，2005：158-160.

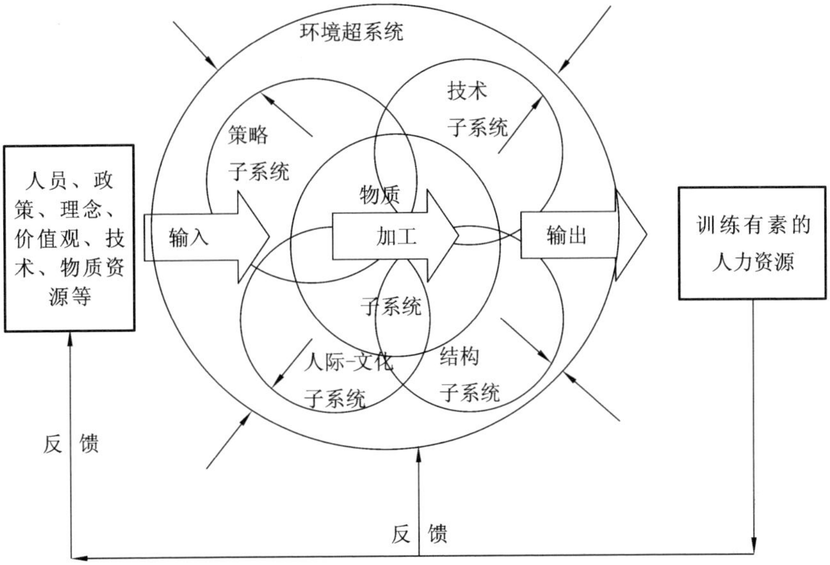

图 0-6 开放系统模式

成，主要涉及教学过程（其他的活动都是对教学过程的维护），包括教学技术、角色、决策战略、奖励制度和评价策略等多方面内容。输出包括学习收获、态度变化、技能准备、行为和情感的依恋等，以及给予学校信息的和经济的回报（以确保能不断循环下去）。

绝对的开放系统或封闭系统是不存在的，任何系统总是倾向于开放-封闭这一连续统的一端或另一端。卡尔森依此将组织划分为家养型和野生型两类①，公立学校属于靠近封闭一端的家养型组织。公立学校的这种特征，经常将人们的注意力和研究着力点引向学校或教育系统内部因素。在处理学校发展薄弱问题时，人们也总是指责学校的不作为或低效率，而忽视学校组织与外部环境进行资源交换时的种种约束。以开放系统理论视角观之，学校发展薄弱或失败是“系统失败”的结果②，在系

① CARLSON R.Barriers to Change in Public Schools, in Change Processes in the Public Schools[M]. Eugene, OR: Center for the Advanced Study of Educational Administration, University of Oregon, 1965:66.

② 秦梦群.教育行政理论与应用[M].台北:五南图书出版公司,1999:218.

统失调时，学校无力控制外部环境，自然难逃失败后果。强调学校作为开放系统，研究小规模学校内部要素、外部关系以及内外部的互动特征，对解读小规模学校的发展具有非常重要的意义。

五、对现有研究的评论

已有对农村小规模学校较为系统全面的实证研究主要来自美国，近年来欧洲各国以及亚非等发展中国家的此类研究也日益增多。相对而言，国内此类研究虽逐渐增加，但无论从数量还是质量上看都略显欠缺。

（一）研究的成效

当前的研究对小规模学校发展的几个重要方面达成了较为一致的共识：（1）小规模学校发展中最关键的决定因素是师资，经费和管理问题是主要障碍；（2）小规模学校与其所在社区的关系，比如在学生管理、课程编排、设施共用以及文化互动中与家长或社区团体的关系，成为小规模学校不可剥离的重要生态脉络；（3）小规模学校对于农村社区非常重要，从多维产出角度看，小规模学校具有与其他学校同样甚至更优的规模效益；（4）学校"小"本身不足以令其优秀或低劣，小规模学校具有优势与不足，扬长避短才能打造稳健、安全、优质的小规模学校。

小规模学校研究中，规模经济理论经常作为"'大'好还是'小'好"的判断依据，为国内外各级政府撤并小规模学校提供强大动力，同时也是学者对小规模学校撤留问题争论的焦点之一。运用规模经济理论研究小规模学校问题，从经济学角度考量小规模学校的价值，可以为决策者提供资源利用效率上的清晰图景，有着很强的现实指导意义。但必须注意的是，教育与商业活动有着本质不同，学校也不是进行流水线生产的工厂，其产出不同于物质产品，更具复杂性、综合性和长效性，因此规模经济不能成为评判小规模学校或任一规模学校的唯一标准。教育是在活生生的人之间灵魂的对话、心灵的熏陶和文化的传继，是在人与人之间的互动交流中进行的，有许多无法用指标测量的因素和力量，脱离学校组织文化和系统环境的学校研究是僵化的、虚假的，并难以为继的。将规模经济理论运用到小规模学校研究中，一定要把握其适用范围，并与文化的、社会的、人口学的维度结合起来。

研究者已认识到，充分了解小规模学校里到底发生了什么，关注它的日常生活而不仅仅从数字中窥视，对准确判断小规模学校的生存状态与发展前景更为重要。小规模学校各不相同，但现有研究对小规模学校群体内差异的重视不足，较少根据学校所在地区特征和内部特征进行分类，因此有研究者呼吁，若要进行大范围量化研究需对小规模学校类型做出区分，他们还指出，现有研究中欠缺对学校的长期跟踪研究，学生和当地行动者的声音也被淹没，基于多元目的抽样的质化研究将是重要的补救方式①。从整体上看，“上下结合”的研究视角、分类对待、重视脉络，为下一步的小规模学校研究所必需。概而述之，小规模学校发展议题充满复杂性和多样性，将之简化为“大好还是小好”的辩争，不如回归到小规模学校自身视角看其内部运转与基本需求，以追溯问题的根本，并开发出适合其发展的道路。

（二）研究的不足

国际经验为我国农村小规模学校发展研究指出了新的方向和领域，农村教育发展的共性和普遍规律也使国际经验的本土化成为可能，但借鉴不能取代本土研究。本书主要针对我国本土开展，对现有文献更为具体的评论也基于对我国小规模学校的已有研究。从对国内小规模学校的研究看，研究者主要聚焦于经费、师资、管理等问题，揭示了农村小规模学校的弱势生存状态，并对其在布局调整中仍将大量消失表示担忧，学界对农村小规模学校“弱小但重要”的判断基调基本形成，为后续研究奠定了坚实的基础。

不过，对国内小规模学校的研究主要停留在“布局调整中要慎重对

---

① RUNE K，LINDA H. Reviews of Research in Rural Schools and Their Communities：Analytical Perspectives and A New Agenda[J]. International Journal of Educational Research，2009(48).

待小规模学校的撤留”层面，有关学校发展的研究和实证分析较少。与国外较成熟的研究体系相比，国内的农村小规模学校研究尚未独立成为一个专门的“研究问题”，多侧重于小规模学校现状描述及问题分析，反复呈现同一研究内容的文章较多，对于小规模学校在规模经济、学生表现、教育公平方面的研究尚缺乏深入的实证分析，农村小规模学校的对策研究较欠缺可操作性。

从研究对象上看，主要是对小规模学校的某一类型如教学点、村小的讨论，既有从国家或中西部层面对教学点进行的宏观分析，也有针对某一山区县的所有“一师校”研究，个别学者如司洪昌呈现了单一村落中一所小学的历史变迁。这些研究大多忽视了农村大部分学校会随着生源变化游走于完小、非完小、教学点之间，难以揭示处于发展变化中的农村小规模学校问题全貌，且无法对不同类型学校（虽然他们具有规模小的共性）的差异进行比较分析，影响研究的可推广性和实践价值。此外，以教学点为研究对象的文献虽然多以官方对教学点的统计数据为分析基础，但学者与官方的界定存在分歧。教学点与其他学校最本质的区别在于它不具有师资、经费管理的独立地位，但这一区别并不会赫然外显，缺乏可以直接判断的标志。事实上，在广大农村学校，年级序列是否完整、学生规模大小、是否提供食宿等常作为学校分类的现实标志。官方标准的不易操作、学术标准的不统一，需要一个客观外显的标志进行简单可行的农村学校分类，学生规模可以说是最佳选择。近两年来以“小规模学校”为主题的研究成果不断增加，但一方面缺少对小规模学校的清晰界定，另一方面限于篇幅无法深入系统地分析，仅论及如质量、师资或学生成绩等小规模学校发展问题的某一方面，需要全面、系统、翔实的研究对此进行弥补。

从研究内容看，已有文献从师资、办学条件、社区关系等多个维度对教学点问题的分析较为丰富、充实，反映出农村小规模学校发展面临的现实困境，但缺乏对现实政策和小规模学校需求的关照，对布局调整中农村学校资源获致的内部差异鲜有涉及。从已有对师资问题的分析看，缺乏对小规模学校教师职业吸引力和专业发展的系统分析，近年来一系列向农村倾斜的师资政策对小规模学校的影响未被彰显；对财政问题的研究，较多呈现了问题及产生的原因，但对于小规模学校在强烈的制度约束下如何应对，制度制约了小规模学校的哪些需求等问题较少涉及。同时，缺乏解决问题的可操作化对策探索，比如如何在“定员定额+专项补助”的拨款模式中开辟小规模学校获取经费的专门通道，如何确立小规模学校经费拨款的测算系数等，都有待深入探讨；从学校与社区关系看，多从抽象的文化价值和“国家标志”角度阐释学校对社区的重要意义，缺少从学校对社区的依附以及学校与社区的互动的角度来看待二者关系，且较为空泛，无可显论据，有简单说教之嫌。从小规模学校发展的各主要要素关系看，已有研究未能充分重视小规模学校与农村这一场域千丝万缕、不可分离的联系，从开放系统理论出发，更加深入地从二者的互动中寻找现存问题的解决之道，或者说接近问题的本质，显得十分必要。

从研究方法上看，为数不多的研究者采用了实证研究方法。他们基于大范围的问卷调查和访谈，运用量化和质化相结合的方法，对“一师校”等教学点进行历史与现实、价值与困境的梳理，并以质化分析为补充，展示其宏观特征。但无论是否采取了实证方法，都只是“局外人自上而下”地观测小规模学校的发展。此类“自上而下”的研究，主要目的是监测和比较，强调资源的配置和使用效率，从高而远的层面看待千差万别的小规模学校发展，尽管可以整体把握小规模学校发展态势和突出矛盾，但却对基层教育中活生生的个人与学校观照不足，不能反映小规模学校的文化特征和生活气息，而且几乎完全忽视小规模学校的主体需求，对相关政策实施中的重要的现实制约力量无从把握。

（三）启示

基于已有研究，本书将以“自下而上”为主的“上下结合”视角，将小规模学校分成不同类型，从学校作为“基本教育教学单位”“教育系统的组成部分”和“社区组成部分”的三种角色出发，着重讨论三个方面的问题：(1) 农村小规模学校的资源特征，包括资源获得过程、资源占有差异以及影响资源特征的主要因素；(2) 农村小规模学校与其他社会子系统的互动，与其他学校和社区关系是如何建立起来并表现出哪些特点；(3) 农村小规模学校的日常运转，在既有资源和与外部系统互动的基础上，小规模学校如何进行教育教学、师生管理、学生发展和教师专业发展等。对这三个问题的解读，目的是试图描摹出小规模学校发展的一幅全景图、近景图，在深入思考小规模学校多重价值的同时，努力寻找适合农村小规模学校发展的政策路径。

第三节 农村小规模学校发展政策研究的框架设计

一、研究问题

(一) 概念界定

1. 农村小规模学校

“农村小规模学校”这一概念包含三个要素：学校、农村、小规模。根据《中国基础教育统计指标解释2010》，学校指经有关部门批准设立，招收适龄人口实施教学活动的教育机构。

当前的教育统计中多采用三分法对城乡区划进行城市、县镇和农村划分，本书沿袭这一做法。三分法中的农村是指城市和县镇以外的其他区域，城市和县镇的公共设施、居住设施等连接到的村民委员会地域不属于农村。

规模是一个定量指标。在已有研究中，教师数、班级数、学生数都曾被用作小规模学校衡量指标，但当前的研究趋势已回归到对小于一定学生规模学校的研究。这一趋势的到来主要有两方面原因：一是原有标准仅覆盖部分小规模学校，教师数量充足或未采用复式教学的学校不能进入研究范围；二是国家层面的相关统计数据不可获得，不少国家统计中单列学生规模，教师数或复式教学却未进入统计中。考虑到以学生数为基准的经费拨款、师资配置是世界通行的模式，选取学生数作指标有利于借鉴和对比，故本书中小规模学校指少于特定学生数量的学校。

虽然规模大小只是相对意义的区分，但完全没有数量标准也是不可行的。本书基于他国经验和我国农村学校的实际，重点参照关于布局调整政策设计中的一项研究，确定小规模学校的上限标准。这项研究对16个省市的88份布局调整规划文本进行内容分析，发现在被撤并学校的底限规模要求上，85.2%的文件要求教学点人数低于20人的必须撤并，80%的要求初小人数不得低于100，75%的规定完全小学规模必须在100人以上①，可见大多数文件认为，100人是可被接受的常态学校规模。因此本书将我国小规模学校界定为不超过100人的学校，提出的数字标准主要服务于研究的便利性。

我国农村小规模学校并非千校一面。按年级序列是否完整和是否具有独立性，农村小规模学校包括完全小学、不完全小学和教学点；按照学校是否提供寄宿服务，它又包括寄宿学校和非寄宿学校；按学生规模进一步细分，农村小规模学校包括只有几人的超小型学校，十几到五六十人的过小型学校和近百人的较小型学校。现实中，农村小规模学校中完全小学或寄宿学校的比例较低，一所学校通常体现不同的类别特征，如一所只有5名学生的走读教学点，一所78名学生的寄宿制完全小学等。

需要说明的是，考虑到当前初中布局主要在县镇，服务半径大，服务人口多，学生数量基本都超过100人，本书主要针对小学开展研究。

综上所述，本书中的农村小规模学校是，分布在城市和县镇以外区域，学生不超过100人，经有关部门批准设立的从事教学活动的教育机构，它们多位于经济较落后、交通不便利、人口密度小的农村地区②。

---

① 雷万鹏，张婧梅.学校布局调整应回归教育本位：对学校撤并标准的实证分析[J].教育实验与研究，2010(3)：6-10.

② 注：本书对小规模学校学生数的标准界定，自发布之日起得到学界和管理者的广泛认同，在2018年国务院办公厅发布的《关于全面加强乡村小规模学校和乡镇寄宿制学校建设的指导意见》中也采用了这一标准。

2. 学校发展

发展（development）是一个广泛涉及经济、政治、社会以及人的态度的变化过程，从早期仅将发展与经济增长相联系，到逐渐认识到发展“意味着‘良性’的成长与‘可欲’的现代化”①，发展一词更多地与质变联系在一起。熊彼特指出，“我们所指的‘发展’是……从内部自行发生的变化”②，而缪尔达尔则在他的不朽之作《亚洲的戏剧：对一些国家贫困问题的研究》一书中提出，“发展”意味着从“不发达”中解脱出来和消除贫困的过程，“发展”意味着整个体系的向上运动③。

发展理论（Develop Theory）对“发展”含义的界定有助于我们更好地理解“学校发展”。作为一个组织，学校发展与发展理论中所研究的经济、社会、政治、文化等宏大系统的发展有所不同，但又具备本质上的相似性。近年来，围绕“学校”议题所进行的组织发展研究被冠以不同的名称，如学校发展、学校变革、学校效能、学校改进，等等，对这些术语的清晰定义很少能达成共识④，中国内地研究者较多使用“学校发展”一词。本书认为，学校发展就是学校作为一个结构完整的组织，在外部环境的制约和内在发展规律的支配下，不断地适应、调整、变革、创新，改善自身生存状态并实现更高一级组织目标的过程。

基于对两个核心概念的界定，我们认为，对小规模学校发展议题所进行的政策研究，需要围绕小规模学校所面临的外部环境制约与学校组织内部特性，从学校内部观察政策对学校发展的影响，进而从政策层面寻找促进小规模学校发展的空间和可能途径。本书采取政策研究取向，既希望为政策制定者提供来自实践一线的反思与建议，也希望能为更多的利益相关者，尤其是那些经常处于失语状态的群体，提供一个表达诉求的窗口。

---

① 柏格.发展理论的反省：第三世界发展的困境[M].北京：世界图书公司，1983：37-38.

② 熊彼特.经济发展理论[M].北京：商务印书馆，1990：70.

③ 庞元正.当代西方社会发展理论新词典[M].长春：吉林人民出版社，2001：3.

④ 梁歆，黄显华.学校改进：理论和实证研究[M].上海：华东师范大学出版社，2010：3.

（二）研究问题

农村小规模学校发展政策议题涉及两个方面：为什么发展农村小规模学校和如何发展农村小规模学校。前者需要对小规模学校在农村教育发展和农村社会发展中的重要性予以准确评判，体现出政策制定者的价值取向；后者需要识别出农村小规模学校发展现状及特征、存在问题，以及小规模学校自身需求，体现出政策的针对性和可操作性。

有研究者和观察者注意到小规模学校的多元价值，但对小规模学校重要价值的讨论，不应只停留在哲学思辨的层面，更应该关照小规模学校的存在所具有的不可取代的现实意义。小规模学校保障农村贫弱家庭子女入学机会的公平意义，保障办学多样性的生态意义，更需要一线田野调查资料的实据支撑。因此，这些意义和价值是否存在？在何种程度、以何种方式存在？成为本书关注的首要问题。本书试图在田野观察的基础上对小规模学校的重要性予以解读，并明确小规模学校在农村教育政策中的应有地位。

全面把握小规模学校的发展特征，需要采用开放系统理论视角，在资源输入、加工与输出的动态过程中揭示完整的学校发展面貌。学校发展涉及诸多方面，内部有人员、财政、管理、文化、日常运转等因素，外部有地理位置、社会经济发展状况、教育资源配置、政策导向及学校与外部组织的公共关系等因素。对于小规模学校来说，任一因素对它的发展都可能产生关键性影响。资源是学校运转的生命线，小规模学校对教育资源的占有和利用折射出小规模学校发展的基本特征。不同规模学校间资源占有的差异以及为何产生这些差异，为小规模学校发展研究之前提与基础。讨论小规模学校如何利用这些资源维持运转，不仅还原小规模学校运转面貌，还能呈现小规模学校发展中存在的主要问题，如运转的规范性、学校自主性与资源保障效力等。在寻求小规模学校发展特征的过程中，必须着力关注小规模学校在发展中的主体性需求，小规模学校的利益相关主体，尤其是教师、家长和社区，如何看待小规模学校的当前发展，他们的利益诉求是什么，政策能否以及如何满足他们的需求，都将影响且决定小规模学校的发展性质。

基于上述对小规模学校发展政策领域两个主要议题的分析，本书确定以下三个问题为具体的研究问题：

（1）小规模学校的资源特征；

（2）小规模学校的外部关系；

（3）小规模学校的日常运转。

这三个问题构成了本书的框架。这三个问题相互关联，以资源占有为基础，通过小规模学校与外部环境的互动和日常运转，以小规模学校的多元价值为最主要标尺衡量资源利用效度，最后以小规模学校发展政策探索统领这三方面的问题。

1. 小规模学校的资源特征

（1）从小规模学校资源差异来看，不同规模的学校之间、不同小规模学校之间资源占有的差异表现出什么特征？小规模学校的资源占有受哪些因素影响？（2）从国家政策的保障效力来看，倾斜性的资源配置政策，如“特岗计划”政策，最低 100 人的公用经费拨款标准，义务教育经费保障新机制等，是否改变了小规模学校的生存状态？如果有，是什么样的改变；如果没有，为什么不能让小规模学校受益？（3）从小规模学校在经费获得和利用的主动性来看，小规模学校面对资源困境是如何应对的？为什么不同的小规模学校对此反应不同？

2. 小规模学校的外部关系

（1）在新的资源配置政策框架内，小规模学校与中心学校或中心小学如何互动？使小规模学校依附于中心小学的管理制度设计，对小规模学校的发展有多大影响？（2）“村办小学”成为“国家办小学”之后，学校与社区之间关系如何？小规模学校与家长、村委会的关系如何？

3. 小规模学校的日常运转

（1）小规模学校的内部运转，如教和学、人员互动呈现哪些特殊性？（2）学校运转的规范性程度如何？（3）学校规模、学生流动、学校管理行为如何影响小规模学校的运转？

基于上述具体问题，小规模学校多元价值的判断与分析主要集中在：(1) 小规模学校对于不同的群体具有哪些外显的或隐含的价值？(2) 这些多元价值在布局调整实践中，在教育政策制定与执行中是否被保护和彰显？

对这些问题的讨论是无法脱离农村教育政策脉络的，本书也试图通过这些问题展现农村教育政策在实际执行中的主要图景，并着力反思农村教育政策从制定到实施中是否体现了对农村小规模学校实际权力与利益诉求的关照，以此思考农村学校发展政策。

二、研究方法

量化研究与质化研究是社会科学领域两种不同的研究范式。量化研究遵循实证主义的方法，强调事实的客观实在性，注重经验证实以及研究结论的普适性；而质化研究以现象学、诠释学、批判理论、民俗方法学、符号互动论等为其哲学基础，强调对象的主观意向性，注重解释建构，强调主体性在认知过程中的重要性，期望把握更真且具人文关怀的真理①。

本书关注农村小规模学校发展问题，这属于中观层面上的研究问题，但它既涉及宏观的国家战略、教育发展，又与微观的学校内部各因素息息相关，即便从学校组织内部看，该组织的发展问题至少包括个人、群体和学校整体三个层次，从财政、师资与管理三个方面看，问题显得更加复杂。研究小规模学校发展议题，需要在描述性研究基础上进行深度挖掘，探究“如何发生”和“为什么发生”，这就决定了单一研究方法难以回应上述议题。本书遵循以研究问题选择研究方法的逻辑，选取混合方法研究范式。

（一）量化与质化的比较

在社会科学研究发展的历史中存在着量化研究与质化研究两大范式。

① 梁丽萍.量化研究与质化研究：社会科学研究方法的歧异与整合[J].山西高等学校社会科学学报,2004(16):25-28.

简单地说，量化研究就是对数字形式资料的实证分析，质化研究就是对非数字形式资料的实证分析①。量化研究基于实证主义和后实证主义，强调事实的客观实在性；质化研究基于现象学、建构主义、解释主义，强调对象的主观意向性，注重解释建构，强调知识产生于人类互动中，人们所赋予事物的意义也是知识。二者在哲学基础上的区别见表0-3：

表0-3　社会科学重要范式的区分

	实证主义	后实证主义	实用主义	建构主义
方法	量化的	量化为主	量化+质化	质化
逻辑	演绎	演绎为主	演绎+归纳	归纳
知识论	主客体分离的二元论	修正后的二元论，仍重视客观的研究结论	主客观的观点皆存在	主观的，主客体无法分离
价值论	价值中立	价值有涉但受控制	价值扮演阐释研究结果的角色	价值关联
本体论	素朴实体类	控制或形而上的实体论	接受外在的实体，为研究结果选择适当的解释	相对主义
因果关系	有时间先后、真正的因果关系存在	社会中存在稳定的法则，但无法被完美地得知	有因果联系的存在，但我们永远无法得知	所有的实体同时交互影响，无法从中区分因果为何

资料来源：A. Tashakkori & C. Teddies, Mixed Methodology: Combining Qualitative and Quantitative (London: Sage, 1998), p23.

量化研究所针对的问题与对资料的处理与质化研究都有较大差别。但学术界的共识是，这些差别只在典型的量化与质化研究之间才如此鲜明，大多数研究仅是比较靠近某个端点。量化与质化在技术与策略层面的差别见表0-4。

① PUNCH K F.社会科学研究法：量化与质化取向[M].林世华，等译.台北：心理出版社，2005：6.

表 0-4　量化与质化的对比

	量化研究	质化研究
研究问题	预先明确	一般性引导
结构设计	严谨	松散
资料	预先结构化	逐渐结构化
资料获取方法	统计报表、问卷法、量表测量、文献法	访谈、观察、文献法
资料分析	数理分析	理解、阐释

资料来源：主要内容参考了 Keith F. Punch：《社会科学研究法：量化与质化取向》，林世华，等译，台北：心理出版社，2005，P37；风笑天：《社会调查方法还是社会研究方法》，《社会学研究》，1997，P2.

量化研究和质化研究的最佳使用区域不同。量化研究解决“是什么”“什么样”的问题，因此偏重于描述，便于把握整体特征；而质化研究回答“如何”和“为什么”的问题，因此偏重于分析事件的发生进展，优于解释背后缘由。量化研究强调价值中立，侧重客观表述，容易显得“冷冰冰”；质化研究重视研究者和研究对象的个人介入，在理解中接近事实真相。Punch 认为：“量化研究在获取社会生活特征的结构上特别有效，而质化研究在过程方面则较强。这些各自的强处可以在单一研究中加以结合在一起使用。”①

对混合方法研究范式中量化方法和质化方法的地位和关系，人们逐渐有了清晰、科学的认识：量化研究和质化研究并不是互不相容的，它们之间的关系更像是一座迷宫，研究者来到路口时不只是面临两种选择，而是在行进中时刻面临多种选择，而选择的每一条道路又都与其他的道路相互交叉重叠。Bryman 认为结合量化研究和质化研究的一般缘由是利用两种取向的长处，抵消二者的弱点②，但是否采用结合的方法，应该视研究的实际环境与研究思路的特殊性而定。

① PUNCH K F.社会科学研究法：量化与质化取向[M].林世华，等译.台北：心理出版社，2005：37.

② BRYMAN.A Quantity and Quality in Social Research[M].London：Unwin Hyman，1988.

（二）混合方法研究的主要特征

从历史发展看，20 世纪后半期质化研究地位得以稳固，改变了量化研究一统天下的局面，混合研究方法也逐渐登上历史舞台，并于 20 世纪末期为范式论战（Paradigm Wars）画上了暂时的休止符。进入 21 世纪，多元融合特征更加明显，混合方法研究引起更多兴趣。在 Creswell 等研究者的大力倡导之下，混合方法研究进入加速发展时期。2004 年 Johnson & Onwuegbuzie 发文称，“混合研究的时代已经来临”，认为混合方法研究是“第三种教育研究范式”，应用混合方法的研究成果也日益丰厚。然而在国内教育研究领域，不仅对混合方法研究的介绍较为简单和单薄，应用混合方法研究的研究成果也比较少①。

实用主义是混合方法研究的最坚实的哲学基础。实用主义关注实用，即“什么有用”，以及问题的解决方法。问题比方法重要，研究者要使用所有的方法以理解问题。实用主义为混合研究中多种方法、不同的世界观、迥异的研究假设和多样的资料收集与分析打开了方便之门。实用主义从哲学层面终止了非此即彼的观念之争，研究取向不应该成为影响问题解决程度的关键因素，为了解决问题而选择合适方法的自由应该归还给研究者。

混合方法研究作为新的研究范式，有三层含义：第一，既使用量化研究方法也使用质化研究方法；第二，两种方法可以在研究中的任何阶段、以多种方式予以结合；第三，选择何种方法服务于解决问题的需要，量化与质化互相取长补短。

1. 混合方法研究的优势及类型

量化研究与质化研究“逻辑上的相似性、研究目的上的重叠性”以及弱化传统二分法的趋势为二者的结合提供可能②。基于这种可能以及哲学上方法论的突破，混合方法研究出现并日益成熟，其优势也越发明

---

① 安黎黎.混合方法研究的理论与应用[D].长春:华东师范大学,2010.

② PUNCH K F.社会科学研究法:量化与质化取向[M].林世华,等译.台北:心理出版社,2005:366.

显。Johnson & Onwuegbuzie 对混合方法研究的优势进行了较全面的总结[①]，主要有：（1）研究中所使用的话语、图片和故事与数字相得益彰，前者增加了数字的意义，数字又增强了前者的准确性；（2）量化研究与质化研究的优势同时彰显；（3）研究方法和手段的丰富增强了研究回应更宽更大范围问题的能力；（4）一种方法可以用来弥补另一种方法的不足；（5）结果互证提高了研究结论的可信度；（6）增加了单一方法研究可能忽略的洞察力和理解力；（7）提高研究结果的推广性；（8）加强了理论与实践的联系、提供更完备的知识。但同时，他们也指出，混合方法研究对研究者要求较高，能同时精通两种方法的研究者不多，多需要团队协作；此外，混合方法研究需要更多的时间、精力和经费。

Tashakkori 和 Teddlie 根据方法混合的形式，即量化与质化方法在研究中的地位与先后顺序，将混合方法分为以下五种类型[②]。一是顺序设计（sequential studies），即“先量后质”或“先质后量”，先搜集量化资料分析后，再搜集质性的资料加以解释、验证，称为解释性设计（explanatory design）；或者先搜集质性的资料，从质性的资料中分析整理出初步的结果，再依此结果编制成量化工具，并接着进行量化资料搜集与分析，此种方式称为探索性设计（exploratory design）[③]。二是平行或同时设计（parallel/simultaneous studies），研究者同时使用两种方法收集资料、进行分析，存在两种分析结果相互矛盾的危险。三是主辅设计（dominant-less dominant studies），以量化或质化研究方法为主，另一种方法只占小部分，起到辅助补充的作用，通常有“QUAN + qual”或“QUAL+quan”的表示方式。这种方法有利于在某一范式下进行更深入详细的研究，而处于辅助地位的研究方法为提高整个研究的效度提供证

---

① JOHSON R B, ONWUEGBUZIE A J. Mixed Methods Research: A Research Paradigm Whose Time Has Come[J]. Educational Researcher, 2004, 33 (7).

② TASHAKKORI A, TEDDLIE C. Mixed Methodology: Combining Qualitative and Quantitative Approaches[M]. ThousandOaks. CA: Sage. 1998.

③ CRESWELL J W. Educational Research: Planning, Conducting, and Evaluating Quantitative and Qualitative Research [M]. Upper Saddle River, New Jersey: Merrill Prentice Hall, 2005.

据。四是同等地位设计（equivalent status designs），平等使用量化与质化方法，没有哪一方拥有优势的主导权。五是多层次取向设计（designs with multilevel use of approaches），研究者针对不同的研究群体，选择不同的资料搜集和分析方式，以相互验证和全面分析。比如在学校发展研究中，对学校行政人员通过访谈和观察获取资料，对教师和学生通过问卷调查获取资料。

在混合方法研究的每个阶段，同样交叉使用量化与质化方法，进行研究设计、资料收集与数据分析。比如采取情景探究的研究设计，选取个案后，不带任何预设地进入研究现场，逐渐明确问题，对观察或收集到的资料通过内容分析或者统计分析来处理。在混合方法研究中，只要能满足问题的解决以及资料的性质，两种方法的使用没有明显的界限。

2. 混合方法研究的程序设计

Johnson 和 Onwuegbuzie 认为，一个完整的混合方法研究程序主要包括 8 个步骤：（1）确定研究问题；（2）确定采用混合方法研究是否合适；（3）选择混合方法研究类型；（4）收集资料；（5）分析资料；（6）解释资料；（7）信度验证；（8）得出结论并写出最终报告。其中第五步包括七个环节。见图 0-7 程序设计模型。

需要说明的是，混合方法研究的程序并非线形或单向的，它们可以在顺序上有所变化，当需要的时候可以回到前面的一个或几个步骤重新修正，因此图中部分地方使用了双箭头。这个图本身就说明了混合方法研究过程具备周期循环、相互作用的特征。这种循环和相互作用既可以在单个研究内使研究不断进行扩展，也可以导向新的研究。

混合方法研究范式倡导以多元策略最大限度地利用量化和质化方法的优势，所作的类型区分与程序规范为研究者提供了可依循的架构，并不制约研究范式应用的灵活性，因此在教育研究领域混合方法研究的应用多彩纷呈，从研究设计、资料分析到成果呈现，有相当大的自由度。

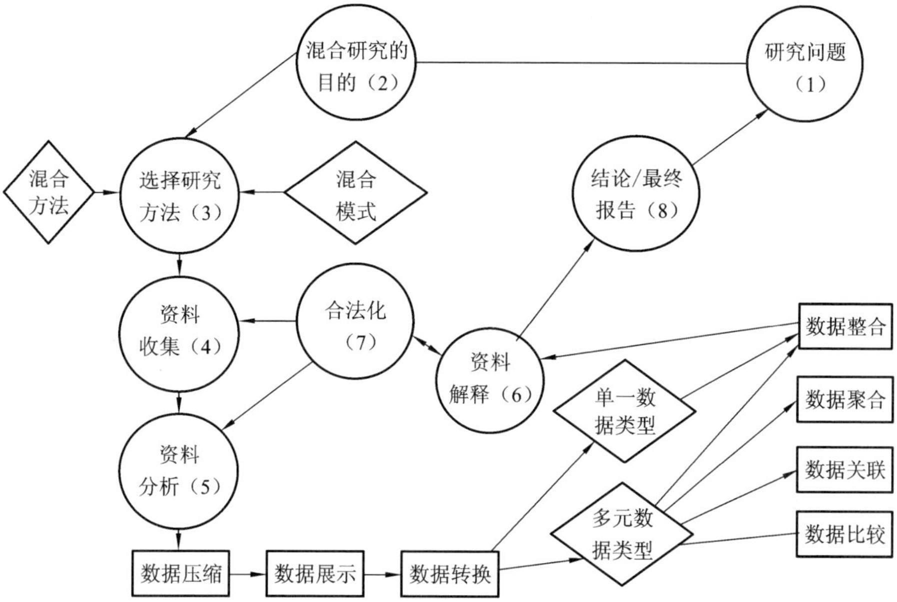

图 0-7　混合方法研究程序模型

注释1：在混合研究程序中圆形代表步骤（1—8）；在资料分析阶段，矩形代表环节；菱形代表部件或成分。

注释2：步骤3中涉及混合方法（mixed method）和混合模式（mixed model）的选择，前者主要指前文已提到的根据质、量化方法使用的优先顺序和地位进行的方法组合，而后者指在研究进行的各个阶段都将质、量方法进行的结合，这两大类型的分类由Patton于1990年首先提出，在实际使用时往往糅合在一起，因此本书对其作粗化处理，在前文中未作此种区分。

资料来源：Johnson P B & Onwuegbuzie A J, Mixed Methods Research: A Research Paradigm Whose Time Has Come. Educational Researcher, 2004 (33): 12-26.

（三）混合方法研究的具体运用

方法追随问题，混合方法研究适用于研究复杂问题。从已有文献看，混合方法研究在我国教育研究领域尚未成熟，但随着教育所处的社会环境变革，教育问题也更加复杂，运用混合方法研究范式将成为必然趋势。本书针对小规模学校发展问题展开多角度研究，决定了这是一项融描述性、解释性和探索性为一体的研究，选择混合方法研究成为必然。混合方法研究在本书中的应用可以从研究视角、研究安排和研究内容等体现出来。图 0-8 探讨了本书运用混合方法研究小规模学校发展政策议题的设计思路。

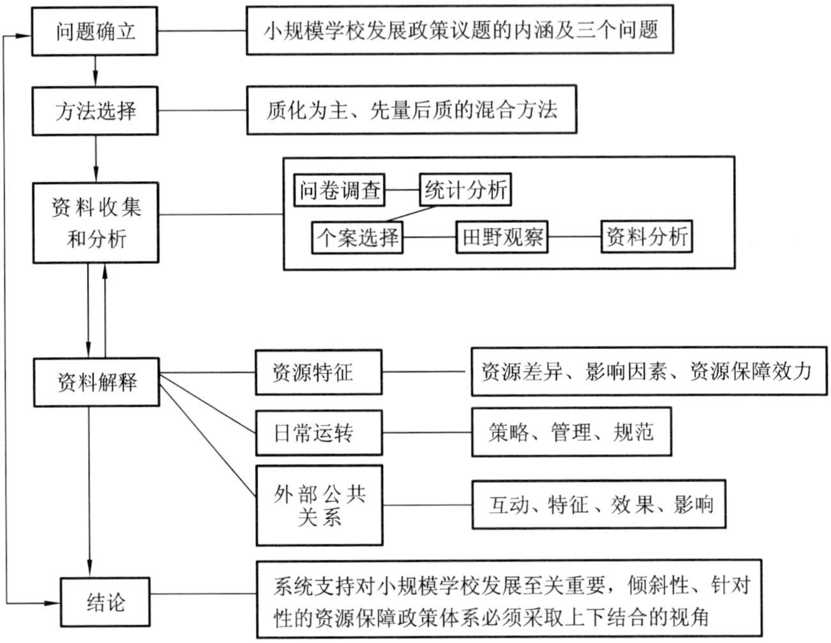

图 0-8　小规模学校发展议题的混合方法研究流程图

从研究视角看，研究者一定程度上都与小规模学校遥遥相隔，都无法完全突破局外人“自上而下”地看问题的局限，同时“自上而下”的视角也有利于把握整体态势，不宜在研究中完全抗拒；但以局内人的姿态“自下而上”地看待小规模学校，有利于展示小规模学校的日常情景，比较真实地显示师生的满意度与幸福感，并能辨清学校与社区及其他群体千丝万缕的联系。已有研究多以“自上而下”视角描摹我国小规模学校发展的基本形态，而对“自下而上”研究视角运用不多，基于此，本书尝试以“自下而上”视角为主，通过对小规模学校发展问题的整体判断和分析，了解农村小规模学校生存状态。因此，本书采用主辅设计的混合方法研究，其中尤以对两县 5 所农村小规模学校的质化研究为主要着墨点。

由本人[①]导师率领的研究团队近年来一直围绕农村教育和农村学校发展进行研究，本人也多年持续参与其中。研究团队通过调研，获取了大量农村学校的一手资料，关注到农村教育场域中发生的琐碎但有意义的事件，在此过程中研究者也与许多农村师生和家长交上了朋友。就研究方法的采用顺序而言，从这点上说，很难区分量化研究和质化研究的先后次序。但从本书所使用的主体数据看，对 2009 年数据库分析结果的深入思考触发了小规模学校发展研究的核心议题，随后进行的多次田野调查都主要围绕统计分析的未明晰或无法解释的问题进行。在此意义上，采取了属于典型的先量化、后质化的顺序设计。

从研究内容上看，量化研究与质化研究的各自优势适用于本书聚焦的若干重要议题。量化研究的应用主要是根据全国 11 省（区）的大规模调研数据，分析农村小规模学校资源占有的整体特征，并通过分析不同规模学校的差异来揭示规模等因素对小规模学校资源占有的影响。根据质化研究的优势，本书中主要在下述几方面运用质化研究：（1）提供相关行动者如教师、学生、家长、社区代表等个人对小规模学校的观感与阐释，多维度检视小规模学校发展状况；（2）深描小规模学校的日常运转状态；（3）展现师资、经费等资源特征以及学校公共关系的具体形成过程；（4）从小规模学校对教育系统与社区系统的依附与拒斥，揭示影响小规模学校资源占有和利用的深层原因；（5）对个案小规模学校的差异进行比较与分析。总之，质化研究要求研究者与小规模学校感同身受、细致观察，从最平常、最细微处寻找影响小规模学校发展的因素，分析小规模学校与其他群体的资源交换与互动，诊断小规模学校面临的问题，从生存脉络与交互影响中寻找问题的解决之道。

具体研究方法的选用上，量化研究方法主要是运用 SPSS17.0 软件所提供的基本统计分析、相关分析、多元线性回归分析和多因素方差分析等对大规模调研数据进行分析。质化研究方法则主要运用迈尔斯、休伯曼所提倡的排序图表和矩阵表等方法对田野资料进行个案内及跨个案的

① 在行文中，根据具体语境的需要使用了本人、研究者、观察者等词语代指本书作者。

探究与解释。

由于本书涉及更为复杂的跨个案研究，有必要对个案研究的分析方法和跨个案分析策略予以简单介绍。个案研究方法中未必全部采用质化方法分析材料，“借用某些量化分析的逻辑”① 来比较个案小规模学校的某些特征也非常必要。本书所使用的跨个案研究方法，正如已有研究者指出的那样，可以提高概括性，让研究者确信：某一描述清晰的场所中出现的事件与过程，并非是个体独有的；更深一层来看，是想了解“个案的过程与结果，探究当地的条件是怎样地限定了过程与结果进而发展出更细致的描述与更有力的解释”②。进行跨个案研究必然遭遇迈尔斯和休伯曼所提到的策略选择难题，即采用个案取向分析策略（case-oriented strategies），把个案当成一个整体，去探究个案内的结构、关联性、原因与结果，之后才会去比较几个（通常是少数的）个案；还是采取变量取向分析方法（variable-oriented strategies），其基础材料是变量及其间的关系，而不是个案。事实上，两种分析取向都有其优缺点。变量取向分析适合用来寻找大样本在各变量之间可能存在的关系；不过它不适合处理多重的子样本。个案取向分析则适合探究小样本中特定的、具体的、历史性的-扎根式的模式（historically-grounded patterns），不过此种研究发现通常只是基于特定场景和脉络。进行跨个案材料的质化分析，并没有哪一种取向会比较优越，合适的做法应该是根据研究的发展，选择其中之一，并（或）结合（整合）两种取向。本书在进行质化资料分析时，主要采取混合策略，以变量取向策略呈现个案学校遭遇发展问题时的异同，但试图尽量保存“典型故事”，保留个案学校发展脉络的清晰性。

三、数据来源和个案介绍

（一）数据来源

本书所用资料来自两个途径：一是雷万鹏教授带领的课题组获得的

① MILES M B.质性资料的分析：方法与实践[M].张芬芬，译.重庆：重庆大学出版社，2008：242.

② MILES M B.质性资料的分析：方法与实践[M].张芬芬，译.重庆：重庆大学出版社，2008：235.

全国性问卷调查数据库；二是本人长期定点对农村小规模学校的追踪调查所获得的一手观察资料。

量化数据主要来自雷万鹏教授主持的教育部哲学社会科学研究重大课题攻关项目“义务教育学校布局问题研究”数据库。课题组于2009年—2010年对全国11个省（区）农村学校（包括教学点等小规模学校）进行了大规模调研。调查工具之一是“义务教育学校布局调查（学校信息表）”，该信息表由校长填写，共三个部分，学校基本情况、学校基本数据和2008年学校收支，要求校长提供学校多方面信息，如学校基本情况、布局调整经历及预期、对布局调整看法、2000年—2010年师生人数变动及构成、办学条件、2008年经费收支信息等，上述变量从静态层面展示了学校全貌。

为更加深入地分析农村小规模学校发展状况，本人及所在的研究团队利用课题调研和参加H省义务教育均衡发展工作检查的机会，在2009年至2012年6月间对H省十几个县市农村学校发展状况进行调查，收集到更为详细和立体的资料，获得了关于农村小规模学校发展的较为清晰的全景图。2011年6月份在对全国11个省（区）问卷数据进行资源特征分析的基础上，确定需要重点关注的农村小规模学校类型和问题，锁定两个个案县，并通过反复调查和比较，最终确定5所个案学校。

（二）资料获取方法

1. 问卷调查法

为保证研究工具的效力，问卷经过多次试调研和征求多位专家、被试者的意见修订而成。问卷发放涉及东、中、西部11个省（区），包括：浙江省、湖南省、湖北省、安徽省、河南省、山西省、广西壮族自治区、山东省、黑龙江省、内蒙古自治区、青海省。在样本省选择县市时遵循差异原则，根据经济发展水平、地理条件、人口密度、教育发展差异等在每个样本省（区）原则上选取3个县（市）进行调查，11个省（区）共选择33县（市）。在每个样本县（市）内，“学校信息表”的发放采取普查方式，即要求样本县内所有义务教育阶段学校进行填写。共获得有效农村义务教育样本学校信息表3 075份，其中在校生数不超过100人的农村小规模学校1 161所，占农村学校样本的38.9%。

2. 观察法

2011年9月至2012年3月，本人多次进入个案学校进行观察。其中有7天为全天停留在小规模学校及所在村，其余调研安排为白天在小规模学校观察，晚上回到镇上住宿。在观察期间，本人一直以研究者的身份出现，通过随堂听课、课间参与学生活动以及随意在校园内走动等观察学校运转情况，以不完全参与式观察收集小规模学校课堂教学、人员互动、分工等状况，并以文字、录音笔、照相机等记录小规模学校教学过程、师生互动、校园面貌以及学校与社区、与上级管理者的交流等。观察期间累计积累听课记录42份，观察日志和反思60余份约5万字，访谈录音130多个小时，转录文字30多万字，田野照片2 000多张。

3. 访谈法

研究者通过与教师、校长、学生、村民、村支书以及中心学校和教育局工作人员的访谈，获得了利益相关各方对小规模学校发展真实的看法和体验，深入了解了不同群体对小规模学校的看法和期待，并以互证或互补的方式获得了相对完整的小规模学校发展的路径。对不同对象的访谈令笔者能够获悉和了解对小规模学校至关重要的事件，如“撤校风波”。围绕个案学校发展进行的访谈涉及的行政人员有：1名教育局局长和3名教育局工作人员，3位中心学校校长、2名会计和2名教研员；小规模学校师生有：24名教师（含5名校长），10余名学生（因大部分学生过于年幼无法接受访谈，笔者主要对他们进行观察）；社区人员有：4名村支书和1名村会计，27户农村小规模学校学生家庭，村民中10名非小规模学校学生家长，以及4名已迁到镇上居住的学生家长。

4. 文献收集法

近年来，各地为开展布局调整工作、推进城乡义务教育均衡发展出台许多文件，个案县还积极编制地方教育志，这些资料对于掌握当地教育发展状况非常重要。在田野观察期间，本人搜集到了县教育志一本，县级教育政策文本38份，乡镇教育管理制度14份，乡镇教育情况表6份，全镇学生成绩排名文本4份。离开观察现场后，通过QQ聊天工具、电子邮箱获得乡镇经费信息、成绩排名情况，在互联网上搜索到个案县、校的制度文件、资料、拨款信息等近 50 份。

5. 研究者作为研究工具的效度问题

质化研究中研究者本人就是最重要的研究工具，当前对研究者应否"价值无涉"的争论已经平息，研究者无法避免携带自己的价值观开展研究已基本成为定论。但研究者的身份、个人品性、处事方式甚至无法改变的特点如语言、性别等，都会影响到研究者能否顺畅进入研究现场，能否获得高品质的现场资料。在观察法、访谈法中，研究者个人特征对资料获取质量的影响更为明显。通过本人导师雷万鹏老师的介绍获得个案县负责人的同意后，由县教育局人员将研究者介绍给部分乡镇中心学校校长，然后根据他们的建议研究者选择部分学校作为调研对象。我所秉持的真诚、合作、互利的研究方式，获得了本次调研中绝大多数研究伙伴的认同。在他们看来，我是一名愿意与他们长久做朋友的研究者，在融洽的信任关系建立以后，观察、访谈更像是朋友谈心和互相帮助的信息交流。当个案学校校长和教师在我离开观察现场的日子，通过打电话、发短信、网络聊天等方式与我联系，告诉我学校的新情况，以及亲切地称呼我"小张"，而不是起初拘谨的"张博士"或"张老师"时，我确信，他们与我的互动是充满信任与真诚的。这种信任和真诚是确保质化研究数据真实可靠的重要条件。

不同受访者提供的信息互证，以及不同时间以不同方式对同一个人就某一类信息的验证性访谈或观察，这些方法在本书中持续使用，以保证质化资料的可靠性。

（三）个案选择和介绍

本书选取 H 省宗县和南县为个案县①，是基于如下理由：

1. 两县的可进入性

在 H 省义务教育均衡发展行动计划中，作者所在的研究团队带头人被聘为 H 省教育发展咨询专家团队，并负责指导11 个试点县市，宗县和

① 文中所涉及的县(市)镇名称、人名、地名按照学术惯例做了技术处理。

南县即在其中。作为团队一员，我有机会接触到包括两个个案县在内的试点县教育局人员、农村学校校长和教师以及众多家长，与他们良好的合作关系为我进入个案县开展研究提供了极大便利。在这次调研活动中，个案县教育局人员充分认识到了调查研究对于发展当地教育的重要性，以开放的态度接纳、信任研究者，在整个研究过程中处处给予便利。

2. 两县的相似性

两县都为地形较为复杂的山区县，经济发展水平在周边县市中处于偏下等位置，其中南县为国家级贫困县。2010 年，南县户籍总人口 102.32 万，农民人均纯收入 4 459 元；宗县总人口约 56 万，2010 年农民人均纯收入 5 011 元。两个县都缺乏支柱产业，外出务工人口众多，为打工经济大县。此外，两个县的传统文化氛围都较为浓厚，南县宗族力量在村庄发展中非常重要，而宗县的部分地区仍保留着传统的提琴戏剧种和古老的风俗习惯。

3. 两县教育发展策略迥异

宗县在布局调整中大胆采用了“大撤大并、学在县城”的布局方式，提出绝大部分学生、教师、学校都在县城的目标，并于 2010 年春季启用在城郊兴建的可容纳近两万人的“教育新城”，仅在县域主干道附近留下 9 所初中和几十所小学。县委提出举全县之力兴办优质教育的口号，在经费、人员编制以及管理制度上为教育发展提供最有利条件。而在南县，近十年来的学校撤并力度相对较小，全县村级小学仍大量存在，县级政府办教育的积极性未被充分调动，对教育发展的支持较弱。两县在教育管理体制改革中的进度也不同。宗县于 2010 年春季开始对保留在乡镇及村庄的学校试行“联校一体化”管理，即以一所中心小学带动周围几所规模偏小的学校，师资、经费、管理制度完全统一，到 2011 年秋季这一管理制度已完全实施。在南县，管理制度的革新相对缓慢，2005 年通过撤并部分学校形成几个层次的中心小学：镇中心小学、片区中心小学、村级中心小学，村级中心小学辐射周围几所不完全小学，但至 2011 年秋季，这一辐射与附属关系仅表现在由村级中心小学接收不完全小学的五、六年级学生，在师资、经费、日常管理中仍各自独立。2011

年秋季南县高塔镇中心学校提出“中学教师到小学走教”的计划，但对于村级中心小学及下属学校并无实质性覆盖。

两县 2011 年教育发展基本信息如下：宗县现有各级各类学校 92 所，其中高中 3 所，职校 1 所，初中 11 所，小学 76 所（辖 53 所初小、34 个教学点），特殊学校 1 所，另有公办幼儿园 27 所。全县在岗教师 4 179 人，在校学生 78 222 人。南县全县有高中（含完全中学）9 所，初中（含九年一贯制学校）42 所，小学 347 所，特殊教育学校 1 所。在校学生共 225 876 人，其中高中 20 224 人，初中 70 379 人，小学 129 311 人，中职 5 962 人。

在这样相似又不同的两个县中，从经济发展水平、交通条件、镇内校点布局角度选取宗县的古水镇、香溪镇和南县的高塔镇作为个案乡镇①。（1）古水镇版图面积 147 平方公里，辖 22 个行政村、1 个社区，182 个村民小组，共 53 762 人，外来人口约 1.5 万人，2010 年农民人均纯收入 6 100 元。古水镇交通十分便利，106 国道东西向穿境而过，省道、县道、乡级公路交织而成便利的公路网络。古水镇的人口与经济发展水平在该县都居第二位。古水镇现有初中 1 所，完全小学 9 所，不完全小学4 所。（2）香溪镇位于宗县西北部，与临市交界，总面积 137.1 平方公里，辖 8 个行政村、82 个村民小组、3 500 户，共 13 007 人。2005 年全镇农民人均纯收入 1 496 元，打工收入占纯收入 25%。省道和县道皆从该镇穿过，乡级公路已覆盖全镇，但由于境内多山多河流，多为蜿蜒的山间公路。该镇仅有 1 所完全小学 2 个教学点，全镇共有小学生 185 人，教师 20 名。（3）高塔镇位于南县中部，总面积 230 平方公里，106 国道、316 国道、沿横省道在镇区交汇，武（汉）九（江）铁路南北穿境而过；下辖 20 个行政村，161 个村民小组，1.5 万户，总人口 8.3 万人，农村人均纯收入 2 366 元；高塔镇有初中 3 所，完全小学 24 所，不完全小学 19 所，据该镇中心学校提供的数字，全镇共有中小学生12 906 人。

① 古水镇与香溪镇的地理、经济、人口等基本情况来自宗县民政志（2010 年 7 月出版），高塔镇的此类信息来自该县政府网站；三镇的教育发展信息来自田野调查资料。

根据学校的规模、发展现状和前景，在三个镇中挑选出5所有差异的小规模学校作为个案学校，这5所学校的基本情况如下：

1. 白山学校

白山教学部距古水镇中心小学约15分钟摩托车程，服务1个行政村、8个村民小组2 600多名居民。开设一、二、三、六年级4个单式班，学生45人，教师5名，其中1名位代课教师。

2. 琴水学校

古水镇琴水学校距镇中心小学20分钟车程，服务1个行政村6个村民小组2 560名居民。开设一、二、四、六年级4个单式班，有学生36人，教师5名，其中代课教师2名。

3. 山尖学校

香溪镇山尖学校距镇中心小学40分钟公交车程，仅有一条山间公路相连。开设1个一、二年级的复式班，2011年秋季有学生5人，2012年春季学生4名；教师2人，一名为长期在此任教的教师，另一名为走教教师（或称代课教师），2012年春季走教教师被调走以后由从本地请来一名原民办教师代课。该校服务3个行政村18个村民小组2 098名居民。

4. 下李学校

高塔镇下李学校距本片区中心小学约12分钟、到镇中心小学需要18分钟左右的公交车程，服务5个行政村，总人口5 000多人。该校下辖5所不完全小学，校本部为一至六年级的完全小学，4个班，其中一年级和四年级复式上课，二年级和三年复式上课，一至四年级主要面向学校所在村招生，五、六年级面向5个行政村招生，学生78人。教师10名，其中3名县级聘任制教师，1名校级聘用的代课教师。

5. 陈湾学校

高塔镇陈湾学校距下李学校不到20分钟步行路程，是下李学校的下属小学。村际道路为坑坑洼洼的柏油路。陈湾小学服务1个行政村8个村民小组1 100名居民。开设有一、二、三年级两个班，其中二三年级复式上课，21名学生，两名教师皆为县级聘任制代课教师。

第一章　农村小规模学校整体特征的量化分析

遵循量化与质化相结合的混合方法研究范式，本章着重以量化方法分析农村小规模学校的基本特征，并分析影响小规模学校资源占有的主要因素，量化分析结果与田野调查互为参照。

第一节　农村小规模学校基本特征

“义务教育学校布局问题研究”的调研覆盖了东、中、西部 11 个省，基于“差异原则”抽选样本，样本县市的经济发展水平、地理条件、人口密度和教育发展等具有多样性。此次调研获取 3 075 份农村学校有效样本，其中，农村小规模学校 1 161 所，占总样本比例为 38.9%，小规模学校校均在校生 45.86 人。从学校类型、地理环境、城乡分布、服务范围来看，小规模学校有如下特征：

一、学校类别及地理分布

（一）小规模学校中教学点比例较大，主要分布在山区

小规模学校以村级小学和教学点为主，非小规模学校以村级小学为主。在小规模学校中教学点的比例为 46.1%，非小规模学校中教学点比

例为 5.4%，教学点在小规模学校中所占比例相当高（见表 1-1）。

表 1-1　不同规模学校的类别和地理环境分布 （%）

	学校类别			地理位置			
	教学点	村级小学	其他类学校	山区	丘陵	平原	其他
小规模学校	46.1	52.9	0.9	58.0	22.5	14.4	5.1
非小规模学校	5.4	65.1	29.4	28.6	37.2	29.1	5.1

（二）小规模学校主要分布在山区

小规模学校分布在山区的比例高达 58.0%，分布在丘陵地带的有 22.5%，在平原和其他类型地区的不到 20%。相比之下，非小规模学校在山区、丘陵、平原地区的分布较为平均。

二、学校规模

（一）班级数量少、班级人数少

小规模学校校均班级数显著低于非小规模学校，分析结果显示，小规模学校校均班级数 3.3 个，而非小规模学校校均班级数 8.2 个（$t=-10.1$，$p<0.001$）；在小规模学校中，仅设一个班级的学校有 176 所，占比 15.3%。

对比不同学校的班级规模，小规模学校平均每班有学生 14.1 名，在非小规模学校则有 34.9 名，两者具有显著差异（$t=-57.7$，$p<0.001$）。在小规模学校里有 27.6% 的平均班级人数不足 10 人。校均班级数和平均班级规模具体信息见表 1-2。

（二）校均教师少，生班比水平低

在师资配备方面，小规模学校同样处于劣势。分析结果显示：小规模学校平均每校有 4.4 名教师，在非小规模学校则有 18.8 名，两者差异显著（$t=-29.1$，$p<0.001$）。

以师班比①指标比较，农村小规模学校的师班比显著低于非小规模

① 师班比指平均每班拥有的教师数。

学校（$t=-25.2$，$p<0.001$），小规模学校平均每班有教师 1.3 名，非小规模学校则有 2.3 名。有 44.4% 的小规模学校平均师班比为 1，仅有 2% 的非小规模学校师班比为 1。

2014 年中央编办、教育部、财政部发布《关于统一城乡中小学教职工编制标准的通知》，将县镇、农村中小学教职工编制标准统一到城市标准，初中为 13.5∶1、小学为 19∶1。相对 2001 年农村学校师生比的标准[①]，2014 年的编制标准更有利于农村学校聘用更多的教师。但数据分析显示，小规模学校生师比平均为 11.4∶1，在非小规模学校生师比平均为 16.8∶1。所以即便在新标准下，样本学校的教师依然超编，“一师撑起一个班”与“超编则不能补充新教师”的尴尬持续，且相对于非小规模学校，小规模学校的这种尴尬尤甚。

表 1-2　不同规模学校的班级、教师数比较

	班级数/个	班级规模/人	教师总数/人	师班比	生师比
小规模学校	3.3	14.1	4.4	1.3∶1	11.4∶1
非小规模学校	8.2	34.9	18.8	2.3∶1	16.8∶1

（三）服务半径小，服务人口少

小规模学校班级少，班级规模小，教师少且师班比低，显示出它“小”的特征，它的服务范围和服务人口同样也较小。总的来看，农村小规模学校平均服务半径为 2.45 千米，服务人口 1 604.9 人，辐射行政村 2.1 个。84.7% 的小规模学校面向附近村落招生，14.1% 的面向整个乡镇招生。小规模学校的服务范围与服务人口、辐射学校数明显低于非小规模学校。

按不同地理类型划分，山区小规模学校服务半径平均为 2.55 千米，高于丘陵地区和平原地区；山区小规模学校的服务人口平均为 1 424.3 人，低于丘陵地区和平原地区。山区小规模学校平均辐射 2.19 个村，辐射乡镇 0.16 个（见表 1-3）。

---

① 小学按照学生与教职工 23∶1 的标准配置教职工编制。

表 1-3　不同规模学校辐射能力比较

	服务半径/千米	服务人口/人	辐射村数/个	辐射乡镇/个
小规模学校	2.45	1 604.9	2.1	0.2
其中：山区	2.55	1 424.3	2.19	0.16
丘陵	1.9	1 967.2	2.42	0.18
平原	1.55	1 835.0	1.9	0.15
非小规模学校	3.55	6 945.4	5.9	0.5

三、学校生源

（一）留守儿童比例高

小规模学校留守儿童比例高于非小规模学校。在小规模学校，留守儿童比例为 67.6%，在非小规模学校这一比例为 51.4%，前者高出后者 16.2 个百分点。按父母是一方外出还是双方外出分类比较，小规模学校单亲留守儿童比例和双亲留守儿童比例都高于非小规模学校（见表 1-4）。小规模学校中留守儿童比例高，学生父母双方都外出的家庭多，对小规模学校教育教学和学生管理提出了更多的挑战。

表 1-4　留守儿童在不同规模学校的分布　（%）

	留守儿童比例	单亲留守儿童比例	双亲留守儿童比例
小规模学校	67.6	42.1	25.3
非小规模学校	51.4	33.3	18.0

（二）生源下降趋势明显

统计分析显示：有 44.7% 的小规模学校认为，在未来五年内生源将“总量减少”，给出同样判断的非小规模学校仅占 22.4%，比小规模学校低一半；小规模学校中认为本校生源将增加的有 22.7%，非小规模学校中有 35.8% 的认为学校生源将增加；小规模学校对未来生源下降的预期更为强烈。

四、对小规模学校的评价与预期

（一）学校教育质量相对较差

学校对本校教育质量的自我判断可以作为衡量本校发展状况的一个标准。从调查学校与周边同类学校教育质量比较的结果来看，小规模学校与非小规模学校中都有相对较高的比例认为本校教育质量“好一些”，在小规模学校这一比例为 50.7%，在非小规模学校为 67.1%，后者高出前者 16.4 个百分点；认为本校教育质量“差一点”的比例在小规模学校为 16.9%，在非小规模学校为 6.9%，小规模学校高出 10 个百分点（见表 1-5）。小规模学校对本校教育质量持消极评价的比例更高。

表 1-5　不同规模学校对本校教育质量的自评　　（%）

	本校教育质量比周边学校		
	好一些	差不多	差一些
小规模学校	50.7	32.4	16.9
非小规模学校	67.1	26.0	6.9

（二）布局调整后规模萎缩，被撤并的可能性大

小规模学校对本校教育质量的“不自信”受学校实际表现和外部评价的综合影响，而经历过布局调整的小规模学校规模萎缩明显，学校的前景堪忧。经历过布局调整的样本学校中，小规模学校占比 39.5%，非小规模学校占比 60.5%。布局调整后不同规模学校的在校生规模、班均规模、教职工规模变化不同。布局调整后不同学校的规模变动情况见表 1-6。

表 1-6　不同规模学校在布局调整后规模变动情况及撤并预期　　（%）

	在校生规模		班均规模		教职工规模		未来 5 年将被撤并	
	变大	变小	变大	变小	变大	变小	有可能	没有可能
小规模学校	10.7	87.8	21.1	72.1	11.1	80.2	62.0	38.0
非小规模学校	61.2	37.0	51.6	39.3	56.8	34.3	27.1	72.9

整体而言，小规模学校在经历过布局调整后变得更小了。经历过布局调整后，有 87.8% 的小规模学校在校生人数减少，72.1% 的小规模学校平均班级规模下降，80.2% 的学校教职工总数减少。在经历过布局调整的非小规模学校中，较高比例的学校在这三个指标上都表现为有所增加或上升。

经历过布局调整的小规模学校中，教学点减少的特征比村级小学更为明显，超过 90% 的教学点在校生规模与教职工人数都明显下降，77.5% 的教学点班级规模变小。

布局调整中小规模学校不仅规模更小，未来被撤并的可能性也较大。分析显示，62% 的小规模学校认为本校将被撤并，仅有 27.1% 的非小规模学校认为学校将被撤并。

第二节　农村小规模学校资源特征及其差异

不同规模学校的资源占有存在明显差异，这种差异在小规模学校内部也非常突出。为更好地比较学校规模对学校资源获得的影响，本节根据小规模学校在校生数的分布，选取 20、70 名在校生作为分界点，将小规模学校群体划分为三类：超小型学校（在校生数不超过 20 人）、过小型学校（在校生数在 21～70 人之间）和较小型学校（在校生数为 71～100 人之间）[①]。

一、小规模学校师资特征

（一）师资特征分析

1. 代课教师比例高

农村教师主要包括公办教师、代课教师、特岗或支教教师三类。小规模学校与非小规模学校的教师身份结构（表 1-7）对比显示，公办教

① 在样本小规模学校中，不超过 20 人的学校约占四分之一，21～70 人的学校约占二分之一，71～100 人的学校约占四分之一。

师在两类学校中都占据绝对优势，所占比例都超过了 90%，其中小规模学校中公办教师比例略低，但两者差异不具显著性。小规模学校中代课教师占比 8.5%，非小规模学校中这一比例为 7.1%。

表 1-7　不同规模学校教师身份结构差异比较　　（%）

	公办教师占比	代课教师占比*	特岗或支教教师占比***	总计
小规模学校	90.5	8.5	0.9	100
非小规模学校	91.3	7.1	1.6	100

注：* 表示 $p<0.05$，** 表示 $p<0.01$，*** 表示 $p<0.001$，后表同。

进一步分析显示，18% 的小规模学校使用了代课教师，这些学校里，代课教师的比重非常大，接近一半的学校里代课教师数等于或超过公办教师数，其中 20.5% 的小规模学校里全部教师都是代课教师。在聘用代课教师的非小规模学校里，仅有 9.3% 的学校代课教师占比超过一半，不存在全部教师都是代课教师的学校。代课教师在两类学校中的分布差异具有统计学意义上的显著性。

特岗或支教教师是近年来国家通过倾斜性政策向农村学校补充的新师资，但数据显示，新增师资的补充和对农村学校的覆盖极为有限，两类学校中特岗教师所占比例都不足 2%，在小规模学校仅为 0.9%；94% 的小规模学校没有接收过特岗或支教教师。

调查表明，农村小规模学校中公办教师在教学点所占比例最低，为 87.3%，教学点教师中仅有 0.5% 的为特岗或支教教师。小规模学校中村级小学教师中公办教师和特岗或支教教师的比例高于教学点的相应比例（见表 1-8）。

表 1-8　不同类别小规模学校教师身份结构比较　　（%）

	公办教师	代课教师*	特岗教师**
教学点	87.3	12.2	0.5
村级小学	93.3	5.4	1.3

农村小规模学校的公办教师已成为绝大多数，但代课教师比例仍相对偏高，代课教师在教学点分布较为密集。

2. 中老年教师的比例较高

农村小规模学校中以40岁以上的教师为主，约四分之三的教师年龄超过40岁，约有五分之一的小规模学校教师在31~40岁之间，农村小规模学校中老年教师比例高于非小规模学校。31岁以下的教师在小规模学校占7.5%，在非小规模学校中占13.4%，年轻教师在小规模学校所占比例较低（见表1-9）。

表1-9　不同规模学校教师年龄结构差异比较（%）

	31岁以下***	31~40岁***	41~50岁*	50岁以上***
小规模学校	7.5	20.2	36.9	35.4
非小规模学校	13.4	26.7	34.8	25.1

超小型学校40岁以上的教师比例为84.0%，高于过小型学校和较小型学校；超小型学校中31岁以下的教师比例为2.2%，31~40岁的教师比例为13.8%，两个比例都低于过小型学校和较小型学校。

教学点师资中50岁以上所占比例为43.4%，远高于非教学点。越年轻的教师在教学点所占比例越低，31岁以下教师比例仅为5.4%，低于非教学点3.8个百分点。表1-10显示，教学点师资以40岁以上为主，其中50岁以上的教师比例偏高。

表1-10　不同类别小规模学校教师年龄结构比较（%）

	31岁以下***	31~40岁***	41~50岁*	50岁以上***
教学点	5.4	15.9	35.3	43.4
村级小学	9.2	23.5	38.3	28.9

3. 以高中学历教师为主

农村小规模学校教师的学历结构呈现出重心较低、专科及以上学历的教师比例偏低的特征。在小规模学校，高中学历教师所占比例超过

50%，专科学历教师占比 37.8%，本科及以上学历教师所占比例仅为 6.6%。在小规模学校，有 2.6% 的教师为初中学历，按照国家对教师资格的要求，他们学历未达标。

非小规模学校中专科学历教师占比 46.6%，高出小规模学校同类教师比例 8.8 个百分点；本科及以上学历教师占比 16.3%，高出小规模学校约 10 个百分点（见表 1-11）。小规模学校教师中，专科及以上学历的教师所占比例都相应低于非小规模学校。

表 1-11　不同规模学校教师学历结构差异比较　（%）

		初中	高中	专科	本科及以上
小规模学校		2.6	53.0	37.8	6.6
其中	山区	3.0	54.0	36.5	6.5
	丘陵	2.6	60.4	32.6	4.4
	平原	1.6	48.4	41.8	8.2
非小规模学校		1.7	35.3	46.6	16.3

山区小规模学校低学历教师所占比例仍较大。其中，初中学历教师所占比例为 3.0%，高中学历教师所占比例为 54.0%，专科学历教师比例为 36.5%。

（二）师资特征与学校规模的相关性分析

前述分析表明，相对非小规模学校来说，小规模学校师资显现出的结构不良问题更为严重，这表现在代课教师比例高、教师老龄化及学历水平偏低问题严重。在小规模学校群体内部，山区、超小型和教学点之类的小规模学校师资状况尤为薄弱，平原地区小规模学校的师资结构相对较好，代课教师比例低，教师年龄结构趋于年轻化。这表明，师资结构与学校客观特征存在关联性。

1. 教师身份结构与学校的规模显著相关

样本学校中，不同学校的公办教师、代课教师和特岗或走教教师所占比例与在校生规模存在显著相关。其中，公办教师和特岗或走教教师所占比例与在校生规模呈正相关，随着学生规模增加，公办教师所占比例增加；代课教师所占比例与在校生规模呈负相关，代课教师比例随着规模增加而减少（见表1-12）。

表1-12　教师身份结构与学校规模的相关分析

	公办教师比例	代课教师比例	特岗或走教教师比例
学校规模	0.054**	−0.078**	0.066**

2. 年轻教师比例与学校规模显著相关

分析表明，教师的年龄结构与学校规模呈显著相关关系。31岁以下教师所占比例与学校规模呈较高的正相关度，随着学校规模增大，31岁以下教师所占比例升高；在31~40岁教师所占比例也呈现正相关；41~50岁教师和50岁以上教师所占的比例与学校规模呈现负相关，学校规模越小，40岁以上教师所占比例越高（见表1-13）。

表1-13　教师年龄结构与不同类别学校的相关系数

	31岁以下	31~40岁	41~50岁	50岁以上
学校规模	0.197**	0.137**	-0.054**	-0.178**

3. 教师学历分布与学校规模显著相关

不同学历的教师所占比例与学校的规模呈现出显著相关，其中以本科教师比例与学校规模的相关度最高，相关系数为0.4。专科学历、本科及以上学历的教师比例随着学校规模的增大而上升，呈较强的正相关关系；高中学历与初中学历的教师比例与学校的规模呈现显著负相关，随着学校规模的增加，初中学历与高中学历教师比例逐渐下降，其中高中学历教师所占比例与学校规模的相关在0.01水平上表现出显著性（见表1-14）。

表1-14　不同学历教师所占比例与学校规模的相关系数

	初中学历	高中学历	专科学历	本科及以上
学校规模	−0.017	−0.295**	0.091**	0.380**

二、小规模学校经费收支特征

（一）收入结构分析

1. 年度收入总量及比例比较

问卷对样本学校 2008 年度收入情况进行了统计。表 1-15 显示，小规模学校比非小规模学校对财政拨款的依赖度更高。调查显示，农村小规模学校平均每年总收入为 15.3 万元，其中财政拨款 15.2 万元，财政拨款占年度总收入的比例已达 99.5%，几乎成为小规模学校经费的唯一来源。财政拨款中包括教育事业费、基本建设拨款和教育费附加，小规模学校 2008 年获得教育事业费拨款为 15.1 万元，基本建设拨款仅为 411.1 元，小规模学校的财政拨款基本等同于教育事业费。在教育事业费中，人员经费所占比例较高，其中在职人员经费 11.3 万元，接近年度总收入的四分之三；公用经费收入 1.6 万元，接近年度总收入的十分之一；平均专项经费收入 732.3 元，仅占 0.5%。

表 1-15　不同规模的农村学校年度各项收入及占总收入比例

	小规模学校/元	比例★/%	非小规模学校/元	比例★/%
总收入	152 996.8	–	669 711.1	–
1.财政拨款	152 226	99.5	653 685.4	97.6
①教育事业费	151 479	99.0	645 948.6	96.5
a 在职人员经费	112 652.1	73.6	438 115.1	65.4
b 公用经费	16 007.6	10.5	96 076.7	14.3
c 专项经费	732.3	0.5	6 385.4	1.0
②基本建设拨款	411.1	0.3	2 294.8	0.3

注：★ 比例的计算方法为该项收入额度除以学校年度总收入再乘以 100%。

小规模学校年度收入结构中，财政拨款比重较大，以教育事业费为主；教育事业费中在职人员经费比重较高，专项经费与基本建设拨款占比过低。这些特征与非小规模学校相比更加突出。非小规模学校年度总收入 67.0 万元，财政拨款 65.4 万元，占年度总收入比重为 97.6%，教育事业费收入 64.6 万元，占年度总收入的 96.5%，其中在职人员经费 43.8 万元，占比 65.4%。在非小规模学校，财政拨款、教育事业费、在职人员经费占年度总收入的比例都低于小规模学校的这三个比例。非小规模学校的平均公用经费收入 9.6 万元，为年度总收入的 14.3%，高出小规模学校 3.8 个百分点；专项经费收入 6 385.4 元，占年度收入 1.0%，高出小规模学校 0.5 个百分点。

2. 生均年度收入比较

不同规模学校的生均收入比较更能反映出学校经费收入差距。对比不同规模农村学校的各项生均年度收入发现，小规模学校在年度收入、财政拨款、教育事业费和在职人员经费的生均水平都高于非小规模学校。小规模学校的生均年度收入为 4 283.4 元，非小规模学校为 2 458.4 元，相差 1 825.0 元。生均财政拨款和生均教育事业费在两类学校的分布及差距水平表现出类似趋势。小规模学校的生均财政拨款为 4 259.8 元，非小规模学校的为 2 408.0 元，小规模学校的这一平均水平高出非小规模学校 1 851.8 元。小规模学校的生均在职人员经费平均为 3 252.4 元，非小规模学校为 1 649.8 元，两者相差 1 602.6 元（见表 1-16）。

相对而言，小规模学校生均专项经费与生均基本建设拨款水平比非小规模学校低。小规模学校的生均专项经费为 14.8 元，非小规模学校的为 16.2 元，小规模学校低出 1.4 元；小规模学校的生均基本建设拨款为 4.4 元，非小规模学校的为 8.2 元，两者相差 3.8 元。

表 1-16　不同规模农村学校各项生均年度收入　（单位：元）

	①小规模学校	②非小规模学校	①-②
生均年度收入	4 283.4	2 458.4	1 825.0
生均财政拨款	4 259.8	2 408.0	1 851.8
生均教育事业费	4 246.8	2 384.3	1 862.5
生均在职人员经费	3 252.4	1 649.8	1 602.6

续表

	①小规模学校	②非小规模学校	①-②
生均专项经费	14.8	16.2	-1.4
生均基本建设拨款	4.4	8.2	-3.8

生均收入比较显示，小规模学校在年度收入、财政拨款、教育事业费和在职人员经费的生均水平都明显高出非小规模学校，这与小规模学校年度总收入中刚性的人员经费占比重较大有一定关系，反映出在上述四类经费收入中，以生均成本衡量，非小规模学校比小规模学校更具规模效益。同时，小规模学校专项经费和基本建设拨款的生均水平低于非小规模学校，这说明在财政拨款中，为小规模学校“保人员经费”成为更加主要的政策目标，而用于学校发展和改善办学条件的专项经费和建设经费保障力度偏弱。

3. 公用经费拨付标准比较

样本农村学校在2009年实际获得的公用经费拨付标准存在差异。不同规模、不同类别、不同地理位置的农村学校，实际获得公用经费的生均标准有所不同。小规模学校生均公用经费拨付标准平均为196.7元，非小规模学校为226.4元，小规模学校比非小规模学校少29.7元；教学点在三类农村学校中经费拨付标准最低，仅为192.1元，中心小学、初中等“其他”类学校为272.2元，两者相差80.1元；位于不同地理位置的农村学校公用经费的拨付标准也不同，山区最低，为205.6元，草原、湖区等“其他”地区最高，为250.7元，两者相差45.1元（见表1-17）。总之，在各种分类比较中，小规模学校、教学点和山区学校实际获得公用经费的标准最低。

表1-17　2009年样本农村学校公用经费拨款标准比较　（单位：元·生$^{-1}$）

	规模		类别		地理环境		
	小规模学校	非小规模学校	教学点	村级小学	山区	平原	其他
生均标准	196.7	226.4	192.1	198.7	205.6	231.7	250.7

众所周知，农村义务教育经费保障机制改革于2006年启动以来，国家要求分年度、分地区逐步落实公用经费拨款基准定额，2008年国定基准为中西部地区小学每生每年300元、初中500元，要求各地分两年落实到位。数据显示，中央要求公用经费按不低于统一标准的水平下拨到校的规定并没有完全落实。学校之间的差距以及实际拨付标准与国定基准的差额表明，在农村学校普遍存在公用经费不能足额拨付的现象，小规模学校、教学点和山区学校的差额最大。

（二）支出结构分析

1. 年度支出分析

人员经费支出一直是教育机构经费支出的重中之重。分析表明，样本农村学校工资福利支出占据学校年度支出的四分之三以上，小规模学校中这一特点更为突出。小规模学校年度总支出平均为16.2万元，非小规模学校为67.4万元，两者相差51.2万元。小规模学校平均用于工资福利支出12.9万元，占全年总支出的79.5%；对个人和家庭补助1.4万元，占全年总支出8.5%；用于办公费、交通费、招待费等商品和服务性支出（又称公用经费支出）1.7万元，占比10.2%；其他资本性支出0.3万元，占比1.8%（见表1-18），这项支出主要包括房屋建筑物购建、大型修缮、办公设备购置、专用设备购置、交通工具购置、信息网络购建等。

表1-18　不同规模农村学校年度支出比较

	小规模学校/元	比例★/%	非小规模学校/元	比例★/%
年度支出	162 240.6	–	674 745.9	–
1.工资福利支出	129 025.8	79.5	468 259.0	69.4
2.对个人和家庭补助	13 808.7	8.5	74 181.8	11.0
3.商品和服务性支出	16 528.4	10.2	98 271.8	14.6
4.其他资本性支出	2 877.7	1.8	34 033.3	5.0

注：★比例的计算方法为该项支出额度除以学校年度总支出再乘以100%。

小规模学校人员经费支出所占比重要远远高于非小规模学校。在非小规模学校，工资福利支出平均为 46.8 万元，占年度总支出 69.4%，比小规模学校低 10.1 个百分点；对个人和家庭补助 7.4 万元，占年度总支出 11%，高出小规模学校 2.5 个百分点；商品和服务性支出 9.8 万元，占比 14.6%，高出小规模学校 4.2 个百分点；其他资本性支出 3.4 万元，占比 5.0%，高出小规模学校 3.2 个百分点。

对小规模学校和非小规模学校年度支出结构的分析表明，小规模学校中更多的经费支出用于人员经费，非小规模学校则将相对较高的比例用于对个人和家庭补助、商品和服务性支出以及大型修缮、专用设备购置等其他资本性支出。与对不同规模农村学校经费收入的分析结果相似，农村小规模学校经费主要用于“保人员经费”，而非小规模学校经费在学校日常运转、修建房屋和购置仪器等方面有更大的支出空间。

2. 生均年度支出比较

农村小规模学校生均支出明显高于非小规模学校。样本数据（表 1-19）显示，农村小规模学校生均支出 4 335.6 元，非小规模学校为 2 143.9 元，小规模学校高出非小规模学校 2 191.7 元。小规模学校生均支出中仅“其他资本性支出”一项低于非小规模学校，小规模学校的生均其他资本性支出为 68.6 元，非小规模学校为 104.3 元，两者相差 35.7 元。在其余三项支出中，农村小规模学校的生均工资福利支出为 3 944.7 元，非小规模学校为 1 673.4 元，前者高出后者 2 271.3 元；农村小规模学校的生均对个人和家庭补助为 323.5 元，高出非小规模学校 69.7 元；小规模学校的生均商品和服务性支出为 437.1 元，高出非小规模学校 79.2 元。从总体上看，农村小规模学校的生均成本高于非小规模学校。

表 1-19　不同规模农村学校生均年度支出比较　（单位：元）

	①小规模学校	②非小规模学校	①-②
生均年度支出	4 335.6	2 143.9	2 191.7
1.生均工资福利支出	3 944.7	1 673.4	2 271.3

续表

	①小规模学校	②非小规模学校	①-②
①生均基本工资	2 141.9	1 096.7	1 045.2
②生均津贴补贴	1 606.2	531.1	1 075.1
2.生均对个人和家庭补助	323.5	253.8	69.7
3.生均商品和服务性支出	437.1	357.9	79.2
4.生均其他资本性支出	68.6	104.3	-35.7

比较小规模学校与非小规模学校，两类学校生均工资福利支出的差额最大，工资福利支出包括基本工资、津贴补贴、奖金和其他。表 1-19 显示，小规模学校生均基本工资为 2 141.9 元，非小规模学校为 1 096.7 元；小规模学校生均津贴补贴为 1 606.2 元，非小规模学校为 531.1 元，小规模学校高出非小规模学校两倍多一点。根据 2006 年人事部、财政部和教育部颁布的《高等学校、中小学、中等职业学校实施〈事业单位工作人员收入分配制度改革实施办法〉三个实施意见》，教师基本工资与职务高低、教龄长短有着密切联系，小规模学校中老年教师比重大，他们因职务、教龄等有利条件获得较高等级的基本工资，这决定了小规模学校生均基本工资支出要高于非小规模学校。

结合对小规模学校和非小规模学校的经费收支分析，农村小规模学校的经费收支具有如下特征：（1）对财政拨款的高度依赖，农村小规模学校在财政拨款之外几乎无法获得任何收入；（2）人员经费在小规模学校收入与支出中都占有较高比重，小规模学校的在职人员经费收入与工资福利支出的生均水平都高于非小规模学校；（3）小规模学校的公用经费在年度收入中所占比重低于非小规模学校，小规模学校的生均公用经费、生均专项经费都低于非小规模学校，这与小规模学校经费支出中商品和服务性支出占比较低相对应，表明小规模学校的公用经费收入与商品和服务性支出有一定关联，小规模学校“保运转”压力较大；（4）小规模学校的专项经费和基本建设拨款占年度总收入比例偏低，两项收入的生均水平也低于非小规模学校，同时，小规模学校的其他资本性支出占年度支出比例偏低且生均水平也偏低，两者相对应，表明小规模学校在学校建设、设备更新等方面“促发展”的能力较弱。

（三）学校经费收支结构与学校规模的相关分析

农村学校年度收支状况与学校规模呈显著相关，相关分析结果显示小规模学校在经费收入结构与支出空间中处于更不利的地位。

1. 年度收入总量的相关分析

学校年度收入总量与学校规模呈较强显著正相关关系，相关系数为0.7，表明学校规模是影响学校收入的主要因素。学校规模越大，年度收入总量增加明显。公用经费收入总量与学校规模的相关系数大于0.8，呈现高度正相关，这与公用经费按生均拨款模式进行分配有关。其他类别的学校经费收入与学校规模也体现出显著的相关性，随着学校规模增大，学校获得的这些经费总量都在增加，其中基本建设拨款的相关性较低，相关系数仅为0.1（见表1-20）。

表1-20 学校规模与年度收入的相关分析

	年度收入	财政拨款	教育事业费	在职人员经费	公用经费	专项经费	基本建设拨款
学校规模	0.665**	0.663**	0.667**	0.607**	0.804**	0.509**	0.113**

2. 生均年度收入的相关分析

尽管学校收入总量随着学校规模的增大而增加，但生均收入与这些因素的相关分析表明（见表1-21），学校规模不断增大，生均收入水平会随之下降，生均收入与这些因素更多地呈现较弱的负相关关系。以在0.01水平上呈现显著相关性的几种因素为例，年度收入、财政拨款、教育事业费、在职人员经费都呈现出随着规模增大而生均水平下降的特征。生均专项经费和生均基本建设拨款与学校规模呈正相关，随着学校规模变大，这两类收入的生均水平上升。

表 1-21　学校规模与生均年度收入的相关分析

	生均年度收入	生均财政拨款	生均教育事业费	生均在职人员经费	生均公用经费	生均专项经费	生均基本建设拨款
学校规模	−0.201**	−0.207**	−0.211**	−0.242**	0.253**	0.091*	0.036

3. 年度支出总量的相关分析

年度支出与学校规模的相关分析显示（见表 1-22），学校年度支出总量及各类别支出都与学校规模呈较强正相关关系，并在 0.01 水平上呈现出显著性，表明学校规模是影响学校支出的主要因素。随着学校规模增大，学校的支出总量呈现明显增加态势，相关系数达 0.7；学校规模不断变大，学校的工资福利支、对个人和家庭补助、商品和服务性支出以及其他资本性支出也在显著增加。

表 1-22　学校规模与年度支出的相关分析

	年度支出	工资福利支出	对个人和家庭补助	商品和服务性支出	其他资本性支出
学校规模	0.657**	0.635**	0.333**	0.330**	0.475**

4. 生均年度支出的相关性

生均年度支出、生均工资福利支出与学校规模呈现显著负相关，生均“其他资本性支出”同学校类别呈现显著正相关（见表 1-23），但相关水平都较低，表明学校规模只是影响生均支出的因素之一。

表 1-23　学校规模与生均年度支出的相关分析

	生均年度支出	生均工资福利支出	生均个人和家庭补助支出	生均商品和服务性支出	生均其他资本性支出
学校规模	−0.189**	−0.213**	−0.016	−0.028	0.079*

随着学校规模变大，生均年度支出逐渐减少，生均工资福利支出也逐渐减少，虽然生均个人和家庭补助支出、生均商品和服务性支出也随

之呈现减少趋势，但它们与学校规模的相关性并不显著。生均其他资本性支出随着学校规模增大而上升，考虑到其他资本性支出主要用于房屋建筑物大型修缮、办公设备购置、专用设备购置、交通工具购置、信息网络构建等，这些对于学校硬件水平提升具有重要意义。可以认为，从支出总量到生均支出水平上，规模较小的学校都很少将经费用于提高学校的硬件建设方面。

学校收支状况与学校特征的相关分析表明，随着学校规模变大，学校的收入与支出总量增加，这符合一般的经济规律。可以认为，学校规模增加会产生生均办学成本下降、生均人员成本也下降的结果。

三、影响小规模学校资源获得的因素分析

不同学校占有资源的相对数量和质量存在显著差异，这种差异与学校的规模、类型、所处地理环境存在显著相关。本小节通过对学校资源占有进行一般性多元线性回归分析，以获取影响学校师资数量与经费收入的主要因素。由于学校经费管理制度要求学校收支必须平衡，在经费整体紧张的情况下，很少有学校存在“上年结余”，收支总量基本相当，故本小节不再对学校支出进行分析。

回归分析中以两类反映资源占有的变量作为因变量，一是教师数量，二是经费收入。(1) 由于班级是学校进行教育教学的基本单位，每班拥有教师数反映出学校师资使用的自由度和结构优化空间，相比生师比，师班比更容易反映师资对小规模学校的制约。故以师班比作为学校教师数量指标，为师资类因变量。(2) 经费收入中，收入总量反映收入整体状况，根据前述学校年度收入结构分析可知，收入总量主要由财政拨款、人员经费及公用经费构成，它们之间存在显著相关，以年度收入代表财政拨款、人员经费及公用经费。规模与收入总量成正比的正常情况下，生均收入更能反映不同学校间规模效益的差异。因此，分别以年度收入和生均收入作为因变量，寻找影响学校经费收入的因素。

在选取自变量时主要根据对影响学校资源占有因素的假设，验证学校的基本特征如规模、类别、地理环境、服务半径对因变量的影响，以

及学校在布局调整中的遭遇，如是否经历过布局调整，未来五年是否会被撤并，来验证布局调整工作对学校资源占有的影响。同时，为了考察教育质量在资源配置中是否发挥作用，将学校的教育质量自我评价放入模型。

试建立学校资源占有影响因素的统计模型如下：

$$\mathrm{TCR}=a+b_1\times \mathrm{SS}+b_2\times \mathrm{ST}+b_3\times \mathrm{SG}+b_4\times \mathrm{SR}+b_5\times \mathrm{SMD}+b_6\times \mathrm{WCD}+b_7\times \mathrm{SEQ}+\varepsilon; \tag{1}$$

$$\mathrm{YI}=a+b_1\times \mathrm{SS}+b_2\times \mathrm{ST}+b_3\times \mathrm{SG}+b_4\times \mathrm{SR}+b_5\times \mathrm{SMD}+b_6\times \mathrm{WCD}+b_7\times \mathrm{SEQ}+\varepsilon; \tag{2}$$

$$\mathrm{YIS}=a+b_1\times \mathrm{SS}+b_2\times \mathrm{ST}+b_3\times \mathrm{SG}+b_4\times \mathrm{SR}+b_5\times \mathrm{SMD}+b_6\times \mathrm{WCD}+b_7\times \mathrm{SEQ}+\varepsilon。 \tag{3}$$

三个方程都为一般多元线性回归方程，其中各变量含义如下：

因变量中，TCR 表示师班比，取值范围为 1～10；YI 表示年度收入，取值范围从 1 300 到 20 000 000；YIS 表示生均年度收入，取值范围从 100 到 10 000。

自变量中，SS 代表学校规模的虚拟变量，以非小规模学校为参照，反映学校规模对学校资源占有的影响；ST 代表学校类别的虚拟变量，以非教学点为参照，反映独立的学校管理权对学校资源获得的影响；SG 代表学校所处地理环境的虚拟变量，以非山区为参照；SR 代表学校的服务半径，取值范围为 0～500；SMD 代表学校是否经历过布局调整的虚拟变量，以经历过布局调整的学校为参照；WCD 代表未来被撤并预期的虚拟变量，以未来不会被撤并的学校为参照；SEQ 代表学校的教育质量，学校教育质量自我评价从比较差、差不多到比较好，分别用 1、2、3 代表。

（一）影响小规模学校师资差异的因素分析

运用 SPSS 17.0 的线性回归计算功能，对方程 1 进行验证，结果如表 1-24 显示。是否经历过布局调整以及未来学校有无可能被撤并的预期对学校的师班比不会产生显著影响，而学校规模、类别、所处地理环境以及学校的教育质量、服务半径对师班比有显著影响。将有效自变量保留，并将系数值代入，得模型一如下：

$$TCR=2.015-0.348\times SS-0.094\times ST-0.129\times SG+0.154\times SR+0.059\times SEQ。 \quad (4)$$

表 1-24　农村学校师班比差异的线性回归分析结果

因变量 自变量	模型一 师班比
小规模学校	-0.348***
教学点	-0.094***
山区	-0.129***
服务半径	0.154***
教育质量	0.059**
常数项	2.015
R^2	0.259
样本数量	2 386 份

结果显示，具备下述特征的学校，包括规模小，是教学点，位于山区，学校质量偏差，服务半径小，每班拥有的教师要显著低于其他学校。是否为小规模学校（系数为-0.384）对学校师班比水平的影响最大，在其他条件不变的情况下，小规模学校师班比要比非小规模学校低 0.348。结合表 1-2 的数据，不难看出，在平均班级数量 3.3 个、平均班额 14.1 人、校均教师数 4.4 人的小规模学校，一班一师的情况非常普遍。

控制其他变量的情况下，教学点比非教学点的师班比水平要低，这表明，学校的教学点身份将降低每班的师资数量。教学点由于缺乏师资配置的独立地位，它所附属的中心学校或中心小学通常为之提供尽量少的教师，导致教学点的师班比要低于非教学点。

山区学校比非山区学校的师班比水平低，学校位于山区显著影响到学校的师资。与非山区相比，山区学校对师资的吸引力更低，学校布局比较分散，交通更为不便，信息相对闭塞，山区农村学校平均每校有教师9.6名，非山区学校平均每校有教师15.6名，校均教师水平拉低了师班比。

学校的服务半径对师班比产生正向影响，并具有统计意义上的显著性。服务半径每增加500米，学校的师班比提高15.4%；服务半径越大的学校，对师资的吸引力更大，更容易获得师资配置者的重视，在同类地区、同一规模和类别的学校中，服务半径越大，学校的师班比水平越高。

学校教育质量对师班比水平有正向影响。学校教育质量越好，拥有的师班比水平也较高。学校的教育质量越好，师资吸引力越大，在师资配置时获得管理者的重视程度会越高。

(二) 影响小规模学校经费收入的因素分析

在模型二中，学校规模、类别、服务半径三个因素产生的影响都是显著的，“学校的地理位置”以及“布局调整中的经历”和“撤并预期”没有对学校年度收入产生影响；在模型三中，学校的规模、地理位置、服务半径和“撤并预期”都产生显著影响，学校是否为教学点对生均收入未产生影响。在两个模型中，学校是否经历过布局调整与学校的教育质量都未进入模型，表明是否经历过布局调整对学校的经费收入并不产生必然影响，而学校教育质量的好坏更不会改变学校原应得到的经费收入。同时，比较标准化回归系数（0.276>0.091>0.129），在三个筛选后的自变量中，学校规模对学校收入总量和生均收入的影响是强烈的。

表1-25　农村学校经费收入差异的线性回归分析结果

因变量 自变量	模型二 收入总量	模型三 生均收入
小规模学校	-0.276^{***}	0.274^{***}
教学点	-0.091^{**}	——
山区	——	0.120^{***}
服务半径	0.129^{***}	0.056^{*}

续表

因变量 自变量	模型二 收入总量	模型三 生均收入
预期被撤	——	0.100**
常数项	605 362.5	1 374.5
R^2	0.126	0.145
样本数量	1 221 份	1 155 份

将有效自变量保留，并将系数值代入，得模型二如下：

$$YI = 605\ 362.5 - 0.276 \times SS - 0.091 \times ST + 0.129 \times SR。 \quad (5)$$

在模型二中，“是否小规模学校”对收入总量产生反向影响，即相对于非小规模学校，小规模学校的收入总量偏低，这符合收入总量与规模成正比的一般规律；在控制其他因素的情况下，相对于非教学点，教学点的年度收入较低；服务半径对学校的年度收入产生正向影响，服务半径越大，学校的年度收入越高。将有效自变量保留，并将系数值代入，得模型三如下：

$$YIS = 1\ 374.5 + 0.274 \times SS + 0.12 \times SG + 0.056 \times SR + 0.1 \times WCD。 \quad (6)$$

在模型三中，“是否小规模学校”对生均收入产生正向影响，小规模学校比非小规模学校的生均收入高；控制其他因素，山区学校比非山区学校生均收入高；服务半径对生均收入也产生正向影响，服务半径越大，生均收入越高；学校被撤并的预期对学校经费收入也产生影响，有可能被撤并的学校比不可能被撤并的学校的生均收入水平要高。生均收入变量从根本上反映学校的生均成本。模型三显示，以生均成本为衡量标准，小规模学校比非小规模学校的规模效益差，山区学校、服务半径较大的学校比他们的相应参照组的规模效益差；预期被撤并的学校也将因规模效益欠佳而更容易被实际撤并。

模型二和模型三反映出一些共同特征：首先，在标准既定情况下，在校生规模越大，学校的人员经费、公用经费和专项经费等财政拨款总量越大，而学校通过获取事业收入和服务性收费的能力越强，年度收入总量越大。这就势必导致小规模学校收入总量低于非小规模学校。再来看生均收入，这一维度上小规模学校要高于非小规模学校。背后可能的原因在于小规模学校获得的财政拨款中人员经费占比较高。在生师比偏低的小规模学校，虽然教师工资等人员经费总量比非小规模学校低，但以很小的在校生数作分母，生均收入水平自然就被抬高了。其次，服务半径对学校年度收入的影响可能主要来自学校的辐射能力，学校的辐射能力越强，学校的收入能力也越强，绝对收入水平也越高。

对三个模型的分析显示，小规模学校所具有的特征不利于其获得教育资源。根据本章第一节的分析，教学点和山区学校中小规模学校比例非常高，小规模学校服务半径较小，教育质量整体较差，被撤并的预期强烈，这些与“在校生规模小”这一特征一起，导致小规模学校在收入总量和收入结构上不具优势，而生均收入水平较高的优势也被人员经费的刚性支出特征所削弱。前述分析同时暗示，我们需要进一步地寻找这些因素是如何影响学校的资源占有进而影响到学校发展的。比如，教学点的附属身份如何影响它的资源获得？那些服务半径比较大的小规模学校资源获得情况如何？教学质量的好坏与师班比之间的关系，学校被撤并的预期与人均年度收入之间的关系，是单向度的因果关系还是互为因果的关系？

以生师比、生均成本为标准，小规模学校的规模效益显然弱于非小规模学校，但小规模学校的价值与功能除了要在经济成本层面衡量之外，它的社会文化功能也需要予以充分考量。此外，我们经常面对的选择并不是办一所大规模学校还是一所小规模学校，而是办一所大规模学校还是办几所小规模学校。决策者必须对两个选项的社会因素、经济因素和教育因素认真权衡。

本书采用混合研究方法，以量化分析呈现研究对象的整体表征以及普遍性特点，通过量化与质化方法的互补实现对研究议题的全面深度挖掘。本章的量化分析结果同下一章即将进行的质化分析的互补主要体现在三个方面：

1. 在大样本中选择有典型意义的个案学校

从对 11 省（区）数据的描述性统计分析可以看出，小规模学校主要分布在山区，以教学点和村级小学形式存在，不同地理位置、不同类别的小规模学校之间具有明显差异，而超小型、过小型和较小型学校发展也存在差异，这为个案学校的选取提供了线索。个案选取时以山区小规模学校作为小规模学校的代表，包括教学点、村级小学和中心小学三种类型，在校生数包括不足 21 人、21～70 人、70～100 人三种规模类型。

2. 量化分析结果为质化研究提供线索

数据分析显示，不同学校在师资与经费资源获得上存在显著性差异，资源获得与学校的这些客观特征存在显著相关，但这一差异在统一的资源配置标准下是如何产生的？管理者在既定拨款标准之外有多大的资源配置影响力？为什么小规模学校资源质量整体弱于非小规模学校？师资在补充过程中，经费在下拨过程中，对统一标准的偏离度有多大、是如何产生的？

回归分析结果显示出各影响因素在数字层面对小规模学校的作用力度，但这一影响是如何发生的？更重要的，为什么这些因素会对小规模学校的资源获得产生影响？这些因素仅能解释资源获得差异的部分原因，还有哪些因素可能会发挥作用？这些都需要从田野调查中寻找答案。

3. 质化研究回应量化分析无法解答的问题

在资源相对匮乏的现实困境中，小规模学校如何维持学校的运转，则成为一个更有趣、也更复杂的问题。数据本身无法勾勒小规模学校中活生生的人与事，也无法表现小规模学校的组织内部与组织间的互动，学校与社区、与家庭、与教育管理部门的互动成为问卷数据的盲区。结合数据分析结果，在接下来的四章中，本书将针对小规模学校的师资、财政、社区关系以及学校运转展开进一步的田野考察，通过个案学校资源特征与 11 省（区）数据分析结果相互验证，以量化与质化混合研究范式，寻求对农村小规模学校生存状态及变革路径的深度理解。

第二章　农村小规模学校教师生存状况的田野考察

教育大计，教师为本。作为学校中重要的人力资源，教师在学校发展中起着至关重要的作用。然而，由于我国农村学校对教师的吸引力较弱，农村小规模学校师资整体依然呈现年龄老化、学科单一、专业性不强的特征。近距离的观察表明，小规模学校教师以本地的中老年男性教师为主，代课教师偏多，教师学历仅达到国家规定的底线标准。

第一节　农村小规模学校的师资结构

个案学校师资结构呈现出与11省（区）调研数据分析结果相一致的特征，如“民转公”教师多、代课教师多、特岗教师少，教师的年龄偏大、学历偏低；同时，对个案学校师资特征的分析显示，农村小规模学校中女性教师偏少，来自本村的教师较多；与所在乡镇其他学校相比较，小规模学校师资结构不合理的问题更加突出。更重要的是，新增师资缺乏进入农村小规模学校的顺畅通道，师资补充渠道近乎枯竭，导致小规模学校师资结构不合理。

一、代课教师偏多

截至本人开始本次田野调查之时，逐步消解代课教师问题的国家文件①已经着手实施，但代课教师在小规模学校广泛存在，一定意义上成为维持农村小规模学校运转的主力军。以南县高塔镇的陈湾学校为例，仅有的两位教师都是代课教师，任教时间都超过 20 年。

图 2-1　省南县高塔镇陈湾学校的两名代课教师

（一）代课教师的进入途径

代课教师的来源较为复杂，按照聘用主体划分可以分为由县聘任、中心校聘任和小规模学校或教师私人聘请等多种类型，代课教师管理和工资保障遵循谁聘任谁负责的原则。聘用代课教师的情况主要有三类：

1. 县聘任的代课教师

县教育局为解决教师短缺问题以及未转正民办教师引发的社会不稳

① 教育部、人力资源社会保障部、财政部、中央编办《关于妥善解决中小学代课教师问题的指导意见》（教人〔2011〕8 号）。

定问题，面向未转正民办教师和其他社会人员招考代课教师。此类教师在部分师资短缺严重的县市普遍存在。比如，南县教育局于2003年起从全县的代课教师中择优录取部分聘用制教师，当年共招考聘用制教师2 287名，统一由县教育局发文发证认定其聘用资格。聘用制教师在聘期间的财政工资标准偏低（2011—2012学年为650元/月），由县级财政为他们购买养老保险。

2. 中心学校聘任的代课教师

为解决本地教师年龄结构和学科结构短缺问题，通过公开招考（主要是试讲）或学校领导挑选和把关而临时聘用的教师。这类教师的待遇低于县级聘任代课教师，聘期不定，无书面合同，工作极不稳定。在南县，中心学校无法获得充足的县聘用制代课教师指标时，便在县教育局默许下自行聘任代课教师补充到小规模学校。在宗县，由于县教育局将代课教师聘用权力下放给各乡镇中心学校，代课教师统一由中心学校聘任，2009年全县共有中心学校聘任的农村代课教师共301人。

3. 教师私人聘请的代课教师

教师因生病或下海，为保留编制而请来临时教师，工资由被代替教师个人支付，这一行为仅在学校内部被默许。这类教师处于隐秘状态，真实信息仅限于学校内部，校长对此讳莫如深。两县的调研表明，由学校或教师私人聘请的代课教师在一定范围内存在，但此类信息不纳入教育部门统计中。随着代课教师的聘任层级降低，其信息也越来越隐秘，代课教师的福利待遇和就业稳定性越来越差。

笔者的田野调研表明，5所个案学校的24名教师中，有9名是代课教师，其中5名为县聘用代课教师，3名为中心学校聘用，1名为教师私人聘请。他们都来自小规模学校所在村，生于斯长于斯或者嫁入本村，目前都在学校所在地居住。

（二）代课教师愿意受聘的原因

在个案学校，代课教师的工资远低于公办教师，大部分代课教师连养老保险都不能享受。根据对5所个案学校代课教师的访谈，代课教师在待遇低的情况下依然愿意任教，主要有三个原因：

1. 对儿童和教育教学工作的热爱

琴水学校的孙老师是一名女性代课教师，2011 年她已经年满 50 岁。由于错过转正机会，自 1982 年以来她一直在附近乡镇几所学校代课。她对孩子非常喜爱，尽管每月代课工资只有 600 元，“还没有别人打半天麻将挣得多”，她还是选择了在小规模学校教书，将此作为一种情感弥补。

2. 教学工作稳定且体面

代课年限较长的教师都认为，工资相对较高、收入稳定、工作体面是他们早期选择从教的一个主要原因。在他们看来，教学工作较为稳定（至少可以持续一个学期），所需体力劳动较小，工作条件相对舒适，不少教师与村民都提到教学工作是一份“日晒不到、雨淋不着”的相对轻松工作，受聘代课而非在家务农成为这些教师的首选。对于 5 位县聘用代课教师来说，他们能享受到县级财政提供的养老保险，在农村养老保险尚未实施之前，这也是一个较大的诱惑。同时，这些代课年限较长的教师，由于长期定居农村，从未学习其他技能，且年龄较大，外出务工的可能性非常小。如山尖学校的邓老师，因双腿有残疾，成为家里唯一的留守者，到小规模学校代课为他增加了新的收入；陈湾学校的陈校长和袁老师也无奈地承认，自己继续当教师是因为“其他的干不了”。

3. 可以兼顾家庭

白山学校的李霞老师时年 22 岁，大学专科毕业以后，在城市未找到合适工作，父母要求她在出嫁前能多在家帮忙。她于 2010 年秋季学期及 2011—2012 学年先后两次接受白山学校聘请，在距家不到 100 米的学校上班，家庭工作两不误。琴水学校的饶老师已经五十多岁，从 1972 年初中毕业就开始教书，2003 年被辞退后曾在沿海城市和宗县城的私立学校代课。2010 年她的小孙女出生，她开始专职在家带孙女，直到 2011 年秋季，琴水学校教师缺乏，中心学校专门到家请她来代课，并允许她带着孩子上班。她很坚定地告诉我，“不让我带孩子我肯定不在这干了”。

二、老年教师过多

（一）老龄化现象相当严重

在琴水学校，5 名教师中年龄最大的 56 岁，最小的 48 岁，平均年龄

51岁。类似的年龄结构在其他4所学校同样存在，5所个案学校24名教师中年龄超过45岁的有17名，所占比例达70.8%。田野调查显示，相对其他农村学校，农村小规模学校老年教师比例过大。以古水镇为例，该镇37名年龄小于31岁的教师，主要集中在3所中心小学。

表2-1显示，小规模学校教师年龄结构失衡现象特别严重，教师年龄偏大，除个别年轻的代课教师外，中青年教师的补充几乎断流。

表2-1 古水镇部分小学教师年龄分布 （单位：人）

学校	31岁以下		31~45岁		45岁以上		总(%)
琴水学校	0	0%	0	0%	5	100%	5(100%)
白山学校	1	20%	1	20%	3	60%	5(100%)
古水镇中心小学	20	34.5%	22	37.9%	16	27.6%	58(100%)
2所片区中心小学	8	27.5%	2	6.9%	19	65.5%	29(100%)
5所村级完全小学	8	14%	13	22.8%	36	63.2%	57(100%)
总计	37	-	38	-	79	-	154(100%)

（二）年轻教师以代课教师为主

农村小规模学校老年教师比例过大，与年轻师资补充过少有直接关系，个案学校近年来都鲜有年轻教师补充。陈湾学校师资近年来处于凝滞状态，一直只有陈校长和袁老师两位教师；白山学校师资连年来只减不增，23岁的代课教师李霞老师是近十年来该校最年轻的教师；山尖学校的黄校长是唯一的常任教师，另一名教师的配置则视需要而定，2011年秋季调配来一名年轻的女教师，但2012年春季她又被调走；下李学校的师资更新较快，2010年秋季中心学校同意下李学校聘请一位26岁的女代课教师，同时，一名32岁的女教师也从其他学校调来；2012年秋季，一名48岁的女教师从镇中心小学调来。整体上看，年轻教师的补充不能满足小规模学校的发展需求。

近年来进入农村小规模学校的年轻教师以代课教师和走教教师为主。小规模学校教师总量短缺和学科短缺成为代课教师进入的主要诱因：

①教师总量短缺严重，原有教师已无法保证班级运转，恰巧学校附近有年轻人愿意当代课教师。白山学校在 2011—2012 学年度需开设 4 个班级，但只有 4 名公办教师，不得已聘请大学刚毕业的李霞老师来代课。②学科教师短缺，学校为了开齐课、开好课而聘请年轻的代课教师。年轻代课教师通常被请来任教英语、音乐、美术等科目，这些科目往往只有年轻教师才能胜任。下李学校姚校长认为开设英语课对于本校发展非常重要，决定从 2010 年秋季起聘用商业英语专业毕业的邹老师来教英语。

三、低学历教师较多

（一）教师提高学历的动因分析

教师学历提高是国家对教师资格管理日益严格的产物。南县从 1987 年起，根据国家教委的规定，有计划地进行中小学教师专业资格证书的文化专业知识考试，在自学的基础上，通过考试，使不具备合格学历的教师达到相应学历的文化知识水平。1995 年南县小学教师中具有专科以上学历的 399 人，占总人数的 6.6%。根据国家教委要求，到 2000 年小学教师具有专科以上学历人数要达到 30%，该县从 1995 年起在三年内安排 1 100 名教师进入高师进修学历。1995 年秋，南县与华中师范大学联合举办小学教育专业专科班，教学点设在县实验中学。1997 年秋，南县再次下发《关于举办南县小学教师进修大专学历培训的通知》，要求专职教师年龄在 35 岁以下的原则上都要参加学历进修培训。1998 年南县全县小学教师学历达到中师毕业的 1 907 人，专科毕业 1 171 人，本科毕业 223 人。2003 年 12 月，南县教育局下发了《关于加强教师学历培训工作的通知》，要求学历不达标教师参与电大、函授、自修等形式的学历培训。2004 年 2 月，南县教育局下发了《关于对教育系统新进人员进行学历培训的通知》，“用人单位必须与培训对象签订学历培训协议，要求培训对象……通过脱产学习的方式取得师范类大学专科及以上学历”。

在中央政府的要求下，县教育局提供机会，通过考试、培训、学历达标等方式提高教师学历。在这一过程中，小规模学校教师学历的提高主要通过“民师班”由入职学历提高为中专学历，也有部分通过电大、函授、自修等形式获取大专文凭，在个案学校，24名教师中有18人上过“民师班”。初中和高中起点的教师进入“民师班”是民师转正政策的要求，是他们获得公办教师身份的必要条件。虽然有部分教师未能成功转正，但受过师范教育的经历为他们继续从教提供了便利。

从教师们最高学历的毕业学校和专业看，初中、高中和中师毕业于本县域内学校，8名有大专文凭的教师中，3名新入职教师毕业于省内市属全日制普通高等专科学校，所学专业为商贸英语、英语教育和计算机；其余5名皆通过本县或市教育局与大学联办的学历提高班获得，专业为教育管理和小学教育。

（二）教师学历提高的内生动力不足

提高学历的外部要求是必要的，但教师本人的愿望才是其追求高一级学历的最重要原因。下李学校的阮老师说：“那时候就认定自己一辈子教书了，很爱学习，看别人都报大专班，学历高点总是好的，就随着别人报名了。在县城里上课，是我们县和华中师范大学联合办的，拿的文凭也有分量。”

教师提高学历需要付出金钱、时间和精力等成本，成本超过一定限度会抑制教师提高学历的需求。学历与教师教学水平仍属不确定关系，尤其对于知识基础要求不高的小学教师来说更是如此。据田野调查，中心校校长、教研员以及教师都认为学历在提高教育教学水平中的作用有限，这抑制了教师提高学历的内生动力。

现在教师学历最低是中专了，学历高当然说明教师的知识文化水平提高了，视野更开阔了，不过教学水平不一定立竿见影，要提高还要靠教师自己勤奋、多摸索。如果教师通过函授、电大这样混来的文凭，是没什么效果的。（古水镇中心学校柳校长）

教小学嘛不需要高深的学问，但你得会教。小孩连基本的学习

能力都还没有，你要想方法引导，有责任心、摸索出门道的老师才能教得好。(下李学校陈老师)

学历高低与教师教学水平并无确定性关联。琴水学校的饶老师仅初中文化程度，长期任教低年级，对于低龄儿童的认知水平和学习方式非常熟悉。她的同事都说，她教过的班级每次考试都在全镇前三名。被辞退后到私立学校代课，她的成绩依然突出，以至于有时开学前“几个学校都到家里来请她去上课”。

在5所个案学校，教师在入职后学历整体上有所提高，但高中或中专学历仍占大多数，未达标者仍个别存在。如表2-2所示，24位教师中，入职前为初中毕业的有3人，高中毕业的有16人，仅有2人为中等师范专业毕业，3名大专学历起点的教师皆为2009年以后入职。教师们在入职后通过进入“民师班”或自学、函授、成人教育等方式提高学历，已有15人学历程度为中师毕业，8人为大专毕业，仅有1名代课教师学历仍为初中，她是琴水学校的饶老师。可以作出这样的判断，年龄越大、入职时间越早，教师的学历越低，学历达标后继续提高学历的越少。

表2-2　个案学校教师学历分布　(单位：人)

学校		山尖	白山	琴水	陈湾	下李	总
入职学历	初中	0	1	1	0	1	3
	高中	0	3	4	2	7	16
	中师	1	0	0	0	1	2
	大专	1	1	0	0	1	3
最高学历	初中	0	0	1	0	0	1
	中师	1	3	4	2	5	15
	大专	1	2	0	0	5	8

四、女教师较少

小学教师工作具有较强的家庭照顾色彩，符合女性角色“以家庭为主”的传统社会分工，故小学教师普遍被认为是“适合女性的职业”。教师的性别结构平衡有助于儿童性别社会化。但大量的研究表明：小规模学校教师性别失衡现象较为严重。全国统计数据显示，近年来女性在农村教师中比例有所增加，但截至 2009 年仅达 46.1%，低于城镇 11 个百分点。随着城镇教师中女教师比例迅速攀升，农村小规模学校缺乏女教师的现象应引起关注。

田野调查发现，个案小规模学校教师性别结构失衡非常突出，24 名教师中只有 9 名为女性，占 37.5%，陈湾学校和山尖学校（2012 年春季学期）没有一名女教师，白山学校和下李学校则是男教师多于女教师。对女教师的访谈显示，小规模学校所处社区的相对闭塞以及校内艰苦的工作条件大大削弱了女性对小规模学校的选择动力，而农村女性受教育程度偏低是农村小规模学校中老年女教师较少的历史根源；只有在兼顾家庭的需要极为迫切时，女教师才愿意短期在小规模学校任教。

（一）恶劣的环境抑制了女教师的执教意愿

小规模学校条件艰苦，交通不便，女教师到偏远的小规模学校任教很不方便。白山学校的孙兴才老师说：“在这样的学校肯定更吃苦些，如果不是家在这里，女同志受不了的。风里来雨里去地天天来回跑，像我们男老师可以骑个摩托车，天气不好时也能坚持，女同志就不行了，那样吃苦，别说她们受不了，家里人都不会支持。”

古水镇和香溪镇中心学校校长在访谈中都提到，分配女教师到小规模学校有很大阻力。与中心小学相比，小规模学校在女教师资源竞争上不具优势，而出于照顾女教师的人身安全、婚恋和生活，中心学校一般不分配女教师到偏远的小规模学校。

山尖学校的黎莉老师是个案学校教师近年来中唯一被分配到小规模学校的年轻公办女教师，她之所以愿意到这个学校来，是由于入职合同有明确要求。不过，她在山尖学校只需走教一学期。一个学期能“咬牙忍过去”，她说：“当初招考时有条件，录取后必须到偏远农村学校工作两年，我在靠近镇上的那个小学教了一年，到这里只需要干半年，中心学校答应我明年调我回去的，所以偏僻啊条件差啊，咬牙就忍过去了，但如果再把我多放在这里一年，我死活都不同意的。”

黎莉老师的亲身感受表明，在小规模学校工作带给一个年轻女性的心理压力远远高于工作压力，不安全感和生活不适应要比工作压力体验更强烈。

> 在这里教书，其他的都可以将就，就是一个人太孤单，总害怕。到这里很少能见到和我们同龄的女孩，她们都出去打工了，你一到这里，就感觉很多眼睛盯着你，刚住下来的头几天，晚上总睡不踏实。有天夜里睡到半夜，听到有人在拼命打我的门，我吓得缩在床角，好害怕啊，一直想那人把门撞开了我该怎么办？第二天我就告诉黄老师，可他非说这里不会有人那样的，是我自己听错了，我没办法就到他家住了几个晚上。现在门上又加了两道锁，晚上我床边总放着个棍子。（山尖学校黎莉老师）

事实上，由于山尖小学的另一名教师黄老师家就在本校，从洗漱沐浴到吃饭以及生活照应，黎莉老师都能获得黄老师及其家人的较多帮助，日常生活的不便利已极大降低。但她的经历说明，偏远的地理位置，与外界相对隔绝的生活环境，女性更高的安全感需求，这些因素都影响了年轻女教师在小规模学校长期工作的意愿。

（二）农村女性受教育状况抑制了女教师供给渠道

对农村小规模学校的女教师供给一直不足。传统上农村女性中接受教育的比例较低，而农村中小学女教师供给又主要由农村女性进入中等师范学校或高等学校的总量决定。长期以来，我国接受高等教育或进入中等师范学校的学生中女性比例在较长一段时间里都低于男性（见表 2-3），农村女生所占的比例应该更低，导致农村学校中女教师来源不足，尤其是中老年教师中女性比例普遍较低。

表 2-3 高等学校与中等师范学校的女生比例（1973—2002 年） （%）

	1973—1977	1978—1982	1983—1987	1988—1992	1993—1997	1998—2002
高校女生比例	31.75	24.54	30.39	33.58	35.54	41.59
中师女生比例	35.75	28.55	42.22	52.85	61.2	67.62

数据来源：玉丽：《农村缺少女教师：值得关注的问题——我国农村女教师现状分析报告》，载于《教育科学研究》2006 年第 7 期。

访谈表明，大量的农村女性无法达到作为教师所需要的最低的文化程度，自然无法顺利进入教师队伍。一位退休女教师张老师说："我们上学时女的读了小学认几个字就不错了，很少能读完初中，方圆十几里地高中毕业的就我一个。那时候大队找老师也要初中、高中毕业啊，所以我们那一代女的当老师的就很少。"

（三）兼顾家庭成为女教师短期执教的重要理由

表 2-4 是个案学校 9 位女教师的基本情况，兼顾家庭是她们愿意在小规模学校任教的主要原因，但其中 6 位教师在小规模学校任教时间比较短，且很快将离开。

这些女教师为了照顾年幼孩子或年事已高的父母而选择到小规模学校任教。下李学校的陈老师，因母亲 90 多岁且身边无人照顾，主动要求从中心小学调到下李学校，以方便随时回家里看望母亲。李霞老师也是因为父母的要求而接受代课教师工作。几位女教师都提到她们放弃了待遇更好的城镇工作，说这是"女人为了家庭该做的牺牲"。

表 2-4 个案学校女教师基本情况

女教师	任教科目	个人情况
孙小叶	一年级语文二年级数学	已婚，家在本村住本校，本校工作 29 年
李霞	一年级数学二年级语文	未婚，家住本村，家人劝导才来代课
饶老师	一年级语文二年级数学	家住本村，原民办教师，一边代课一边照顾孙女

续表

女教师	任教科目	个人情况
孙玉梅	一年级数学二年级语文	已婚,家在本村住镇上,多年在农村学校代课
刘老师	四年级语数	嫁到本村后到本校工作10余年
余老师	一二年级语文	未婚,家住县城,短期交流到本校
万老师	六年级语文	已婚,家在外地住本校,家庭变故后来本校
邹老师	三至六年级英语	已婚,为照顾幼子放弃外地工作来本校代课
陈老师	二年级数学	已婚,家在本村住在县城,为照顾母亲调来本校

此外，个别女教师在小规模学校教书还有其他原因，比如像琴水学校的孙老师那样喜欢孩子而来学校寻找“情感弥补”的，像孙小叶老师和刘老师，由于多年在农村小规模学校任教，习惯了家校比邻，她们也愿意留任小规模学校。更为普遍的情况是，女教师把小规模学校当成临时工作地点，如两位未婚女教师明确表示，在这里的工作只是暂时的，一定会到城镇去，至少到相对中心位置的较大规模学校去。

五、本地教师居多

“从基层上看去，中国社会是乡土性的。”① 即使在人口流动加速的当代农村社会，乡土性依然影响着人们对于工作、生活地点的选择。这种影响通常表现在成年人工作地域的选择以家乡或父母居住地为圆心，视世代居住地为人生之根。农村教师选择学校的偏向也符合这一传统路径。如果以学校服务范围作为“本地”概念的内涵，本村或邻近村落即为本地农村教师的服务区，本地教师一直是农村学校教师的主要来源，对小规模学校来说尤为如此。

（一）教师大多来自学校所在的村落

田野调查表明，个案学校中教师要么来自学校所在的村落，要么与

① 费孝通.乡土中国 生育制度 乡土重建[M].北京:商务印书馆,2011:6.

学校所在村落有密切联系。他们或生于本地，或嫁入本村，在本村定居多年的较多。表 2-5 提供了五所学校中本地教师的数量信息。

表 2-5　个案学校的本地教师数量　（单位：人）

学校	教师总数	生于本村	嫁入本村	目前定居本村
山尖学校	2	1	0	1
琴水学校	5	3	2	3
白山学校	5	4	0	3
陈湾学校	2	2	0	2
下李学校	10	8	0	7
总计	24	20	2	16

定居本村的教师以中老年教师为主，这些教师对土地还有依赖，熟人社会的乡土生活也为他们提供了安全感，他们改变居住地的可能性很小。教师在农村小规模学校工作但在城镇定居的情况有两种：一是在村内定居多年后举家迁出。白山学校的孙校长和琴水学校的丁校长一直在本村居住，但子女长大成人在外地定居后，由于配偶在县镇谋得相对稳定的工作，他们就离村进城，在古水镇或宗县县城买房定居。二是教师一直在城镇居住，由于短期交流或被聘请而在小规模学校工作。黎莉老师家原本就在县城，她被派到山尖学校作短期交流；孙老师是琴水村的媳妇，在几所学校请她去代课时，她更倾向于到婆家附近的琴水学校去，虽然她和丈夫一直住在镇上，但她仍将琴水村视为自己家，在访谈中，她多次提到，“我就是这里的人”。

（二）小规模学校教师中本地居住者较多

在社会转型期，人口向城镇流动已成为一个主导模式，农村教师的居住地选择也反映了这种趋势。调查表明，越往中心小学，教师选择在城镇居住的比例越高。对古水镇全体教师工作地点与家庭地址的统计验证了这一点。

表 2-6 古水镇全镇小学教师中家住城镇者的数量分布（单位：人）

学校类别及数量	学校位置	教师总数	家在城镇者	其中：县城
1 所中心小学	镇上	58	53(91.4%)	32(55.2%)
8 所村级完小	农村	102	41(40.2%)	16(15.7%)
4 所小规模学校	农村	19	7(36.8%)	5(26.3%)

在农村教师群体内部，教师的年龄及身份差异（公办或非公办教师）也影响到教师的居住地。调查发现，除李霞老师外，年轻教师大多居住在村外，而年龄偏大的代课教师和民办转公办的教师绝大多数都在村里，对他们的最初录用基本上属于“就地取材”。不同年龄的女教师也有不同的居住偏好。年龄偏大的女教师保持目前居住状态的较多，大多将继续定居村内，而未婚女教师通过婚姻改变居住地的可能性较大，访谈表明，个案学校 3 名 30 岁以下女教师都希望在县镇安家。

总之，本村人构成小规模学校师资的主力军。尽管自上而下的师资配置模式已成为主流，但对小规模学校来说，师资本地化属性没什么变化，以官方途径进入的“村外人”由于流动性太强，难以在小规模学校扎根。

六、师资结构不良现象长期存在

11 省（区）数据分析表明：农村小规模学校师资在年龄、学科等方面结构不良，田野调查进一步验证了这种态势，小规模学校原有的优势师资不断流走，在师资流动中处于弱势的教师不断积淀。

（一）小规模学校师资补充渠道枯竭

师资补充渠道枯竭导致教师年龄结构断层和老化现象加剧。对 3 位中心学校校长的访谈表明，古水镇、香溪镇和高塔镇曾中断教师补充达 6 年以上，近两年才有新教师进入。南县于 2000 年起停止接纳中等师范毕业生，在 2003 年从不规范聘任的代课教师中挑选 2 287 名转为县级聘任代课教师，并未在教师队伍中引入新生力量。

随着中央政府和省级政府加大农村教师的补充力度，倾斜性配置师资政策效应逐步显现，“特岗教师”“资教生”等大批年轻教师进入农村学校，一定程度上扭转了以往“爷爷奶奶教小学”的局面。11省（区）数据显示，农村教师中年龄不超过30岁已占11.3%。南县与宗县基本形成由国家和省级输入师资的“国标、省考、县聘、校用”的教师补充新机制。2004年起南县开始接收了25名“资教生”，指标逐年增加，2011年接收120名“特岗教师”和“资教生”。在这些教师服务期满后，各县通过招考等方式提供一部分编制将他们留任，南县2009—2010两年共招录193名教师，其中“资教生”超过三分之二。宗县也使用相似的教师补充方式。教师补充情况表明，“资教生”已成为新教师补充的主要来源。

然而，每县每年最多接收一百多名“特岗教师”或“资教生”，难以满足农村学校教师需求，每个乡镇所获得的师资根本无法覆盖到偏远的农村小规模学校。调查表明，5所个案学校中从没有接收过“特岗教师”或“资教生”，小规模学校优质师资补充源头枯竭。

（二）小规模学校对优质师资缺乏吸引力

从新补充教师在乡镇内的实际配置看，小规模学校缺乏吸引力，未能获得相应的师资补充。事实上，“特岗计划”政策已经将小规模学校拒之门外。按政策规定，特岗教师的安排要“相对集中，成组配置……1所学校安排3~5人”，小规模学校教师需求缺口一般没这么大，且小规模学校无法“为特设岗位教师提供相应的周转住房和必要的生活条件”。同时，按照严格的生师比标准，小规模学校教师普遍超编，教育行政部门也不会从较为有限的“特岗教师”或“资教生”中为他们增加师资。面对县域内普遍旺盛的师资需求，在政策实施初期，“近水楼台先得月”的县城学校截留了大量的“特岗教师”和“资教生”。为缓解乡镇学校的师资供需矛盾，H省教育厅发文要求“资教生”等必须补充到乡镇，不得被县城学校截留。这项要求抑制了“资教生”在县域内分配时先县城再农村的做法，却无法改变在乡镇内资教生按照“先中学后小学、先乡镇再村庄”的分配顺序，农村小规模学校因地处偏远，在师资补充中处于政策关注的边缘地带，表面超编与政策效力无法覆盖，将小规模学校束缚于师资补充的制度困局之中。在无力争取新补充公办教师配额时，农村小规模学校因教师退休或生病产生的空缺只能以本地聘用代课教师的办法来解决，师资老龄化、低学历、男性多的格局难有根本改善。

（三）缺乏流动优势的师资在小规模学校留任

在县域内的教师流动中，公办教师中年轻、高学历者更具流动资本，这些外显性特征也为中心地带的学校青睐。如果将具备此类特征的教师称为优势师资的话，优势师资即便被配置到农村小规模学校，他们被调离的可能性也很大，而处于弱势地位的师资如代课教师、老年教师、低学历教师，因长期定居于村落内，流动动机偏弱。这就造成一种局面：年龄偏大、学历较低的教师长期留在农村小规模学校，而那些相对年轻、学历较高的教师流失过快，犹如“匆匆过客”。在布局调整中，由其他学校调入的较为年轻的高学历教师要么以“校长”身份，要么以短期交流的形式“进驻”小规模学校，很快选择离开，这种状况无助于改变小规模学校师资结构不良的问题。同时，随着学校向中心地带汇集，那些年龄偏大、学历偏低、工作能力较差的教师又以“被惩罚”或“半闲置”方式强行补充给小规模学校。在田野调查中，一位校长告诉我，当地一所小规模学校只有学生 20 人，却配了 7 名教师，其中 5 名已接近退休年龄，是由其他学校新调入的，他们不用承担任何教学任务，在小规模学校只是“等待退休”。仅以教师的外显性特征看，在补充渠道枯竭、“逆向流动”的制度环境中，小规模学校已成为老年教师、低学历教师的长期沉淀之地。

第二节　农村小规模教师的教学工作与专业发展

教师是学校教育活动中的关键要素，教师的教学工作直接决定了教育发展水平，“教好每一个学生”是义务教育均衡发展的落脚点和核心所在，是我国实现“进入人力资源强国行列”目标的重要策略。由于小规模学校教师和学生人数都比较少，教师的工作压力、时间分配、教育教学活动安排以及教师的专业发展都体现出特殊性。

一、教师工作量大

小规模学校教师的工作并不轻松，虽然他们面对的学生数量较少，但上课节数和承担的其他教育教学工作比其他学校教师更重。对陈湾学校的陈校长和袁老师来说，从早晨一脚踏入校门，他们就需要时时刻刻在教室里，直到下午放学。一师一班的配置让他们“只能整天粘在班里”。白山学校和琴水学校的教师也是如此，“一天到晚都有课”。

（一）工作量超标

国家并未制定全国统一的中小学教师周课时量标准。2001 年发布的《H 省中小学机构编制管理暂行规定》第十七条要求，小学教师标准周授课时数是 16~22 节。田野调查表明，个案小规模学校教师平均周授课时数大多高于这一标准。个案学校中，教师周课时量最高达 30 节，一周中每一节课都在教室中，有 12 名教师周课时量超过 22 节。

考虑到教师担任班主任，他们的工作量超标情况更严重。5 所个案学校共 15 个班，24 名教师中有 15 人为班主任。《中小学班主任工作规定》中规定，“班主任工作量按当地教师标准课时工作量的一半计入教师基本工作量。各地要合理安排班主任的课时工作量，确保班主任做好班级管理工作”。15 名班主任的工作量明显超过规定要求。

（二）工作任务繁重

考察教师的工作量，不仅要计算教师的周课时量，还要考虑到教师是否复式班教学和跨班上课等因素。个案学校中有 3 所学校共 4 个班为复式教学班，复式教学要求教师课堂组织与备课时要付出更多精力和时间。复式教学在课堂上需要教师灵活而有序地安排授课，复式教学班的备课要求因此更高，备好一节复式课所花的时间也更长。陈湾学校的陈校长认为，若要备好一节两个班的复式课，至少需 70 分钟；若备好单班课，仅需 20 分钟。他包班上课，上班期间没时间备课，备课必须在课外时间进行。

跨班教学也增加了教师的工作任务。除了复式教学的 8 名教师，个案教师中有 12 人要跨班教学。不仅如此，同时既教语文又教数学的跨科教学教师有 6 人，如同时任教三年级语文和数学，或任教一年级语文、二年级数学。跨年级、跨班、跨学科教学要求教师在备课时对不同学龄段学生、不同科目的授课方法和要求都心中有数，准备充分，因此备课任务很重。下李学校的阮老师每周需要准备两个年级的 4 门课，对于琴水学校的刘老师来说，她情愿教两个班的语文课，而不是像现在包班教语文和数学两门课。

课外辅导也成为绝大多数小规模学校教师的必要任务。在琴水学校，教师们从早晨 7:30 到校到下午 4:20 离校，每天用于课堂之外单独辅导学生的时间约两个小时，孙老师说，“我一到学校，除了吃饭和上厕所，其他时间都是在教室，学生太小，要手把手地教”。

（三）无法按要求完成任务

因教师过少、任务偏重，因此不开设某些课程、减少备课量就成为教师必然的现实选择。以课程开设为例，如果执行国家规定的课程标准，个案小规模学校需开设的课程最少 12 门，最高 54 门，每名教师至少要兼科 5 门，这对普通教师而言显然是苦不堪言的。按照惯习，在安排教师任课时，首先保障的是语文和数学科目的要求，由语文和数学教师兼任其他科目，其他学科被置于依附主科的次要地位。师资不足，无法保障语文和数学课之外的教学，成为部分小规模学校仅安排语文和数学课的主要原因。同时，随着课程标准提高和小规模学校教师年龄越来越大，英语、信息技术等课程超越了年龄偏大的教师现有专业能力，而音乐、体育等课也因为教师“唱跑调、跳不动”而无力胜任。所以，小规模学校的教师即使是充足的，甚至是超编过剩的，但因学科结构与年龄结构失衡，其教师学科性短缺非常严重。

在田野调查中，有教师坦率告知，由于在校期间几乎抽不出时间备课，而课后回家又有许多农活和家务要处理，他们通常“不备课”，中心学校在备课检查中也会为此开绿灯。山尖学校有资深教师近几年不再备课，陈湾学校和白山学校的教师通常只在教案检查前突击补写备课稿。

二、教师时空结构的固化

（一）时间安排和场所的固定性

哈格里夫斯曾把时间比作教师的敌人。他说，“时间是教师的敌人，让教师的期望无法实现”①。根据教师时间是否呈现周期性，可以分为常规时间与意外时间②，常规时间有固定的周期、严格的序列、标准时限，教学工作日、寒暑假日、课程表和时间表固定下的科目教学时间、定期定时的学校会议时间，都属于常规时间。参照常规时间安排是教师生活很重要的一个方面，传统上来看，教师的一切行为都围绕教学这一任务，而教师绝大部分的时间也被分配在教学上。课程表、时间表和法定假日安排为教师常规时间分配提供了清晰的结构，学校铃声也成为教师日常工作最重要的时间符号。在铃声起落间，学生必须在特定的地点做预设的活动，教师也必须出现。一定程度上，学校的时间表就是对教师的工作时间的底线要求。

考察小规模学校时间表，可以勾勒出小规模学校教师大致的时间安排。各个学校的作息时间表中起始与结束点略有差异，工作时长也因学校是否提供食宿及学生年级分布而不同。5 所个案学校要求学生在校的时长为 290 分钟到 340 分钟不等，平均为 310 分钟，那么教师在工作日就至少有 5 个小时必须在学校里。在班师比接近 1 的学校里，这意味着教师每天至少有 5 个小时在教室里与学生相处。

课程表和时间表要求的时间应属于教学时间，教师同样需要分配一定的非教学时间。事实上，课堂教学之外的繁琐任务也需要教师花许多的时间。由于小规模学校教师人手少，他们还需兼任门卫、清洁工、采购员等多种职能，要负责学校大门的开关、校园卫生的清洁、购置零碎但必需的学校用品，有时还需要维修桌椅板凳甚至学校围墙、厕所或道

① 转引自王宪平，唐玉光.时空因素对教师专业发展的影响[J].教师教育研究，2006(5)：21-25.

② 丁道勇.论教育改革中的教师时间[J].教师教育研究，2009(1)：11-15.

路，要监控学生安全、组织学生课外活动、与学生谈心、与家长联系等，而备课、批改作业、课外辅导学生等课堂教学的衍生任务同样占去教师的大量时间。

（二）两位教师的一天

为更好地分析教师的时空结构，按照教师是否住校、教师课时量、教师年龄来选取个案学校 2 位教师，呈现小规模学校教师一天的时间安排和空间转换。时间和空间是不可分离的，对教师时空结构的分析主要基于教师在教室内外、校内外、家校往返途中的时间进行。

个案 1　黎莉老师的一天

山尖学校的黎莉老师时年 24 岁，女，为短期交流到该校的公办教师。她家住宗县县城，从家到校每天仅有两趟公交车定时往返，单程时间至少一个小时，她周一上午 7 点 30 分到校、周五下午 3 点离校。黎莉老师与幼儿园的彭老师合住在校内一间教师宿舍，并负责幼儿园的财务和日常运转。黎莉老师一天主要时间、空间分布见表 2-7。

表 2-7　山尖学校黎莉老师的一天（2011 年 9 月 29 日）

时间	地点	事项	时间	地点	事项
7:00—7:40	住室	起床洗漱	15:00—16:00	住室	睡觉、洗衣服
7:40—8:00	教室	迎接学生、吃早餐	16:00—16:30	幼儿园	监督纪律
8:50—11:30	教室	上课	16:30	教室门口	安排幼儿坐车回家
11:30—12:30	幼儿园	照顾幼儿吃饭、午睡	16:40—19:30	不定	休息、吃晚饭
12:30—13:00	饭馆	吃午餐	19:30—21:00	住室	写小结和计划
13:00—14:30	教室	看管学生午休，备课	21:00 以后	住室	休息
14:30—15:00	幼儿园	组织幼儿开始上课			

周一至周五，她穿梭于小学教室、紧挨教室的幼儿园和住室三点之间。从早上 7:40 到教室开始一天工作到 16:30 把学生全部送走的 8 小时 50 分钟里，她在教室的时间超过 5 小时 40 分钟，在住室 1 个小时，在室外的时间不超过 20 分钟，包括看护学生上下接送车约 15 分钟。上午的

空间转换频率较低，近4个小时一直在教室，而中午与下午空间转换的频率较高，几乎每隔一个小时都发生一次空间移动。她很少在课余与村民接触，下班后主要在住室看书、电话聊天或处理日间未完成事项。晚饭后还要把一天的主要事项记录下来，尤其是钱物出入，必须记账；对于第二天要处理的事情也要预先安排。余老师认为这样的生活节奏和安排可以承受，唯一的困扰是因被封闭在这样的场域里，她缺少时间处理自己的感情生活。

个案2　琴水学校孙老师的一天

孙老师时年50岁，属于教师私人聘请的代课教师，任教一年级数学和二年级语文，每天5节课。她家住距学校直线距离3.5公里的镇中心，每天早晨搭乘公交车或摩的上班。由于公交车相对便宜且每天仅有早班车时间合适，她需要6点起床，6:20出门，步行5分钟到站牌，乘6:30左右的那班公交车（车费2元），10分钟后再步行5分钟到学校，如果赶不上公交车她就乘坐摩的（车费5元），15分钟到学校，下班时乘坐镇上幼儿园的顺风车，不需付车费，一般下午5点左右能回到家中。

表2-8　琴水学校孙老师的一天（2011年9月22日）

时间	地点	事项	时间	地点	事项
6:00—6:20	家	起床洗漱	12:20—14:45	教室	备课、改作业、辅导
6:20—7:00	路上	乘车去学校	14:45—16:20	教室	上课
7:00—11:10	教室	课前辅导、上课	16:20—16:30	路上	护送学生回家
11:10—11:20	路上	护送学生回家	16:40—17:00	路上	回家
11:20—11:40	住室	休息	17:00以后	家	做家务、休息
11:40—12:20	食堂	吃午餐			

这一天，从7点到校至16:40返家之间的9个小时40分钟里，孙老师在一、二年级教室8小时10分钟，有时孙老师要负责周二的一、二年级合班上音乐课，地点在远程教育教室，周四的一、二年级合班上体育课，地点在操场。一天中，她在办公室停留时间不到30分钟，在餐厅和

休息室的时间 1 个小时左右。孙老师整个工作日的空间转换频率较低，教室是她活动的主要场所。由于学生中午不在校就餐，教师们需要放学后护送学生，中午成为空间转换频率最高的时段。从整个空间转换过程来看，由公路到学校，由教室到餐厅和休息室，由教室到公路，成为主要的移转方向。

孙老师用于课堂教学和课外辅导时间占了她一天工作的绝大部分。她说，“学生来学校的时间比较早，到了学校不能让他们在校园里疯玩，所以一有学生来，老师就要到教室里辅导”。她的时空结构围绕课堂教学这一主要任务，以教室为主要场所。

三、教学过程的有序性与随意性

教师的教学活动必须符合一定的规范要求。一般来说，教学规范一般包括四个阶段：备课、上课、作业布置与批改、学业评价。学业评价较多通过考试方式来评估，当前，农村学校多由中心学校或教育局以学期为单元统一组织考试，小规模学校教师的教学规范更多地体现在备课、上课和作业布置与批改中。

（一）备课

备课是教师上好课的关键，然而小规模学校教师备课缺少时间和资源的支持。由于包班上课或课堂教学时间过长，教师缺乏充足的校内时间备课，而农活和家务事占去较多的业余时间，白山学校的李霞老师和琴水学校的孙老师都只能在晚上备课。小规模学校教师在备课中可用资源匮乏，山尖学校的黎莉老师自购两本小学生教辅书籍，作为自己教学设计中知识点口诀和课堂练习的主要参考，而刚转到六年级语文教学的下李学校万老师，只有两本教师用书和一套练习试题为她提供适应新教材的资料。5 所个案小规模学校中绝大部分教师缺少获得电子资源和集体支持的途径，在琴水学校和下李学校虽然有电脑网络和远程教育设备，但只有个别教师能熟练操作电脑，其他教师从不利用电子资源备课。

小规模学校大部分教师注重备课的实用性，主要以“上课前看看书”的形式进行，已有经验成为最重要的备课资源。在集体备课可行性低的学校里，个人在隔离状态中备课成为必然。有多年教龄的教师对课堂教学的设计多属于粗线条，教学内容和重难点等关键节点突出，但对详细的教学环节设计不足；欠缺该学科教学经验的教师往往通过通读教材、参阅教辅书、借阅老教师教案等来判别出教学的基础性要求和重难点，他们较为注重导入语的设计，遵循课堂教学的一般流程安排教学，求稳多于求新求深。

（二）上课

一节规范的课包含对教师的教学技能、教学内容、教学过程、教学效果等许多方面的要求，如教师用普通话教学，语言清晰、准确、生动、适速，教态亲切、自然，板书工整、布局合理、书写规范；教师创造性使用教材、合理选择和调整教材内容、准确把握重难点；教学过程中凸显学生主体地位，有力激发学生兴趣、开展有效师生互动、进行适度巩固练习等；不同层次的学生学有所得，积极主动；课堂时间分配合理、结构科学等。

1. 普通话和板书

不同年龄的小规模学校教师的教学技能各有优劣。年轻女性的普通话相对较好，而受过正规师范训练的教师普通话水平能达到基本要求。但由于老年教师偏多，个案学校中普通话不达标的教师比例较高。有两位教师在语文课堂也使用方言授课，问及原因，回答是“用普通话妨碍表达，不怎么会讲普通话”。

与普通话技能呈现鲜明对比的是小规模学校教师的板书规范，教师年龄越大，板书规范性越强。个案校所有年龄在35岁以上的教师粉笔字和钢笔字都非常好，他们的课堂板书布局清晰、重点突出、书写工整。

2. 山尖学校黄老师的一节课

在田野调查中，我旁听了不同年龄、性别教师的不同科目的课，虽然坐在不同的教室里，教师的教学风格和授课内容并不相同，但每节课里教学过程和学生活动几乎不存在什么差异。时年48岁的黄老师，已从教26年，可作为小规模学校男教师的典型代表，他是中等师范学校毕业后任教的，所教班级有 3 名一年级学生和 2 名二年级学生，复式教学，又使他的课堂有了一定的独特性。

选取 2011 年 9 月 28 日听黄老师的一节课进行分析。这节课时长 38 分钟，一年级的教学主题是“认识物体与图形”，二年级的是“连加”。黄老师使用较为标准的普通话上课，板书工整，基本完成了一、二年级的教学任务。结合其他教师的授课情况，这节课从时间分配、课堂活动、课堂气氛等三个方面代表了个案小规模学校绝大部分课堂状况。

图 2-2 黄老师在上一、二年级的复式数学课（左边两个男生是二年级）

（1）课堂时间分配

良好地使用时间对于成功有重要意义[①]。黄老师的课堂上，教学占据绝大部分时间，其中为一年级讲解 14 分 20 秒，二年级 12 分钟，共计 26 分 20 秒；在教的过程中，教师一人独自说话的时间占去 25 分 10 秒，其余 1 分 10 秒是与学生问答对话。黄老师用于呵斥一名男生听课走神的时间为 15 秒钟。在学生做作业时到学生座位检查、当面批改和个别辅导用去 11 分 25 秒。在小规模学校课堂上，教师讲解都要占去三分之二的

① 古得莱得.一个称作学校的地方[M].苏智欣，等译.上海：华东师范大学出版社，2006：105.

时间，每节课几乎都要留出10分钟以上的时间让学生在讲解过程中或新知识讲完后做作业。

（2）课堂活动

讲解是课堂的主要活动，包括讲解新知识和统一核对作业。黄老师未使用任何直观教具，教材的情景插图成为他唯一用来帮助学生理解教材内容的道具。在讲解过程中，他通常是照搬课本内容，比如他并未针对一年级学生的认知，强调所讲图形应该叫“正方形”而不是“短方形”，以致一名学生下课后仍告诉我这是“短方形”。黄老师也未对二年级学生强调如何连列竖式，当学生到前面演板时暴露出这一问题，他才将此作为重点讲解。其他教师的课堂也经常如此，学生易错之处不是在讲解中预先设计，而是根据学生作业出错情况有针对地重复讲解。教师教学方法以讲解法为主，其他教学方法在这些课堂中很少出现。访谈表明，对于一些新的教学方法，小规模学校教师要么不懂得如何去使用，要么不想去使用。

边讲边操练和学生单独做作业的活动也经常发生。学生被提名到黑板前解题是教师检查学生学习情况的重要方式，学生解题情况常成为教师重复强调知识点的依据。一年级学生在做完教师布置的作业后，自觉地找书中的题目和练习册中的题目去做，提前完成作业也能得到黄教师的口头奖励，这也表明他们在慢慢学会独立学习。更多的教师并不习惯于表扬学生，厉声呵斥不认真听讲的学生或不能完成演板要求的学生，是教师经常对学生作出的行为。

在表扬或批评之外的课堂师生互动中，简单问答成为主要形式。这一节课中，黄老师面向该年级所有学生的提问共有21次，其中只需学生以“嗯”或“是”作答的有6次，需要学生回忆、思考后才能回答的有3次，这3次全是针对二年级学生。其余12次皆为要求学生复述某一段教材内容，或将教师的话补充完整。在整个课堂中学生的活动都是被动的，被动地听课、被要求做作业、不需过多思考地回答问题。

很明显，课堂中教师要求学生认真地听而非主动表达、要求学生接受讲课内容等新知识而不是质疑和发问。整节课中，教师用语言、目光控制着教室内发生的一切，他还时常走动，经过每一个同学身边，他能容忍课堂中学生间偶尔的小打闹或交换物品，甚至一次压过教师讲课声音的喊叫。在某些时刻从教室后面看去，所有学生都面向黑板，人不离位、手不离笔，较为稳固地“钉”在摊开的书本前。他们因年龄偏小而无法长时间控制自己，但是当他们有所散漫时，教师的眼睛总能盯到他们，这种威慑一般能维持课堂教学所需的基本纪律。

（3）课堂气氛

在黄老师的课堂里，尽管因人少特别易于施行因材施教，但他仍试图把上课的学生作为一个整体而非单个个体来组织教育教学。面对两到三个学生讲课时，他采取的授课方式与面对几十人的班级是一样的，只不过他分给每个学生的注意力增多，能更细微地观察到每个学生的纪律表现。讲课的过程中黄老师向学生提问，但极少给学生自由开放地回答问题的机会，教师严格地控制着学生的学习内容、方法，学生无任何选择的余地。

在课堂上，黄老师除了那一次呵斥“走神”的学生外，未作任何责罚学生的行为。黄老师在课堂上不自觉地会从学生那里获得教学之外的欢乐。在学生做作业时，他走到最左边的男生赵小刚那里，用手托起赵小刚的下巴，问“谁给你剪的头发啊，一点也不整齐？哈哈，真像别人说的，狗啃过一样”，赵小刚不好意思地笑着说，“我自己拿剪子剪的”。黄老师笑得更开心了，“你自己都会给自己剪头发啦，真能干啊”。说着他用手再次摸摸赵小刚的头发。课堂上师生关系的随意性只在黄老师和陈湾学校的袁老师课堂上看到，那些试图保持自己威严的教师不愿意轻易露出自己的微笑。课堂上更多的是仅限于教与学的活动，没有欢乐的笑声，没有踊跃积极的学生问答，没有生机勃勃和饱满的激情，课堂被平淡的气氛主宰。

（三）布置作业

作业又称课外作业或家庭作业，是教学的辅助形式[1]，是对课堂知

---

① 王道俊，郭文安.教育学[M].北京：人民教育出版社，2009：255.

识技能的复习、巩固和运用。适量适度的作业有助于巩固学生课堂学习效果，反馈学生对所学知识的理解程度，便于教师提供及时的针对性指导。作业布置要有目的、有重点，内容与形式多样化。对于小规模学校教师来说，布置家庭作业是全县或全乡镇统考评比制度下必须采取的一种措施，学生在家无人管束，主动学习习惯未养成，需要通过作业来控制他们的校外时间，“不给他布置作业他就不知道该干什么，回家就知道疯玩”。

学生家庭作业的布置涉及作业量和作业类型、作业难度。我国有关学生课业负担的政策性文件主要限定了作业量和作业类型。教育部2000年1号文件《关于在小学减轻学生过重负担的紧急通知》中，要求“小学一、二年级不留书面家庭作业，其他年级书面家庭作业控制在一小时以内”，随后此类文件一直密集发布。但对农村学校的长期田野调查发现，各个年级学生的书面家庭作业从未间断过。不过相比之下，小规模学校教师给学生布置的作业频率和作业量较小。有家长提到自己读四年级的女儿从小规模学校转到镇中心小学后，做家庭作业的时间增加到一个小时左右，而原来“有时候有作业，一下子就做完了”；有的小规模学校教师说，所布置的家庭作业“基本都是在学校完成的，变成学校作业了”；学生写作业的时间在一个小时以内，“不到半小时能写完，但速度慢的就要一个小时左右”。学生做作业的速度与许多因素有关，其中一个经常被提到的问题是学生做作业的习惯，如主动、专心完成作业还是边看电视边写。

小规模学校教师布置的家庭作业以书面作业为主，主要题型有抄写生字和课文、背诵、写日记和作文，抄写数学例题或做课后练习题，以及完成指定的习题类辅导资料上的内容。古水镇和高塔镇的中心学校对教学的常规检查都包括对此类辅导资料的批改情况。实践类型的家庭作业在个案学校中从未被人提起过。在田野观察与访谈中，研究者并未发现小规模学校教师布置分层家庭作业，即向学生提供家庭作业的不同选择或针对不同学生布置不同类型的作业。

教师对于家庭作业的批改和讲解非常及时。包班上课的孙兴才老师每天进入班级的第一件事就是在讲桌前批改前一天布置的作业，将作业出错的学生叫到身边面批面改、重复讲解，这在他的同事中同样存在。中心学校对作业批改的要求直接影响到小规模学校教师，琴水学校的丁老师说："每天要改不少作业，正式的课后作业、全优、练习册还有学生抄写的作业，这本就老师有，学生拿去抄。一般的作业都是当学生面一个一个地改。上面检查时，这些都要检查的。以前检查时，只要学生做、老师批，现在就不一样了，要保证学生能把每一道题做对。老师就要手把手地教才行。"

四、教师间缺乏实质性合作

在小规模学校里，教师之间的相识和交流更好一些①，但他们在工作中却相对孤立，这种孤立在教师越少的学校里越明显。教师进入一个相对封闭的教室里工作一天然后离开学校。推开别人教室的门，或因学生的学习或教学中的问题展开讨论，在大部分小规模学校鲜少见到。与其他小学相比，农村小规模学校教师群体更为安静和凝滞。

（一）彼此不听课

相互听课是教师进行专业交流的重要方式，但小规模学校教师更多的是在"单打独斗"。缺少时间是教师不再相互听课的首要原因。师班比接近 1 的学校里，上课时教师必须出现在自己教室，没有时间也不愿意听别人的课。通常情况下，上课时不在教室的个案学校教师最多只有一两位，他（她）忙着在批改作业或备课。教师相互听课的动力也不足。学生减少后单轨班级设置使每位教师所承担的教学任务各不相同，教师们认为听别人的课对自己没有帮助，"每个人教的班、带的课都不一样，听了也用不到自己班上去"。此外，教师数量少，共事多年、彼此熟悉也是他们常给出的原因。白山学校的肖老师说："都是老教师了，水平都差不多，再说这书都教烂了，就不听了。也就这几个人，（教研）哪搞得起来？没必要搞，一天到晚都在上课，没时间。"

① 古得莱得.一个称作学校的地方[M].苏智欣，等译.上海：华东师范大学出版社，2006：201.

（二）专业交流非常少

办公室是最适宜教师开展教研和教学讨论的场所，但小规模学校沉寂的办公室显示出教师交流频率和机会并不多。在山尖小学，办公室房门终日敞开，室内桌椅和书架上落满厚厚的灰尘，两位教师都说“开学后就没去过办公室”；在下李小学，装修一新的办公室里并没有教师在办公；其他三所学校里，办公室更多的是教师下课后去接开水的地方，是校长传达上级会议精神的场所。教师在各自的教室或单身宿舍备课、改作业、与学生谈心甚至接待家长。教师偶尔因教材内容发起的讨论多与教材中脱离农村生活的新名词有关，比如有的教师不知何为“汉堡包、地铁”等，在办公室休息时会将自己的疑问提出。学生管理方面的交流更少发生，多年的教学经验已让他们对课堂事件习以为常，并拥有了处理问题的充足经验，他们甚至不愿向同事抱怨自己班上的某个学生有多难管。

（三）只做分内事

更深入的观察与访谈表明，教师之间的互动情况受学校氛围影响较大。在教师习惯了独立解决问题的学校，合作与分享成为不受欢迎的行为，教师视“向人求助”为“无力履职”的表现，主动听课、探寻别人教学情况也成为对他人“领地”的侵犯。几位教师用“管好自己的一亩三分田”“大家能力差不多”，来向观察者解释本校教师的孤立工作行为。向别人求教而无收获，要求听课而遭拒绝，久而久之个别教师试图与其他教师合作与交流的意愿便会削弱直至消失。这些“个别”教师多为新进入小规模学校的教师，万老师的经历就说明了这一点。在下李学校的一天早饭后，几位教师聚在住室门口聊天，刚转教高年级语文的万老师请在场者帮她解答练习册上的一道词语填空题。几位老师对备选词语斟酌片刻，给出各异的答案，不到 3 分钟这场讨论就宣告结束，万老师对讨论结果不满意。那天我对万老师访谈时她说，这样的讨论结果她原已预计到，“自己的问题还要靠自己解决，我刚教高年级，就经常问问，其他老师很少会拿题目讨论的”。

五、教师培训机会少且培训效果差

（一）高层级的培训机会少

1999年颁布的《中小学教师继续教育规定》要求每位教师在五年中必须接受不少于240学时的培训，包括校本培训、中心校教研活动和县级及以上级别培训。对小规模学校教师培训机会的分析包括乡镇、县市到省级三层。这三个层级的教师培训地位和价值不同。一般来说，层级越高培训资源越稀缺且被认为质量越高，国家级和省级培训被视为优质培训机会；而县级培训逐渐成为农村教师接受的较为便利、较为规范的主要培训，乡镇中心学校组织的培训通常被认为“最不值得的”培训。

高一级教师培训的指标经各级教育行政部门分配而层层下达，最终由乡镇教育管理者或学校校长来指定具体教师。受指标总量限制，层级越高，对农村小规模学校的覆盖面越小。培训指标在由中央到乡镇的分配中，大都根据现有教师总量的一定比例进行分配，而在乡镇指标被分解到不同学校的过程中，教师的身份、年龄与所在学校成为最重要的考虑因素。

1. 省级培训

从全国范围看，已有个别省份开始针对小规模学校教师开展培训，如江西省于2008年启动“农村教学点教师省级培训计划”，三年培训了5 000名偏远教学点教师。但绝大部分小规模学校教师并无这样的倾斜性培训机会，他们在与其他教师竞争“相对更优质”的省级培训机会中处于不利地位。省级教师培训指标在不同小规模学校间差异更明显。5所个案小规模学校中有4所学校教师未参加过省级培训，即对于他们来说，省级培训是可望而不可即的。山尖学校的黄老师对参加省级培训不抱任何希望：

> 我一次也没有去过。虽然每年都有，但他们（中心学校）每次都说人数有限，轮不到我的。我不能自己提名说我去啊，争取不来

的。(山尖学校黄老师)

而陈湾学校的陈校长为参加省级校长培训曾主动争取过，但结果让他很失望。

我知道自己是聘任制教师，可能不够格，可又很想去，就在校长开会后悄悄跟中心校长申请，说，这次去武汉培训能不能我去学习一下？当时中心校长答应了我，说可以啊，你去。但最终安排人员时没有通知我，我心里就很凉。要知道有的校长被安排去培训，去年去了，今年又去，他们不想去，说病了或怎么样，中心校硬压着他们去，不去也得去。为什么不能安排我们去呢？我们更需要这样的培训啊。那次很伤我的心，从此以后我就再也没有提了，提过一次人家没答应，总不至于你再说，让人家直接说你不必要去吧，你是个聘任制老师，到那份上就不行了。(陈湾学校陈校长)

显然，代课教师身份并不是陈校长不能参加省级培训的唯一障碍。同为小规模学校但设置了完整年级结构的下李学校中，有 4 位教师参加过在武汉举办的“H 省农村教师素质提高工程”培训，姚校长在武汉参加过三次“校长培训”，身为代课教师的阮老师参加过两次培训。同处小规模学校、参加过省级培训的他们认为能获取这种机会是因为，“去培训的都是完小的，初小没有。我们学校每年至少有一个指标”。“完小、条件好的学校”能获得更多培训指标这一规则被高塔镇中心学校周校长所确认：

镇外培训的要挑选一定老师，有的老师派出去了可他学习能力不行，比如在省里培训，教学手段、教育观念啊他跟不上，就达不到（派代表出去培训的）效果了。一般挑选中青年教师，分给不同学校，规模大一点的学校，主要在完小里。(高塔镇中心学

校周校长)

参加高一级培训的教师要经过教师身份、所在学校标准的筛选，而对参训教师年龄的上限要求，被写入从省到乡镇的正式文件，人员安排把好年龄关，“被推荐参训的学科教师年龄不得超过45岁，参训的校长不得超过50岁”。对于参加县级及以上培训的教师筛选首先将不符合身份或年龄要求的教师排除，然后根据教师所在学校、教师年龄来安排，小规模学校多为初小等不完全小学，公办教师年龄一般偏大，参加省级培训的机会极为有限。

2. 县级培训

我国县级教师培训机构被定位为“小实体、多功能、大服务”，日益成为广大农村中小学教师终身学习和提高专业水平的重要阵地，县级教师培训也成为大部分农村小规模学校教师参加培训的最高层级培训。然而，他们认为县级培训的覆盖面仍相对狭窄，教师的身份、年龄差异在这一层级的培训指标分配中影响更大。

首先，代课教师几乎不能参加县级培训。县级培训仅面向公办教师和县级聘任代课教师，县级以下单位或个人聘请的代课教师处于隐形状态，在教师培训机会获得上也处于边缘而被忽视。小规模学校为此类代课教师的聚集地，这使得小规模学校中一定比例的教师不能参加县级或以上的培训。琴水学校的孙老师认为代课教师的不稳定性是他们不能参加培训的主要原因：

我教了28年书，从没有培训过，虽然在一起工作，但还是不一样的。暑假里要去县城培训，就没我们的份。他们的意思就是，我们并不是长期的，搞了今年没明年，把我们培养了，明年不一定在这里教。(琴水学校孙老师)

其次，年龄偏大教师参加培训机会少。50岁以上的受访教师中鲜少参加县级培训，“县级各种培训由学校最年轻的公办教师包圆儿”。在白山学校，40岁的王老师被调走之后，所有的培训都由孙小叶老师代表学校参加：

我们这里都是年纪大的，相比我年龄小些，培训就都让我去了。每年暑假都要参加培训的，英语、音乐、美术、计算机，还有“知行中国”班主任网上培训，这里没有网络就到古水镇网吧里去，其他的都要到宗县职业学校里，一次培训最短7天，带行李住那里。有一年我参加两个培训，英语和信息技术，那个假期就没时间休息了。（琴水学校孙老师）

山尖学校的黄老师近五年来很少参加培训：

我们年纪都大了，就不派我们去了。按说应该安排50岁以下的（我今年不到50岁），但实际上已经不安排我们了，都给中心小学了。（山尖学校黄老师）

而同在山尖学校任教的年轻的余老师在开学不到两个月里，已经3次去县城小学听优秀教师示范课了，不过她上岗后的两年里一直没参加过在暑假举行的县级培训。

有机会参加高一级培训的小规模学校教师的积极性较高。相对于其他教师，他们更愿意认真、主动地在培训中学习。比如琴水学校的刘老师在参加县级培训时，她不像别人“报个名就去打牌、逛街”，而是“每天认真去学的”，而下李的姚校长和阮老师都自我评价为“班上最积极的学员”：

（培训时）我经常向老师请教问题的，也要和其他老师讨论。培训实质上是促进交流、取长补短，老师对课该怎么教、如何激发学生思考，都可以聊聊的。大家来自不同地方，经历、想法都不一样，听听别人的，很有启发的。（琴水学校刘老师）

3. 乡镇级培训

中心学校组织的乡镇级培训在空间位置和进入途径上更贴合小规模学校，这些培训接近真正意义上的全员培训，对小规模学校公办教师的覆盖面达到100%。对于个案学校大部分教师来说，每年暑假去中心小学“开会”一周左右成为假期生活的一部分。“开会”即由中心学校的教研员、校长以大班授课的方式带领大家学习指定的教材或时下被倡导的教育理念，有时由个别教师上示范课或传达县市、省级培训的学习内容。乡镇向教师提供的培训接近于书面文字的表层传输，而对教师更为“实用”的教学实战演练机会特别少。白山学校的肖老师说：“以镇为单位的集中学习最少7天。80、90年代是老师讲（示范）课，业务交流，很有用的，认真的话老师可以学到很多东西。当时就是请经验丰富的老师讲课，大多是本乡镇的学历高点、有经验的讲得好的老师。现在就是会议形式的，一个人讲话大家听，有时是拿着本书在前面念。”

乡镇教师培训中实战演练少，与教师技能比赛在县市层面被过度强化有关。2011年秋季H省启动中小学教师“课内比教学”活动，教学技能比赛以行政任务的形式进入教师日常工作。一方面，这在一定程度上表明教师优质课比赛的组织层级上移，乡镇已不再是最主要的教师教学比武活动的组织者；另一方面，教师年龄老化，参加公开课比赛的积极性降低。对于年龄偏大的教师来说，由于不能熟练运用普通话和多媒体技术手段，难以跨进公开课的最低门槛，何况他们也没有意愿去。“年纪大了，不会参加那种公开课比赛的，搞那些有什么意思呢？”

然而，中心学校组织的集中培训对小规模学校教师的覆盖依然有限，教师私人聘请的代课教师仍然没有机会参加集中培训，他们仅能在中心小学组织的听评课活动中“蹭”几节课。琴水学校的孙老师说，“镇上的培训我也不能参加，只有那种平时老师上示范课，谁想听都可以的，我才可以参加”。

从培训指标分配的规则上看，教师身份的影响最为持久与深广。尽管承担相同的工作，代课教师与公办教师参加培训的机会却根本不同；

而教师所在学校与年龄在指标分配过程中交互作用，尤其在高层级培训指标获取中，在完全小学、条件好的学校工作的年轻教师占有绝对优势。

（二）培训效果较差

1. 培训意愿

年龄偏大的小规模学校教师参加培训的意愿很低。接近退休年龄的肖老师和丁老师都明确表示不愿意参加培训。肖老师说“不想培训，没有必要了”，这种必要主要指参加培训对于晋升职称、年度考核以及提高教育教学水平的效用而言。这两位教师都已经评上小教高级职称，自认为已经过了“干事业的高峰”。

年龄大意味着身体的承受能力和心理适应能力在变差，那些需要在外地居留的培训带给中老年教师的挑战尤其大。往来交通、气候炎热以及较差的吃住条件带来生活上的诸多不便，而严格的培训管理、密集的课程安排也为习惯了松散生活的教师们“套上笼头”，年龄偏大的教师对受到的约束抱怨较多。年轻教师则对培训抱有强烈的向往，每年1~2次的外出学习机会往往成为他们与外部世界亲密接触的最好途径，但他们需要的显然只是“有用的培训”。

2. 培训评价

小规模学校教师对于培训的评价表现出一致性，层级越高，培训者得到的评价越好。

> 省里培训时那些教授们讲得很好，讲课给我的印象很深。但县级、镇级的培训没什么好说的，比较形式化，不少讲课的老师就是走走过场。（下李学校阮老师）

由于教师培训脱离教学实践的痼疾尚未根除，教师们认为参加培训“有收获，也有疑惑”，这种疑惑更多地来自年复一年的培训一直不能解决他们的困扰，比如如何有效使用教材，如何因生制宜，如何小班化教学等。下李学校的万老师刚从低年级转到高年级语文教学岗位，看着新教材她觉得很棘手，但培训却不能给她帮助。

没有培训帮我们解读教材的。今年培训的是教育学、心理学，理论上的多一些，教学法的没有。我也不知道怎么教，只能靠自己在资料书上翻来翻去，自己去想去摸索。我们真的需要培训下教材该如何教。(下李学校万老师)

参加过许多培训的王老师认为培训最大的问题就是缺乏对实践的指导价值。

觉得到哪里培训都一样，没多大效果。专家讲课讲得很好，但不适合下面的情况，拿来没用。好多专家来给孩子上（示范）课，很会讲，有魄力的，就是不实用。我们在镇上听课，相互比课，听别人评课也有收获。他们示范课和上面保持一致了，条条框框都满足了，但没和下面的学生保持一致。那样学生（学习）效果不太好，课堂（结构）完整了，可接受不好。(下李学校王老师)

培训无效不仅浪费了资源，更加重了小规模学校教师在轰轰烈烈的课程改革中的迷失感，因为培训是他们有效参与新课程改革的最重要的加油站。白山学校的肖老师认为乡镇和县里组织的新课程培训过多地灌输教育理念、传达课改精神，对于如何根据农村教育的实际去应用这些理念和精神，如何创造性地使用教材，却“几乎不涉及”。

现在慢慢知道新课程标准有什么要求了，这些要求很好，教材也很好。可是在农村学校里做不到，学生、家长、学校条件都不配合。我们讲新课本也有难度，要从头学，有时还是把握不准，以前也参加过不少培训，还是不知道新教材该怎么上，越学越犯迷糊，我们也只能按老办法讲下去？只学那些空洞的（理论），没有用。(白山学校肖老师)

六、新课程改革得不到教师认同

我国新一轮基础教育课程改革于2001年6月伴随《基础教育课程改革纲要（试行）》和新课程计划的颁布而启动。“课程改革不是单一的教材改革或教学方法改革，而是设计课程历年乃至整个教育观念的系统更新。新课程的基本理念包括：1. 倡导在教师的启发引导下，学生的知识生成方式和自主学习方式；2. 增强课程内容的生活化、综合性。”[①] 经过各层级多轮培训，新课程改革基本理念已为小规模学校教师所熟知。然而，受教材设计、新课程培训、农村教学设施等多方面影响，小规模学校教师在执行新课程标准中遇到不少障碍，其中，新课程标准及这一标准下的教材设计与农村教育不接轨是最主要的原因。仅对新教材的感受，小规模学校教师整体认为现在的教材与以往相比“偏难了”。

（一）“新课程太难了”

执行新课程标准的这种“难”在不同学校、年级和科目都有所体现：首先，学习内容增加。就低年级教材而论，设计者假定6周岁儿童已接受过学前教育、已认识一定的汉字和数字，“提高实践应用能力”被设定为重要目标。实际上，就读于农村小规模学校低年级的儿童中，接受正规学前教育并达到教材设计者假定知识水平的非常少，夯实基础的任务对于小规模学校教师更为迫切，新增内容让他们叫苦不迭。琴水学校的饶老师说：“一年级上学期以前只需教简单的1~10数字、拼音、山石田土等简单汉字，现在新增加那么多生字、儿歌，还有看图计算、比较大小，老师还要教会学生掌握新题型的解题方式方法，太多了教不过来。”

中高年级语文教材需要辅以语文读本、经典诵读材料等的学习才能实现阶段性目标，“要教的课本、要上的内容太多了”；尽管数学的内容“浅了一些”，但“基础丢得太多了”，培养应用能力的内容过多，一定

---

① 王道俊，郭文安.教育学[M].北京：人民教育出版社，2009：155.

程度上模糊了书本知识的结构、层次，“把那么小的小孩精神给搞乱了，像把一个人丢在原始森林里，找不到方向”。

其次，学习目标提高。以小学语文为例，《小学语文义务教育课程标准》总目标包括10类，按年级分阶段目标包含五大项，分为识字与写字、阅读、写话/习作、口语交际和综合性学习，从1~2年级的28条增至5~6年级的31条要求。小规模学校教师在实现识字与写字、阅读、习作的教学目标中相对有优势，但由于小规模学校学生“生活相对封闭，课本与生活脱节的地方非常多”，他们对课文的理解要借助于教师的解说甚至电视上的画面、电视剧的某些情节。缺乏学生生活的现实支持，语文课程目标的实现受到很大阻碍，下李学校的李老师说，“这里孩子没什么（丰富的）生活，没什么可写的，作文也不知道怎么写；回家没有书阅读，学校发的书，他们能看才有帮助”。口语交际目标是小规模学校教师面临的另一个难点，“学生很难做到，一般是我包堂说，我说上句他们说下句，口语交际能力比较差”。

有位从教30年的老教师也认为新课程标准与教材的设计过分超出农村教育实际，“现在的课本不太适合农村，我觉得可能是我们农村教育滞后了。(教材设计）没考虑到农村实际。要求阅读、练笔、口语交际，学生很难做到。现在我们农村教语文，全靠老师一张嘴，一支粉笔，教学效果很难保证”。(白山学校肖老师)

（二）“执行新课标缺物又缺人”

1. 缺乏必要设备

新课程标准下的教学不仅要求学生有丰富的生活体验作基础，还需要借助丰富的感性材料如教具、多媒体手段才能完成。农村小规模学校电化教学设备严重老化或匮乏，在农村学校资源达不到新课程标准的要求时，教师们被集体拘囿于“巧妇难为无米之炊”的窘境，他们的无奈溢于言表。

现在用人教版的课本，有它的好处也有它的不足，对城市孩子可能要好一些，对农村的就不行，许多内容要求玩中学，做中读，但课件不能做，只能看书，孩子又不看书上的插图。用课件的话就更直观一些，什么样的都能看懂。有些图片不可能在黑板上画出来，美术再好也不行的。上面要是改善教材的话，要更针对农村一些。我认为城市的学校还可以放到次位，要以农村为主，我国大部分都是农村嘛。出这些课本的人都是大城市的，当然做了些调查的，但还是照顾不到农村。农村没这些设备的，这些教材讲不了。书上就是玩玩玩、看看看，可是农村没这些设备的话，玩不成，老师吃亏。说来说去，老师辛苦些，做的无用功多些，效果也不好，（学生）接受得也不好。(下李学校陈老师)

2. 教师的专业知识跟不上

教师知识更新速度滞后于教材与学生的信息更新速度，也是教师对新教材感到无力的一个原因。白山学校的孙小叶老师是一个相对而言善于接受新事物的人，但她对于数学课本的新变化，如增添了许多生活数学，注重应用而超越算术层面，感到很不好适应。“现在涉及的生活信息特别多，有的小孩子知道，可是我都没听说过。”教师的信息深广度与教材、与学生的信息量的错位，让习惯了“信息控制者”角色的教师很不自在。

上述分析主要面向新课程标准下的两个基础性学科——语文和数学。事实上，农村小规模学校其他学科难以实现规定目标的情况更为严重。新课程标准向农村学校提出了开设英语（三年级起）、信息技术等新兴科目的要求，这些科目对教师的专业知识储备提出较高的要求，用一位校长的话说是“非科班出身的人教不了”，而科班出身的学科教师相对稀缺。因此，小规模学校因应新课程标准而开设此类科目，需要严重依赖从未受过专业训练的既有教师，当问及“哪些教师可以教这样的课”时，一位片区中心小学的校长毫不掩饰地说：“这些课程谁带？谁带都一样！我们开设了这些课程，都是由老师兼带。哪怕你一点这个细胞都没有，也要带，要把课程开齐的。大家都是一样的水平，都不是专业的。比如说英语老师，很重要的。我们的英语从三年级开始，每周两节课，只能教字母和非常简单的单词，我们老师也就这个水平了。老教师是不可能教英语的，像我，我上学时见过英语，仅仅认识26个字母，26个字母都认不全。只能靠年轻教师了，他们也学过一些英语，多少他们可以顺顺。”

在这所有200多名学生、14名教师的中心小学尚且如此，在绝大多数小规模学校，这些新兴科目只能出现在课程表上。山尖学校的黎莉老师说：“这里的孩子太可怜了，整天就是坐在教室里学语文数学、数学语文，都学麻木了，他们比别的孩子少了好多快乐、少了好多生气。”

3. 只能“穿新鞋走老路”

鉴于教材与学生生活的脱节以及农村学校条件的现实约束，农村小规模学校教师对新课程标准的执行很大程度上有心无力。正如前文已提到的，新课程标准要求通过教学帮助学生知情意行发展，教师对此要求已产生观念认同，但他们认为缺乏行为转变的现实土壤，担心学生不能接受，让他们最终只能退回较为稳妥的传统教学道路上来。琴水学校的刘红丽老师说：“我想按新课程要求教，可学生接受不了，还是要保守点。步子迈快了他们接受不了。”

以小学一年级上学期数学课为例，研究者听了四位教师讲授的“认识物体和图形”课。课堂上教师多通过口头描述、列举实物名称来导入，如让学生想象气球的样子、看书上的插图来识记。课下教师告诉听课者，如果有教具或者多媒体演示，课的效果就会好得多，但学校连基本的简单教具如正方体、球体都没有，教师只好就地取材，利用黑板的四条边或者讲桌、方凳这些并不标准的物体形状来展示。从课后对部分学生的简单问答可以看出，学生对物体和形状的判断能力并未得到明显提高。

在教学10以内加减法时，琴水学校的孙老师利用粉笔、小木棒、黑板上的画图教学生，这种提供实物感知的教学在个案学校中属于少数行为。大多数课堂里，教具的匮乏让低年级学生对数的学习变成干巴巴的符号灌输的过程，缺乏感性经验基础而被强行训练出的数字识别和计算

图 2-3　白山学校一年级数学课上，李霞老师拿起方凳展示“四方形”

能力仅能保障学生的应试能力。可以认为，教师对于简单加减法的讲授，并未像课程标准所要求的，“从学生已有的生活经验出发，让学生亲身经历将实际问题抽象成数学模型并进行解释与应用的过程”，而是通过重复训练让学生记住了答案。这种新课本、旧教法的尴尬一方面源于学校教育教学设施水平落后，无法提供学习活动所需的基本教具和设备；另一方面与教师的态度也有关，不少教师现在不愿意做教具，“学生太少，不划算，就用一次，浪费了”。

自 2001 年 3 月启动以来，新课程改革遵循“先实践、后推广”的原则，先在全国 38 个国家级实验区进行了实验。2004 年秋季，在对实验区工作进行全面评估和广泛交流的基础上，课程改革进入全面推广阶段。到 2005 年，中小学阶段各起始年级原则上都进入新课改。但是，对小规模学校的调查表明，这次改革在农村的效果并不理想，在城市教育顺应改革春风阔步前进的时候，农村教育脱离农村现实的状况在加剧，而教材虽好教师难教的困境也将极为不利于城乡教育差距的缩小。

第三节　农村小规模学校教师眼中的学生与学校

在田野调查和访谈时，教师大多时间都在谈论学生和学校。学校是专门设立的供教师从事职业活动的场所，学校的兴衰存亡与教师息息相关。当前农村学校外部环境的变化，不可避免地改变着学生群体和学校的未来，教师如何看待自己的工作对象和身处其中的学校的变化，他们如何因应这种变化，这些问题尤其值得关注。

一、变动中的学生和班级

学生是变化着的群体。学生的变化要求教师顺应这种变化，改变教育教学方式，改善师生关系等。教师及时、准确地感受到学生的变化，才能采取适切的方法来应对。田野调查表明，小规模学校教师普遍认为，现在的学生较之以前从数量、个人特质到家庭支持都有显著差异。

（一）学生群体变化大

学生各不相同，他们来自不同的家庭，小规模学校教师对学生的年龄、家庭变化有最直接、最深刻的体验。

1. 不足龄或超龄学生多

农村学生上学的最低年龄并未受到严格限定。在农村地区，孩子未到法定入学年龄而提前上学的现象较为普遍。近年来，不到 6 周岁已开始读小学一年级的现象在小规模学校普遍存在，在白山学校一年级 15 人中有 12 人不到 6 周岁，最小的 4 岁；其他 4 所学校一年级学生四五岁入学，重读两三年的时有发生。由于儿童的发展具有阶段性，年龄偏小、跳过幼儿园学习阶段为教师的教学带来一定困难。琴水学校的饶老师任教的一年级 6 个学生中有两名 4 岁儿童，她对儿童认知发展的阶段性有切身感受：“小孩上过幼儿园的就好教，没上的就不好教。以前岁数大些上了路就好教。现在年龄小，不好上路。有的 3 岁就要放到学校里，上了好多年，还在一年级，年纪不到不知事啊。”

不同年龄的孩子在教师那里得到不同的对待，主要表现在教师对不足龄学生的要求降低，允许他们有一些违反课堂纪律的行为，不足龄学生成为被教师故意忽视的边缘群体。在存在不足龄儿童的一年级课堂上，观察者发现，教师对于这类学生的管理，通常发生在他们的玩闹影响了正常的课堂秩序之际。同样出于课堂纪律控制的需要，在班级中此类学生不超出一半比例时，他们通常会被安排坐在第一排的两端，而超过一半时他们则被集中安排到后面的两排。教师的控制有时是严厉的呵斥，有时是走到身边摸摸他们的头安抚两句。在他们安安静静地未干扰课堂秩序之时，教师主要面对适龄儿童进行教学。

> 我们上课时对那些太小的孩子管得松一些，他坐那里不捣乱就行，家长也没指望他学点什么。这样的孩子差不多都要在一年级读两年。(白山学校孙小叶老师)
>
> 这些（不足龄的）孩子，第一年只教他们认数、学拼音字母，教其他的学不会。第二年再教汉字和算术，看着是一个年级、一本教材，我也在复式上课。(琴水学校孙老师)

按照六至七周岁入学推算的话，在二年级及以上也存在不足龄的学生，但这种差异在小规模学校的其他年级没有在一年级那么明显。不能达到基本要求的学生不能升级，且由于学生的学校生活经验逐渐积累，学习的自主性和对纪律的服从意识变强，教师也逐渐从对不足龄儿童的保姆照顾转向于以教育教学为主。

与低龄儿童相对应，超龄儿童在小规模学校同样存在，但数量相对较少。超龄儿童通常由于智力、身体等原因无法与同龄人一起升入高一级年级，有时来自家庭的原因也阻碍了他们的正常学习进度。琴水学校的丁校长认为，小规模学校超龄学生比重过大是由于他们的家庭贫困和无法提供基本的支持。

> 二年级那个孩子有点智障，他父母亲都是智障者，家里也很困难，父亲死了母亲改嫁了，伯父带着，因为智障嘛在学校读了好多

年了，起码读了4年了。刚来时去厕所都不知道，随地小便，到现在教室都关不住他的，他说走就走，不跟老师说的，我们也没办法，家长送过来我们就要收。这样的应该送到特殊学校的，可到那里要交钱，至少是吃住的钱吧。(琴水学校丁校长)

2. 留守儿童多

父母对儿童成长的影响是全方位的，父母的外出务工自然会影响儿童的学习。随着人口向城镇流动速度和总量逐年加大，农村小规模学校学生中留守儿童比例也越来越大，在有的小规模学校中留守儿童已接近100%。留守儿童中，其祖辈监护又占较高比例，让教师深切感受到其家庭难以承担起配合学校教育的功能，“两条腿变成了一条腿”。教师认为，学生的留守儿童身份对学校工作的影响主要来自三个方面：

(1) 学生家庭相对贫困，流动性强

就读于小规模学校的留守儿童相对于其他农村留守儿童，他们的家庭经济状况不佳。

父母出去打工，小孩放到学校寄宿，那也是家里有条件的。家里条件不好的，就让爷爷奶奶在家里带，方便些，就放在这里读书。(下李学校陈老师)

由于父母外出务工，学生经常在留守与流动状态之间不断转换，“被带出去读书”或“放在家里上学”，导致学生数在一学年内也处于不稳定状态。

2010年下半年5个学生，2011年上半年又来3个，到这学期(2011年下半年)又成5个了。班里人数也不定，增加的就是那些打工的，把孩子放家里读半年，又带出去了。想在这里读就读，不想读就不读，这里留不住他们。(山尖学校黄老师)

教师大多认为，家庭经济贫困是本校学生未转到别校的主要原因，而学生“说走就走”让教师更加增添了对本校发展的不自信，教师对吸引生源和劝阻生源外流表现出无能为力。

（2）家庭监管无力

监护人的知识文化水平与年龄的差异被认为会影响学生成绩。在教师看来，监护人以父母为最佳，年龄越大对儿童的学习和生活照顾越不利。教师认为，祖辈监护的直接后果是家庭无力对儿童进行充足有效的照顾，孩子的教育职责必然转移到教师身上，有时祖辈对于儿童行为、礼貌的教养还要求助于教师。

前两年，有个一年级学生骂他的爷爷奶奶，因为他爸妈没寄钱回来，没钱给他吃早饭，他就闹。爷爷奶奶管不住了，就来学校要我管，我就在班里给他上了一节课。我说过他一次，他就再没有骂过爷爷奶奶了。(琴水学校孙老师)

留守儿童家庭在学生学习方面所能提供的督促、辅导等作用也日益弱化，教师的教育教学压力只增不减。大多数祖辈无法辅导孩子学习，而加上家务繁忙、精力不济，祖辈对孙辈学习的督促更多地停留在询问层面，缺乏实质性的监督与促动，导致学生完成家庭作业的数量和质量都偏低。

爷爷奶奶管不了学生的学习，最多是问问作业写完没有，真写完还是假写完、做对了还是错了，他们都不知道的。有时我明明布置了作业，到家一问，小孩子撒谎说老师没布置作业，那些爷爷奶奶还怪到老师头上。(白山学校李霞老师)

留守儿童家庭不再是学生处理家庭作业的最佳场所，教师课外辅导学生做作业成为小规模学校的常见场景，教师辅导学生的工作压力增加。

（二）班级规模变小

班级规模存在合理区间，过多或过少的班级人数会给教师带来不适感受。小规模学校班级规模在近十年间有较大变化，随着学校规模减小，班级学生人数也锐减。

小规模学校教师们都明显感受到了班级学生的减少，这种减少主要发生在2011年前后。白山学校的孙小叶老师说，1990年前后学生高峰期一年级有70多人，班里的学生满满的，教室里都坐不下，而最近两三年，年级也不完整了，班里学生也少了，现在一年级只有15人。下李学校的阮老师同样经历过班级学生的急剧下降。2005年他任教的六年级两个班100多人，2011年秋季开学，六年级仅剩13人。阮老师所教的学生也从100多人减少为现在的21人（现任教二、三年级复式班）。对5所小规模学校班级规模的比较发现，班级学生数最少为5人，最多为28人，且两班都是复式班，个案学校平均班级规模为11人。

1. 无法按照习惯的方式组织教学

班级学生的急剧减少，令不少教师感觉不适应。这种不适应主要体现在两个方面，一是对班级气氛的变化不适应，一是对学生竞争力降低的不适应。应该说，学生变少之后，班级教学中教师更容易根据学生情况灵活调整，对学生的个别辅导的任务量也减少，工作将变得轻松些。但对教师来说，班级中学生规模过少不符合长期以来在“班级授课制”中形成的教学习惯和情感体验。不少教师认可的常态班级的学生数底线在20到30人，所以从中心小学调到下李学校的万老师，从四五十人的班级进入十四五人的班级任教，她觉得别扭和不适应：“刚来觉得（班里）学生太少。我跟别的老师说，这个怎么上啊？他们说怎么没办法，你上你的课，不管有多少学生就是了。开始那段时间，真是不习惯，只有那几个桌子，怎么看都不像个班。”

万老师提到的“别的老师”对学生人数的减少同样感到不舒服，该校的阮老师说：“班级人数的变化我现在还没习惯，人数太少了，人少了觉得上课没有乐趣了，气氛也不好。老师就像个演员，下面都没有观众了，哪里演得起劲？老师的劲头也不足了，也没有满足感了。只能慢慢适应吧。”

2. 无法激发学生的竞争意识

学生少难以形成教师认可的班级气氛，而小型的学生群体在班级的表现也让教师不适应。教师们认为班级学生减少之后学生竞争意识、竞争能力削弱。有位教师认为班级人数少的学生难教是因为学生的综合素质要比其他学校学生差很多：

> 我最头痛的一个，就是拔尖的没有，都（表现）平平。我宁愿带40个学生，带40个学生都没有带这几个学生这么累，因为我提出的问题他们回答不上来，很简单的问题。也不仅仅是三年级基础打没打好，关键是孩子的眼界，人多嘛，就有竞争力，人少放到那里一点竞争力都没有，所以孩子各方面反应就迟钝一些，综合素质要差很多。

琴水学校的丁老师对现在的学生不在乎成绩和名次感到不可理解：“以前我的学生成绩考差了，听到老师念分数会哭起来，现在？不管多少分，哪怕是倒数第一，你说他，他还跟你嬉皮笑脸的，无所谓，不在乎了。从家长到学生都不重视成绩。”

另一位老师对这种“无所谓”给出了自己的理解，“就那几个学生，倒数第一了又怎么样呢，也不出前十名，比来比去也没什么（激励）作用”。

（三）教师与学生的互动

1.“我是老师，也是小姨”

在农村小规模学校，学生群体的变化以及教师的变化必然引起他们之间关系的变化。中国农村仍然是一个以“差序格局”为基本结构的乡土社会，农村小规模学校师生关系也镶嵌于社会网络之中。小规模学校师生之间存在着多种关系，如亲戚关系。白山学校的李霞老师正教着自己未婚夫的外甥女小丽。小丽是一个留守儿童，转到李霞老师班上以后，吃住都在她家，一个月以后小丽已经适应了“校内喊老师、走出校门叫小姨”的要求。教师对于师生关系的双重性需要时刻保持清醒与冷静，维护教师的威严，努力建立起教师与亲人的清晰边界。对于自己既要像个“小姨”又要做合格的教师，李霞老师试图在家庭与学校之间形成不同的教育规范，“家里是一种方法，在学校是另一种方法，在家里嘛就是个家长，作业不会了要慢慢教，不听了就讲道理；可在学校的话，不听话就要批评，要有威严，要让他们怕你，不做作业就是不行”。

小规模学校教师与学生之间还存在一种因长期生活在一个狭小社区而产生的代际师生关系，即一个教师可能教过某家的两到三代人。被问及是否了解学生家庭情况时，年龄超过45岁的教师多提及班上的某个学生的父母“也在自己手上学过，怎么不了解他”。一位老教师曾教过本村的一家三代人。亲戚或代际师生关系为教师了解学生的家庭背景提供了极大便利，而共同生活于村庄这一“熟人社会”中，相似的成长经历、共同的文化背景，让师生彼此间有一种天然的熟识感，像在一个家庭中生活和学习，正式的师生关系与同学关系建立于非正式的亲属、邻居与伙伴关系之上。

2.“要让学生怕”

教师作为班级中的成人，天然被赋予奖励与惩罚、表扬与批评、肯定与否定等权力，其身份和地位带给他一种自然威信，教师的决定常常能左右学生的行为，而学生特别是小学生对教师的高度认同感牢牢维护了教师的权威。教师对于自身威信的解读不同，要求学生对教师威信的反应也不同。对于任教低年级的教师来说，维持教师威严、让学生“怕自己”是非常重要的。李霞老师多次提及学生不听话让她很苦恼，而老教师传授给她的最重要经验是，“要管住学生，上课不要让他们跟着你玩，要怕你”。

教师的严格要求、不苟言笑、保持距离能产生一定的“学生怕老师”的效果，有32年教龄的孙兴才老师说：“老师一定要把住课堂纪律，纪律都把不住的话，学生都乱了，学不到东西的。现在学生的纪律不好管，但老师搞严点还可以，该严时一定要严。我平常就是这样，对学生严格一点，不能对他们笑，学生怕你了自然不敢乱了。”

3. 学生并不怕老师

由于师生之间存在教与学之外的其他多向度关系，学生对教师的“怕”仅在一定时段一定空间出现，有时“怕”只带来表面的、短暂的顺从，孩子的天性以及对纪律缺乏深层次的认同需要教师不停地维护纪律。比如极为严厉的孙兴才老师，尽管手执木棍把课桌敲得震天响，学生的安静却难以维持5分钟。他的学生三妹解释说：“我们也不是很害怕老师。他很凶，那是对我们好，要我们好好听课，上课时他管我们，下课时就管不着了啊，有时候，我们觉得他像我们的爷爷。”

教师的威严在高年级学生那里不易发挥作用，学生已初步具备独立判断的能力，他们对于教师的敬畏更多地来自教师的人格魅力与渊博的学识，任教高年级教师也更多地采用尊重与沟通的方式，让学生信服而非畏惧。下李学校的阮老师曾多年任教六年级数学，他一直把学生当成朋友来对待、来爱护，他时常能收到来自初中、高中甚至在外工作的学生的问候，“学生不怕我的，这样学习效果更好”；同样任教六年级的琴水学校丁老师说：“我跟学生之间是很融洽的，不那么严厉，我不打学生，再怎么样我最多话说重一些，批评下。我其实不愿意学生怕我，他怕你了，很多事就不跟你配合，课堂气氛就不活跃。”

学生说，他们不怕丁老师，很喜欢他，这个老师幽默风趣、知识渊博，“上他的课能学到很多东西”。对学生的访谈和观察表明，尽管大部分学生被期望表现出对教师的畏惧和顺从，但生活在小规模学校，教师与学生较为广泛和密集的接触减少了教师的神秘感，课外时间，他们有更多的可能出现在同一个地方、做相似的事情，对彼此的世界较为熟悉。

二、学校像逐渐衰落的家

个案学校24名教师中，有58.3%的在本校任教超过16年，其中一直在同一所学校工作的教师有6人，因学校合并或班级缩减而由临近学校调入本校的8人。综合个案学校教师的任教情况，以平均值代表一个教师从教以来的“标准”时间配置，可以做这样一个“典型教师”的描述：他已从教 24.3 年，其中在本校工作 16.9 年，他工作年限中的 69.4% 的时间是在本校度过。

表 2-9 个案校教师本校任教时间

	教龄/年	其中：本校任教/年	本校任教时间占教龄比重/%
范围	1～39	0.5～37	11～100
典型教师	24.3	16.9	69.4

长期在本校任教，一方面构筑起小规模学校教师“舒适地带”，即大多数小规模学校教师不愿意逾越自己熟悉的活动范围和经验；另一方面也积累起教师对小规模学校更高的认同和深厚的感情，更易看到工作在小规模学校较之其他学校的有利因素。

（一）教师对学校的评价

1. 工作比较舒适

伴随城镇化发展和急剧的社会变迁，长时间任教小规模学校的教师亲历了学校的变化，他们见证了学校从中心到边缘、从繁荣到衰落的历史过程。山尖学校曾是所在乡镇合并前的中心小学，不到十年“就垮了”；陈湾学校曾下设 5 个分点，为村级完全小学；白山学校的教学楼建成于“普九”时期，是当时全县最漂亮的农村花园式学校。

学校或许变得不如从前，但以学生学习成绩和综合表现为标准，教师对所在学校教育质量的评价却不差。琴水学校、下李学校与山尖学校的教师都自豪地称，自己所在学校“虽然小，成绩却遥遥领先”，学校教育质量“一点也不差”；陈湾学校的教师认为本校学生的考试成绩“与其他学校有距离”，但学生整体水平“没有什么大的距离，差不多”；而在白山学校，教师指出不同班级或年级的学生成绩有差别，在全镇排名中也有高有低，时有波动。

教师在小规模学校的工作感受比较相似，即小规模学校在物质方面较为贫乏，但教师的自主空间较大，许多年龄偏大教师不愿意离开小规模学校。对教师而言，在小规模学校工作，条件差、待遇低，教学负担较重，较多需要承担跨科跨班跨年级教学任务，但来自学校领导与管理规章制度的束缚较小，随意性和灵活性大，尤其是教师对教室内所发生事情的控制力几乎不受任何外来干扰；而在较大规模学校工作，福利待遇好，专人专班专科教学负担小，但竞争压力大。白山学校肖老师的爱人刚从镇中心小学退休，他对自己与爱人工作进行比较，“镇小工作有优越性，在这里自由多些。镇小班子大、人数多，老师一般只带一门课①，可是压力大，清洁卫生、纪律每天都在评比，写在黑板上，全校通报；学生多管理起来也难，要配班主任和副班主任。每天早晨她比我出门的时间还要早些，学校要签到，很严。在这里轻松点，没那么多条条框框管着你，压力不大，教课压力有的，我们的休息时间少”。

在2003年被辞退后，饶老师有过短暂的受聘于城郊和沿海学校的经历。她认为那些学校的纪律过于苛刻，“在外边代课时，就像那个工厂，正点上班，8点上班，12点放学，严格的上下班，老师上厕所、讨论都有人管。这里不是，没有上下班时间，中午在这里吃饭，吃饭后想回家休息也行，我一般都是到班里去。这里靠老师自觉”。

而琴水学校的丁校长认为，在较大的学校工作，福利待遇要好一些。

> 老师都愿意到镇小去，（我们比他们）一年少拿多少钱说不准，但镇小那里有寄宿学生，老师的一日三餐不要钱，我们还要自己出钱自己做。只是他们一天到晚要管学生，工作量要大些，听说他们（寄宿班的教师）每个月比别人多拿四五百。（镇小教师）福利待遇好得多，他们养的猪，过年时能分到肉，过春节了，鱼啊肉啊欢欢喜喜拿回家，我们就没有。

① 对于镇小教师的访谈与观察发现，即使在规模较大的乡镇中心小学，教师学科结构缺编的情况同样存在，一个教师任教2~3门课的情况也较为普遍；在师资条件更好的一些县城学校，大多数教师单科教学。此处应是肖老师看到的个别教师的情况。

2. 人际关系更为亲密

小规模学校与非小规模学校的学校氛围也存在差别，但只有少数有过跨校经历的教师才能察觉。下李学校的万老师调来本校主要是为了“换个环境治愈丧夫之痛”。在她刚到学校时，姚校长说，“你选择到这里就选对了”，在下李学校工作一年之后她对研究者说：“我真的觉得校长说得对，来这里来对了。在这里我觉得老师很和睦、很融洽，学生和老师之间的关系很好。来这个学校后，觉得原来那个学校勾心斗角，不够团结，太严重了，这个学校很好。中午大家围着一张桌子吃饭，不管饭菜怎么样，有说有笑，吃得多高兴啊，像一家人。”

5 所个案学校中有 3 所学校教师一起吃午餐，我也与几所学校的教师共度午餐时间。午餐时，教师们围坐一起，边吃饭边谈天，谈论着包括从学生到家庭，从教育动态到村中闲言的各种话题，成为教师们校内最为放松的时刻。这一时间里所展现出的浓厚的家庭气氛，也让我产生犹如到家做客而非在学校调研的感觉。

在陈湾学校，两位教师的同事关系长达 24 年，自 2005 年以来学校只有他们两位教师，多年的合作让他们的关系很融洽。在如家的氛围里，教师之间的交往更近似于亲属或密友间的方式。正如大家所说，在小规模学校里，“不管谁家里有什么事情，大家都会去他家里看望的”。

3. 学校（曾）是我的家

小规模学校的家庭氛围增加了教师工作的舒适感，居住在学校更强化“学校就是家”的归属感，但学校对教师个体的这种意义随时间而发生变化。在白山学校工作了 25 年的孙校长对学校在自己生活中角色的改变有深刻感受：

我从 1986 年高中毕业开始在这里教学，没去过其他学校。我家离学校有 1 公里，原来晚上要上自习，很多老师晚上在这里办公，我们都住在学校里。我 1991 年成家生了小孩，就不在学校住了。到了 1996 年，由于要减负，晚自习停了，老师也不在晚上办公了，没有人留守学校了，校长让我把家搬到学校里了。在这里住到了2006年，老婆到镇上做事，在镇小旁边买了房子，就搬出去了。我现在每天早晨七八点来，下午四五点走。以前学校像家，一天到晚在学校里，现在学校只是工作的地方。

孙校长搬离学校以后，孙小叶老师因为爱人出去打工，孩子出去上学，就一个人搬到学校来住。学校又成了她的“家”。“在这里过了三个春节，今年也要在这里过春节。我搬到这里以后，爱人和孩子都把这里当成家了，他们放假回来就到这里，没有回老房子了。”

（二）教师对学校发展前景的判断

小规模学校未来会怎样，直接影响到教师的工作与生活。学校的发展前景包括两个层面，一是学校撤与留问题，一是被保留学校的发展问题。访谈中很多教师充分肯定所在学校有利于学生就近入学，但因为学校获得的教育资源和生源变动情况不同，教师们对于学校的发展前景给出了迥异的判断，其中一所学校被认为“很快就不存在了”，两所“不可能被撤掉”，另两所学校认为，未来是“不确定的”。这些判断主要来自教师对上级政府意图的揣测、学校生源变动，同时教师个人继续在本校工作的意愿也影响教师的判断。

1. 上级教育行政部门的态度

白山学校的教师一致认为，他们正在经历“师资饿死”，相对年轻、优秀的教师被调走，却再无稳定的师资补充，两位在编教师（其中一位生病不在岗）将于明年退休，将产生3位教师面对5个年级的处境。加之近十年来学校面貌一直未改观，也让教师坚定了中心学校和教育局正缓缓将学校推向被撤并境地的看法。他们同时指出，教育部多次发文强调布局调整中必须坚持“就近入学”原则，一定程度上阻止了学校被撤并的步伐，但由于“已经被定为非永久保留学校，被撤并也是很快的事情”。

下李学校与山尖学校的教师对于学校不会被撤并的判断也受到上级教育资源配置政策的影响。有教师认为，下李学校临近公路，在

2005 年布局调整中已将其他 4 所学校的五、六年级学生收归本校，近年来又不断得到上级倾斜性配置资源，即便进一步进行布局调整，撤并学校也不会撤到自己头上。山尖学校虽然只有 5 名学生，但学校离其他学校太远且交通不便，学校近两年来有改造投入和师资交流，保留的可能性很大，“他们不会把学校撤掉的，要不然就不管我们了”。很明显，两所学校的教师通过中心学校对学校资源的补充，看到了学校未来的希望。

教师对琴水学校和陈湾学校的发展命运很不确定。琴水学校所在村财力较丰，又为当地明星村，“按说不会撤”，但将学校降为另一所学校的附属却增加了“不再办”的可能。不过，2012 年春季县委书记将该村定为自己的联系点，校长对学校继续办下去的信心极大增加。陈湾学校从未得到上级的任何明示，但与周围学校相比，学校师资和校舍条件处于中等偏下水平，被撤并的可能较大，但也有可能继续存在。

2. 学校生源现状

学校的生源变动对学校未来命运的影响非常重要，不少教师在回答“未来学校撤与留”的问题时，都会列举近年来学生数量的变化及一年级招生情况。白山学校近年来生源下降非常明显，且未来增加的可能性非常小，“一年级 15 人中仅有 3 个属于足龄学生，如果下一年全部升级，一年级新生人数可能还不到 3 个，就要中断一年了”，这句话被几位教师反复提及。新招生人数的减少与学生不断流向其他学校往往相互伴随，由于离镇中心小学比较近，学生选择到镇中心小学读书的越来越多。一家如果有两个以上孩子的话，大孩子转走也必然带走较小的孩子，从本校转走的学生逐年增加。“这学校维持不了几年了，人数减少，消失也是自然的”，这一观点已成为 5 位教师的一致看法，孙兴才老师甚至使用“濒临灭亡”四个字描述农村学校衰落的状态。

对于山尖学校来说，由于幼儿园的开办，一年级新生的来源得到保障，黄老师对 2014 年开齐六个年级很有信心。下李学校教师对本校生源的信心来自学校的地理位置和教学质量优势，“我们学校不可能被撤并，论地点，也是这一片的中心了，论质量，也不输给其他学校，生源比较稳定”。生源有保障，则学校继续存在的可能性增加。

3. 教师个人的意愿

教师是否愿意继续在小规模学校任教，也会影响到教师对学校未来命运的判断。事实上，在希望学校撤或留的选择上，教师的“工作人”和“社区人”双重身份经常出现强烈冲突。作为“工作人”，学校被撤并后教师通常向更大更好的学校集中，教师的工作环境和条件会有所改善，专业发展机会与平台将得到拓展，部分家在县镇的教师能更方便地上下班；作为“社区人”，教师对学校所在村落有天然的感情和依恋，更能从社区居民的角度出发，希望为本地孩子提供便利的入学机会，居住在村落的教师尤其希望保留本村的学校。正如琴水学校的丁校长所说：“老师心里也很矛盾，这学校真的不办了，他可以到外面去教，也许会去一个好学校。我也有时这样想，不办了到外面去教，也许各方面都要好一些。可是如果从大局考虑，从群众的利益考虑的话，那不是一件好事。”

那些不希望所在学校被撤并的教师也有自己的考虑，他们不愿意到其他学校去。首先，换学校意味着离家太远，会产生工作与家庭冲突。陈湾的袁老师、琴水的丁老师等希望在退休前的这几年一直在这个学校，因为到别的学校去就“离家太远了”。其次，县镇学校对教师基本教学规范的要求高于小规模学校，比如用普通话上课，懂电脑，会自己制作课件等，不少教师表示这些要求他们“达不到”。

几乎没有教师明确表示希望所在学校被撤并，但有个别教师换学校的愿望比较强烈，他们都希望到一个更大、更好的学校任教。琴水学校刘老师希望到中心地段的学校工作：“学生多学校就好，学校环境好，经费足，名誉也好。如果这学校就只剩几个孩子，我不大想待在这个学校，我在这里待这么久了，能走就走吧。这个学校没有了，我去其他学校。”

第三章　农村小规模学校经费收支的田野考察

我国农村中小学校的财务管理机制是在《预算法》《会计法》以及我国预算管理、国库集中支付等相关财政改革要求的基础上形成的。财政部、教育部《关于进一步加强农村义务教育经费保障机制改革资金管理的若干意见》要求，中小学预算以独立设置的学校为基本编制单位，实行一个学校一本预算；教学点的预算由其所隶属的学校统一编制。据此，部分小规模学校因隶属于其他小学而无法成为独立的预算和支付单位，其经费收支无正式账目。白山学校、琴水学校和山尖学校皆属于此类没有独立核算权的学校。

伴随着新机制的实施，我国农村义务教育学校逐步实行“校财局管”，即财政局、教育局两家双重管理，在教育局设立会计核算中心，各乡镇设置财务核算点，各学校在指定银行开设财政零余额账户。县直属学校到局核算中心报账，各乡镇小学到所属乡镇核算点报账。

为了更清楚地呈现小规模学校经费状况和办学成本，本研究搜集到5所学校的经费数据和收支信息，以此对5所个案小规模学校的经费收支状况进行分析。

第一节　农村小规模学校的收入

义务教育学校的年度收入可分为四类：①来自政府的财政拨款；②学生上交学杂费、借读费而产生的事业收入；③为学生提供餐宿、校车、托管而产生的服务性收费；④包括利息收入、赞助费、单位共建费和社会捐助等其他收入。根据经费来源可将之分为财政性收入和非财政性收入，由于“义务教育全面纳入财政保障范围，实行国务院和地方各级人民政府根据职责共同负担”，财政收入是义务教育学校主要的甚至唯一收入，对个案学校的经费收入状况分析首先从财政收入开始。

在个案县，义务教育阶段学校的财政性经费中绝大部分比例由中央政府和省级政府分担，其中南县属于国家级贫困县，只需承担教师工资保障责任。非财政性收入方面，由于2007年起我国农村义务教育实现全免费，全部免除农村义务教育阶段学生学杂费，并对贫困家庭学生免费提供教科书并补助寄宿生生活费，同时按照《关于核定全省义务教育阶段收费标准的通知》和《关于2003年教育收费有关问题的补充通知》文件规定，农村小学和初中不收取借读费，故农村小规模学校已没有学杂费、住宿费、借读费等收费项目。5所学校中有两所提供午餐和校车服务，这两所学校代收午餐费和车费；社会捐赠偶尔发生，其中有一所个案小规模学校曾得到过5万元的经费捐助和100套课桌椅。此类收入可计入小规模学校的其他收入中。

一、财政投入不足

根据“新机制”的规定，在现行教育财政拨款体制下，按照经费拨款对象不同，拨付给农村小规模学校的财政性经费可分为三类：①以学生为拨款对象的经费，包括寄宿生生活费补助、贫困生生活资助，经费直达学生账户；②以学校为拨款对象的公用经费和校舍维修改造资金，此类经费经县教育局和财政局核准后直接到达学校专用的账户；③以教师为拨款对象的工资，教师工资中的70%按月直接拨付到教师个人专用账户，余下的30%则暂留在学校账户，以学期为单位进行绩效评定，按绩效等级将额度不等的经费转账到教师账户。南县由于使用了聘任制代课教师，此类教师的工资每学期末拨到小规模学校账户，由学校以现金形式发给每位代课教师。

相对而言，以个人为拨款对象的第一类和第三类财政性经费直接到达个人账户，学校无法干涉，第二类财政性经费是为保障学校正常运转、授权学校支付的费用，学校对其使用有较大自主性。由于小规模学校对财政经费的高度依赖，而公用经费和校舍维修改造经费是小规模学校财政经费的主体，这两类经费的拨款方式和总量将直接决定小规模学校经费的充足程度。

（一）公用经费总量偏低

1. 补助标准逐年提高

当前公用经费拨款采取生均定额模式，中央政府确定生均数额的底线标准，地方政府根据财政收入能力决定是否上浮及增加多少，各省市的生均公用经费标准并不完全相同。《国务院关于深化农村义务教育经费保障机制改革的通知》提出，“提高中西部地区部分省份农村义务教育阶段中小学的生均公用经费基本标准，提前落实基准定额”。从2007年开始，中西部地区农村义务教育阶段中小学每年的生均公用经费基本标准为小学150元、初中250元；2008年中央出台的中西部地区农村义务教育阶段中小学公用经费基准定额为小学每生每年300元、初中500元，要求地方分两年将基准定额落实到位。2008年，H省义务教育生均公用经费基本标准设定为农村小学250元、初中400元；2009年，H省农村义务教育中小学全部达到中央制定的基准定额，即小学和初中分别是300元和500元。2010年和2011年中央财政下拨的专项转移经费增加，较之前一年生均公用经费标准都提高100元，H省农村小学生均公用经费标准于2011年达到500元。

调查发现，两个个案县均按照中央政府的底线标准获得上级财政拨款。H省要求本省29个国家级贫困县以外的县市财政按学生年平均不低于15元的标准给予公用经费补助，因此，在2011年，南县生均公用经费拨款准应为500元，而宗县为515元。由于经费拨付的滞后性，2011年H省各县市实际得到的生均拨款仍按400元或415元的标准。

尽管公用经费标准在提高，严格按实有人数配置公用经费也可能“饿死”小规模学校。以仅有5名学生的山尖小学为例，严格执行生均拨款标准的话，全年只能得到2 075元公用经费补助，每月仅172.9元，无法维持学校运转。为改变小规模学校的公用经费拨款不利局面，2010年

11 月国家财政部增补农村中小学公用经费补助 105 亿元，要求对不足 100 人的农村小学、教学点按 100 人核定公用经费补助资金。宗县于 2010 年、南县于 2011 年年底开始执行该标准，但南县仅针对一部分小规模学校执行此标准，而在宗县，小规模学校账户在 2011 年秋季并入中心小学后，学校便不再享受“100 人标准”的公用经费拨款。

2. 学生基数失真

（1）公开信息中的学生数与拨款标准

生均拨款标准既定，学生数的多少将决定一所学校能获得的公用经费总量。H 省财政与编制政务公开网上，全省 2007—2011 年各县市、各中小学校学生人数与公用经费补助额度皆可查。个案学校在此期间的拨款明细见表 3-1。

表 3-1　个案校公用经费财政拨款情况（学生数单位：人；款额单位：元）

学校＼年份	2007 年		2008 年		2009 年		2010 年		2011 年	
	学生数	款额	学生数	款额	学生数	款额	学生数	款额	学生数	款额
山尖	146	6 570	150	19 875	170（春）	26 775	–	–	–	–
白山	187	8416	148	19 610	125（春） 127（秋）	19 687.5 20 002.5	–	–	–	–
琴水	132	5 940	122	16 165	95（春） 108（秋）	14 962.5 17 010	–	–	–	–
下李	–	12 000	592	148 000	277	83 100	287	86 100	670	335 000
陈湾	–	6 000	–	–	281	84 300	291	87 300	155	77 500

资料来源：H 省财政与编制政务公开网公布数据“农村义务教育公用经费补助资金”详表。

注：山尖学校、白山学校、琴水学校 2009 年以后账户取消，下李学校和陈湾学校的部分数据不可得。

根据表 3-1 测算出个案学校生均拨款标准（见表 3-2）。如表显示，2007 年和 2010 年个案学校公用经费生均标准均低于国家基准定额。对这种貌似违反国家标准的现象，三位中心学校会计认为，实际标准已经达到了国家要求，学生数的失真可能造成这种假象。根据他们的分析，由于各地上报学生数经常前后不一致，比如基教处统计的学籍人数与计财处统计的公用经费基数不完全相同，网上公布学生数不知出自哪个部门的统计，以此计算拨款标准容易产生标准不统一的情况。

表 3-2　测算出的个案校生均公用经费补助标准　（单位：元）

	2011 年	2010 年	2009 年	2008 年	2007 年
基准定额	500	400	300	250	150
山尖学校、白山学校和琴水学校	–	–	315	265	45
下李学校和陈湾学校	500	300	300	250	–

（2）学生数失真的原因

表 3-1 显示，个案学校在 2007—2011 年间拨款时核准人数仅有一次低于 100 人，这与田野调查所得各校实有人数存在较大差别，印证了三位会计对拨款基数失真的判断。造成公用经费拨款基数失真的部分原因来自拨款并不是根据当年学生实际规模，而是以之前某年的学生数为基数来拨款，这是一种惯例，从中央到省级财政拨款都以往期统计数字为基数。H 省《省财政厅关于下达 2010 年秋季学期农村中小学公用经费中央和省转移支付资金的通知》明确指出，该期公用经费的拨付是“以 2008 年教育事业统计数据为依据”。

表 3-3　2007—2011 年个案学校学生数　（单位：人）

学校名称	2007 年	2008 年	2009 年	2010 年	2011 年
白山学校	160	120	110	75	45
琴水学校	80	70	60	25	36
山尖学校	12	3	4	5	5
下李学校	206	127	81	74	78
陈湾学校	–	–	–	26	21

注：陈湾学校 2007—2009 年具体在校生数不详。

以两年前的统计数字作为公用经费拨款基数只能部分解释学生数失真。倒推的拨款基数与近五年来小规模学校数字仍有较大出入。以下李学校为例，2007 年学生 206 人，2008 年 127 人，2009 年 81 人，那么 2009—2011 年拨款基数应为这 3 组数据，但实际上 3 年拨款基数分别为 277 人、287 人和 670 人，拨款基数超出实际人数最高达 589 人。同样的情况存在于其他 4 所个案学校，在陈湾学校自 2005 年起学生数降至70 人以下并逐年减少，山尖学校自 2005 年以来学生人数都在 50 人以下，但 H 省财政与编制政务公开网上显示的两校拨款基数在 146 人以上，与实际数字相差数倍。这表明，有故意虚报学生数的现象存在。

虚报学生数的现象并非为个案学校独有。2011 年 11 月 23 日中央电视台《焦点访谈》节目曝光了安徽省界首市通过虚报学生数字而多套中央专项经费补助的问题，2012 年 3 月 21 日教育部对查处此事的相关情况进行通报，原文摘录如下：

> 2009 年，安徽省界首市教育局违反教育事业基础统计信息报送规定，虚报义务教育学生人数 10 498 人，套取义务教育公用经费资金 663.5 万元。……2011 年，安徽省界首市教育事业基础统计报表上报义务教育阶段在校生人数 75 861 人，该市义务教育阶段建立学籍学生人数为 68 725 人，虚报 7 136 人。

在田野调查中发现，在虚假学生数的加工过程中，由学校向中心学校上报的学生数有人为的小幅增加，而中心学校向县教育局上报的数字增加幅度较大，县教育局也会人为增加学生数字。《中国青年报》2012 年 6 月 4 日报道了 H 省某县农村义务教育公用经费补助被“吃空饷”的问题，所披露的现象与本研究的田野调查发现非常相似。本研究对三个乡镇中心学校学生数字的追踪显示，中心学校有不止一份学生数报表，上级检查者或调研者不通过逐校排查就不可能得到真实的学生数信息。各乡镇财政所在开学时负责对各校学生数进行排查，但工作人员通常会对学生数小量增加持默许态度，如古水镇财政所一位工作人员告诉我，“一般多报几个学生我们不管，别差太多就行”。县财政局是否对各乡镇上报数进行排查以及如何排查不得而知，但利用同级财政机构制约学生数字统计的管理机制显然并未发挥效力。调研中得知，香溪镇全镇小学在校生数为 168 人，但中心学校上报数字为 600 余人；高塔镇中心学校提供给研究者的 2011 年该镇小学生数为 9 672 人，其中下李学校 252 人，陈湾学校 122 人，分别超出两校实有人数 174 人和 101 人，据此可以认为全镇总数存在水分。2011 年该镇共获得 14 443 人的小学公用经费，高出中心学校提供数字 4 871 人。

3. 公用经费被截留

因虚报小规模学校学生数从上级财政多套取的公用经费最终并未用于小规模学校。公用经费拨款在由中央到省级、由省到县的流转中公开透明，严格按照学生统计数字和既定标准拨付。但从县到学校的拨付过程中，经过县市的第一次调整分配和中心学校的第二次调整分配，超出学校实际学生数的那部分公用经费被层层截留，小规模学校可得的公用经费非常有限。比如，在下李学校，下拨公用经费基数与实有学生数相差 7 倍之多，而到达下李学校的公用经费为实有人数的两倍左右，2011 年中心学校按 162 人向该校下拨公用经费；而陈湾学校 2011 年公用经费拨款基数在春季为 37 人，秋季为 26 人。

小规模学校失去了独立的经费核算权，也就失去了按国定标准充足获得公用经费的可能。在宗县，“一体化”管理制度要求一个完全小学联合、托管一到几所小规模学校，并将几所学校教育经费账户合并到中心小学。这种联合并不影响国家财政按 100 人标准向小规模学校配置经费，也就是说，每所小规模学校所获得的 100 人公用经费仍进入中心小学账户，但中心小学根据下属学校的实有人数或最高上浮十几人的指标为小规模学校分配经费，白山学校和琴水学校每学期只得到一万余元的经费。山尖学校所获得的经费更无保障，该校的黄校长说：“我们现在统一管理了，经费都拨到中心小学，我不知道给我们按多少人拨的钱，有我们花的就行，现在一个学期允许我们花两三千块钱。”

对于撤销本校的经费独立核算权，白山学校的孙校长有颇多抱怨，他认为小规模学校总处在政策保障的外围。在孙校长看来，“新机制”实行前，公用经费拨付标准特别低时，学校拥有独立账户，校长必须通过各方面的努力，才能凑足经费维持学校基本运转。如今公用经费保障水平比以前翻番了，单个学校可以支配的公用经费增加了，独立的经费获得和使用权却又被收走，“多了一个婆婆管”，国家倾斜性政策并没有为小规模学校的经费困境松绑。

白山学校所属的中心小学财力雄厚，但同样截留了白山学校的经费。2011 年春季白山学校的公用经费收入为 26 353 元，经费核算权统一收至中心小学后，2011 年秋季共获得公用经费 18 000 元，较之前减少了 8 353 元。中心小学校长也坦言，联校后不可能将经费过多投入小规模学校，提供小规模学校教师培训机会、共享管理资源等软件资源是对其管理的主要领域。琴水学校也面临相似情况，学校的小型维修、文体比赛所需经费都需要经中心小学批准。琴水学校所属中心小学自身并不强大，校内建设对资金需求非常强烈，无力向琴水学校提供充足的经费。

小规模学校校长都倾向于保持自己获取经费收入的独立地位。访谈发现，在尚未实行联校一体化制度的南县，两个个案小规模学校校长认为当前公用经费能勉强维持学校运转，如果中心学校对经费控制得过严，或者学校财务附属于别的学校，小规模学校办好的希望就非常渺茫。然而，南县撤销不完全小学的经费独立核算权的计划已进入正式议程，很快将成为现实。

失去经费独立核算权的小规模学校有些类似于向家长讨零花钱的孩子，经费获得多少完全取决于其与中心小学的关系及中心小学的态度，这显然不利于小规模学校的发展。从提高小规模学校经费保障水平的角度看，保持小规模学校独立的经费核算权十分必要。

（二）应急式专项经费额度太低

公用经费主要用来保障学校的日常运转，专项经费则是为了提高农村中小学校基础设施供给，满足学生、教师及学校发展需求。农村义务教育阶段中小学校舍维修改造列入2005年深化农村义务教育保障机制改革中的四项投入之一，较之其他类别专项经费的短期性、即时性和局部性，校舍维修改造经费已成为固定的周期性、全覆盖、专门性投入。小规模学校近年来所获得的专项经费主要是校舍维修改造经费。

小规模学校公用经费较为有限，无法用于校舍的维修改造，校舍状况取决于小规模学校能否获得农村中小学校舍维修改造专项资金。自2006年以来，个案学校中仅有下李学校获得了3笔较大额度的专项经费，陈湾学校同样获得3笔经费但总额度不到2万元，山尖学校的校舍维修由中心小学全权负责。表3-4为各校经费获得情况。

表3-4　个案校校舍维修改造经费获得情况（2006—2011年）

学校名称	金额/万元	用途	笔数/笔
下李学校	16	新建教师宿舍和办公室,建篮球场和校门	3
陈湾学校	1.7	修补屋顶,修建厕所、围墙,活动场地硬化	3
山尖学校	0.5	改建厕所,粉刷教室,打地坪	1
白山学校	1.1	修建围墙	1

1. 救急成为拨款主要原因

（1）救急与预算的冲突

小规模学校获得公用经费之外的财政拨款，首要的理由是为了维修改造已严重威胁人身财产安全的校舍。白山学校和琴水学校申请维修经费的经历印证了这点。2011年6月9日，白山学校西侧围墙被连日暴雨冲垮，孙校长通过中心学校向教育局提出维修申请，经教育局校园安全办公室与财政局批准后，划拨11 000元校舍维修专项资金到该校账户，并指派工程队来维修。同样位于古水镇的琴水学校，在同一场暴雨中围墙被冲歪，裂开一个大口子，但丁校长的维修申请却被驳回。丁校长说，校舍只有在严重威胁人身安全，如发生坍塌或被鉴定为D级危房时，才可能获得上级的专项经费，“这种小学校，一般没有立项的经费，只能哪里坏了垮了实在不行了，才有紧急下拨的钱去修”。向陈湾学校拨付的围墙、厕所与屋顶整修经费同样基于“救急”的情形而发生。陈湾学校于2007年获得近1万元经费用来重建已倒塌的厕所和摇摇欲坠的围墙，2009年教室走廊渗水严重，获得2 000元修补费。

只有当“危急事件”发生后，才有可能获得专项经费的小规模学校，常因“危急事件”发生的不可预期而无法将维修需求纳入预算编制过程。恶劣天气、自然灾害、偶发事件都会使小规模学校建筑从安全线边缘滑入威胁人身安全的地步。通常情况下，教育局对维修改造资金的分配在期初即已确定，在预算周期中发生的校舍紧急维修无法得到教育局的额外支持。学校又不愿冒风险举债维修，只能等到下一个预算周期开始时才能进行。

据对中心学校校长和其他学校校长的访谈，预算周期与维修需求发生时间的冲突在各个学校都存在，但是较大规模学校“未雨绸缪”式的预算申请得到教育局批准的可能性大，而且较大规模的学校公用经费使用空间较大，所以这一冲突对小规模学校的发展最为不利。山尖学校的黎莉老师亲历的厕所坍塌事件即为一个例证，这发生在她在另一所学校任教时：

> 开学一个多月时，厕所垮了，学校没钱修，上面又拨不来钱。学校没厕所了，老师和学生都到学校旁边老百姓家里，有的就到学校院墙外面的沟里。学校里就我一个女老师，我也不好意思天天往别人家厕所里跑，就忍着，早晨不吃饭，白天不喝水，下午放学回到镇上再说。一直这样两三个月，到最后也习惯了，听说暑假时教育局里拨钱修了个新厕所。

(2) 获得拨款的其他原因

中心学校的主动援助也是小规模学校获得专项经费的原因。在山尖学校，一间单间式教室改为厕所，厕所内开通自来水，在教学楼前重新修筑旗台并将周围路面硬化，这些维修改造发生在2010年暑假，此前黄校长并未提出申请。中心学校对改善校舍条件的解释是2010年秋季起在校内开设幼儿园，需要提供水、厕所和一定标准的活动场地。可见，在小规模学校办学功能发生变化时，比如附设学前班，中心学校会因应变化主动投入。

学校的地理位置优势和发展前景有助于学校获取更多的经费投入，下李学校获得较多的校舍维修改造经费即源于此。下李学校是5所个案学校中唯一的完全小学，人数最多、离交通主干道最近，在2005年即被确定为“一拖五”的村级中心小学。与其下属学校和其他个案学校相比，下李学校的校舍更新最快。2010年春季该校获得12万元危房改造专项资金，新建9间平房作为教师宿舍和办公室，2011年秋又获得修建大门的专项经费近万元。下李学校的校长和教师认为：

> 这个学校比较特殊，方圆十几里地只有这一个完小，靠近公路边，上级检查都会到我们学校来。我们是高塔镇有代表性的窗口学校，来检查的多些，很多项目都要放到我们学校，比如我校是个远程教育基地。校园面貌也不能太差，上面也愿意拨钱过来。像陈湾学校，离公路远些，又是个初小，中心学校对完小和初小是两种对待（方式）。

在访谈中下李学校的姚校长多次强调自己学校比邻近学校更受上级重视，然而，绝大多数小规模学校地处偏僻，难以得到中心学校和教育局同等的重视，救急型的校舍维修改造经费成为小规模学校能获得的最主要专项经费。

2. 专项经费竞争中小规模学校处于劣势

（1）缺乏竞争优势和经费配套能力

小规模学校不能获得专项经费，与无力同临近较大规模学校竞争有直接关系。农村学校校舍多数成型于20世纪90年代末期“普九”达标验收时，以村委投资和村民集资为经费来源，“草班子”建筑队为主要承建者，校舍质量普遍较差。历经十余年的风雨，大多数的教学及辅助用房、围墙、厕所等已进入维修改造的高峰期，各个学校对校舍维修改造经费的需求都较为强烈。高塔镇中心学校周校长对经费的“僧多粥少”现状深感头痛：

> 我们这里哪所学校都要重新修整，这旁边的四层楼（在镇中心小学院内）就是D级危房，没钱修，只能警告学生不能接近，但还是用作教师宿舍了。每年的专项经费就那么多钱，实行一个项目就不得了了，但往往是后面的草没除，前面的草又长起来了。前年县里搞“三改一建”，在我们镇三个学校搞督导，没有钱，我就从公用经费里挤一点，三个学校每个给了两万多，做了什么呢？把教室的墙刷白点，那些墙啊，从1998年“普九”到现在谁都没有动它一下了。

当不同学校存在同样迫切的经费需求时，专项经费总是优先配置到规模较大的学校，尤其是那些位于中心地段或公路沿线、经常接受检查的学校。这不仅出于规模效益的考虑，即规模较大学校的校舍维修改造能使更大群体的学生受益，也是维护本地教育发展形象的需要。此外，规模较大的学校大多属于学校布局调整中的接收校，家长对于接收校建设水平要求较高，舆论压力经常导致“经费随着舆论走”，向接收分流学生的学校投入较多。

小规模学校经常被置于专项经费分配的边缘地位，还有一个隐性的原因，即小规模学校自身财力薄弱，无力为校舍维修提供相应的配套资金，无法获得配置者的青睐。由于专项经费强调并仅限于“专门用途”，拨款只保障主体工程，往往需要学校配套经费以保障项目的完整性。一般来说，小修小补如围墙、厕所、大门和路面硬化所需配套资金较少，而房屋大型维修或新建项目则需要高额的配套经费，小规模学校较难获得大型项目资金。高塔镇中心学校周校长认为自筹配套经费的压力很大：

> 危房改造现在的拨款标准是每平方米800元，那只是建筑成本，配套的钱哪里来？没这个配套能力的学校，给他进行维修改造，就得中心学校补窟窿。再说新建，凡是新建项目的学校都会欠新债，新机制要求不能举新债，但国家不是全买单，该做的事情又没办法。专项经费只够给你做好架子，水电、附设工程、基础加深都需要钱，可谁管？你不能说做起一栋房子后电都没有吧？那都是必要的。班班通就不提，可是不能教室里非常漂亮，地平打好了，出了教室就是泥巴路吧。很现实的，这就是一些基本的配套。

高塔镇某片区中心小学近年来获得了不少项目经费，但该校校长说："学校从外面看还可以，投入很多，有钱了，都说我们学校比较富，实际上学校的资金非常紧张，专款专用。学校每做一项工程，就要或多或少垫一部分，配套的。比如说教室装修好了，那些张贴的标语都要我们自己出钱买。"

（2）被排斥在"标准化学校建设工程"之外

深入的田野观察显示，农村小规模学校不仅要面对其他学校的竞争压力，在农村学校发展规划与实施中也常被排斥在外。"推进义务教育学校标准化建设……农村义务教育阶段学校标准化率达到50%以上"，已成为国家教育事业发展第十二个五年规划纲要明确提出的目标。在两个个案县，大量的农村学校已进入或即将进入标准化学校建设评估验收时期，学校标准化建设也成为地方政府教育投入的关键指标之一，举全县、全市之力保证验收合格成为当前学校建设的一个重要政治任务。在《东洪市义务教育学校标准化建设评估方案》中，研究者却发现，"小学100人以上的，初中400人以上的学校必须接受各县市区教育局、政府教育督导室评估，并达到合格学校以上要求”。从中可以看出，小规模学校不在教育督导和验收之列。这表明，在提高农村学校办学水平的建设高潮中，小规模学校将无缘获得资源投入而改善学校面貌。研究者在互联网上搜索到的全国其他县市的义务教育学校标准化建设评估方案中，农村小规模学校大都被拒之门外。在未来的一段时间内，义务教育学校标准化建设将成为校舍改建项目经费的主要来源，而校舍条件最差、最需要经费投入的小规模学校却未被纳入项目学校，这就是农村小规模学校的生存困境。

3.“跑校长”更易获得经费支持

“跑校长”是下李学校姚校长自封的称呼。当听到陈湾学校陈校长略带难为情地说，“有时实在是没钱了，上面又不拨了，只能去找找人，比如说县里的领导啊，给一点点钱，2 000 吧，解一下燃眉之急。到别人家给人家增加麻烦，伸手要钱，多不好啊”。姚校长却非常自豪地说，“跑校长还是好校长啊。我就是个跑校长。学校里的经费很多是我跑来的呢”。5 所个案学校中姚校长通过“跑”来资源对学校面貌的改变最大，姚校长“跑”资源的经历颇具代表性。

“跑”字在《新华字典》中的一种释义是“为某种事物奔走”。此种获得资源的方式在农村学校经费配置中被广泛应用。根据对农村校长的观察和访谈，“跑校长”是指那些主动与资源占有者或能影响资源分配的人建立联系以获得额外教育经费的校长，“跑”就是“讨”。“跑校长”主动靠近的人中既有政府部门的公职人员，如教育局、县委的工作人员，也有财力雄厚或社会影响力较大的本地精英。

成为“跑校长”是一部分农村校长对教育资源配置模式的长期观察和深刻反思后的理性选择。正如姚校长所说，“跑校长”已是一种“有能力”的象征，尽管农村教育资源保障水平整体上有所提高，但如果没有“跑校长”不断地争取，小规模学校依然处在专项经费分配中的边缘位置。姚校长说，“跑不来钱”的后果很严重：

跑不来钱很难支撑的。附近就有一家学校，跟我们大小差不多，死算人头经费（即公用经费），没这个钱就没办法，他们只能非常节省，各方面都很节约，尽量不开支。这里小学的教室很少有电灯的。按说安装几个电灯要不了多少钱，但对学校来说，循规蹈矩地在运行，稍有一点多余开支的话，就要亏空。没有路子没有额外资源的，我们又死规定，哪个学校哪个校长，谁亏空你自己负责。校长一般都是本村的，在那里一搞就是十几二十年，不敢搞亏空，亏了向谁要啊。

国家是加大对农村学校的投入了，但不可能方方面面都照顾到，每个角落都辐射到。经费下到县里还是要靠个人、靠部门去分配。他们有钱也不一定给我们这样的小学校，更不会平均分到每一个学校。从教育局来看，校园的建设、整治都是有计划地进行，标准化啊，都是分期分批地去搞。慢慢来，一步一步地武装，从高中到初中，从完小到初小，这个思路也正确。但我们不去争取的话，根本没钱，他们很难想到会给你投资的，好的东西不知何年何月才能轮到。但有的事我们等不了啊，眼下非要解决不可的问题要解决，不解决我们没办法（办下去）。

农村小规模学校“跑校长”们掌握的社会网络资源，主要分布在乡镇和县域教育系统内，镇中心学校和教育局就成为他们“讨钱”最多的地方。白山学校和琴水学校在校内经费难以为继时，曾到中心学校跑得几百至两三千元的支援；而下李学校和陈湾学校也得到过中心学校对代课教师工资、小型维修等的资助。乡镇中心学校的经费配置不公正是学校向中心学校跑钱的主要原因，而只有已经与教育局的个人建立联系，学校才可能向教育局跑钱。

中心学校对不同学校肯定是不公平的。对镇上的学校多投入些，一般找中心校解决维修、师资等问题时，不是那么爽快，要多跑几

趟才行。(白山学校孙校长)

上面来我这检查的次数多，我认识的教育局的人也多些。需要他们帮助了，我就到县里找他们。只要走出去，总是有办法(找到一些经费)，人嘛，多跑几趟就熟络了，我跟他们感情不错的。我多年的心愿是搞一个规范的电教室，只是个想法，没有这方面的拨款，我去教育局跑过多次，现在还在努力中。(下李学校姚校长)

“走出去讨钱”不仅需要校长们付出时间，本身也是件辛苦事，央求别人、吃饭、交通都或多或少让校长们感到不舒适。姚校长与我们分享了他跑钱的经历和感受：

项目这些东西都要跑。怎么跑？就赖着，蹭脸皮，不这样不行的。要主动与领导沟通，不断加深感情，逢年过节，他们家中有事，都要去的，让他们时常记得有个偏远的学校办得还可以，不过还需要他们多关怀。我自己的事情从不求人，但公家的事情没少去求人。我多少还有些路子，去找那些科长搞些资源啊，跟他们说真的不能开锅了，没饭吃了，关系好的可以给一点，弥补一点了。用私人的面子，办公家的事情。

出去跑钱不容易啊，要吃饭啊、车费啊。这个社会说不清楚，有时到领导家里去，你随便提点水果，那是人之常情啊，这一用就是百十块。我们跑钱也不容易，来回都要20块钱车费。有时中午没饭吃的话，哈哈，我就都找领导吃饭，特别是去的人多时，吃一顿饭要一两百、两三百，我吃不起，就找他们，这样的一个学期也就一两次吧。但也怕找他们，有些科室钱也不充裕，尽量不麻烦他们，我一个人去的话，就是下一碗面、水饺什么的。

现在我的主任都不愿意和我一起出去，太吃苦了，没玩没吃的，去求人还要低声下气，要说很多好话，要汇报下我们的情况，有时还要夸张一些，不严重的话不能打动别人，这也是没办法，我们也确实难搞。

“只要走出去，总会有办法”，是姚校长的经验之谈。2009 年投入 12 万元将学生宿舍推倒重建为办公用房和教师宿舍，就是姚校长多次“跑”来的项目；学校篮球场建设所需的 3 万元则是姚校长在中心学校、教育局的帮助下几经周折争取到农村老年人俱乐部的项目经费，走新农村建设项目经费通道下拨到镇以后转交由教育部门督办；校门建设经费也是教育局“偏爱”的结果。对于陈湾学校的申请，教育局也已答应在下一个预算审批时拨来一笔经费，第一批 5 000 元钱在 2011 年秋季已经到账，用来硬化校园活动场地。

调查中听到的校长“跑钱”的故事各有不同，有的直接向市乃至省级部门提交申请，对县级资源配置施加压力；有的则在多次奔走无果的情况下干脆“在教育局门口坐了三天三夜”而“磨”来额外的县聘代课教师指标。但有的小规模学校，如白山学校和琴水学校，校长则因“对学校以后还在不在”并不确定，或者缺乏社会网络支持，或者因“校小言轻”的自卑心理，耗费精力、时间和金钱去“跑”经费的意愿和能力不足。无一例外地，“跑校长”们都是通过积极主动建立支持性社会网络来改变学校资源获得状况，校长个人的“跑钱”能力已成为小规模学校获得专项经费的关键。

二、非财政性收入极为有限

（一）服务性收费和代收费

1. 都收什么费？

2011 年 9 月 5 日 H 省物价局、H 省教育厅联合发布《关于进一步规范中小学服务性收费和代收费管理有关问题的通知》，规定“农村义务教育学校除向学生收取空白抄本和寒暑假作业本费，向自愿在校就餐的学生收取伙食费外，严禁收取其他任何费用；基本医疗保险费……农村中小学学生的缴费按我省新型农村合作医疗制度的相关规定执行”。服务性收费和代收费被要求“必须坚持自愿和非营利原则”，“学校事前应以书面形式告之学生家长，经同意后方可实施，并及时向学生家长公布收费支出清单，接受家长监督”。

调查发现，两县三镇的个案学校所收取的费用从类别到额度都不同。在宗县，白山学校和琴水学校的学生 2011 年秋季需缴纳 69 元，包括基本医疗保险费 20 元，《小学生天地》杂志 24 元，抄本费 9 元，寒暑假作业簿费 16 元；而山尖学校学生需要在 69 元基础上加交 50 元的平安保险费共 119 元。在南县，2009 年农民负担综合治理工作中，学校乱收费现象被严厉禁止。在调研中发现一份下李学校该年的“收费自查表”，显示当时作业本费每生 5 元被定为乱收费项目，全额退还学生。姚校长说，自此后，学校不再收取任何费用，“连可以收的空白抄本费也不敢收”。在访谈中校长对学校收费讳莫如深，会计也不愿意提供任何收费信息。但对高塔镇其他学校的调查显示，该镇的每个小学生于 2011 年秋季所交费用包括：学生平安保险费 60 元，寒假作业 10 元，抄本 6 元，单元练习册 31.5 元，《小学生天地》24 元，总计 131.5 元。除保险费之外的 71.5 元，在学校向学生收缴费用之前已经由中心学校从公用经费中扣除，由于下李学校公用经费拨款基数大于实有学生数，通过收费来弥补缺口还是用公用经费补齐缺口不得而知。

较大额度的学校代收费用包括午餐费和车费，仅山尖学校和下李学校有此项代收费。山尖学校有 3 名学生需要缴纳午餐费和车费。他们乘坐幼儿园的接送车上下学，并和幼儿园孩子一起在学校门口的餐馆吃午饭。午餐费按每顿 3.5 元、每周 5 顿、每学期 20 周收取，每生每学期 350 元，3 名学生每学期需缴纳午餐费共 1 050 元，由学校全部代付给餐馆老板。幼儿园接送车由黄校长联系一名村民，由村民利用自家八成新的面包车提供驾驶服务，车费每生每天 3.5 元，每学期收取 3 名学生 1 050 元，也全部代付给司机。

在下李学校，校长将学校在提供午餐和接送车服务中的角色定位为监督者和牵线人。他说："这样的服务由我们帮家长和食堂承包者、司机牵线，涉及钱的，他们自行交涉，学校不插手。收多少、何时交他们自己商量。"据家长提供的信息，每生每学期午餐费200元、车费200元，钱统一交给学生班主任。该校有48名学生在校内食堂吃午餐，23名学生乘坐接送车，按该标准计算，学校每学期经手的服务性收费为14 400元。参考市场价格，学校并未因提供服务而获得任何盈利。

表3-5　个案学校代收费项目　（单位：元）

学校名称	保险费、抄本费等	车费	午餐费	总计
山尖学校	595(119×5)	1 050	1 050	2 695
下李学校	10 257(131.5×78)	4 600	9 600	24 457
陈湾学校	2 761.5(131.5×21)	0	0	2 761.5
白山学校	3 105(69×45)	0	0	3 105
琴水学校	2 484(69×36)	0	0	2 484

2. 按规定收费还是乱收费？

下李学校2010年支出账目显示，学校在该年度支付给工友（即食堂厨师）工资3 000元，说明食堂并非像校长所说的"在学校控制之外运转"，所谓的食堂承包者只是学校聘用的一个工友。但校长和会计对收费避而不谈，甚至有意遮掩，反映出收费问题在农村义务教育免费时代的纠结与复杂性。免费、收费与乱收费的边界受到现实复杂性的深刻影响，难以廓清，带给学校极大困扰和舆论压力。该县政府网站所接受的公开咨询与投诉受理中，对学校午餐费、车费、校服费及各项代收费的投诉与抗议占据较大比例，收费问题成为最易触发学校与民众冲突的导火索。面对这样的潜在危险，从中央到地方对义务教育学校收费问题多次出台严格治理的文件，形成强大的政策压力。下李学校所在中心学校的校长对"把板子全打到学校身上"的规定很不满，他曾非常激动地说，“现在的政策是学校办死了不要紧，不能乱收费。我这样给校长们讲的，谁乱收费校长就别当了，收费就是个高压线”。这就导致无论实际收费情况如何，小规模学校必须在所有的外来者面前表现出从未越“收费”雷池半步的态势。即使是在收费问题上表现出相对开放态度的白山学校、琴水学校和山尖学校的校长们，向研究者介绍本校收费情况时也反复强调，这是符合文件规定的代收费，或是教育局统一派发的任务。

上述收费项目中，午餐费、接送车费、抄本费、暑假作业以及基本医疗保险费在H省物价局和H省教育厅核定的代收费范围内，而学生平安保险、单元练习册、《小学生天地》等购买辅导资料和订阅杂志的收费则属于县级教育部门在上级收费政策中人为开辟出的空间，明显违反相关规定。按照H省《省物价局省财政厅省教育厅关于明确义务教育学校收费政策的通知》要求：

> 严禁组织向学生统一收费征订各种教辅材料。在教科书之外必须让学生接受教育且免费提供有困难的专项读本、教学参考必需的教辅材料，学校可以根据教师的教学需要购买，存放在图书馆（室），供学生借阅，轮流使用，所需经费从公用经费中开支，不得另行向学生收取费用，学校不得要求学生人手一册。各地不得再向学生收取相关的任何费用。

对中心学校、小规模学校、家长的访谈显示，小规模学校收费严格按照中心学校的规定进行，而中心学校的收费却可以有更大空间，山尖学校比白山学校和琴水学校多收50元的平安保险费即是例证。中心学校和教育局的工作人员对开辟此类收费项目的说法较为一致：

> 农村家长不给孩子买课外辅导书，老师也不能天天对着一本书干讲，要多练习，要检查作业，就要有统一使用的辅导书。县局里

也是为了方便管理，禁止学校自己征订辅导资料，教材科认真挑选一两套资料，全县统一使用，还是很有必要的。（古水镇中心学校校长）

虽然文件规定了家长在学校收费中的自愿选择权，如《省物价局省财政厅省教育厅关于明确义务教育学校收费政策的通知》要求，“中小学按规定收取服务性收费和代收费，必须严格遵循学生或学生家长自愿及从严控制的原则，学校事前应以书面形式告之学生家长，经同意后方可实施，并及时向学生家长公布收费支出清单，接受家长监督”，但仅从学校发布通知的时间看，并未给学生家长留出选择余地。2011 年秋季山尖学校在校门口贴出通知，告知家长上课时间和收费标准。红纸黑字的通知上这样写道：

通　　知

我校定于八月三十日开学，八月三十一日报到。九月一日正式上课。接通知后望家长迅速送孩子上学。

代收费：

抄本 9 元　寒假作业 16 元

小学生天地 24 元　医保 20 元

平安保险 50 元

幼儿园收费 1100 元

山尖教学部

三水艺术幼儿园

二〇一一年八月三十日

图 3-1　山尖学校开学通知

开学当天贴出的收费标准通知已让家长面临“交钱或不在这里上学”的选择，对于交哪些费用、交多少费，家长无任何选择权。从农村家长的参与主动性、选择能力看，他们缺乏参与收费决定的主动性，选择能力也受自身知识文化水平等的限制，依然处于“被动接受”或“用脚投票”的地位。正如一位留守儿童的奶奶无奈地说，“开学去报到，老师说要交多少钱就交。平时也这样，小孩回来说学校收钱，交的什么钱，买什么书，我也不懂，钱不多时就给他了”。尽管有家长抱怨，“国家说免费上学，还不是要交钱”，但相对于城镇学校收取的较高费用，农村小规模学校一学期100元左右的收费尚在家长的承受范围内，收费并不会引起家长和学校的直接冲突。

（二）村委会资助

在普及九年义务教育的验收期，乡级政府承担最直接的责任，并将责任尽量下压给村。在“普九”验收的高峰期，即中央政府提出九年义务教育基本普及任务的最后完成期限——2000年之前，乡一级政府大力督促村委会通过各种方式兴建一定标准的教育教学基础设施，村委会向设在本村的学校投入大量的建设经费。个案学校从校址选择到校园基础建设都由村委会直接操作。从校长、教师到村支书都充分肯定村委会和村民在学校顺利通过“普九”验收中发挥的巨大作用。

> 建校时国家没条件，都是村里投的……先是建到山上，修建都是老百姓凑钱的，不好，又搬回来。房子一层是87年做的，把原来的四间瓦房拆了做的下层，92年做上面这一层，在这里建学校就没再让老百姓凑钱了，村里到外边讨的钱。（琴水学校丁校长）

随着分税制改革在农村的逐渐深入，义务教育三级办学管理体制向“以县为主”体制转变，村委会失去了以往向本村学校出资的经济基础和政治压力。访谈发现，2000年前后是“村里不再向学校出钱”的历史分界点。白山学校的孙校长说，在“缴费上学”年代，部分村民无力缴纳学费，由村委会担保学生欠学费上学，因此形成村委会向学校的隐性欠债。1998年时学校向村里讨要“欠款”时，村委会支付校园美化和窗户更换的费用以“抵债”。自此后，村里再也没有向学校建设投入一分钱。

村里的财力不足也使村委会向学校投资有心无力。白山学校所在村据说欠债几百万，村委会曾自作主张卖掉了校内许多樟树，却分文未留给学校；而山尖、陈湾、下李学校所在村因交通不利或资源贫乏而缺少稳定的集体收入，村委会办公经费和人员工资经常处于亏空状态；而琴水学校所在村是唯一一个实力雄厚的村，每年纯租金收入超过 300 万，村里出钱投入学校建设是毫无阻力的，但由于该村的驻村工作队市规划局为该村设计了一个发展规划图，将小学和幼儿园设计在另一交通更为便利的地点，村里毫无兴趣来维修已破败不堪的老校园，而计划在未来的新农村建设中投入上百万元建一所一流小学和幼儿园。

当个案学校校长被问及村委向学校提供的经费时，有两位提到本校教师多年来一直收到来自村委会的教师节慰问金。他们同在宗县古水镇，在教师节时村委会成员与教师聚餐并接受村委会的慰问是本地的传统，近年来每位教师的节日慰问金是 100 元。教师节的几百元钱成为村委与学校之间每年唯一的款项往来。

（三）社会捐助

在农村小规模学校收入有限、村委支持不足的背景下，能否获得社会捐助成为校园面貌改善的重要条件。一般情况下，如果小规模学校路面硬化、有功能室或者教室面貌有所改善，可以断定这些学校近年来一定获得了社会捐助。有一所山区小规模学校有学生 58 人，配有 30 台液晶电脑，从硬件水平到生均计算机数量都高出镇中心小学的电脑配置水平，校长自豪地说这是该村一名在外经商人士捐赠的。社会捐助既有实物捐赠也有经费投入，以几千元到四五万元为主。学校能否得到社会捐助、得到多少，最重要的影响因素是校长的社会网络和活动能力；其次是本地社会精英数量及其对本地教育的热心程度。

“跑校长”主动与外界建立联系的重要性更为明显。校长必须善于不断拓展自己的社会网络，通过亲朋好友、同学、同事认识更多的有为之士。下李学校姚校长利用同学会的机会，邀请在省城工作的同学到本校看一看，并拍摄了一条纪录片，在一个省级电视台播放，引起广泛的社会反响。武汉市教育局向该校提供100套课桌凳，几位同学也合力捐助5万元，作为校园硬化和修建沟渠的经费。尝到甜头的姚校长，更加勤于奔走。他说，每到市里、省城办事或参加培训，只要可以去拜访朋友或一面之缘的领导，他总要去看望，希望这些具有相对资源优势的人向学校捐赠一些财物，这在近几年里显著增加了下李学校获得社会捐赠的可能性。但这样活动能力较强、有一定社会网络资源的校长并不多，在其余4所个案学校中，校长们主要通过自己在教育系统内的人脉关系来获取经费支持。

本地走出的社会精英越多，越有利于小规模学校获得社会捐赠。精英指在某些领域的优秀人才和领导者，按照这一最宽泛定义，每个地方都有社会精英，他们或已离开农村，或居住本村，但都掌握着优势资源，在政治、经济、教育或传媒等领域有着一定的影响力。当然社会精英为家乡父老做点事的意愿也很重要。一位教师把社会精英向学校捐助的可能性归结为“有力又有心”，有能力提供资源，愿意向家乡学校投入。

本地社会精英向学校的主动捐助与学校校长有重要关系。学校校长主动走出去联络社区精英出资是相当关键的一步。陈湾学校的陈校长所在村庄有人在一个富裕乡镇做镇长，他假期去拜访那位镇长，并介绍了学校面临的困难，那位镇长承诺在学校需要资金时一定出手相助，资助一些经费。校长在寻求帮助时有自己的选择标准，同样也会深思熟虑后再决定是否向社会精英求助。琴水学校丁校长的同村亲友中有人在县委为领导开车，也有在外经商有成的，但丁校长并不确定学校是否会办下去，自己是否还在这个学校工作，所以一直未去主动寻找捐赠者。

社会捐助的不确定性导致校长的期望值也不是很高，与收取服务费、村委扶助一样，社会捐助只能是学校收入来源中有弹性的一部分，无法从根本上改变学校的经费紧张局面，而财政性拨款是决定小规模学校经费状况的关键因素。

第二节　农村小规模学校的经费支出

广义的小规模学校经费支出指以小规模学校之名发生的全部费用开支，包括在职教师的工资福利支出，对退休教师、贫困学生等个人和家庭的补助，以维持学校日常运转而发生的商品和服务性支出，为修缮房屋、购置设备而发生的其他资本性支出。这四类支出中，教师工资福利以及对个人和家庭的补助从国库直达个人账户，其他资本性支出受专项经费管理规定限制，学校对其无支配权；学校仅保留对公用经费的支配权，即公用经费如何在商品和服务性支出中进行分配。

11省（区）数据分析显示，以小规模学校名义发生的经费支出中，工资福利支出及对个人和家庭的补助占据总支出的比例约为80%，而公用经费支出所占比例不到15%。但田野调查显示，占总支出较低比例的公用经费是学校经手且可支配的唯一经费，从调查中获得的学校账目资料也主要记录公用经费开支。学者们已经发现，农村学校公用经费保障力度偏弱成为农村义务教育经费保障机制改革推进中的重要问题之一，如农村中小学公用经费保障水平偏低[①]，拨付环节过多[②]，维持运转十分困难[③]等。鉴于此，本节主要根据个案学校账目资料分析农村小规模学校的公用经费支出特征。

学校经费支出资料较难获得，除了学校账目较为敏感不轻易向人透露之外，有的小规模学校不再记账，只需要在期末时到中心小学报销零星支出即可；还有的小规模学校虽然记账，但负责财务管理的人员专业知识技能有限，账目记录的随意性较大，只能通过学校账目获得大致的

① 范先佐，付卫东．农村义务教育新机制：成效、问题及对策[J]．华中师范大学学报（人文社会科学版），2009(7)：110-120.

② 王嘉毅，常宝宁．西部农村义务教育实施“新机制”的成效、问题与对策[J]．教育与经济，2008(6)：1-5.

③ 江西省教育科学研究所课题组．农村义务教育经费保障机制改革中若干问题的思考[J]．江西教育科研，2006(10)：20-24.

经费收支信息。在田野调查中，所获得的学校经费支出信息有三类：中心学校会计提供的较为规范的小规模学校账目、小规模学校校内的流水账记录、小规模学校校长在访谈中提供的经费支出信息。

一、公用经费支出范围

财政部、教育部2006年出台的《农村中小学公用经费支出管理暂行办法》，明确提出经费拨付和使用时的“两个兼顾”原则，即经费的拨付“应主要依据在校学生人数，同时又要兼顾不同规模学校运转的实际情况，适当向办学条件薄弱的学校倾斜，保证较小规模学校和教学点的基本需求”，经费使用时“既要保证开展日常教育教学活动所需的基本开支，又要适当安排促进学生全面发展所需的活动经费开支”。这一文件同时严格界定了公用经费的使用范围：教学业务与管理、教师培训、实验实习、文体活动、水电、取暖、交通差旅、邮电、仪器设备及图书资料等购置，房屋、建筑物及仪器设备的日常维修维护等，不得用于人员经费、基本建设投资、偿还债务等方面的开支。其中教师培训费按照学校年度公用经费预算总额的5%安排，用于教师按照学校年度培训计划参加培训所需的差旅费、伙食补助费、资料费和住宿费等开支。

按该办法界定的公用经费支出范围可分为四大类[①]：①公务费，包括办公费、印刷费、水电费、取暖费、交通差旅费、邮电费和招待费等；②业务费，用于教学业务与管理、教师培训、实验实习、文体活动等基于日常教育教学而发生的开支，如会议费、培训费、竞赛活动的经费和

---

① 这一分类参考了靳希斌在《教育经济学》(2001年版)第191页对公用经费的分类。他认为，公用经费包括六大类：1.公务费，包括办公费、邮电费、水电费、公用取暖费、行政差旅费、机动车辆燃料和修理费、行政设备维修费、食堂炊事修理费、校园绿化费、劳保费、宣传费和其他杂费。2.设备购置费，包括教学仪器设备费、图书资料购置费、一般设备和体育设备费(人民币5万元以下)等。3.修缮费，包括公用学校校舍、建筑物、附属设备的修理保养费用，以及不够教育基本建设投资数额的土建工程等。4.业务费，包括实验实习费、教学生产实习费、教育水电费、教学差旅费、研究生业务费、体育维修费、资料教材印刷费、教学仪器设备维修费、各种教学费用以及教师进修培训费等。5.其他杂用费，包括外籍专家费、招生费、抚恤费、出国人员费、外宾招待费、职工教育经费、学生会活动费、专业技术图书资料费等。6.差额补助费，指经有关方面批准，教育单位管理的校办农场、工厂、幼儿园、托儿所等收入不足开支的差额补助费等。

奖金；③物资购置费，用于购买仪器设备、办公设备及图书资料等，常由政府统一采购，也包括报纸杂志的订阅等；④修缮费，用于房屋、建筑物及仪器设备的日常维修维护，如维修桌凳、玻璃、远程教育设备，以及维修围墙、屋顶等。从上述各类费用所包括的具体支出内容可以看出，公务费用于保障学校作为一个独立组织而履行相应的功能，也可称为“门户费”，即为了支撑门户而必须支付的经费，如组织内部的日常运转所消耗的物质资源，组织与上级、与外部单位发生联系而产生的物资损耗；修缮费用于保障学校建筑物及设备的安全、正常运转；物资购置费用于办公设备与耗材的更换与新增；而业务费则保障学校的基本教育教学功能得以发挥并得到强化。

实际上，公用经费支出时常逾越了规定范围。仅从公开账目看，白山学校和琴水学校公用经费支出中包括了工会会费、福利费、顶岗教师工资和加班费等 9 000 元左右；在下李学校 2010 年有 5 575 元的公用经费用于发放聘用制教师津贴、工友工资，此类经费所占比例之大不容忽视。因此在上述分类基础上增加第五类“人员经费”，它不包括教师专业发展费用。访谈和田野观察显示，农村学校用于人情往来的开支不仅比例大，且由来已久，一段时期内仍将继续发生。基于人情往来费用是为了维持学校作为一个正式组织存在且以集体的名义发生，将此类支出归入公务费。

二、人员经费和公务费支出比例较高

（一）白山学校和琴水学校的公用经费支出比较

表 3-6 是古水镇中心学校会计提供的 2011 年秋季白山学校和琴水学校的公用经费支出明细。对各类公用经费的支出比重进行比较，人员经费类占比最大，约一半的公用经费用于人员工资福利支出（第 5 类）。公务费（第 1 类）占比也较高，白山学校为 28.6%，琴水学校为 23.1%；其他三类开支约占四分之一，其中维修费（第 3 类）占比 7.8%，业务费（第 4 类）和物资购置费（第 2 类）占比在 5.1%～5.7% 之间。

表 3-6　白山学校和琴水学校 2011 年秋季学期公用经费支出明细

类别	1								2
支出项目	办公费	印刷费	水费	电费	取暖费	交通费	招待费	差旅费	办公设备购置费
白山/元	2 257	280	600	825.5	500	500	300	250	1 100
占比/%	11.7	1.4	3.1	4.3	2.6	2.6	1.6	1.3	5.7
类别占比/%	28.6								5.7
琴水/元	2 273	150	300	334.5	500	300	0	180	950
占比/%	13.6	0.9	1.8	2.0	3.0	1.8		1.1	5.7
类别占比/%	23.1	5.7							

类别	3	4		5				6	7
支出项目	维修费	会议费	培训费	工会经费	福利费	顶岗教师工资	加班工资	其他支出	合计
白山/元	1 500	600	500	2 000	2 000	3 600	1 500	1 000	19 312.5
占比/%	7.8	3.1	2.6	10.4	10.4	18.6	7.8	5.2	100%
类别占比/%	7.8	5.7		47.2				5.2	
琴水/元	1 300	350	500	2 000	2 000	3 600	1 200	800	16 737.5
占比/%	7.8	2.1	3.0	11.9	11.9	21.5	7.2	4.8	100%
类别占比/%	7.8	5.1		52.5				4.8	

白山学校和琴水学校的人员经费支出占比分别为 47.2% 和 52.5%，因教师人数相同，且都有一名学校聘请的代课教师，人员经费额度仅在加班工资一项上相差 300 元。表 3-6 显示，小规模学校人员经费以代课教师工资和教师福利为主，其中“顶岗教师工资”即为代课教师工资，在单类支出中额度最高，两校同为 3 600 元。可见，由中心学校聘用的代课教师经费责任仍由小规模学校承担。工会会费也是人员经费中的大头。按规定，工会会费以教师基本工资的 2% 为支付额度，实际发生时由中心学校略加调整，如 3~4 名公办教师的学校工会会费为 2 000 元；学校在教师节、中秋节、春节等重要节日向每位教师发放百元左右的礼品或现金作为福利，在教师参与学校档案整理、文字资料准备而额外付出劳动时支付一定的加班费或劳务费。

在公用经费规定范围内的开支中，小规模学校维持“独立门户”的公务费最多。在田野调查中，许多人用“麻雀虽小五脏俱全”“开门七件事”等来形容小规模学校日常运转所必需的最低消耗。学校运转必需的办公费占比较高，而用于水电、取暖材料以及报表、资料打印等开支，每日额度虽然不大，但每期总量也占去两所学校公用经费支出的 10% 以上。维修护理费用所占比例也较大。日常发生的零星修补不可避免，那些救急式修补需求如围墙歪斜、屋顶漏水、门窗破裂一旦发生，材料费和人工费不菲，加上每年用于远程教育设备的维护费固定开支 1 000 元，两所学校用于维修的经费成为较重负担。

相比之下，物资购置费和业务费的发生有一定的压缩空间，非紧急必要的用品可以不买或少购买，而教师的培训费开支则因培训机会较少而被缩减，用于教育教学活动的组织和激励费用也可以最大限度地被压缩，所以两个学校账目上物资购置费和业务费比例偏低。

琴水学校和白山学校的公务费所占比例差别最大，相差 5.5 个百分点，业务费比例相差 0.6 个百分点，而修缮费和物资购置费比例相同。由于人员经费与公务费、修缮费一样，属于弹性极小的支出，教师人数增加，则按照既定标准发放的人员经费所产生的压力越大。

（二）下李学校的公务费支出比例较高

表 3-7 为下李学校 2010 年的公开账目。表中显示，经费支出总量较大，公务费和物资购置费比琴水学校和白水学校增加较多。

表 3-7　下李学校 2010 年公用经费支出（单位：元）

1.聘师津贴	800	9.购置会议桌	3 500	17.差旅	170
2.聘师津贴及其他	1 775	10.体育用品等费用	780	18.教研、活动、招待	1 908
3.工友工资	3 000	11.日常用品办公费	3 272.6	19.电费、差旅费	617.4
4.教学奖金	1 100	12.办公用品办公费	988	20.电费、招待、邮电	2 778
5.办公及其他支出	2 775	13.办公用品招待费	1 845	21.招待费办公费	3 019
6.办公费用	4 337	14.检查、劳务费	1 200	22.招待及其他支出	2 521
7.办公用电费	57.5	15.检查教研费用	1 180	23.各项费用	6 279.8
8.办公桌、维修、电费	4 700.4	16.保险培训印刷	3 842		
				总计:52 445.5	

下李学校的经费支出账目在记录时通常将同一段时间内的几笔支出合并记录为一笔，如开支了办公桌购置、桌凳门窗维修以及电费，则记录为第 8 项，实际上三种支出应分别归入物资购置费、维修费和公务费。这种记录方式表明小规模学校记账常以事件为依据，比如一次检查而发生的招待费、劳务费和活动组织经费笼统计入劳务费或活动费目下，而不会按照公用经费开支要求的类别分别记录。

为了计算各类开支所占比例，研究者将支出费用进行归类，并根据该校会计提供的信息，和一笔经费发生时不同类别所占的可能比重，对合并支出进行分解。对于第 23 项“各项费用”，该校会计的解释是“各种各样的花销”，无法拆分还原，只能记为“其他”。对表 3-7 拆分还原后各项经费支出额度及所占比例见下表：

表 3-8　下李学校 2010 年公用经费支出额度及占比

项目	额度/元	比例/%	项目	额度/元	比例/%
1.公务费	23 320	44.5	4.修缮费	2 100	4.0
2.业务费	2 688	5.1	5.人员经费	10 575	20.2
3.物资购置费	7 485.6	14.3	6.其他	6 279.8	12.0

表 3-8 显示，该年度公务费占比最高，为 44.5%，其中招待费用达 10 521 元，接近公务费总量的一半；人员经费占比居第二位，为 20.2%，用于发放聘用制教师津贴、工友工资、劳务费等；该年购买的办公桌、环形会议桌等加大了物资购置费的比重，占 14.3%；业务费所占比例偏低，仅为 5.1%，用于教学奖金、教研、培训费用。由于该年度学校从上级获得的校舍维修改造资金达 28 610 元，较为充足，校内从公用经费中开支的维修费用相应减少，仅占 4.0%。无法确定开支用途的其他费用占比 12.0%，接近物资购置费所占比例。

三、用于教育教学的支出比例偏低

由于学校报账时必须使用正规发票，而在农村社会中大多数商品和服务性支出难以索取到正规发票，中心学校提供的账目信息与校内公开账目主要以发票信息为据，导致学校实际支出中溢出规定范围的部分在账目中移转到规定的科目，不可避免产生一定的扭曲。寻找小规模学校经费支出更为原初的状态，需要利用学校的流水账和校长提供的相关信息。琴水学校的日常记账本汇总见表 3-9，对 5 位校长的访谈资料汇总见表 3-10。

表 3-9　琴水学校年度流水账简要汇总

支出记录： 记账时间:2011 年元月 1 日至 2011 年 12 月 31 日
1.招待费小计 4 755 元,其中烟支出 14 次计 2 943 元,招待来人吃饭 7 次计 1 812 元;（占 13.0%）

续表

2.人情礼金支出 4 836 元,探望病人、春节慰问等 26 人次;(占 13.2%)
3.办公费、业务费等支出 6 520.5 元,其中书刊、作业本 2 562 元,办公用品、体育器材、电费、交通费等 2 661.5 元;(占 17.9%)
4.小型维修费支出 4 680 元;(占 12.8%)
5.教师福利与奖金支出 15 636 元,其中节假日补贴 3 700 元,班主任津贴等 2 950 元,教学奖金 3 300 元,代课教师工资 3 900 元;教师午餐支出 1 786 元;(占 42.9%)
6.其他支出 680 元,其中募捐 230 元,读书活动、体育活动经费支出 450 元。(占 1.9%)
总计:36 427.5 元

表 3-10　个案学校校长访谈中给出的经费支出信息

学校名称	学校公用经费主要支出项目及额度	折合一年
白山学校	桶装水 5 元一桶,夏季一天一桶、冬季两三天一桶,水电费一月 200 元左右,一年报纸杂志 1 000 多元,工会会费 1 000 多元,远程教育资源使用费 1 000 多元,校园责任险每生 7 元共 315 元,取暖用木炭 200 斤每斤 1.6 元,离退休教师节日慰问 300 元,在职教师福利一人一年两三百元,小维修如黑板、玻璃、桌凳,招待费,领导、同事家中喜忧事随礼、节日看望等一学期三四千块;教师在学校吃午餐,自己做饭,午餐材料一学期 2 000 元左右。	约 16 000 元
琴水学校	一学期 1 万多元,包括围墙维修 4 000 元,篮球等体育器材 1 000 元,操场除草 400 元,远程教育资源使用费一年 1 000 元,教师的午餐材料一学期 2 000 元左右。	约 30 000 元
山尖学校	一学期一千元左右,有时达两千多元。水电一学期 360 元左右,报纸、工会会费、医疗保险由中心学校交的,办公用品上面发,从经费里扣;校长负责除草,只报销除草剂的钱;教师的节日福利几百元钱;两位女教师午餐由餐馆提供,每餐每人 5 元,一年 2 000 元,由中心学校来结算。	约 3 000 元

续表

学校名称	学校公用经费主要支出项目及额度	折合一年
下李学校	办公经费像教科书、粉笔、教学用书、教案本、材料纸、钢笔等很便宜的，而招待就要花去差不多40%。小型维修也要花钱，修这个厨房屋顶至少要800元，换窗玻璃、修桌凳，换教室的门（一扇铁皮门400元，8扇门只换了6个，人工费200元）。报纸杂志一年2 000多，电费一月100多，一个防止电器烧坏的控制器100多元，一把扫帚五六块，一学期一个班至少8把。学校支付11个教师的午餐和两个教师的晚餐（每人次2.5元），一年6 500元；在本校上过学的学生考上大学家长宴请学校也要出礼金，一次一两百，一年总有五六次；村里、其他学校、中心学校领导的人情往来一学期总要两三千块；找县局里的人拉拉关系，请他们来校看看，让他们多给点资助，要招待他们吃饭。	约25 000元
陈湾学校	办公经费用去三分之一，粉笔、教案本、教学用书，桌凳玻璃维修，饮水机，报纸杂志订阅500元，打印复印，一个暑假护校费500元，人情往来一学期500元左右，教师节日补助600元左右。	约8 000元

琴水学校在2011年全年的支出为36 427.5元；校长们对本校经费支出的主要类别及额度给出了大致描述。根据他们提供的数字，研究者粗略估算了每所学校一年公用经费开支的情况，每校每年在两万元左右。山尖学校只计算校长经手的费用，开支最少，一年约为3 000元①；琴水学校开支最多，一年大约要开支30 000元。

对学校流水账与校长访谈资料的分析表明，小规模学校经费开支资料显示出四个重要特征：①与教育教学直接相关的办公费和业务费支出偏少；②人情往来和招待支出比例过大；③报刊订阅费和小型维修已成学校的沉重负担；④教师午餐费已成为一项普遍、固定的开支。

① 据该镇中心学校江会计测算，维持山尖小学的正常运转状态，一学期要花费8 000元左右，其中包括对偏远学校任教教师的补贴、教师的午餐补助、教师节日福利、小型维修等。这样，一年需要16 000元左右。

（一）与教育教学直接相关的支出少

琴水学校的账目显示，用于办公费和业务费的支出偏少，学校公用经费对教育教学工作的支持力度并不大。在访谈中，校长们也很少提到办公费和业务费支出。被问及办公费和教师培训费时，下李学校的姚校长不在乎地说，“花在这上面的钱没多少，粉笔、书、本子、纸笔很便宜的。学校经费真正用到老师、教学身上的，跟维修、招待比起来少多了”。校长们都提到，近年来学校的文体活动、教学比武活动、学习竞赛基本被压缩为零。琴水学校校长认同学生活动的重要性，并积极开展读书活动或体育比赛，但所开支的经费也只有 450 元。减少活动开展，一方面是因为在学生减少后无法形成一定的活动比赛氛围，同时学校也害怕承担活动中的安全责任；另一方面则与学校的经费约束直接相关。校长们认为，学校经费被上级扣除一部分，必用品和维修开支以及底线的教师福利支出占去一部分，剩余经费已少得可怜，还要准备支出招待费和人情往来费，校内经费支出能省则省、能停则停。田野观察证实了他们的观点，研究者只在极少数农村小规模学校见到教室里安装了电灯。即便在这些学校，暴雨将至、光线昏暗时仍无人开灯，学校的解释是“省点电费”。这种情况下，校长千方百计为收支平衡精打细算，从教育教学投入中挤出经费，保障学校的底线生存。

（二）人情往来与招待支出多

乡土社会中人情往来是一项重要支出，小规模学校虽然是一个“公家组织”，但校长和教师却大都来自本地，他们不仅代表学校，还代表着乡土社会人情网络的一个重要节点，必须不断地参与到人情互动中，以维持并延展无处不在的人情网络。人情往来与招待费已成为部分小规模学校最大的开支，琴水学校账目中有 9 591 元用于人情往来和招待费，在下李学校这一支出接近全年支出的一半。这类支出在公用经费管理许可范围之外，但在农村小规模学校却不可避免。有位已辞职的老校长说，“农村的人情往来，下个帖子你不能不去，不管谁当校长都要去，不去别人骂人”。而中心学校、教育局科室工作人员家中有了喜忧事，或逢年过节，小规模学校校长需要代表学校到领导家中道贺或探望，送礼金以示心意。这笔开支已成为学校的沉重负担，几位校长都表示学校对此“难以应付”。

小规模学校能直接与教育局科室人员建立起密切联系的并不多，乡镇内中心学校、兄弟学校、村委会是小规模学校人情往来主要对象。琴水学校的 26 次人情费支出中有 15 次是向中心学校几位工作人员及其家人支出。招待费通常发生于上级到校检查，或招待来校监考人员。校内有食堂的在校内招待，校内无食堂的到临近饭馆或者校长家中设宴。无论校内还是校外，一顿饭最低成本不止 100 元，而较为正式的招待餐一顿最低 300 元。

为接待客人开支的烟、茶水也积少成多成为一笔负担。在白山学校和琴水学校，校长见到研究者的第一件事就是拉开办公桌抽屉拿烟递过来。后来的观察表明，大多数农村小规模学校里，校长办公桌的抽屉内常备一条烟。送出一盒烟，热天时再加一瓶绿茶，成为学校接待来自同级或上级单位客人的基本“礼仪”，到访者皆习以为常地接受。在琴水学校，一年中烟的支出接近 3 000 元，在其他学校也大致处于相同水平。

（三）报刊订阅和小型维修负担沉重

报刊订阅费所占比例已经大到足以引起校长的注意。小规模学校公用经费开支的报刊订阅费主要包括三类，党报党刊、教育类报刊和按学生数比例派发的学习资料。党报党刊的订阅成为一个正式事业单位的政治任务。在田野调研期间获得的一份报刊征订任务分摊表表明，报刊的订阅已成为一个正式组织在系统内存在的基础。在这份表格中，镇内所有正式单位，包括私营企业，都受领到镇政府分配的报刊征订任务，最少的有 3 份，多的则有 18 份。地方发行的党报党刊征订任务最重，如每所学校必须征订至少一份《人民日报》，而省级日报和市级日报的征订份数则逐级增加，市级日报则需人手一份。教育类报刊如《中国教育报》《中国教师报》《人民教育》，同样是处于教育系统的小规模学校非订不可的，这类报刊的订阅由中心学校统一要求和安排。中心学校同时下达的订阅任务还包括学生报刊，这类报刊多为市级或县级刊物，不通过摊派式订阅难以完成征订任务。根据教育局授意、中心学校安排，学生用的报刊一部分按人头分发到每个学生手中，订阅费由学生个人承担，另一部分按学生数的一定比例下发到学校，费用由学校公用经费支付。每份党报党刊、教育类报刊的每年单价在两三百元左右，用于学生的报刊订阅费则需在三五百元，一所学校报刊订阅费总金额多为一至两千元。报刊订阅费由中心学校统一交给邮政发行部门。虽然报刊订阅需要秉承"客户自愿"的原则，但报刊订阅涉及主流意识形态传播、教育系统内的自我支持以及地方部门间的相互支持，小规模学校无法决定是否订阅或订阅多少，报刊订阅是一种"被自愿"行为，校长们虽然认为这笔开支不大必要，且负担沉重，却无力拒绝。

对学校经费开支的访谈信息还表明，已发生的维修费仍占开支的较大比例。由于物价水平整体抬升，农村小规模学校维修所需的材料费与人工费都在增加。在下李学校进行田野调查时，目睹了该校厨房房顶的修补，一位本村村民承担了这项"工程"。有教师介绍说，该地带点技术含量的瓦匠活，人工费每天 100 元，外加每天一盒烟、一顿饭。修补屋顶的材料费约 200 元，但维修的人工费就要 600 多元。这种维修，一年要有两三次。小规模学校校舍基础差，又历经多年的使用，小型修补时常发生，一次性开支的大笔维修经费或多次的零星开支都成为小规模学校经费的主要支出方向。公用经费总量既定，支付维修费用就要取消其他弹性较大的支出。据琴水学校校长讲，雨水冲歪围墙后不能在教育局立项，学校只能从公用经费里挤出 4 000 元做墙墩以防止围墙坍塌，"钱用去修墙了，其他的事就没钱做了"。

（四）教师午餐费不可缺少

教师午餐费是近年来新增的学校开支项目，已占全年经费支出的较大比例。在下李学校每年要支出教师午餐费 6 500 元，白山学校每年则需支出包括厨具、午餐材料、工友工资在内的费用 4 000 元。

不同学校支付教师午餐费的方式不同。在白山学校和琴水学校，教师的食材由学校会计统一购买，每周花费约一百元，期末汇总结账；教师轮流或委派一人做饭，每学期给付一定的工资（以工友工资条目支出）。在山尖学校和下李学校，学校确定午餐花费标准，山尖学校为每人每顿5元，教师午餐由小餐馆提供，期末由中心学校一次性结算；下李学校标准为2.5元，请了一个工友，为师生做饭，工友工资和教师午餐（以及两位长期住校教师的晚餐）食材费每学期末给付工友。

按每学期200天计算，4所个案学校每位教师的年度午餐费支出在400~1000元之间，教师越多午餐费总开支越大。教师午餐费成为学校固定开支，一方面源于布局调整和家庭迁移导致教师家校距离增大，个案学校中有7位教师非本村居住，中午回家吃饭耗时过长，在校吃午餐所节约的时间可以用于学生的课外辅导，琴水学校、白山学校和下李学校提供午餐的部分原因可归于此；另一方面，学生在校吃饭，增加教师午餐服务的边际成本较小，山尖学校和下李学校的师生即为一同进餐。受邻近学校向教师提供免费午餐的影响，小规模学校教师午餐费支出变得更加必要。白山学校的孙兴才老师就抱怨说，“镇小的老师一日三餐免费，吃现成的，我们还要自己做饭，吃亏哦”。可以认为，提供午餐待遇已成为减少教师抱怨情绪的一种手段。

（五）小规模学校经费支出的优先次序

小规模学校经费都去了哪里？从现实支出来看，首先是中心学校经费截留；其次是校内保基本运转的刚性支出；再次是用于人员和维持关系的经费支出。排在第一位的中心学校所扣经费，是最先发生、且小规模学校毫无选择权的支出，其弹性为零。从五个学期的经费收支记录看，白山学校和琴水学校每学期第一个月的公用经费通常不能如数下拨，这表明，中心学校对下属学校经费截留是固定行为。紧随其后的是涉及小规模学校能否运转的救急型支出，如对出现安全隐患或无法继续使用的校舍建筑和设施进行小型维修，购置必要的办公用品，聘用代课教师等，此类支出弹性极小，需求一旦发生即需满足。用于教师基本福利和人情往来、招待的费用排位第三，人员经费具有刚性，劳务费、加班费、午餐费不能取消且需随物价上涨而增加，而用于人情往来和招待的费用，则受制于系统内资源互动与传统惯习的约束而长期存在，特别是校长希望为自己和学校积累丰厚的社会资源时，这笔开支将只会有增无减。

三类开支之后所剩经费数额决定了用于教育教学活动直接相关的余地，如果余额较少，支付学校日常周转所需已紧张，很难投入到教师专业技能提升和学生课外活动的组织中；如果余额较为充足，投资于教师培训、竞赛活动的可能性较大。事实上，几乎每一位校长都注意到学校开支中直接用于提高教师技能、开展教学活动的经费太少，并认为学校开支结构偏离了正常状态，但校长们对此表示无能为力，进而抱怨学校经费总量少、学校支出自由权小。

对比不同来源的小规模学校公用经费支出信息，可以发现，小规模学校公用经费支出所体现出的“非必要不支出”与“非紧急不支出”特征非常明显，即小规模学校经费支出中维修费和公务费比重大，人员经费在聘用代课教师的学校比例较高，而业务费和物资购置费所占比例偏低。但流水账目和访谈信息反映出的公用经费支出结构不良问题更为突出。不同来源的经费支出信息所表现出的特征差别，暴露出小规模学校公用经费管理制度与实际支出之间深刻的矛盾。当把实际开支必须塞进表格时，只能将无法入账的费用分别归入账目类别。对经费支出重新分配，通常需要中心学校或者完全小学会计人员的专业帮助，因“现实如此”或每个单位都有不能入账的支出，这些专业人员已能娴熟地处理实际支出与账面结构的错位，他们愿意给予小规模学校帮助。

第三节　农村小规模学校办学的增量成本分析

小规模学校的经费收入与支出分析表明它们的财政状况处于紧急必要的底线水平，可以说是“紧巴巴地过日子”。在小规模学校予以保留的前提下，将其办学条件提升到合格水平，公共财政所需增付的货币成本有多大？这是小规模学校撤或留争论者较为关心的问题。这种分析增量要素成本的做法被认为是边际成本分析（marginal cost analysis）或增量成本分析（incremental cost analysis），这种分析只对现有标准下小规模学校合格运转所需新增的硬件投入、师资和公用经费增量感兴趣。具体计算方法如下：（1）由于校舍、设备等均有一定的使用期限，仅计算未来 5 年内个案小规模学校需新增设备和修建项目的货币成本。(2) 主要计算为开齐开足课程，在校内公办教师之外必须增加的师资所需工资或补助，如已使用的代课教师工资，按走教教师数和走教次数发放的补助经费。(3) 按照小规模学校适度需求所增加的公用经费。应用这一方法时，考虑的是小规模学校在现有最低合格标准下继续保留，可以视为最低标准的增量成本。

一、改善办学条件的成本估算

小规模学校校舍条件普遍较差，长期未得到有效维修与更新，办学水平都低于国家规定的最低标准，如校园基本设施、教学用房和专业装备条件等都不达标。

(一) 校园基本设施不达标

走进个案小规模学校的人们会发现，学校被低矮的围墙和简陋的大门围成一个封闭的四方形空间，较为宽敞，但院内路面未被硬化，野草随处可见。校园内最醒目的建筑为教学用房，教师宿舍或食堂比教学楼更破旧。校园内有新配发的篮球架或砖石砌成的乒乓球台，乒乓球台裂面缺角比较普遍，桌面正中由几块小砖头摆成歪歪扭扭的网。

图 3-2　下李学校两位教师在简易的乒乓球台旁奋勇挥拍，学生在一旁观看

陈湾学校就是这样的一个学校。它占地 5 亩（约 0.33 公顷），呈长方形，铁栅栏样式的大门。院内仅有一栋平房，一个单间用作办公室，两个三间型教室，另三个两间型教室闲置。这栋房屋由村委组织村民集资建于 1996 年，当时为两层混凝土钢筋结构楼房；1998 年已出现严重的安全隐患，师生不得不转移到村中群众家上课；2005 年县教育局下拨“国家农村学校危房改造项目资金”将旧房改造成一层平房；2009 年房屋走廊开始漏水，教育局下拨 2 000 元经费予以维修。教学楼对面的一边是一个 4 坑位的厕所，建于 2007 年，围墙同时修筑。校园内唯一的体育设施是两个于 1996 年垒砌的砖石结构乒乓球台，台面粗糙，中间无球网。2011 年秋季，校内一片长方形场地打上水泥地坪，作为活动场地。

图 3-3　陈湾学校教室走廊渗水痕迹仍很明显

相比之下，下李学校的校园面貌最佳。它占地 15 亩（1 公顷），非常开阔宽敞。大门由两个贴红瓷砖的方柱界出通道，尚未安装门扇。学校围墙高约 1 米，部分歪斜坍塌，校内有纵横交错的两条水泥路和一个水泥地面的简易篮球场，其余地面为野草覆盖。校园有独建的房屋 3 栋，两层教学楼建于 1995 年，一排平房建成于 2009 年，用作办公室和教师宿舍；学校的厕所和围墙也是近年来新建。但学校依然有危房存在，2005 年建起的 6 间瓦房，用作厨房、餐厅和教师住房，现已被评定为 D 级危房，每逢雨季都需要修补屋顶。

图 3-4 下李学校校园

（二）教学用房条件较差

小规模学校教室条件较为陈旧简陋，不少教室室内地面坑洼不平，墙面斑驳，有些泥灰已脱落，露出暗红色的砖块。黑板皆为黑漆粉刷，有的学校两三年刷新一次，有的已经露出白底，粉笔写上去模糊一片。窗户为一扇三片式木框，教室里窗框都有不同程度的腐朽，有些框边已经与墙边裂开，仿佛一用力就能掰下来。窗玻璃也都残缺不全。有校长说："前两年学校经费特别紧张，玻璃破了以后无钱更换，将塑料薄膜钉在窗框上，有领导看到了嫌太不美观，上面出钱配了一些。现在玻璃破了，也只在冬天时才会更换。"个案学校中只有白山学校教室里有日光灯，其他学校的教室里有的连电线都没排，有的只有接口没有灯具。

图 3-5　白山学校教室一角，变形的窗框上加了一个木棍来固定

（三）装备条件亟待提高

1. 专业教室和器材短缺

个案学校普通教室够用且多有闲置，但专业教室和功能室严重缺乏。5 所学校都未配备科学教室；除琴水学校和下李学校，其他学校都没有专门的场所用作多媒体教室和图书室；学校的教学仪器设备、体音美器材设备也残缺不全。除了新安装的篮球架和破旧的乒乓球台，仅有两所学校为学生提供篮球、乒乓球等体育用品，没有一所学校配置艺术教育器材。

2. 远程教育设备陈旧

小规模学校的信息技术教育设备无法满足教育教学需要。按照相关政策要求，主要利用"模式一"、兼用"模式二"在农村小学实施现代远程教育工程。利用教学光盘播放设备和成套教学光盘，弥补边远山区、交通不便地区的小规模学校教师的不足。在陈湾学校、山尖学校和白山学校，没有任何远程教育设备可资使用。陈湾学校校长说这些设备在 2010 年暑假被偷窃，余留的一台电视机被放在校长家中保管；山尖学校的卫星教学接收设备在学生人数剧减后由中心校收走；而白山学校只见挂有“远程教室”牌子的小教室一间，门上铁锁已生锈。

配有远程设备的学校对这些设备的使用率较低，设备老化是主要原因。琴水学校教师利用卫星接收设备定时接收远程教育资源，电视机和光碟播放机偶尔被用来播放音乐电视录像作为音乐课，但设备经常闹罢工，教师无法经常使用远程教育资源。下李学校有 1 间专门的电脑教室，尚未配备课桌凳；室内有光盘播放机、卫星接收设备，电脑于 2011 年元旦连入互联网，但电脑使用多年早已老化，运行速度较慢，几乎每学期都要搬到县城去修理一次。三位能熟练操纵电脑的教师中有两位时常利用电脑查阅资料。

图 3-6　琴水学校的远程教育设备（电视机和电脑各一台）和图书架

3. 学校生均藏书量大但质量低劣

据各位校长提供的数据，个案校学生生均藏书量都远高于规定标准。然而正如在琴水学校所见，农村小规模学校图书利用率非常低，破旧的书架、落满厚厚灰尘的图书、泛黄的书页惊人的一致。这些图书是当年“普九”验收时通过学生捐赠、成批购买等方式短时间内突击集聚，大部分图书质量低劣、内容陈旧，图书室藏书出版日期绝大多数在 2000 年之前。

4. 没有统一的课桌凳

按照《H 省义务教育学校办学基本标准（试行）》第十五条要求，

学校应按规定的配备标准为学生配齐舒适的课桌椅；破损的课桌椅能得到及时维修、加固或更新。但在南县，学校不负责为学生配备课桌凳，在小规模学校，教室里桌凳高矮不齐，有的小学生把家里的茶几搬到教室里作课桌，不少学生使用着“坐在上面脚不挨地”的凳子上学习。

图 3-7　陈湾学校一年级教室

图 3-8　陈湾学校三年级学生在上课，桌凳已被多次修补

（四）办学条件达到省颁标准的成本估算

按照《H 省义务教育学校办学基本标准（试行）》规定，学校办学基本标准不分城乡，但山区等学校标准可适度下调，且“义务教育阶段非完全小学的标准参照完全小学 6 班标准执行”。根据该规定中适合农村学校的标准下限设计简表如下，并比较个案校与学校标准化之间的差距。

表 3-11　办学基本标准（硬件）简表及个案学校情况对比

项目	具体内容	个案学校情况
校园规划	校园平整，道路硬化；有校门、围墙（或安全隔离设施），校园封闭。	路面无硬化
建设用地和校舍建筑面积	完小 6 班规模的学校设 60 m 直跑道，每 6 个班至少有 1 个篮球场或排球场。	活动场地有空间未建设，大多学校无篮球场或排球场。

续表

项目	具体内容	个案学校情况
装备条件	按国家标准建有教辅用房,配齐体育卫生器材和艺术教育器材;完全小学至少有多媒体教室(兼多功能教室)、45台计算机室各1间,学校生均藏书小学15册以上,中小学每年新增图书比例不少于藏书标准的1%;为学生配齐舒适的课桌椅。破损的课桌椅得到及时维修、加固或更新。	体育卫生器材不齐,艺术教育器材缺乏;无多媒体教室;新增图书不足;课桌凳破旧或缺乏情况严重。

根据上述对比，首先根据个案校实际硬件资源情况确定学校建设标准化要求所需维修或增加的项目，并根据当前物价水平估算各项目耗费的可能经费，作为学校改善办学条件、投入硬件建设所需经费。制表如下：

表 3-12 个案学校校园建设达标的经费测算

学校名称	所需更新或增加项目及经费	所需经费估算
白山学校	篮球场和道路硬化 10 000 元,围墙修建 6 000 元,体育及艺术教育器材 5 000 元,卫星教学资源接收设备及专用教室 20 000 元,新配课桌椅 50 套 6 000 元,图书更新 5 000 元。	52 000 元
琴水学校	篮球场和道路硬化 10 000 元,围墙修建 10 000 元,体育及艺术教育器材 5 000 元,新配课桌椅 40 套 4 800 元,图书更新5 000 元。	34 800 元
山尖学校	篮球场和道路硬化 10 000 元,“模式一”教学设备及专用教室建设 10 000 元,体育及艺术教育器材 1 000 元,图书更新 1 000 元,电铃 300 元。	22 300 元
下李学校	围墙修建 8 000 元,体育及艺术教育器材 2 000 元,多媒体教室建设 15 000 元,新配课桌凳 80 套 12 000 元,图书更新 7 000 元,厨房改造 30 000 元。	74 000 元

续表

学校名称	所需更新或增加项目及经费	所需经费估算
陈湾学校	教室加固 20 000 元,“模式一”教学设备及专用教室建设 8 000 元,新配课桌凳 21 套 3 000 元,体育及艺术教育器材 1 000 元,图书更新 1 000 元,电铃 300 元。	33 300 元

对个案小规模学校按照标准化建设要求，保守测算，配置硬件资源所需经费在 80 000 元以下，这些设备保质配置之后，可合理使用最少 5 年，那么平均每年要多增经费投入 16 000 元。

二、新增人员工资之估算

（一）教师经费支出标准

个案学校中有 3 所学校使用了非财政供养的代课教师，每年按 12 个月由中心学校或小规模学校发放工资，但两个乡镇的支付标准不同。在白山学校和琴水学校，每年各向代课教师支付工资 7 200 元，而下李学校的代课教师年工资标准是 9 000 元。

走教教师的补助标准也有差异。在《高塔镇“连片办学、联校走教”工作实施方案（草案）》中规定，每学期按 5 个月向支教教师发放补贴，偏远学校补贴标准为 100 元每月，兼职支教（在原校与支教学校都兼任学科）补贴标准为 100~200 元，按周课时计算，满 6 节每月补贴 100 元。但下李学校和陈湾学校并未接受任何走教教师。

在香溪镇，山尖学校黎莉老师因走教获得每月 200 元的补助，一年发放 12 个月，为维持该校的正常运转，需多支付人员工资 2 400 元。在古水镇，琴水学校和白山学校，语文和数学以外的课程被安排由所附属完全小学教师兼职走教，按每节 10 元的标准发放补助，两所学校分别接受了每周 8 节和 12 节的走教课，需开支走教补助 80 和 120 元，按每学年 40 周计算，每学年需开支 8 000 元走教补助。

（二）弥补教师缺口的新增人员工资

由于在编教师退出机制缺乏实际效力，无论学校保留或撤并，财政供养教师所需经费总量变化幅度不大。县聘代课教师工资由县级财政承担，保留此类教师不会增加学校的办学成本，而由私人聘请的代课教师工资也不会增加学校或县级财政的负担，只计算中心学校和小规模学校聘请的代课教师成本。在不增加代课教师的前提下，为保证小规模学校开齐开足课程，许多地区已实施联校走教制度，对到小规模学校上课的紧缺学科教师进行不同标准的补助。按小规模学校所在乡镇标准计算到小规模学校走教的教师补助经费，也应成为新增合格师资的增量人员经费。

高塔镇的陈湾学校仅有两名教师，只能承担语文和数学两门课的教学。按该校应该开齐的体、音、美和英语等课程计算，3 个年级共需走教教师提供英语 2 节、体育 9 节、音乐 6 节，美术 6 节，所需发放的支教补贴按四人次计算最高为每月 800 元，每学年 8 000 元；而在下李学校，本校教师能承担美术以外的其他各科教学，仅美术一科需走教 10 节，支付支教补贴每月 200 元，每学年 2 000 元。

在山尖学校，如果延续现有的由幼儿园教师兼带小学的音乐和舞蹈课，则需要支付幼儿园教师补助 2 000 元；由另一名走教教师负责美术课教学，并为此多支付 600 元左右的补助。

白山学校和琴水学校每周各需要走教教师提供英语 5 节、体育 12 节、音乐 7 节、美术 7 节，每周为每所学校走教教师发放的补贴最高为 310 元，按每学年 40 周计算，每个学校每年共需 12 400 元。将人员工资予以汇总，列表如下：

表 3-13 个案学校人员经费类增量成本 （单位：元·年$^{-1}$）

学校名称	代课教师工资	走教教师补贴	总计
下李学校	9 000	2 000	11 000
陈湾学校	0	8 000	8 000

续表

学校名称	代课教师工资	走教教师补贴	总计
白山学校	7 200	12 400	19 600
琴水学校	7 200	12 400	19 600
山尖学校	0	5 000	5 000

三、新增公用经费之估算

中央政府的生均公用经费拨款标准逐年提高，并要求“不足 100 人按 100 人拨款”，然而这并不能缓解小规模学校的经费困境。经过层层截留，现有公用经费拨款只能保障小规模学校在底线水平运转。

小规模学校经费窘困的根源在于各级测算学校经费需求时所依据的需求类别不同。经费收入和支出预算编制表基于“制度许可”的需求发生，按照既有规定测算小规模学校应该具有的经费需求项目及额度，而经费支出的突发性需求与现场性需求多为“制度规定”所未料及，这就形成一种两难局面：严格在制度许可的范围内开支经费，学校无法履行一个正式组织维护与建设乡土社会网络职能；按照实际需求迎合社会期待而使用公用经费，势必挤占其他方面开支，最终影响制度预期的经费使用效率。在制度规定与现实需求之间寻找经费支出平衡点，成为每一个校长与会计的重要任务。正如已经提到的，二者之间的最佳支出点在于，尽量压缩制度规定外的现实需求，挤占制度规定中弹性较大的支出，利用账目的虚假性缝合制度规定与现实需求的冲突。

对公用经费类增量成本的计算，首先应计算各个学校实际发生的账目外经费开支，本研究仅选取教师午餐费、节日福利费和人情往来开支三项。由于山尖和琴水学校并未提供用于人情往来花费情况，分别参照与其情况相似的陈湾学校和白山学校。此类增量成本额度分布见表 3-14。

表 3-14　学校对规定开支外的公用经费需求　（单位：元）

学校名称	教师午餐费	节日福利费	人情往来	总计
下李学校	6 500	3 000	8 600	18 100
白山学校	4 000	1 500	3 500	9 000
琴水学校	4 000	1 500	3 500	9 000
陈湾学校	0	600	500	1 100
山尖学校	2 000	600	500	3 100

公用经费类增量还应包括各学校校长对公用经费缺口的测算。在访谈时，他们基于将学校办得比较“顺当”的考虑，即小型维修按需进行，文体活动和教学比赛正常开展等，学校需求额度高出实际获得经费数万元（见表 3-15）。

表 3-15　年度公用经费缺口估算（元）　（单位：元）

学校名称	需求额度	实际拨付到校	缺口
下李学校	80 000	64 000	16 000
白山学校	40 000	20 000	20 000
琴水学校	40 000	20 000	20 000
陈湾学校	30 000	10 400	19 600
山尖学校	15 000	6 000	9 000

将两表汇总，得到个案学校年度公用经费类增量总额。这类计算方法有一定偏误，比如学校实际支出中的规定外经费已由公用经费承担，而校长对经费缺口的测算也可能已将其包括，但规定外开支挤占原本应该发生的其他项目支出却是不争的事实，且由于公用经费支出的具体发生难以监控，采用宽口径方法计算小规模学校公用经费增量成本需求更符合实际（见表 3-16）。

表 3-16　小规模学校公用经费类增量成本总量

（单位：元·年$^{-1}$）

	下李学校	白山	琴水学校	陈湾学校	山尖学校
增量成本	34 100	29 000	29 000	20 600	12 100

四、增量办学成本的测算

根据上述三部分的分析，可以看出，保留小规模学校并保障其按底线标准化水平运转，各个学校所需的增量成本投入并不算高。将办学条件硬件资源部分按 5 年分摊，与公用经费、人员经费汇总，可得出未来 5 年里每所小规模学校按较低口径估算的年均增量成本和每年每生的增量成本。

每校年度投入总量都在 70 000 元以下，最低的仅为 21 560 元。学生规模与年均增量成本呈正向关联关系，规模越大，所需成本越高，这符合一般的成本规律。以生均增量成本计算，下李学校需新增生均成本不到 900 元，而山尖学校所需总量虽最少，生均水平却最高，每生每年需增加投入 4 500 元左右（见表 3-17）。

表 3-17　个案学校年均增量成本　（单位：元）

学校名称	学生数	硬件资源	公用经费	人员经费	年均增加	生均成本
下李学校	78	74 000/5＝14 800	34 100	11 000	69 900	896.2
白山学校	45	52 000/5＝10 400	29 000	19 600	59 000	1 311.1
琴水学校	36	34 800/5＝6 960	29 000	19 600	55 560	1 543.3
陈湾学校	21	33 300/5＝6 660	20 600	8 000	43 260	2 060
山尖学校	5	22 300/5＝4 460	12 100	5 000	21 560	4 312

可以看出，小规模学校办学达到基本合格的办学水平，即校舍条件达到省颁标准，通过保留现有代课教师并增加教师走教次数，为小规模

学校开齐开足课程，需要增加一定的建设投入、人员补助和公用经费，但这笔经费数额并不巨大，每生每年的新增投入最高不超过 4 500 元。以 2010 年国家统计数据计算，2010 年全国共有 3 446 541 名学生就读于小学教学点，校均 51 人，以个案学校增量成本水平测算，每生每年的投入约为 1 300 元，保留全部教学点并使之达到基本合格的办学水平，五年内需每年增加 45.2 亿元。

计算小规模学校保留后的增量成本，只是从经济因素层面说明办小规模学校并不会太花钱，况且，这些新增投入能极大地维护小规模学校所服务学生就近入学、享受公平教育的权利，对于小规模学校所在社区也具有更加重要的不可估量的社会价值。

第四章　农村小规模学校外部关系的田野考察

学校与公众之间建立制度化、系统性的联系，有利于学校的良好形象的构建与持续发展。由于我国绝大部分农村学校尚未有目的、有计划地处理与外部公众之间的关系。本章所呈现的小规模学校外部关系主要是在自然状态下小规模学校与外部环境的联系和沟通。小规模学校处于教育系统与社区系统的双重笼罩之下，本章首先分析小规模学校与它的管理者之间的关系，然后从小规模学校与家长、与村委会之间的互动进行分析，试图描述小规模学校所受到的双重影响。

第一节　农村小规模学校与上级管理者的关系

“以县为主”的义务教育管理体制下，在教育系统内小规模学校与之发生互动的主要有教育局、中心学校、中心小学、其他农村小学等。教育局对小规模学校的管理主要通过中心学校来实现，中心学校作为教育局的派出机构，负责整个乡镇的教育教学管理工作，是小规模学校互动频率最高的组织机构。中心学校的机构名称、设立方式与人员构成都发生过变化，但所承担的职责未变。2002 年 5 月《国务院办公厅关于完善农村义务教育管理体制的通知》要求，“乡（镇）人民政府不设专门的教育管理机构，教育教学业务管理由乡（镇）中心学校校长负责”。同年，H 省教育厅要求在秋季开学前完成乡镇教育组撤销工作。事实上乡镇教育组的撤销并不彻底，在所调研的三个乡镇，中心学校仍作为一个单独机构存在，办公区域仍独立于所在学校，是悬垂于乡镇内中小学校上方的一个管理机构。

小规模学校的被管理者身份也在发生变化。一部分小规模学校已完全丧失经费与师资管理的独立权力，变成附近学校的教学点，如山尖学校，他们很少与中心学校直接打交道；还有一部分小规模学校也正在逐渐失去作为独立学校的属性，像白山学校、琴水学校，新近被改名为“教学部”，但部分保留经费、师资的管理权力。这类学校受中心小学管理，减少了与中心学校的直接联系；其他的小规模学校仍保留其独立身份，他们直接受中心学校管理，如下李学校和陈湾学校。

一、小规模学校的经费与师资配置

教育局负责向乡镇分配不低于国家标准的经费和教师编制数，乡镇内各学校实际获得的经费和教师人数由中心学校决定，其中，向小规模学校配置的教师都超过规定师生比标准。

（一）经费不能足额发放

在部分县市，教育局或中心学校以“统筹部分经费以保障教师专业发展”为由，从公用经费中抽取一定比例由教育局或中心学校统一安排用途。在高塔镇，中心学校每学期抽取各个学校公用经费总额的1%，作为乡镇内教师培训和奖励经费，以及用于补助小规模学校聘请教师；在古水镇和香溪镇，中心学校也提留一定比例的经费。中心学校一视同仁地从各个学校提取一定比例的公用经费，小规模学校也不例外。对此小规模学校并未明确反对，毕竟中心学校的经费使用空间增大以后，小规模学校也可以多获得中心学校的经费支援。比如，在白山学校和琴水学校，没有实行“一体化”管理制度之前，学校在经费紧张时到中心学校“多跑几趟”，总能得到一些额外贴补。

随着小规模学校账户并入中心小学，中心小学的干预程度和随意性增大，小规模学校应得经费被克扣的情况更加严重，引起小规模学校的强烈反对。2011 年秋季学期，山尖学校、白山学校和琴水学校按照国家最新规定可以获得 25 750 元公用经费，但经费到达中心小学户头后，山尖学校每学期被允许的开支最大额度是 5 000 元，白山学校和琴水学校各获得 18 000 元左右的公用经费。将中心小学代支的费用计入，三所学校所得公用经费仍被克扣 5 000～15 000 元。白山学校的孙校长说："一体化以后中心小学只给我们 9 000 元一学期，按我们实有人数 45 人给的，我不同意，中心学校同意增加 30 人，但中心小学说没那么多钱给我。他们负担了学校 5 位教师的教师节福利、退休教师福利还有代课教师一学期的工资 4 000 元以后，不愿再加钱了。我没办法，到期末时拿着票据去找中心学校的吴校长，他才全部同意报销。一体化以后，我这经费更紧张了，去找吴校长和中心学校，他们两边相互推脱，还不如以前，中心学校给钱还痛快些。"

将小规模学校账户合并后，经费的统一管理不仅未能缓解小规模学校经费紧张的局面，经费被剥夺的程度更严重，缺乏经费的独立管理权导致小规模学校遭受更强烈的经费束缚。

（二）师资调配对小规模学校的师资改善效力有限

中心学校并无新增师资的实际能力，只能通过将上级下拨师资向小规模学校分配或者从中心小学调拨师资实现小规模学校师资"退一补一"。农村学校教师结构性缺编严重，中心小学和其他完全小学同样需要新增年轻教师、小学科专业教师，中心学校在配置新师资时也会优先考虑服务学生多、社会影响大的较大规模学校，小规模学校在新增师资的竞争中处于中心学校不愿配、新增师资不愿去的弱势地位。

1. 中心小学对师资的截留

在师资由中心小学统一管理后，中心小学通常不愿意将本校优秀教师调到其下属学校，对中心学校分配来的优秀师资还要进行截留，小规模学校新增师资的主要途径是经中心学校同意自行聘请代课教师。琴水学校需要新增教师时，中心学校派来一名资教生，但在报到过程中被中心小学以"本校急缺教师"为由留下，允许琴水学校"自行聘请代课教师”作为弥补。白山学校也发生过类似事情，中心小学宁愿减少白山学校的年级和班级，也不愿意调派新师资去弥补师资缺口。那些仍具有独立师资管理权的学校，在无法获得上级的师资配置时，聘请代课教师便成为唯一选择。下李学校向中心学校多次申请增加一名英语教师无果后，经中心学校同意聘请了一名代课教师。

2.“联校走教”范围小、频率低

在“H省义务教育均衡发展行动”计划中，“联校走教”被作为先进经验广泛宣传，许多县市也把联校走教作为缓解偏远小规模学校师资短缺的重要手段。个案学校所在县已于2011年前后开始派英语、音乐、体育等教师到小规模学校走教，走教教师有的每周到小规模学校上半天课，并在原校继续任教；有的固定在某一所学校任教一学期，不担任原校课程。走教教师工资和福利发放仍属原校，由派出学校和被走教学校联合管理。走教制度作为近年来3个乡镇推进教育均衡发展的主要措施，科目、方式、学校结对以及奖励标准的规定非常清晰，任何一个感兴趣的来访者都能看到此类文件。

在5所学校的观察与访谈显示，这些制度安排在落实中大打折扣，下李学校和陈湾学校尚未接受过任何走教教师的授课，白山学校和琴水学校每学期实有走教次数不超过4次，山尖学校并无走教教师来上体育课，在黎莉老师和小彭老师调回镇上以后，中心小学的走教完全取消。本地新聘代课教师补上了黎莉老师的位置，新来的幼儿园教师再也不让小学生随他们上课。

走教频率低、落实难的问题非常突出，琴水学校的一位教师戏谑地说，“他们是天晴不来、下雨不来，不知什么时候来”。以增加课程丰富性和专业性为目的的联校走教制度，必然要求调整小规模学校原有课程安排，但走教频率过低甚至“从来没来过”，致使小规模学校课程安排出现空档，破坏了原来的“单调但完整”的课程安排。走教教师因各种原因不能充足完成走教任务，影响到小规模学校原有教师对工作纪律的认同。山尖学校的黄校长起初对走教制度寄予很大期望，后来又很失望：

> 比如说这个联教，他们几乎不来，本来固定到周四，音乐啊体育啊，我们就等着他们来，谁知他们就不来，没来也不打电话通知一下，我们就继续上自己的课，这就是联教啊。我们说这种联教让我们就没办法教，不如靠我们自己。要么就取消这件事，别让我们老指望，哎要上音乐了体育了啊，我们的学生可以活跃一下啊，可以搞些什么活动啊，指望这些事情，结果让我们等，让我们失望。这叫什么制度？去年我到联校去，看到某某某周几到山尖学校联教。到了周四我还打电话去，今天谁来联教啊？他们说，哦，是谁谁谁，他有事了，没时间过去。这就有问题了，怎么安排你上的课你都不来啊？这是你上课的时间啊，你有事去了。那我们老师，该上课了，也有事不上课行不行啊？我就是这样打个比方。该你工作的时间你干别的事情，这怎么能行呢？这种联教联的什么教？
>
> 这种联教是有补贴经费的，挂这个名能领补贴的，所以我很气愤这个事情。你拿国家的钱让你来联教，结果你又不到我这里来，钱你又领走了。这叫什么社会，拿国家的钱，你自己不干活！钱你领走了，经费不给我们了，结果你一节课都不能按时来。为了这个事我经常给他们打电话，浪费了我很多手机话费呢。每次希望他们过来，打电话打了几十次，他们一次都没有来。我对他们联教（摇头叹气），你来不来无所谓，我们搞我们自己的。

（三）资源配置随意性大

乡镇内教育经费与师资的配置仍严重依照“保重点、创品牌”的传统路径，地处中心位置的较大规模学校往往代表乡镇教育发展水平，乡镇教育管理者对它们持有强烈的主观偏好，而对小规模学校的资源配置则带有较大的随意性。受配置随意性的影响，教育资源每经历一次转手就会增加一次损耗，小规模学校应得资源被侵占的概率也随之增加。取消小规模学校的独立地位，无疑加大了中心小学对小规模学校资源的控制甚至剥夺，对小规模学校获得基本的资源保障极为不利。向上层的制度设计看，“以县为主”的管理体制为所有学校提供了最基本的资源保障，甚至逐渐体现出对农村小规模学校的倾斜性支持，但由于小规模学校位于管理序列的最末端，距离资源供给者最远，受乡镇内资源配置惯性的消极影响最大，而其在教育管理网络中的身影逐渐消失，制度对学校资源获得的硬性保障无法有效覆盖到小规模学校。事实上，上层的制度设计经常与基层的政策执行发生冲突。比如，按照最低100人标准向农村学校配置公用经费，并采取校财局管、国库集中支付等措施，是为了最大限度地减少基层经费管理的随意性。然而，大部分小规模学校由于依附中心小学，缺乏独立的财政身份，既无法获得最低100人的公用经费，也无法进入经费支出管理系统，资源保障水平低和支出随意性较大的局面仍无法改变。师资配置面临相同处境，新师资无法进入，走教制度缺乏刚性管理保障，小规模学校师资仍渐趋衰落。

二、对小规模学校的常规管理

（一）教育局的到校检查

小规模学校接受的教育局到校检查既有按周期发生，如在学期开始与结束时教育局对学校的常规检查，也有随机出现的，如因气候灾害或上级要求而对校舍、饮食、校车等全面排查。教育局到小规模学校的检查通常由中心学校陪同，主要针对已通车的交通相对便利地区，特别偏远的小规模学校很少接受教育局检查。这种例行检查在每所学校的停留时间都比较短，我曾跟随宗县教育局收费情况检查小组在40分钟内完成了对古水镇3所学校的检查；镇政府驻地之外的学校则由中心学校代为检查。5所个案学校每学期都会接受来自教育局的常规检查，时间为开学初与期末，检查内容包括开学报到情况、课程开设、教师教案与教研、校舍安全、校容校貌等。

教育局的例行检查很受重视，小规模学校在检查前都会接到通知，卫生、纪律和教学常规尽量按制度要求进行，以展现学校运转的最佳状态。同时，检查者对小规模学校要求并不严苛，听取汇报、查阅档案、查看校舍等填好检查表后便匆匆离去。由于信息相对清晰简单，检查者在较为偏远的个案小规模学校停留时间更短，用山尖黄老师的话说，

“打个转就走了”；而在相对中心、交通便利的小规模学校如下李小学，停留时间相对较长，有时检查者还要在学校吃过饭再离开。停留时间较短，到校检查如走马观花，无法深入学校运转内核发现学校运转的真问题，不能实现督导学校规范办学的目的。

（二）中心学校的常规管理

中心学校的到访更为匆忙，黄校长所描述的2012年春季开学第一天中心学校的到访可以代表其他学校的一般情形。

> 那天上午快11点了，我在教室里看到李会计（中心学校工作人员）和镇小的陈校长坐着面包车来了。他们下车后把教材、作业本、练习册拿到教室，说给了8份学生作业本。又问有没有新流失的，转走的那个学生为什么转走，代课教师是否确定会来，等等，然后到隔壁幼儿园教室看了一眼，就坐上车走了。从车子进校园到离开，前后不超过10分钟吧。

1. 管理无力

到校检查教案是乡镇中心学校对小规模学校的管理方式之一，检查时语文和数学为必查科目，其他课程的教案则可有可无，中心学校对小规模学校部分教师不能足额完成备课量持默许态度，

由于小规模学校距离中心学校或中心小学较远，花在路上的时间要比校内停留时间久，而检查中询问重于参与观察，导致到校检查的效果同电话交流效果相似，因此打电话的方式更多地代替了到校检查。从个案学校的经历看，每学期中心学校或中心小学到校次数不超过10次，打电话询问则频繁得多。校长们都提到，“经常打电话，三五天就问问情况”。

小规模学校校长对中心学校到访的评价基本相似，认为到校检查增加了上级对学校的了解，但对学校运转的改善不大。山尖学校的黄校长干脆认为上级的检查“没用”，他说，“他们根本管不了我们，来一下就走了，我们的办学也好、教学也好，就靠自己”。黄校长在谈话中反复

提到“他们管不了我们的”。下李学校的姚校长则强调中心学校不愿意因严格管理而将与小规模学校的关系搞僵。

> 别看我们只是小学校的校长，山高皇帝远的，也算是一方诸侯，中心学校有什么任务还是要我们配合才能完成。如果他们和我们的关系搞僵了，他们的工作就开展不下去，现在我们又不用求他给钱给人的，像我跟中心学校校长关系好些，他说什么我就马上办，那些拖拉敷衍的，说实话，中心学校拿他也没办法。

2. 缺乏管理手段

由于中心学校对小规模学校管理已从资源命脉控制退到日常运转的监督，很大程度上丧失了对小规模学校资源的支配权，这样就造成中心学校的一种尴尬：手中可支配资源有限，无力改善小规模学校资源状况，更不能在小规模学校底线运转水平情况下削减学校资源，否则学校将陷入瘫痪或“饿死”状态。中心学校可调用的资源配置手段只能局限在上报学生数与实有学生数差额产生的公用经费以及学校聘任代课教师指标，因此中心学校的常规管理无法借助实质性奖励或惩罚来激励小规模学校校长，对小规模学校的失范行为通常只能听之任之。高塔镇周校长说：“教育局希望我通过换校长来调动校长管理学校的积极性，他们不知道，有一个学期开学时我收到8份校长辞职报告，是没人来当，不是都想当校长，怎么调动？我们到学校里看看，只能鼓励、只能哄，还要靠我的脸面。我只能讲，是我在这个位子，咱们又是兄弟，你不能搞砸了或撂挑子，要不然是不给我面子。”

（三）中心小学的常规管理

在小规模学校管理中增加中心小学这一层级，并无助于提高对小规模学校的管理效力。而且，无论中心小学的发展基础如何，它对于小规模学校的发展所起作用都极为有限，小规模学校因自主权削弱而更加举步维艰。

在个案小规模学校通过依附形成的4组关系中，基础偏弱的中心小学更易于将下辖小规模学校视为伙伴，如陈湾学校所依附的下李学校，琴水学校所依附的油坊小学。油坊小学认为琴水学校连年优异的教学成绩在联校后对本校也有一定的促进作用，并愿意学习琴水学校的教师激励办法。但发展基础不佳的中心小学需要对本校发展投入更多的时间和精力，无暇“照顾”小规模学校。下李学校姚校长认为尽管接收了陈湾学校的高年级学生，但管理上还应该“各管各的”，他“平时很忙，也没有时间到这些学校来看。大家把自己的事情做好就行了”。油坊小学在2012年春季开设幼儿园以后，一改上一学期对琴水小学较为密集的教师走教和到校检查，开学后两个月里油坊小学校长和教师再未到琴水小学来过。

白山学校和山尖学校都附属于所在镇的镇中心小学。古水镇中心小学与白山学校发展差距非常大，古水镇中心小学已经在努力创省级品牌，对白山学校的发展需求缺乏切身感受。古水镇中心小学校长说，他对白山学校的未来设计是“短期内只保留低年级的分点”，“不会在建设上投资”。中心小学对其提供的任何扶持与管理都出于“上面的要求”，甚至带有“施舍”的味道。同时，将镇中心小学管理制度照搬到白山学校，并收紧对白山学校的资源控制。

（四）管理者缺乏“积极尊重”立场

各级管理者对小规模学校的现场管理频率过低，对小规模学校规范运转的约束力偏弱，导致小规模学校运转随意性较大。而管理实践中广为采取的“强弱联合”“捆绑发展”“一体化”等诸多做法，则因过度削弱小规模学校独立身份、强化校际不平等地位而无法帮助小规模学校实现真正发展。如果将由中心学校或中心小学接管小规模学校管理权视为通过强校“施助”而改善小规模学校发展的必要步骤，那么建立这种合作关系的首要问题就是，它是以互惠为基础还是以支配为基础？在发展差异较为明显的强弱校合作中，如果缺乏强校对弱校的“积极尊重”，即强校尚未“采取保护行动鼓励他人凭借自身的条件来完成自我实现”①，那么弱校就始终无法克服对强校“施助”的内在抵制。无法达致

① 德尼·古莱在《残酷的选择》第48页指出，勒命雷特提出“积极尊重”，消极的尊重意味着只是不干预他人的成熟，而积极的尊重要求采取保护行动鼓励他人凭借自身的条件来完成自我实现。

互惠就无法达成真正的合作或发展，强校一方只能成为旁观者或者操纵者，无法体察弱校的需求与优势，双方都不能在合作中实现更好发展。

从现实观之，此类合作中强势一方尚未对小规模学校形成“积极尊重”。以小规模学校开办幼儿园为例，这对小规模学校利大于弊，比如可以借此引入年轻师资，可以收取费用，可以稳定本校生源。但由于开办幼儿园会增加中心学校或中心小学的投入责任和管理任务，小规模学校的这一愿望无法满足。个案学校中唯一的例外是山尖学校。在山尖学校，中心学校接手村委会开设的幼儿园将其作为镇幼儿园的分点，虽然也要投入改造成本，但成本相对较低，且符合该县对“校、园结合”办学方式的革新要求，同时由于辐射半径大，可以赋以“顺应民意”的政绩含义。如果没有此一举三得之利，中心学校或中心小学对小规模学校办幼儿园常持反对态度。

三、小规模学校的活动开展

（一）教研活动

中心学校和中心小学都为小规模学校教师提供培训机会，主要是乡镇范围的教师培训和中心小学安排的教研活动。乡镇教师培训通常在每年 8 月中旬举行，属于全员培训，小规模学校的公办教师和年轻教师参加比例几乎为百分之百。中心学校在学期中间也组织听课活动，通常邀请城镇小学优秀教师为全乡镇教师上示范课；而中心小学组织的教研活动包括集体备课、教学比赛等，小规模学校教师通常因人手紧张无法抽身去参加。总体上看，小规模学校参加乡镇内教研活动的机会比其他学校少，而学校也从不会成为教研活动的主场地。

2011 年秋季 H 全省掀起了“课内比教学”活动的高潮，所调研乡镇皆做了周密、详尽的部署。活动分三个层次展开：校内所有教师都要展示精心准备的公开课，然后推选出优秀者到乡镇参加比赛，再由乡镇向县市级推选参赛选手。然而在 5 所个案小规模学校，教师并未全部参加这场活动。公开课比赛的基本要求是用多媒体、讲普通话，在 5 所个案学校 24 名教师中，两者皆会的教师只有 5 名，4 名在下李学校。另外一名是山尖学校的黎莉老师，但山尖学校在中心学校的默许下并未开展此项活动。因此5所学校中仅有下李学校推选了教师参加乡镇比赛。不参加乡镇比赛意味着没有机会到场听其他教师的公开课，小规模学校几乎被此次活动彻底拒之门外。与此形成对比的是，3所镇中心小学教师都派教师参加县级公开课比赛，香溪镇中心小学12名教师中有9人参加县级比赛。

（二）考试评比

各乡镇的统一考试成为小规模学校必须参加的一项重大活动。每学期期中和期末，个案学校所在中心学校都要举行统一考试，在古水镇和香溪镇所有年级所有学校都要参加评比，四至六年级在期末还要参加全县的统一考试和评比；在高塔镇只抽考四至六年级中的一个进行评比，其他的参加统一考试但不排名，陈湾小学近3年内未参加过全镇考试评比。每次统一考试由别校教师监考，试卷当场带走并在中心小学统一阅卷。中心学校将考试成绩排名在全乡镇校长或教师会议上公布，一般不进行物质奖励，但财力相对雄厚的中心小学会根据考试成绩奖惩。白山学校所附属的中心小学对本校教师与教学部教师设置了两套奖惩制度，对名次优劣和较上次位次升降幅度较大者进行奖惩，但对教学部的奖惩额度低于校本部。用金钱进行奖惩的激励效果非常明显，在2012年元月的期末考试中，白山学校的孙兴才老师因语数两科成绩优秀且名次上升较大获得了中心小学的1 400元奖励，孙老师和孙校长都对此引以为豪。

（三）文体活动

除了教学活动，小规模学校所在中心学校或中心小学还开展一些文体活动，如全镇六一儿童节文艺汇演、书画比赛、校运动会等，但小规模学校不愿或不能参加。白山学校的学生在2010年秋季参加了镇中心小学的运动会，考虑到交通安全和成本，学校组织全体学生步行前往，抄山间小路而行，该校一名五年级女生沿田埂走的时候一不小心掉进稻田中，让师生大为担心，自此后该校不再参加中心小学组织的活动。山尖学校在2011年六一儿童节时响应要求与幼儿园一起编排节目，最终却因山路险峻放弃参加全镇汇演，仅在校内让学生自演自乐了半天。即使在师资相对充足、学生年龄结构完整的下李学校，也较少参加片区或全镇的学生活动。学生平时缺乏相关训练，又无专业教师指导，且参加活动需要购置服装、奖品等，经费不足常导致学校有意减少参加活动的频率。

第二节　农村小规模学校与家长的关系

学校位于村落中，身兼“国家符号”与“社区组织”的双重角色。在村落中设立学校是国家权力渗透进入乡土社会的一种重要途径，学校传播和巩固主流价值观、提供基本公共服务，也成为国家对学校角色的预设。然而，村落中的学校既是国家意志的实践形式，又是从村落中生长出的必然物，它既离不开国家通过教育系统输送显性的物质资源，也需要在乡土社会“一轮轮波纹的差序”（费孝通语）里获得自己的一席之地，从乡土文化中汲取自己生存的隐性文化养料与“安全感”。

在乡土社会“这种富于伸缩性的网络里，随时随地是有一个‘己’作中心的”①，一个个“己”做节点形成了社会结构的架格。根据费孝通先生的解释，确立自身为“中心”，并从“己”向外推，凭借的是一根根私人的联系，最基本的线路是亲属，其次是朋友。学校要成为“己”，也必须借助教师与学生、教师与家长、学校与社区之间亲属、朋友等无数私人关系，学校与社区的所有互动是在这些人际关系构建的网络中进行的。

在小规模学校所在地，由于大量人口选择外出务工，人口结构和家庭结构不完整现象比其他社区更为明显，文化程度相对较高的青壮年劳动力外流，儿童的抚养主要留给妇女和老人。城镇化发展与人口流动中，农村家庭结构变化，留守儿童群体不断扩大，家庭与小规模学校之间的关系呈现新的特点。

---

① 费孝通.乡土中国 生育制度 乡土重建[M].北京:商务印书馆,2011:15.

一、熟悉又隔绝的家校关系

小规模学校教师大多来自学校所在村，对大部分社区居民都很熟悉，教师与村民之间大多是亲属关系、朋友关系，以及基于地缘建立的乡邻街坊关系，村民对教师也都非常熟悉。即便那些非本地教师，在一个人员较少、结构简单的村落中，村民也能在最短的时间内获得关于教师的较为详细的信息。这种熟识的私人关系本应促进家校间密切的合作，但调查显示，小规模学校与学生家长之间保持着彼此熟悉但又陌生的关系格局。

（一）不愿走进学校的家长

对5所小规模学校教师及家长的访谈表明，家校联系中教师占绝对的主动地位，家长与教师讲述的家校联系的故事几乎都以“学校要我（他）们去（来）”开头。家长和教师都说，“一般情况下家长不会到学校去的”，“老师主动和家长联系，家长很少找到我们的”。一位从未去过学校的家长认为，教师的邀请或要求是家校联系的首要一环，“如果学校有个什么事要求我们去，我们还是要抽时间去的，比如小孩子身体不舒服啊”。

对几位家住在学校门口几步之遥的家长访谈表明，即便距离非常近，与教师非常熟识，家长也不愿意到学校去。一位家住白山学校对门的妈妈说：“认识学校老师，都是本村人很熟悉。我小学就在这里读，那两个老师教过我。没有专门去学校问孩子情况的，有时在这里碰到了，问问上课和成绩情况。不好去学校看他们上课的，在窗边看，小孩子都看你，不认真读书了，家长到学校里就像个怪物似的。”

这位妈妈感受到的无所适从，部分源自他们不知道如何在学校这一有别于常的空间中行为，他们甚至缺乏与教师交流内容的信息储备。有位家长问，“找老师，说什么呢？我不知道说什么”。

研究者在田野观察中所获知的家长主动联系教师的情形只有两次。一位奶奶讲述了两年前爷爷去学校找老师的事情：“有次老师对孩子说了不恰当的话，骂我们，骂得很难听，孩子回来跟爷爷讲，爷爷就去学校找老师了。”

另一次是在琴水学校门口。放学时，几位教师锁好大门尚未离开，一位中年男子骑着摩托车经过，他停下来与教师聊了一会儿孩子的学习情况。事后孙老师告诉我，“这样打工回来到学校找老师了解情况的还是第一个”。

（二）很少走访家长的教师

尽管教师是家校联系的发起者，但教师很少联系家长。截至 2011 年 10 月份，所访谈的小规模学校教师 24 人中仅有 6 人在近 3 年里有过家访经历，其中山尖学校的黎莉老师随中心小学教师走访可能在该校注册的学生，下李学校 4 名教师在 2011 年暑假走访下学年度即将升入该校五、六年级的学生家庭，陈湾学校陈校长在暑假期间走访了村内学前儿童家庭。在其余学校教师和校长近几年都没有特意去家访过，受访的 5 个村中 40 多位家长（包括 14 名非小规模学校学生家长）无一人接待过家访的教师。

“无事不登三宝殿。”对于教师来说，主动与家长取得联系是基于下属两类事件：一类是上级要求或学校进行信息采集；另一类是沟通教育教学过程中发生的特殊事件。这类事件引起的家校联系，属于学校的常态行为，但并不频繁，“学生没事，家长和教师不怎么联系的”。在学生严重违反学校纪律或成绩变差时，教师需要家长承担一定的监督批评责任，会给家长打电话，电话里无法说清或必须见面细谈的时候教师会要求家长到校会面，这被称为“请家长”。

在教师的邀请下来到学校的家长，通常会比较友善，一般会要求教师更严格地对待学生。琴水学校的丁老师见到的家长就是如此。

> 他们会跟我说，把孩子管紧点管严点啊。家长还没有出现不配合的。家长也会说些客气话，比如孩子交个你了，你随便教；你辛苦了啊。平时在村里看到老师了也说，你打啊。打怎么能行呢？

这种配合还表现在家长到校后对孩子的训斥。因孩子学习成绩差或违反纪律被叫到学校，对于家长来说是一件丢面子的事，这种尴尬会直接转化成家长当着教师的面对孩子责罚，以表示“我和老师的立场一样”。田野观察期间，一位爷爷因学生多次不能按时完成作业被“请”到学校后，在办公室里冲着孙子大声呵斥，要求孙子“什么都要听老师的”。然而，由于部分祖辈过于骄纵宠溺孩子，他们指责教师并“不配合”，将增加教师“出力不讨好”的担心，进而不愿意主动联系家长。有教师提出：

有的爷爷奶奶太娇惯孩子了，他作业没做完，你批评他，话说得重一点点，家长就来跟你吵架，说你骂孩子啦，不该那么凶。可是等成绩考不好了，家长又责问你，怎么没给我们教好？你说搞笑吧。（下李学校邹老师）

（三）稀少的家访和家长会

家校互动的方式按发生空间与互动方向可分为教师家访、家长到校以及他们在其他场所的相遇。教师家访与家长到校都带有明确的目的性，为解决某一问题或获取一定信息而进行，可视为正式联系，而家长与教师的偶然相遇随机性比较大，交流内容较为松散宽泛，可将其归入非正式联系。正式联系与非正式联系中家校互动对于促进学生更好发展的效果都极为有限。

1. 教师家访

在小规模学校，教师家访由教师为获得一定信息而主动发起，比如在开学前，到学生家中走访以了解学生假期表现、下学期何处就读、家长择校需求等；在学期中主动与家长沟通，沟通学生在校表现或学习成绩发生变化的原因。家访是我国教师的一项传统工作，但近年来这项工作在小规模学校已经萎缩甚至中断。

2002年以前家访比较多，后来家长习惯开学送学生到校了，就在学校见见面谈一谈，沟通方便了，不用再去家里（访）了。（白山学校孙小叶老师）

上级部门向教师提出家访的统一要求也无法使中断的家访行为在小规模学校重新展开。H 省 2011 年秋季在全省范围开展的“校外访万家”活动，据“课外访万家”专题网站对家访情况的统计，各地实地走访学生家庭数占学生总数的比例都超过 80%。但田野调查发现，小规模学校在这场大范围的活动中没有明显的行动。要求的发出者距离小规模学校过于遥远，致使行政命令的效力大打折扣，同时这一家访要求忽视了小规模学校师资状况，使小规模学校无法响应。陈湾学校的陈校长说：“现在到学生家里的不多了。省里要求‘访万家’，也是好事吧，按说我们这样的小学校，老师都是当地的，就这几个村组，走访更方便些。但我觉得难度也很大，老师少了，年纪又大，远一点的都是山路，交通不便。这个也只能是个形式，一般的跟父母联系下，特殊的到家里去，在自己的组里走访几家就可以了，我们下边也有下边的情况。”

家访的中断一定程度与农村社会中电话沟通方式的出现有关。学生开学报到时教师与家长会互换电话号码，便捷的电话沟通取代了登门拜访，大部分教师和家长认为“这没什么不好的”。找不到学生家长或学生监护人缺乏沟通能力也是家访中断的一个原因，白山学校的孙兴才老师说，“家长不在家，你找也找不到，父母去打工的（家庭），爷奶很少有受过教育的，问他什么也不懂。没出去打工的也要忙事、挣钱”。此外，部分教师搬迁到村外居住，一放学就要匆匆赶回家，上下班时间卡得非常紧，教师没有时间去“加班”家访。

面对面地拉家常式家访比电话沟通具有更大优势，琴水学校的刘红丽老师说：“到家里跟电话联系氛围不同，坐在家里跟他们拉拉家常，看看学生家庭情况，说的话家长也更爱听，效果也不一样。只是这几年懒得搞了。”

2. 家长会

家长到学校与教师面对面交流也时有发生，但家长很少因儿童教育问题主动到校与老师沟通。学生身体健康出现异常，通常是家长主动到校的原因。学校召开的家长会是家长与教师面对面交流的一个主要平台，但可惜的是，笔者没有在任何一所小规模学校见到或听到有关家长会召开的故事，家长会在小规模学校已中断多年。白山学校的肖老师说，农村学校举办家长会的效果并不理想。“以前六年级一年开两次家长会，有升初中考试，学校和家长都重视，现在升初中不考试了，家长会就没有了。学生少了，上面没要求，校长不重视，就不把家长会当成事儿，不开了。开家长会时家长（参与能力）也不行，到了也讲不出来什么。有的家长不讲理，说话不好听，平时不管孩子，开会时埋怨老师没教好，老师听到这话肯定不高兴，这家长会就没法开了。不过也有些家长讲得好，家长素质参差不齐。”

教师们普遍认为，农村家长不具有参与能力，家长会难达到满意效果，甚至担心开家长会纯属“制造矛盾、自找麻烦”，因此他们不再举办家长会。

小规模学校不开家长会的另一个原因与农村家庭结构的变化有关。据教师的分析，家长参加家长会的意愿偏低、出席比例低，是因为许多祖辈或者曾祖辈监护人年老体弱行动不便，没办法到学校；而那些年轻家长参加家长会的机会成本较高。在香溪镇中心小学调研时，适逢该校召开家长会的第二天。当研究者问及家长参与情况，校长说：“开家长会来的也不多，全校130多人，到场的家长连这个会议室都没坐满（能容纳80人）。能来的就来了，没来的是太忙了，或者家长把挣钱看得很重。农民的工钱都涨了，一天一百多块，来这就挣不到那一百多了，上午半天来，下午又做不成事，耽误挣钱的，他就不来了。”

学校停止开办家长会并未遭到家长的抵触或强烈反对。不少接受访谈的家长表示，他们并不愿意到学校参加家长会。家长对家长会效果的消极评价影响了他们参与家长会的积极性。一位参加过古水镇中心小学家长会的家长所给评价并不高，他说家长不能真实自由地表达自己的想法。

> 开家长会是几个班在一起，我就开过一次。校长讲话，大家发言，我没有发言。有几个人说的就是老师好啊学校好啊，说几句好

听话，很少会说意见的。家长不会说什么意见，我们会有什么看法呢？跟你说吧，就是有想法，也不可能跑去跟老师说这样不好那样不好，孩子在那里读书，如果老师对你有意见那就不好了。怕得罪了他。除非是逼不得已，孩子在学校出了什么事。（古水镇中心小学外面包店老板）

3. 非正式联系

教师与学生家庭同村而居、彼此熟识，他们在其他场所相遇的概率非常大，道路上、田间、小商店里或饭后闲聊处都能相遇，学生在校情况、学校的最新要求也在随意的聊天中被提起。这种非正式的联系最易为家长采纳，当教师卸下公家身份，出现在村民习惯的私人联系中时，他们的交流更加平等、更加不拘束，氛围更为轻松。但缺陷也是很明显的，教师与家长之间很难就学生的问题进行较为全面和深刻的交流，家长也很难通过偶尔的闲聊对教师的意见真正重视，这种联系方式往往无助于问题解决。

（四）家校互动效果甚微

促进儿童更好地发展是家校联系最坚实的现实基础和动力，但双方的不情不愿、单调的参与内容与稀缺的家校互动机会，导致小规模学校家校互动效果甚微。家长与教师之间的联系并未有效构建起家庭与学校之间密切的伙伴关系，而家长也深谙学校“非请勿入”的传统，从不主动推开学校虚掩的大门。常年居住在校内的孙小叶老师说：“没有小孩子在这里读书的（村民），他们都把这里看作深宫大院，不会进来玩的。家长没事也不来，在外面就很好，一般是我去找他们的。”

很明显，家校之间各自为政、互不干扰的传统角色模式并未改变，儿童教育中的家校责任是分离的而非合作分享，家庭未能与学校共同承担起促进儿童发展的责任，家长对学校权威的服从，被动地按照教师的要求或期许给予回应，仍是小规模学校家校关系的现状。一堵矮矮的围墙和一扇大门将学校与家庭隔开，家长和学校也都固守彼此的界限。

表 4-1　六层次的家校合作模式

范围	层次	家长参与性质	家长参与示例	发展要点	家长角色
校内合作（学校为本）	6	参与决策	—学校管理委员会成员 —决定教师的聘任和晋升 —校务决策	学校发展	管理者
	5	咨询校政	—对课程改革提出意见 —家长代表参与学校有关咨询委员会 —将家教会有影响性的意见反映		政策咨询者
校外合作（家庭为本）	4	协助学校运作	—协助组织课外活动 —协助教室教学 —参与统筹课程 —义务参与图书管理	家长发展	宝贵资源（专才） 义工
	3	参与家长组织和活动	—组织家教会 —为学校筹款 —参与学校研讨会		活动参与者
	2	帮助子女发展	—在家督导子女 —参与亲子专题研习 —照顾子女健康	子女发展	家庭督导者
	1	双向沟通	—与学校在电话上联系 —接受通告和回应 —出席家长教师会议		有效沟通者

家校关系的研究者早已经注意到，在家校间正式联系中家长的参与程度、参与内容与教师对家长角色的期望不同。按照吴迅荣对家长参与层次的划分[①]（见表 4-1），农村小规模学校家长参与仍在努力达到第一

① SHUN-WING NG. Home-School Relations in Hong Kong: Separation or Partnership［J］. School Effectiveness and School Improvement.1999,10(4):551-600.

层次的有效沟通目标，家长通过电话、家长会与学校联系，停留在“校外合作”阶段，他们只是教师眼中“不受欢迎的客人”，教师邀请他们参与只是为了获得家长在学生学习和管理中极为有限的帮助。

尽管教师对于家长参与的预期只是“提供有限帮助”，但小规模学校的家校联系实际上还没能达到上述目标，因为“（家长）不会在孩子教育上帮你什么忙的”。教师对农村家庭教育的作用似乎非常了解，并已形成了根深蒂固的印象：

> 很少有家庭会监督孩子的家庭作业，爷爷奶奶的居多，就算有父母在家，农村文化程度落后，也无法做到与学校教育的相辅相成，任我们宣传啊，家访啊，家长都不管孩子，干活啊打麻将啊，只能是观念上重视，不能付诸行动。（下李学校李老师）

从已获得的信息看，家校联系主要是情况告知，双方交换学生信息后并未进一步协商解决方案，家长与教师都未能成为“有效沟通者”，家长的“家庭督导者”角色也无法实现。事实上，由教师单向度发起的家校联系，只是解决问题的一种尝试，对于学生发展和学校改进并无明显作用。

二、相互依赖却鲜有合作的家校双方

小规模学校与家长同处于一个熟人社会中，双方的相互依赖和千丝万缕的关联让他们相互熟悉，但受阻于教师和家长对家校沟通的观念、行为能力以及固有传统的影响，家校沟通对于改善儿童受教育状况的效果并不明显，双方的合作关系尚未实质性建立。

（一）家庭与学校的相互依赖

对于小规模学校来说，家长和教师长期保持熟悉却隔绝的关系，却并未影响家校之间表面上的“一团和气”。尽管家长对学校已有了越来越多的期许，教师对家长也“百般指责”，但依然年年有新生来报道，学校并未因家长的不满而关闭，而教师也年复一年地给予学生力所能及的教育。小规模学校家校关系隔离却未陌生，根源在于他们仍彼此高度依赖。

1. 学生对教师、家庭对学校的依赖

学生对教师的依赖是教育教学的基本功能决定的，不借助于教师的指导与传授，学生就不可能在较短的时间内掌握科学文化基础知识、基本技能和技巧。这种天然依赖直接引发家长对学校的普遍依赖。在小规模学校服务范围内，由于交通不便及家庭经济条件有限等，致使家长择校面临供给和成本的双重限制。对于缺乏择校意愿和能力的家长来说，小规模学校成为实现子女受教育目的的唯一场所。家长对学校的不满也只是针对个别教师或学校的局部性问题，而非整体上质疑学校的合理性。也就是说，学校发展中存在的问题并不能根本动摇家长们对小规模学校的需要，小规模学校因提供就近入学所产生的经费节约、生活照顾和舒适便利等优势被家长格外重视，一旦撤并小规模学校，家长们将会表达其不满。在琴水学校 2010 年暑假遭遇“被关闭”谣言侵害时，近一半的学生家长聚集在学校门口，强烈要求学校接收愿意在该校报道的学生，“家长们都闹起来了”来维护学校的存在。

2. 教师对学生、学校对家庭的依赖

没有学生，学校就没有存在的必要，教师也失去从事教学工作的可能。有学生选择进入当地的小规模学校读书，是教师在小规模学校教书的基本条件。这种工作机会对于长期居留村落的教师尤其重要，由于家校距离近、工作便利、环境熟识，他们不愿意离开小规模学校。在生源减少的趋势中，教师们希望学生能保持在一定水平之上，比如每班至少十五人而非只有三五人，因此，通过优质教学吸引更多的学生，成为教师努力工作的一种原动力。

家长一直是小规模学校遭遇生存威胁时最强大的后盾。从原来学校依赖家庭的资源支持，到现在需要通过家长的抗议留住学校，甚至对家庭选择的依赖，都表明，家庭与小规模学校的生存命运息息相关。

正是基于学校对家庭和社区的依赖，学校在发展中必须尽最大努力满足家长的需求。在下李学校，由于附近私立学校所提供的托管、校车和午餐服务吸引了当地生源，姚校长利用暑假带领教师走访家长，询问他们对学校教学之外的服务需求，并采取积极措施予以满足。在学生午餐提供方式和价格上，姚校长设计了“家长意见卡”，并根据家长意见要求利用附近幼儿园的接送车提供学生上下学的接送服务，家长的意见和看法已成为姚校长提高学校竞争力的重要源泉。

（二）学校与家庭的供需错位

不断加剧的人口流动不仅带来了信息的更快更多交换，农村家长对城镇学校的了解越来越多，子女教育的观念更新也更快。农村家庭结构的改变意味着对子女教育的支持力度减弱，同时要求学校承担教育教学之外的更多职能。然而，小规模学校满足家长需求的能力却越来越弱，双方的合作面临需求远高出供给能力的不对称状态。

农村家长对学校职能的期待已发生改变。在教育教学上，一部分家长对学生“考出好成绩”的要求已经向“全面发展”转变，不仅希望教师教好传统科目，也需要教师适当培养学生的艺术修养、运动和交往能力。

在生活照料上，由于家长在儿童照料上缺乏时间、精力或能力，学校被期望承担更多的养育职能，提供教育教学之外的便利服务，这在家校距离远、外出人口比例高或本地非农就业机会多的地区尤为如此。在一些居住较为分散的山区，家长对于低龄学生虽无寄宿需求，却希望学校能提供午餐，减少儿童家校往返产生的疲劳和不安全。

对儿童教育需求的变化较多出现在那些外出务工或在本地从事非农产业的家长身上，他们较为年轻，获取的外部信息较多，较容易接受新的教育观念，且基于自身经历，对子女的期待高于祖辈。这类家长可被称为新生代家长，他们更重视子女教育，但并不希望子女成为“书呆子”。他们认为，孩子的考试成绩与各方面能力的发展同等重要，儿童的学习与健康快乐同等重要。根据田野访谈获得的信息，持此种态度的新生代家长在农村家长中已占一半以上，但同时也有较多的新生代家长因长期无法亲自照顾子女，教育需求的变化并未完全直接作用于家庭与学校的互动上。

传统的家校分工仍不可忽视，家庭负责养、学校负责教，仍是传统型家长的主要需求。这些家长一般是年龄偏大或一直在本地就业、与外部世界交流不密切。同陈湾学校三年级学生陈敦才的父亲一样，他们认为“读书的事全靠老师，家长帮不上忙，家长只负责准备他们上学用的钱”，家长对学校教育的配合只能是“教师告状时协助打骂一顿”。

由于教师老龄化现象严重，硬件设施长期无法更新，小规模学校显然无法有效应对变化了的家庭教育需求。面对家庭的新需求，绝大多数教师都感到压力倍增，但他们的年龄、学习能力与专业素养都无法提供家长满意的教育教学服务。教师们以抱怨家长的方式部分转移压力感，他们倾向于认为，农村家长不仅因自身知识与能力有限不能有效在家督导儿童学习，对子女学习的关注也不足，不能为儿童提供一个适宜学习的环境，因此，农村学生的发展落后应主要由家长承担责任。从家校双方需求与现实的矛盾看，双方相对隔离的状态可能与家长文化水平偏低和教师的工作压力较重相关。

三、家校合作的障碍和潜在优势

家校之间相对隔绝，无法形成有效合作关系，其阻力来自家长和学校两方。家长与教师对于建立良好关系的信心不足以及双方遭遇的现实约束，维持了家校间熟悉却隔绝的状态。但必须看到，在乡土社会中，家校合作的低效也可能被天然熟络的非正式关系所弥补。

（一）无能为力的家长

1. 受教育程度不高

在小规模学校观察场域中，学生父母和祖辈都希望学生能通过上学“走出去”，他们对于教育改变命运的作用依然深信不疑，他们更多地强调读书识字对个人生存与发展的重要性。然而，虽然重视子女教育，家长缺乏与学校互动的知识能力储备，深感有心无力。

家长配合学校工作的一个重要方式是家长为学生提供学习辅导，然而，小规模学校学生家长的文化程度严重制约了他们的这种能力。对教师、家长和村支书的访谈表明，农村人口中仍有相当大的比例为小学或初中文化程度，学生的祖辈监护人则以小学或者文盲居多，学生的监护人中高中及以上文化程度的非常稀少。据山尖村 2006 年对 21 周岁以上村民文化状况的不完全统计，1 628 人中有 913 人为小学和初中文化程度，占 56% 以上。由于文化程度高的劳动力在城市劳动力市场就业相对容易，而父母通过打工改善家庭经济条件后学生到其他学校上学的可能性增加，小规模学校学生的家长文化程度整体更低。访谈过的 39 名小规模学校学生直接监护人中有 10 人为文盲，22 人为小学文化，5 人初中毕业，2 名高中或中专毕业。80% 以上的监护人反映无力辅导小学生家庭作业。由于缺乏辅导学生的能力，许多家长只能将学生学习的职责全权委托给教师，并认为在学生学习的事情上，“自己插不上话”。有家长说：“老人家都说读书靠天分的，如果他没有天分，你再怎么要求也不行。我只读了小学，成绩也不好，在孩子学习上能起什么作用呢？孩子听话就能说说他，不听我们也没办法的。”

2. 工作时间与到校拜访有冲突

农民劳作方式的改变也影响到他们与教师的沟通。离乡进城打工的家长，工作时间与学校时间安排几乎一致，无法抽身到学校与教师碰面。许多外出务工的家长只在重大节日如春节时返乡，而这时学校已经放假，无法与教师面对面沟通。那些在家从事非农业劳动的家长，工作时间同样与到校拜访相冲突。白山学校的学生三妹的父母在村中的砖厂打工，尽管距离学校很近，他们也没有时间专门去找老师。

> 平时要做事，我们下班时老师也下班了。我们家长应该到老师家里恭敬老师的，但我们都没有去。自己没有时间，周末老师不在学校，工作日老师上班时我们又要去做事了。

许多农民逐渐开始按照正式的工作时间从事非农行业，如开摩的、跑货运、当地工厂做工或加入当地建筑队，朝九晚五的作息制度也进入他们的生活。这意味着家长主动联系学校（尤其是亲自到校拜访）的机会成本增加，一定程度上也阻碍了家长向学校发起联系。这一现象在经济较为发达的农村地区更为明显。宗县古水镇的经济比另外两个镇发达，家访时家长表示“自己很忙，没有时间去学校”的比较多。而陈湾村和山尖村因交通不便、经济较为衰败，村民农闲时务工途径有限，这两个村的家长很少以“忙”作为自己没有主动联系学校的理由。

3. 面子情结

在一个人情氛围较为浓重的乡村社区中，家长碍于情面不愿意向学校提出意见或建议，他们认为提意见就是挑毛病、责难，尤其在自家学生未受到外显的伤害或学业失败时。当学校的问题日益凸显，学校所提供的教育服务无法让家长容忍时，家长通常以“用脚投票”的方式选择逃离小规模学校，而不是直接抗议表达自己的不满。

在对山尖学校、陈湾学校和琴水学校的家长访谈时，部分家长向访谈者表达了自己对于学校和教师的不满，这些不满涉及学校的管理、课堂教学等多方面问题。当问及为何不直接向校长或中心学校反映时，家长表现出对个人影响力的极大不自信。家长对××学校的校长课外打麻将心存不满，但却不愿意直接与学校或者镇中心学校交涉，有家长说：“他是校长还这个样子，我们说了有什么用呢？中心学校有几个老师就是从这调出去的，他们不知道这个情况？要跟教育局去讲。个人说几句，过一阵子还不是一个样？要么把他调走，要么就让他下岗。…… 一个人两个人说话也没有力量的，他们都不反对，我一个人有什么用呢？人多才起作用。”

对个人力量的不自信，不愿伤及面子的考虑，让他们选择尽量避免与教师个人的冲突；而高悬于祠堂的“天地君亲师”牌匾则暗示着农村家长对教师和学校依然心存敬畏。传统道德约束力以及学生正在教师管束之下的现实，让家长与教师、与学校尽量保持“一团和气”。小规模学校对家长的行为选择了然于心，他们也知道，在一个避免伤情面的乡土社会人际交往体系中，家长只会选择性与学校沟通。下李学校的姚校长坦白地说，“我们学校有哪些不足的地方，学生家长不会跟我们讲，所以我们要靠村委的人帮忙反映意见”。

4. 求助于村委会的家长

在择校成本超出家庭承受能力时，家长不能择校却对学校存在较强烈不满时，意见表达成为必然。在乡村社区中，单个村民或学生家长的小群体需要寻求更大、更为正式组织的力量来表达自身的利益诉求，村委会就成为唯一选择，村干部也被期望成为社区内儿童教育权益保障的代言人。这就形成家长向学校联系的两条通道，如图 4-1 所示：

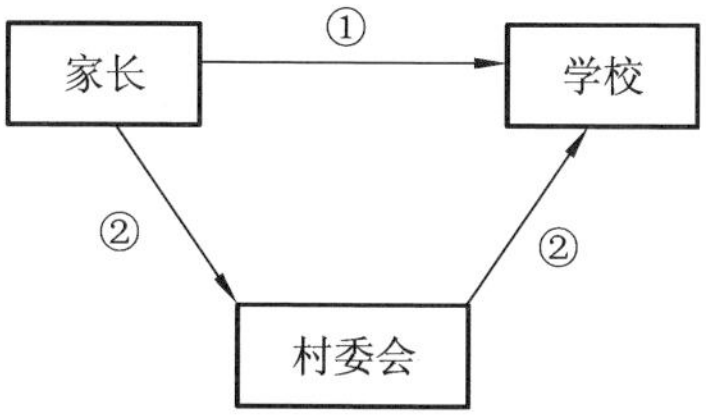

图 4-1　小规模学校家长向学校发起联系的途径

当学生遭遇安全事故或直接明显的身心侵犯，如受到体罚、辱骂时，或学生向家长多次投诉教师时，家长会通过途径 1 跟教师或学校直接联系，如外显的或者故意造大声势的“讨个说法”，也容易被学校视作“无理取闹”或“制造麻烦”，家校矛盾可能被激化。在对学生并未造成直接外显伤害时，家长通过采取途径 2 向学校表达不满，家校矛盾经过村委会的缓冲，家校关系表面上仍维持“一团和气”，然而，由于第三节将要阐述的原因，村委会对学校既有问题的解决已失去了干预的合法权，家校矛盾难以被真正消解，看似平静的联系通道下家校关系将进一步恶化。正是出于对家长主动联系学校所产生的“只坏不好”的结果预期，以及家长缺乏新的有效的沟通途径选择，家长向学校发起联系的动力和意愿不足。

（二）信心不足的教师

教师是唯一可以被指望改善家校关系的人，教师可以更加主动在更多方面加强与家长的联系，并向家长传授家庭教育的技巧与方法。但小规模学校教师对改善家校关系却往往无动于衷，他们对家校关系改善效果的预期偏低，认为自己在农村社会中不再受欢迎，同时他们的家校合作行为缺乏制度化的约束与激励。

1. 无力扭转局面的教师

小规模学校教师认为，相比城镇地区，农村家庭和社区难以为儿童接受学校教育提供有利氛围，他们面对的是一个无力且无心配合学校的“同盟军”。而造成农村家庭和社区合作意愿和能力偏弱的影响因素是长期的，非教师或学校之力能改变。有许多教师将农村与城镇家庭所能提供的支持相对比，认为农村家长不重视子女教育，不能为子女提供文化学习上的帮助，而不科学的教育方法和散漫的家庭氛围也不利于学生的成长。

城里的人认识到孩子教育的重要性，重视孩子的家庭教育，也经常跟老师联系。他们在家里家长可以教孩子，还会去参加补习班。可是我们农村学校的学生，家长不在乎孩子教成什么样，连作业都不问，正常上课时都要去做其他的事情，放学后家里也给不了什么帮助。农村文化程度落后，父母在家的也帮不了；有的太娇惯，家里无法做到与学校教育相辅相成。和城里差距很大。(琴水学校丁校长)

虽然教师的判断未必完全准确，但在他们看来，农村人口的文化水平与社会风气显然非个人力量短期内能改变，即便让教师联系家长“也无济于事”。这一预期让他们不愿意采取行动改善家校关系，并将家校不能有效合作的原因归结为合作的另一方意愿不强、能力不足。对家访效果失去信心影响了山尖学校黄老师的家访积极性：

在这样的学校，老师跟他们联系不管用。像那个韩伟成，我跟他家长讲了好多遍，说你要转学可以，把这一年读完了，三年级时再转出去，对学生好。可家长压根不听你的，上到一半非要走。

2. 不受尊重的教师

教师们明显感受到他们在乡村社会中地位的变化，“农村没有以前那么尊师重教了”，这种变化让他们认为教师的主动联系“已成为不那么受欢迎的事情”。几位老教师对此有切身体会：

现在好像老百姓看不起老师了。我刚教书时，端午节老百姓给你送盐蛋、丸子，很好的东西了；春节开学后接到家里去吃饭、喝酒，现在没有了，农村不重视教育了，人的想法不一样了。（下李学校陈老师）

家长对老师态度有变化。原来，人还多少有点毛泽东时代的奉献精神，工资多与少还不是主要考虑的事情，那个时候老师工作热情还比较高；现在随着社会转变，人们的观念也变了。现在人穷了，你在社会上说话都没有地位了。像我，一个月一千多块，我村里有个跟我一样大的，在外面打工，没法跟他比，他一个月可以拿四五千。(白山学校孙兴才老师)

教师认为他们难拾以往的被敬重，相对下降的经济地位也让他们感到自卑，这些感受降低了他们的工作热情，教师也不愿意进行家校联系这类“出力不讨好”的苦差事。减少接触意味着降低冲突发生的概率，做好自己的校内工作成为教师从事教育教学的行事准则。

3. 缺乏制度激励的教师

教师不能从现行管理制度中获取改善家校关系的动力。部分教师亲身感受到良好的家校关系对学校发展的重要性。在追求数量达标的普及九年义务教育时期，家访作为防止辍学和挽回辍学生的一项措施被写入教师工作制度中；在“小升初”考试制度尚未取消、应试教育在农村风头正盛时，主动与家长取得联系，掌握学生校外动向，对教师对症下药地提高学生学习成绩有着重要作用。教师对当时的家校关系和频繁互动持积极评价，认为密切的家校合作有助于稳固生源、提高考试成绩。然而，当前的农村教育已与以往有所不同。辍学高发期已移向初中阶段，“小升初”考试已取消多年，甚至连考试评比都不再大张旗鼓地举行。九年义务教育保留率和校际排名对教师的压力已极大减轻，完成基本的教学任务代替追求优秀成绩成为教师的主要目标。出于对教师工作、生活现实情况的考虑，小规模学校不再将教师的家校联系工作写入管理条款。

在白山学校办公室墙壁上方，八面透明玻璃镜框内毛笔书写了校长、班主任、教师以及后勤等八类工作的具体职责，《班主任职责》的最后一条写道："做好家庭工作，勤走访，做好三结合工作。"《教师职责》的第三条写道："协调学校、家庭和社会关系，了解每个学生的家庭，使家庭教育符合社会教育原则。"这是观察者在众多农村学校唯一一次见到将家访和家校关系列入学校工作范围，而这些镜框于1992年上墙，对于今天的学校已毫无约束力。校长从经费制约角度解释了现在家校关系工作遭遇冷淡的原因，白山学校的孙校长说：

> 老师们每天上那么多课，你让他课外去家访，就要算加班，加班就要学校付加班费，我哪里有这笔钱？老师们也不愿意多那份辛苦，上面没要求，我们也不要求家访了。

教师缺乏主动承担家校关系改善的责任，是缺乏制度要求、社会支持以及预期过低综合作用的结果，可以在下图中了解教师不愿意主动联系家长的原因：

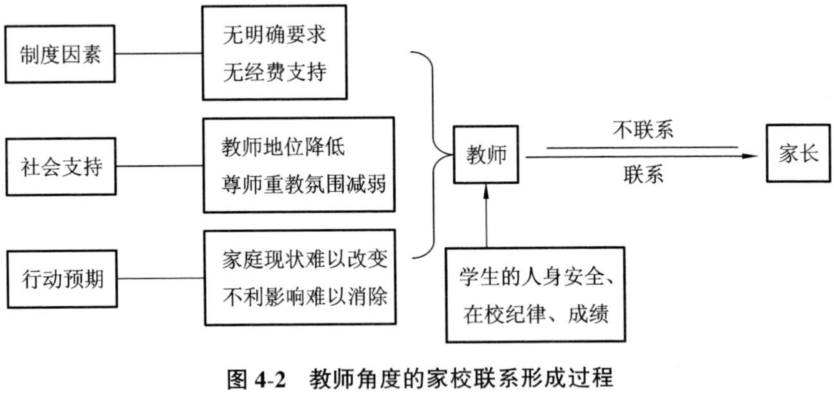

图 4-2　教师角度的家校联系形成过程

（三）不可忽视的非正式关系

教师与家长在家庭或学校之外的场所经常相遇，熟识的他们在村中、田间或路上通过打招呼、简短聊天就能交换学生在家和在校的信息，他们所具有的家校关系之外的非正式关系，如亲戚、朋友、街坊邻居等，帮助他们顺利地实现正式交流需要达到的目的。事实上，教师去家访或者请家长到学校，希望达到的目的只限于交换学生信息，而非解决问题、增进家校合作效力，随机的非正式交流更容易达到这一目的。与家校的正式交流相比，非正式交流的氛围更为轻松，所交流内容较为单一和随意，也更容易为教师和家长接受。

非正式联系产生的熟识和舒适与教师的本地属性有关。村外教师同学生家长的非正式联系较少，已移居村外也减少了教师与原本“同村人”的家长交流频率。山尖学校的黎莉老师并未因一个学期的工作结识山尖村的学生家长，家长口中依然称呼她为“那个城里调来的老师”，她对学生家庭的了解更多的是在饭馆吃午饭时听别人闲聊得知的。白山学校的孙校长认为，迁出村外居住后，他同家长们的非正式联系削弱了，“这几年不住在村里了，有些学生家里情况也不那么熟了，他们的家长还是认识的”。

来自学校所在村的教师与学生家长的非正式交流比较频繁。在琴水学校，教师走在路上，同所有遇到的村民熟悉地打招呼，村民也能准确地称呼其姓。但这种熟悉度受学校服务范围影响。在下李学校，由于五六年级的学生来自附近 5 个行政村，居住在下李村多年的姚校长并不认识一部分家长，“本村的学生要更熟悉一些”；该校来自外乡镇的万老师和邹老师对本校学生和家长的情况更不熟悉，他们从未见过本班学生的家长。

正式联系并未为家校双方提供合作契机，而非正式关系却让教师及时了解学生变化，尽管非正式关系仅能保证基本的家校沟通效果，但这成为家校联系的必要基础，非正式联系成为小规模学校家校互动的重要补充。

第三节 农村小规模学校与村委会关系

在村落中，学校是唯一的正式官方组织，村民委员会（简称“村委会”）虽属于不具有行政身份的村民自治组织，但它所执行的官方意志与学校同出一源。这将学校与村委会同村落社会明显区分出来，共同构建着“村落中的国家”。两个组织在符号意义、地理位置以及名称上如此接近，让人无法忽视彼此之间的关联。小规模学校与村委会通常比邻而立。走近小规模学校所在村落，红旗飘扬的地方不是村委会便是学校，有时两者就在同一个院落、同一栋建筑中。下李村委会“隐居”于下李学校的教学楼之上，而山尖学校大门口的两层楼房是村委会办公处。

学校在村落中存在，就必须获得村落的广泛认同。与村委会一样，以所在地命名的做法也为学校采纳，个案学校都与所在村村委会共用一个名字，只有白山学校则沿用了被高桥村合并前的白山村的名称。学校与村委会通过使用同一名字而紧紧维系在一起，进而串联起村落对学校的认同。但在符号的一致性之外，小规模学校与村委会在日常互动、学校管理权与校产所有权争夺中表现出更多的依附与脱离、控制与抗衡等诸多不一致性。

一、村委会与学校的互动

（一）相互依赖的关系

村落中村委会与学校是对方唯一可被指望的正式组织，他们在高一层目标中的一致，即都被要求去实现一个超出血缘和亲缘的群体的利益，赋予了两者合作的天然基础。

1. 场地共享

学校与村委会在对方遭遇场地困难时是村落中唯一可以提供帮助的机构。下李学校教学楼的二楼一半教室借给村委会使用，因村委会原办公瓦房坍塌后无钱建新的办公场所；陈湾学校闲置的一间教室门口至今还悬挂着“西山村计划生育办公室”的牌匾[①]，陈湾村的陈支书回忆村里没有办公室而借用学校的教室时，认为村里最艰苦的时候学校提供了最重要的帮助。在山尖学校，教学楼对面的原宿舍楼已被村委会收回，并装修一新作为“党员群众服务中心”，全村唯一的餐馆、医务室、农家书屋分列一楼。据邓会计讲，村委会“收回”这栋楼房是因为它曾经为“村”所有，现在原办公用房较为破旧，村里没钱建新房。

> 山尖村以前是个乡，后来变成管理区，这个场院是乡政府的，撤乡之后建好那栋教学楼，学校才搬进来。这栋房子也是以前管理区的办公室，后来给学校老师和学生住宿用了。现在学校用不着了，我们就收回来了。(山尖村邓会计)

村委会“借去”学校建筑的做法在许多生源快速减少的小规模学校极为普遍，甚至有地方将30多米长的教学楼一分为二，由村委会和学校共同使用。

图4-3　宗县某小规模学校（右）教学楼被村委会“借走”一半以后

① 陈湾学校所在的陈湾村曾与邻村西山村合并，因西山村更为偏远，将村委会设在陈湾村。2009年两个村又分开办公。

学校借用村委会用房的情况也存在。一些村委会的办公用房条件比学校好上许多倍，在学校遭遇场地困难时村委会同样会伸出援手。学校的教学用房在建时期，或危险校舍尚未维修时，学校在村委会空闲的办公室上课成为唯一选择，更有村委会主动将装修一新的办公室让给学校使用，以“让孩子在村里最好的环境里上学”。

图 4-4　左为某村委会办公楼，右为同处一村的小学教学楼

2. 村委会对学校的支持

村委会还向学校提供微量的经费支持。在白山学校、琴水学校和下李学校，教师节时校长邀请村委会委员到校吃饭，村委会则按照教师人头提供一定数额的经费。在 2011 年教师节，白山学校的孙校长花费 200 多元准备酒菜，请来村支书[①]和会计，饭后村支书拿出 500 元作为教师节慰问金。

村委会对学校的帮助可以体现在更多方面。在校长“积极走出去”的办学理念指导下，村委会对学校工作的参与可以进入实质性监督和支持层面，比如下李学校响应上级教育部门要求进行“行风评议”工作中，主动邀请村委会成员到学校吃饭、拉家常，并询问村委会和村民对于学校办学中出现的问题与未来发展的看法，这对于学校及时了解村民需求起到很大帮助。回顾那次活动，姚校长说：

① 个案小规模学校所在的五个村中，村委会的主任与村支部的支部书记都为一人，而村民习惯于称此人为“村支书”。本书中以村支书指代村主任和村支书。

今年学校请他们来监督我们学校行风建设，聘请我们周边的村干部、家长、老干部来监督，上周开展这个活动，邀请他们来，目的是把我们学校工作搞得更好。我们学校有哪些不足的地方，学生家长不会跟我们讲，这些干部可以帮我们指出来，让我们改正。

村委会对于学校的支持还表现在生源上。在家长择校时，村委会向本村学校倾斜的宣传动员可以减缓生源外流，这一作用得到家长的认同。一位家长说："村支书很有威信，如果他要求大家都在这里读书，没人会出去的。"

3. 学校对村委会的帮助

学校主要在集体性事务上为村委会提供一定的支持。在山尖学校调研期间，学校被要求放假一天，以腾出场地由村委会组织人大代表直选，学校校长接到村委会的口头通知后，将教室打扫干净以备用，并和另一位教师作好准备在第二天的活动中帮忙。其他学校也参与到村民直选活动中，在学校悬挂横幅或张贴标语，将学校的教室或室外空地设计成会场等等，显示出学校被期望承担起村委会的正式活动，学校人员也需要成为村委会的得力助手，这与学校是公共场所的性质有关，与教师同为"公家人"的身份也有关。

从学校与村委会的相互支持上看，二者都会在对方的重要时刻出现。人大代表选举之于村委会，同教师节之于学校一样，是定时出现且重要的大事件，两个组织对彼此大事件的参与和重视，显示出两者不可分离、彼此依赖的亲密关系。

（二）难以避免的冲突

1. 撤校风波

与相互依赖并存的，是村委会与学校的利益冲突。在村经济收入能力较高的地方二者的冲突更为外显和激烈。山尖、陈湾和下李学校与村委之间并未表现出激烈的冲突，白山学校和琴水学校与村委会的利益冲突都在撤校风波中达到白热化。

前年（2009年）这里有一百多人，他想在学校里办厂子，就说学校不办了，在学校门口贴个告示，跟村民宣传让学生转学，他8月份说的，9月1号开学报到时已经有很多学生走了，那年学生走得特别多。一百零几个一下子降到七十几个。那些学生没走的家长说，是书记亲自说的，别人当然信了。(白山学校孙校长)

村里想发展经济，要把学校撤掉，但是上面不同意，村里就到群众中做工作，叫他们走，并说我们学校质量如何不好，说了一些不好听的话。后来走了一部分，只剩25个学生。当时村里要撤学校，有一部分家长就到上面告村里，在学校里坐着不走，所以学生没走。村里要求他们走的，但家长不同意，村里要求我们学校不能给他们报道的，家长闹了，镇上来人同意我们接收报道了。（琴水学校丁校长）

2.“建一座更好的学校”

村委会发起撤校风波，除了两位校长所提到的“想发展经济”“办厂子”等理由，还有村委会自己的解释，琴水村的丁支书解释说：“宁市国土规划局在这里驻点，给村里做了个规划，规划图里就有幼儿园、学校。规划中要把群众搬下来，把分散的小屋拆了。准备投100多万办学校，容纳两三百人，把外地学生也能吸引过来。现在的学校太差了，暂时撤掉的话，两三年以后会更好的。”

村支书的解释表明，村委会策划撤校的原因要比学校认为的更加复杂，村委会觊觎学校地理优势潜藏的经济价值只是原因之一，村委会对学校现状的不满是更重要的原因。琴水村丁支书认为学校破旧、师生少，“大不如前”。

现在学校最大的问题就是学生少了，老师也少，没有竞争力。一个老师管几个学生，还有的一个老师管两个班，学校环境也差，这样办下去没什么意义。

当丁支书获知该校成绩在全镇名列前茅时，对学校“一切都差”的印象有所改观，也不再试图关闭学校了。有一次孙老师乘丁支书的车回镇上，听到丁书记谈起撤校风波前后一年的思想变化：

在车上他就说，原来看着学校破破烂烂的，办得也不好，不如拆掉。没想到学校和家长都不同意。这学期看到全镇排名，琴水学校都在前几位，给村里长脸了，不再撤了。

3.“学校不听话”

白山学校所在村的孙支书同样不仅因为经济促动才设计撤校，他对于学校成绩、师生风貌以及学校游离于村委会管理之外的做法很不满。

学校校长换得太快了，今年在这里，明年就走了，村里跟他们关系不牢靠。去年（2010年）教师节我跟校长发了脾气，因为这个村里学生也不是很多，又比较分散，方圆也就几公里，我的想法是把这个学校就搬到镇上去，村里买几台车，上下学接送，搞点义务。学校没有学生了，就把那个院子租给人家做点事。可校长跟他们老师说那样不好，我就尊重他们的意见，留不留在这里是你们的事情，可是留就要办好。今年开学时，家长把学生送到学校里去了，没有老师教，有几个年级开不起来，这算什么办学？

我这样看学校的，你在这里办，有个什么事要跟我汇个报，开学时到我这里报告一下，这半年有什么大事跟我们说说，虽然我跟他们说过，但没有这样的事，他们也没有说什么。以前什么事都说一声的，现在不这样了。就算我对学校不满意，说了他们也不听的啊。

村校冲突折射出学校与村委会在沟通上的不顺畅。两个“伙伴”之间没有、仿佛也不需要常规化的沟通渠道，绝大多数时间里学校与村委会保持着“互不打扰、相安无事”的状态，在冲突没有显性化的3所个案学校这一特征更为明显。实际上，“关闭学校以增加村里收入”所引起的风波足以证明，村与校在质量、管理和合作上对对方的抱怨存在已久。

二、学校管理权之争

教育管理体制的沿革导致学校的办学主体和管理责任由村向乡到县层层上移，“学校还是村里的吗?”在不同学校、不同村委会以及村校间引起的争论，直指村校关系的核心——控制与依附。这一问题中的“村里”被提问者和回答者共同识别为村委会，问题也在两个层面得到回应：一是学校是否属于村里?学校是否应该由村里管?二是学校是否属于村里?村里是否应该支持学校?回答者首先回应的是第一个层面，分歧也主要在这里。学校与村委会对此的态度差异明显：学校基于“谁出资谁管理”的观点，认为村委会不再承担学校的投入责任后，就不应该再对学校指手画脚，不能“外行领导内行”；而村委会成员中既有“本地办学本地管”的属地管理支持者，也有“村里无力监管”的持旁观态度者。在第二个层面，尽管有个别村委会成员流露出“村里不应该再向学校投入”的看法，但绝大多数的受访者都同意，村里应该给学校力所能及的支持。

(一) 学校的态度

1.“村里不管学校”

白山学校和琴水学校对来自村委会的管理或干涉所持的“不欢迎”态度最为强烈。被问到这一问题时，两位校长的第一反应是，“现在是国家办学，不用村里的钱了，不是村里的了”，他们又都说，“这个学校是村里建的，村里还会觉得这个学校是他们的”。归属认同的冲突以及村委会对他们的支持从逐渐减少到“想都不要想”，让学校努力摆脱村委会的控制，证明自己独立于村委会。但这种努力通常只能以学校对村委会的消极态度反映出来，积极的抗争行为效果不明显。白山学校的孙校长认为，当“村里别打我们的主意”时学校才真正独立于村，但伴随这种独立的是，村委会不再提供任何支持了。他说：“现在没有可能让村里给钱了。外面的这个窗户，名义上是村里出钱，实际上是我们学校拿的多些。当时学校收费，有的学生家里拿不出钱，村里就出面担保，这样也弄了几万块钱，我们没钱时就找他们讨一点，后来剩下一万多元时，村里就说出钱修窗户抵掉了。换这个（室内）窗户给村里说过好多次了，但他们说没有钱；这个房子漏雨让他修，他们也说没钱；操场我说过好多次，让他们硬化下，可是一直没弄。他们怎么会没钱呢？村支部一下子就建起来了，两层楼，院里全部是水泥地面，多漂亮啊。”

2.“村里要给学校资金支持”

下李学校和山尖学校虽然给出同样干脆的回答，“不是村里的”，但校长对从村委会获得支持仍寄予一定期望。下李学校没有“被村委会强行管理”很合姚校长的心意，他的亲身经历和其他同行的经验让他对获取村委会的经费支持心存预期，而村委会已给予的帮助也强化了他的预期。

> 村里有钱会支持学校的。以前在郭家村做校长时，村里每学期给的维修费三五千元，有时村里找组长来开会，说学校有困难，大家想办法，还可以收点，现在村里不能收钱了，有湖塘啊厂子的村还能支持学校，我们村就不行了。三保小学这两年做操场、打水井，都找村里讨钱了，给一两万元，教育搞得好也是村里的政绩。
>
> 村里给学校的帮助也有限，比如家长到学校闹事，要村里出面调解。学生入学，家长、社会对学校的意见反馈，村里还做些工作，对我们还是支持的。社会关系上他们可以帮你周旋下。

同姚校长看法相似，小规模学校校长们同意“学校不归村委会管”，但他们并不认为“学校可以缺少村委会的支持”；同时他们还认为，管理责任的向上归属不应该导致村校合作关系的破裂。更有校长认为学校对村委会的依附性难以根除，即便是经费投入的主体责任已经由乡到县升至省级政府，办在村中的小规模学校仍无法离开村委会的资金支持，事实上，由距离过远的主体掌控小规模学校经济命脉的同时，必须由当地政府和村委会提供帮助以解决实际困难。

（二）村委会的态度

1.“学校是村里的”

最初看去，没有村委会明确要求“学校应该由我管”，但那些能提供更丰厚资源支持的村委会插手学校管理的意图更加明显。琴水村和高桥村就属于“有钱且想管”的村。琴水村财力最为雄厚，该村每年仅场地租金收入就有320万元，麻花厂每年也盈利10万元以上。两位村支书不断强调“学校是村里建的”或“学校办在这里”，以证明“学校是村里的”的合理性，并认为校长时常向村委会报告情况是村校关系正常化的表现。这些自然是“村办学校”时期村管学校观念与传统做法的沿袭，也表明他们对学校的重视与管控的需要。学校是村落中为数不多的公共机构之一，村委会对学校的重视与管控是自然且必需的。由于他们有能力为学校的发展注入额外资金，他们更希望通过资金来换取对学校的部分管理权，因此对学校的归属、管理与支持形成了“学校是村里的”→“学校要接受村里的管理”→“村里只给接受管理的学校提供支持”的认识链条。

陈湾村、山尖村和下李村则属于“没钱才不管”的村，村支书们虽然较为一致地认定“学校是村里的”，但他们收入能力有限。村委会除了上级财政的转移支付以外，所需任何资金都要“到外面化缘”，自顾不暇，对学校提供资金支持的预期微弱，且在一定程度上他们还需要来自学校人力、物力的支持，削弱了他们对分享学校管理权的要求。这三个村委会对学校归属、管理与支持的关系认识内含有与前两个村委会相同的假设：如果村委会能向学校提供资金支持，则有权要求干预学校事务。由于村委会缺乏经费，不再要求分享学校的部分管理权，因此形成了“学校是村里的”→“村里无法提供资金支持”→“村委会丧失要求管理学校的合理性”的认识链条。图 4-5 呈现了村委会对小规模学校“不支持、不管理”的态度形成过程。

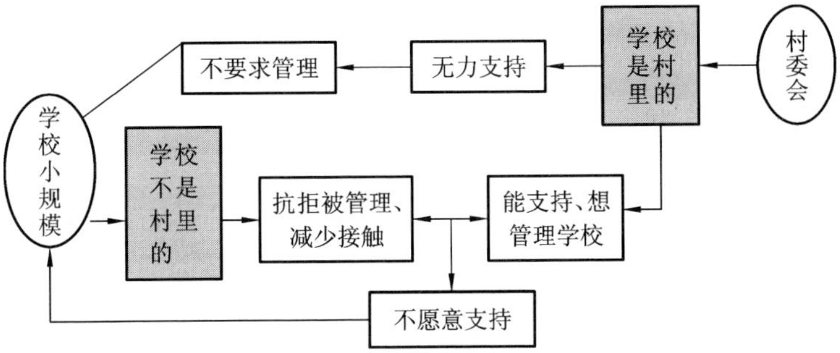

图 4-5　村委会对小规模学校态度的形成过程

与大部分人认为的“经济能力决定村委会对学校的管理力度”不同，上图揭示出经费并不是村委会与校方在学校管理权是否应该具有属地性争论的焦点所在，村委会希望能对“本村疆土之内”的学校进行一定的控制，而学校力图摆脱村委会的控制，是学校与村委会互动的关键区域。从上图可以看出，村委会具备向学校投入的条件时，学校抗拒村委会的干涉，并在村委会期望的合作途径如信息沟通方面并不积极，使村委会望而却步，不愿意向学校投入经费。由于教育的专业性与学校运转的特殊性，村委会所能干涉的学校事务极为有限，在学校的经费和师资配置责任移出村委会以后，村委会对学校的管理既无门也无力，而那些无法提供经费投入的村尤为如此。

（三）村委会的控制

村委会对学校试图加以控制，是掌控本地教育发展的需要。这不仅是各级教育部门接受政府部门管理的模式在村落的复制，同时是村委会对“辖区”内另一国家机构进行本土化重塑的必然要求。村委会对学校的控制并无统一、外显的模式，但这种无形的力量却在某些时刻瞬间爆发，或在日常与学校的互动中潜流常存。村委会对学校的控制可以分为三个维度：对学校发展重大事务的干预，对学校日常运转的干预和向学校附加职能。

1. 干预学校的存在

村委会对本村学校的存在有一定的影响力。村委会主动策划学校的关闭，以及在布局调整中对学校撤并的干预，都证明这种影响力的存在。高塔镇中心学校周校长对小规模学校与村委会关系的判断来自他亲身感受到的村委会的控制力。2004 年高塔镇的布局调整中，小规模学校的关闭受到村委会和宗祠的牵制。当年镇党委先后两次组织各村支书和各位族长开会，宣讲布局调整政策，请求各村的支持，但其中一所小规模学校的撤并仍然遭遇村委会和族长的抗拒，最终不得不由镇政府和中心学校动用多种力量才顺利实施。2008 年，一所小规模学校的教学楼被村委会在暑假悄悄卖掉，师生开学后才发现必须搬到已被废弃的教室上课；2010 年，在另一所小规模学校，校长争取社会捐赠将校园面貌改善后，村委会不顾学校的强烈反对，将校园 90% 的场地和教室出租改办私立学校，而中心学校对此毫无办法。这表明村委会对学校是否存在、如何存在具有普遍的重要影响。

2. 干涉学校运转和师资的调配

村委会作为村民自治组织，时常会因为村民对学校的意见而主动涉入学校日常管理，比如家庭作业布置和批改情况、教师考勤和课堂纪律、收费问题等学校琐碎事项都能引起村委会对学校事务的干涉，这种干涉一定程度上是基于对学校的控制力而衍生的。学校的考试成绩排名也关系到村委会的面子，琴水村村支书看到学校成绩名列前茅后对学校的态度改变，以及村支书在统考后到中心学校要成绩排名表，都表明成绩能触发村委会对学校的监管行为，如考得好对教师给予语言或物质的激励，考得不好就“整整风”，甚至要求中心学校重新分配教师。当然，村委会对于学校专业性事务的干预或“整风”很难实现预期目的，山尖村的邓会计对此积累了满腹牢骚：

家长对这个老师很有意见，这样那样的反映，说他不负责任，要我们把那个老师调走，可是几次调他他不走，人家也不愿意进来。

作业啊、上下课这些事我们都去说过他，可没用的，又不是一天两天了，我们也不能天天说。他的个性就这样，也不在乎群众怎么说。我们都是一个村的，他不听你也没办法撕破脸皮，只好到教育部门去反映，还不是老样子，新老师派不来的。

村委会根据学校成绩和村民反映向中心学校申请教师调动，在没有公办教师可供调配的情况下，村委会在联系本地代课教师中也起到较大的作用。在南县，校聘代课教师的工资由中心学校负责一部分，学校和村委会支付剩余部分。2012 年春季到山尖学校任教的代课教师郑老师说，村委会多次上门请他来校代课，是他接受这份低薪工作的一个主要原因。

3. 在校内办幼儿园

办幼儿园可视为村委会对学校施加控制力的一个外显途径。山尖村委会利用学校闲置教室于 2009 年秋季开设幼儿园，在本村请来两名教师，但由于经费短缺只能提供照看服务，镇中心学校在 2010 年春季接手，村委会不再负责幼儿园的师资和日常管理。琴水村、高桥村和陈湾村的村委会都试图在校内开设幼儿园。高桥村的孙书记曾计划撤掉学校后再择址办一所幼儿园，为本村提供教育服务。陈湾村委会和陈校长也在计划分工合作办幼儿园，由村委会提供私人接送车和师资人选，陈校长负责向教育局争取专项经费改善设施条件，陈支书对办幼儿园比管理小学表现出更大的热情。

相比小学，幼儿园更易为村委会所控制。学前教育同义务教育的举办责任和管理机制都有差异，这给村委会又一次兴办本地教育的机会。对于村办幼儿园，村委会天然拥有管理权，而将幼儿园设在校内也提供了村委会进入学校、管理学校的理由和途径，各个村委会的努力表明他们对控制本地教育发展有着强烈愿望。

幼儿园更易为村委会控制，是因为从理论上来说，由村委会主持、可以收费、上级干预小等特点显著增强了村办幼儿园的管理本地化属性。

从山尖村开办幼儿园又移交给中心学校的经历看，这一管理本地化在落实中仍具有较大障碍，村委会无力提供专业师资和设备，且无法进行教育核心领域的管理，由具备一定专业管理水平的教育部门管辖，是其最终选择。

（四）学校的反控制

小规模学校反对村委会的控制，主要由于他们对村委会管理的专业化水平的质疑，学校普遍认为村委会这一“外行无法领导内行”。

1.“他们管不好”

村委会成员的文化程度以及在教育教学专业上的外行身份，让众多小规模学校校长对村委会的控制企图嗤之以鼻。对于村委会要在校内建办公楼，白山学校的孙校长强烈反对，除了保护校园的“自成一统”，他还认为村干部素质偏低：

> 有的干部认为自己是个干部了，想对我们指手画脚的。实际上他们连初中都没读完，根本不懂教育。非要在校园里建个办公楼，那怎么行？你想啊，干部们把酒一喝，大声喧闹说脏话，还有的打麻将，高兴时桌子拍得震天响，社会上的去找村干部办事……对学生不好。

对村干部素质的质疑和对专业边界的固守让学校不愿意听从村干部的意见，即使有时这些意见对于学校发展至关重要。曾替村民转达意见的村干部认为，学校“该怎样还怎样，没见到改变”，因此也丧失了继续传达意见的动力。而对于学校来说，校村沟通效率低下，是因为学校无力改变现状，教师素质和学校管理水平无法在短期内得到实质性提高，且村民的意见在学校看来多半“因误会而起”，不涉及学校核心机制，不需做出明显改变。对于村民的误会，“有时向家长解释，有时懒得费口舌，他们爱怎么想就怎么想吧”（白山学校孙小叶老师）。山尖学校的黄校长则更强调问心无愧，“有些群众素质不高，不懂如何教孩子，我把他的小孩教好了，他还埋怨我。村里也瞎起哄，说有的老百姓挑剔我。他说他的，我教我的书，问心无愧就行了，各不相干”。

2. 与村委会“选择性接触”

面对村委会的控制行为和意图，学校通过选择性接触和抗衡来实现反控制。选择性接触主要表现为学校在村委会的支持与干涉之间进行区分，择其利避其弊，在需要村委会提供资金支持和社会网络支持时强调“学校服务本村居民、学校不能脱离村委会的支持”。学校所能从村委会获得的支持与村办学校时代已大幅削弱，但仍存在，比如小型维修时村委会伸出援手，家校沟通中村委会作为桥梁等。而学校拒避村委会的规制时，最主要的做法是将村委会拒之门外，在校、村联系上表现消极，从不主动公开学校事务安排，甚至视村民委员会要求了解学校运转状况为试图入侵专业领域。

在琴水村，校长主动通知村委会学校管理上的变化，学校主动向村委会把大门打开一条缝，但在教师工作表现、考试成绩以及课程开设等方面，村委会同样不知详情。村委会对于学校的了解主要来自自己的积极观察，因村委会设在校内或离学校很近，学校师生人数极少，为观察提供了便利。

3. 利用宗族和民意的力量

学校对村委会的控制企图形成了自身的抗衡机制，即相对于村委会这一官方组织身份，校长和教师利用民间力量来缓冲或抵制村委会对学校的管制。在陈湾村所在区域，宗族的号召力较为强大，宗族在本村的影响力也超过了村委会。村委会进行的村庄治理和建设都需要“和族里商量”，而修路、建祠堂甚至开发山地经济林，都由宗族领袖来规划和实施，“已经迁居到城里的族人也都参与”。陈湾学校的陈校长即是陈湾村最大宗族陈氏家族的族长，族人的拥戴与已有的成功实践给予他与村委会平等对话的资本，他也在 2011 年顺利进入村委会。校长、族长、村委会成员集一身，让陈校长具备了更强大的排斥外界控制的能力，村支书也不再要求控制学校。伴随着基层行政人员对于“顺民意”的更强烈认同，村民的意愿在部分地区已成为上级政府部门裁决村校矛盾的主要依据。在宗族力量略内敛的高桥村和琴水村，学校因获得村民的支持而成功回击了村委会的撤校企图后，民意也成为校长判断学校未来的主要考量。琴水村的丁校长说：

> 以后学校撤不撤，办几个年级，村里说了不算，由中心学校决定。但他们也得考虑老百姓的需要，如果家长强烈要求不能撤，还要开齐六个年级，还是能慢慢开起来的。村里想撤也撤不掉。

学校对村委会的反控制行为，一方面屏蔽了村委会的无理干涉，使学校在相对封闭的环境中自主运转；另一方面制造出村委会对学校的信息盲区，降低了村委会对学校提供物质和社会支持的意愿与效率，学校过分固守“独立于村庄之外”往往自断“村庄资源供给”。

小规模学校处在深受城镇化冲击的乡村社区中，对乡村社区紧密依附的同时却刻意拉开距离，反映出小规模学校在农村教育管理体制发生变革后尚未形成与村委会构建伙伴关系的应对机制。小规模学校主动发展与社区的伙伴合作关系，已关系到学校在村落中是否存在以及如何存在，学校需要教育系统的强大支持，也需要开发自身与社区有效互动的能力。

三、新农村建设对学校与村委会关系的影响

乡村振兴背景下，我国农村各项事业发展都紧紧围绕“新农村建设”进行。《中华人民共和国国民经济和社会发展第十一个五年规划纲要》提出“建设社会主义新农村”，要求建设一个“生产发展、生活宽裕、乡风文明、村容整洁、管理民主”的新农村。新农村建设的推进中，由于专项资源的配置与村庄的边缘化程度保持某种默契，导致村落间发展差距逐渐拉大，农村小规模学校发展受到村落不均衡发展的影响更为强烈，小规模学校发展与村落发展的联系更为紧密。

（一）新农村建设资源在村落间的分布不均衡

新农村建设项目资源的配置中，掌握优势资源的村落能获得更多优势资源的现象较为普遍，村落的竞争能力、配套能力、社会网络等因素同样发挥威力，这已成为陈湾村支书口中的“穷帮穷、富帮富”：

> 我们村是不行的。现在上面帮富不帮穷，富的只帮富的。南县争取到了“贫困县”指标，高塔镇争取到了“贫困镇”，但“贫困村”却到不了我们这样真正贫困的村，这里的“贫困村”都被镇周边、公路边的村子争去了，富的帮富的就是这个意思。我们建村委办公楼上面拨了5万元，是新农村建设项目最后一年才轮到的，钱肯定不够，村里自筹，到县里化缘的。其他项目都要我们配套，去年争取到了一点修路、建景观堂的项目，村里要配套几十万呢，陈校长那个族里有能力，就给他们了。

新农村建设战略从基本路径上看，主要是上级专款、专人扶持，帮助村落发展，由国家单位组成驻村工作队对口帮扶。实力不同的驻村工作队带给所驻村的改变也不同，就项目获得来看，各村委会都把“拼”驻村工作队作为能获得项目经费的重要一环。个案村发展实际表明，有财力和实权的驻村工作队为村庄发展提供了很大帮助。琴水村成功地招商引资，建成全县最漂亮的村委会办公楼，成为全县新农村建设的“明星村”，村支书认为与工作队的支持密不可分。而下李村的宋支书认为驻村工作队一定程度上决定着一个村的生或死：

> 我们村的驻村工作队没什么实权，很难帮我们搞到什么钱。我们一年也就那个转移支付1万5 000元，迎接检查、招待费、人情往来的，一年也要1万多元，工资都没保障。上面没有关系搞不到钱，这个村就死了。有的村组，工作队是实权部门的，可以给你想办法解决点问题，像我们自己都养不活了。

（二）小规模学校发展受到村落建设速度影响

村落获得新农村建设资源的能力和途径不仅影响到村庄的建设速度，还为村里的学校提供了迥异的发展支持。村干部都认同，驻村工作队重视所帮扶村的教育发展，而驻村工作队的实力成为能否改善学校面貌的主要原因。有实力的工作队可以为学校捐献课桌凳、图书，甚至直接出资帮助兴建新校园，而缺乏资助能力的工作队只能口头表达他们对教育发展的重视。陈湾学校的陈校长对这种差距的感触很深：

> 新农村建设，许多好的项目都到公路边去了，学校拿项目也是一样的，公路边的学校建得好一些，那个献甲小学，新农村建设把他们的大门、环境都给改造了。那些村，驻村干部都在县里有实权的部门，一拨款就是两万两万地直接到学校。还有的村子靠工作队拉来的赞助一年有 20 万元，我们这里的驻村干部，是南县气象局的，通过他们找钱，两万都要不到，那是怎样的差距啊。

学校的发展机遇与新农村建设中村庄发展有着紧密联系，驻村工作队为村落提供优势的社会网络资源的同时，也将优势辐射到小规模学校。高塔镇中心学校蔡干事说：

> 工作队对村里的投入肯定影响到学校，走行政线下来，教育上也有配套。学校校长通过村委，联系驻村的县的领导干部，可以争取一些资金，学校面貌就有所改善。但有些学校，撬不动村委和驻村领导，那学校就还是老样子。献玉小学和木家小学都是这样建的新房子。

村庄建设能否得到关键领导人的重视，决定着学校能否得到重视。琴水村在 2012 年春季被定为县委书记的定点联系村之后，得到更多的外界关注，丁校长发觉，他的学校也顺其自然地得到更多关注和倾斜性支持，中心学校到校频率明显增加。然而，在被新农村建设忽视和遗忘的村庄里，小规模学校，在县域和乡镇教育系统中的边缘化境遇更加明显，与其他学校的差距也越来越大。

必须看到，新农村建设“提高偏远农村公共服务水平”的目标同农村小规模学校发展目标高度一致，乡村振兴必将带动农村小规模学校的振兴，乡村振兴也不能缺少农村小规模学校的振兴。在不同区域、不同村落，乡村振兴的步伐可能有先后、快慢，但儿童教育和学校发展却不能在这先与后、快与慢之间饱受资源短缺之苦，相反地，无论是在哪个区域和村落，乡村振兴都应该贯彻教育优先发展的方针，农村小规模学校得到充足资源保障，如此，新农村、新农民、新农业的乡村振兴图景才能更美、更早地铺展开来。

第五章　农村小规模学校生存状态的基本判断

小规模学校的日常运转是在内外部各种因素的综合作用下进行的，内部资源及其利用效率、外部系统的影响，对小规模学校日常运转形成了一定的约束。各类小规模学校既相似又不同，整体而言，运转节奏不规范，课程与活动较为单调，管理效力有限，成为小规模学校日常运转的基本特征。这是由于小规模学校的生存正面临着多重威胁，如资源不足、自主发展能力较弱。可以作出判断，小规模学校在不断被边缘化，内部虽然有分化但却将在相当长的时间里存在，它们亟须得到有力的系统支持。

第一节　农村小规模学校的日常运转

学校是一个活动提前预设好的场所。时间表和课程表清楚简单地传达出对全体师生“何时做何事”的预期，在没有重大意外事件发生时，学校按部就班地执行这一预期。几乎所有的农村学校，从只有一师一生的极小学校到几百人的完全小学，实际发生的教育教学活动总是相似的。无论是一个学年，还是每周每天，小规模学校总是在确定的时间表、课程表以及固定的班级设置和教师分工基础上进行运转。

一、日常运转的基本安排

（一）运转的时间节奏存在校际差异

每个学校都有自己的作息时间安排，有 4 所个案学校将时间表张贴在办公室最显眼的位置，但在山尖小学却未发现任何固定化的时间安排信息。图 5-1 是 4 所学校的作息时间表。对时间表的分析与田野观察显示，不同小规模学校的作息安排有差别，对既有安排的实际遵循也因校而异。

白山小学作息时间表	琴水小学作息时间表	下李学校作息时间表	陈湾小学作息时间表
早办公:6:00—7:00	预备:7:45	早读:8:10—8:40	上学:8:00
预备:7:55	第一节:7:50—8:30	第一节:8:50—9:30	早操:8:10—8:30
第一节:8:00—8:30	第二节:8:40—9:20	第二节:9:40—10:20	第一节:8:30—9:00
第二节:8:40—9:20	课间操:9:25—9:35	第三节:10:30—11:10	第二节:9:10—9:50
课间操:9:25	第三节:9:40—10:20	课间操:11:15—11:25	第三节:10:00—10:40
第三节:9:40—10:20	第四节:10:30—11:10	第四节:11:30—12:10	第四节:10:50—11:30
第四节:10:30—11:10	放学:11:15	中餐:12:15	放中学:11:40
放学:11:15	午休:1:00—2:00	午休:13:00—14:50	第五节:14:30—15:00
预备:2:25	预备:2:45	第五节:15:00—15:40	第六节:15:10—15:50
第五节:2:30—3:10	第五节:2:50—3:30	第六节:15:50—16:30	活动:16:00—16:40
眼保健操:3:15—3:20	第六节:3:40—4:20		放晚学:16:40
第六节:3:25—4:05	活动:4:30—5:00		
课外活动:4:15—4:45	放学:5:05		
放学:4:50			

图 5-1　4 所小规模学校作息时间表

1. 在校时长有差别

从时间表中对师生必要在校时间的要求看，如果不计算在校午餐和午休时间，下李学校要求的时间最长，为 5 小时 30 分钟，而白山学校最短，为 4 小时 50 分钟。学校要求师生早晨到校的时间早晚不同，琴水学校最早，早晨 7 点 45 分预备铃响之前师生都必须赶到学校，而陈湾学校最晚，因为实际上没有组织早操，教师通常在 8 点 20 分前到校。各校放学时间也有差异，但大多在下午 4:05 到 4:40 之间。下李学校有部分学生需要乘坐接送车上下学，放学后 40 分钟学生才全部离校，两位长期住校的教师才真正下班。

从节数看，4所学校每天都安排了6节上课时间，除了白山学校的第一节和陈湾小学的第一节、第五节时长30分钟，其他每节课时长都为40分钟。上午时长30分钟的课为早读课，此外，学校为广播体操和眼保健操安排了5至20分钟不等的时间，课外活动时间在白山学校和琴水学校时长30分钟，而在陈湾学校为40分钟。

据现场观察，山尖学校每天上午8:30左右上课，中午有3名小学生在校吃饭，下午放学在4:30左右。一般每天5节课，上午3节语文，下午2节数学。上午黄老师不进班，由黎莉老师帮忙把到校幼儿安顿好以后，到小学教室开始检查学生背书。半小时左右的课前检查后上一到两节正课，间以学生的书面练习或背诵。下午课时随意性更大，讲课、练习时长都由黄老师根据实际确定。

2. 是否使用铃声有差别

时间表的实际执行需要凭借铃声协调全校活动的一致性。在下李学校、琴水学校、白山学校都用电铃来提醒，基本按照时间表上下课；在陈湾学校和山尖学校，传统的敲铃还在使用，一个悬挂在走廊的铁片——长条、有4~5厘米厚——承担起发出时间信号的职责。使用敲铃的学校，一般由值日老师根据手机显示时间来敲响铁块宣告上下课。由于师生人数少，不敲铃也能实现班与班之间的一致。在陈湾学校观察期间，铃声时有时无；在山尖学校，跑上二楼打铃然后回教室宣布下课已成为不必要的负担，不再使用铃声，上下课只凭教师感觉。

个案观察表明，小规模学校的日常运转不够规范，运转规范存在校际差异。小规模学校制定作息时间表并将它们张贴于办公室最醒目之处，表明学校认同并强调时间表所具有的规范性功能。对学校来说，作息时间安排的细节差异并不会必然带来学校运转的规范性差别，学校是否具备执行计划的意愿与能力才是真正原因。

在下李学校和琴水学校，上下课完全决定于响亮的电铃声，运转节律比较清晰，校长把按时上下课作为教师管理的重点之一，而师班比高于1的师资配置也降低了教师连堂上课的必要性，这样容易实现校内时间安排的一致性和课堂教学的交替变换。相比之下，山尖学校和陈湾学校运转节奏很不规范，上下课时间比较随意，课时长度不固定。由于没有电铃，不同教师的课时长度也不能保持一致，一节课 20 到 50 分钟不等，休息时间短至三五分钟，长则半个小时。在陈湾学校，一个班还在上课，另一个班的学生已跑到教室外面玩闹。在山尖学校观察的一天，黎老师到县城听观摩课，全天课时都交给黄老师。到了下午，黄老师认为“上一天数学小孩子会受不了”，下午时让学生写了 20 分钟作业后，便任由他们在校园里随便玩耍直到放学。

（二）课程开设较为单调

时间表为学校的正常运转提供了时间框架，而课程表则表明在既定时间里哪些课上几次。据《H 省义务教育课程实施计划（试行）》要求，小学一、二年级应开设包括“地方与学校课程”在内的 7 门课；三至六年级以“品德与社会”和“科学”取代一、二年级的“品德与生活”，并增加“外语”和“综合实践活动”，共 9 门课。一、二年级每周总课时 26 节，三至六年级 30 节（见表 5-1）。该计划同时要求“复式教学点、简易小学等学校的课程设置，由各市、州……结合当地实际作出相应调整，并报省教育厅备案”。

表 5-1　小学阶段分年级、门类的课程计划实施表（单位：课时）

年级 科目	一	二	三	四	五	六	总计
品德与生活	3	3					6
品德与社会			2	2	2	2	8
科学			2	2	3	3	10
语文	8	8	7	7	6	6	42
数学	4	4	4	4	5	5	22
外语			2	2	3	3	10
体育	3	3	3	3	3	3	18
音乐	2	2	2	2	1	1	10

续表

科目＼年级	一	二	三	四	五	六	总计
美术	2	2	2	2	1	1	10
综合实践活动			6	6	6	6	24
地方与学校课程	4	4					32
周总课时	26	26	30	30	30	30	172

1. 语文和数学课时量超标

课程表按班级编制，在复式教学班，每节课只显示一个科目，而在实际上课时，复式班的教师在40分钟里可能要为两个年级提供科目不同的教学。计算复式班每周课时按该班课时乘以2。个案学校每周课时数汇总见表5-2。白山学校和陈湾学校的周课时总数低于“建议”课时，而语文和数学周课时数在所有学校都等于或超出了“建议”课时。

表5-2　个案学校课程表显示的周课时总数

学校名称	班级设置	总数/课时	语文/课时	数学/课时
下李学校	6个年级4个班	180(172)	43(42)	40(22)
陈湾学校	3个年级2个班	75(82)	25(22)	23(12)
白山学校	4个年级4个班	100(112)	35(29)	27(17)
琴水学校	4个年级4个班	120(112)	29(29)	19(17)

注：括号内为“课程标注实施计划”建议的周课时总数。

个案学校课程表中为1~6年级学生编制的科目都在10门以上，包括安全教育、写字、国学、制作等地方课程和综合实践活动类课程。

2. 实际开设科目较为单调

从课程表对科目的编排顺序看，白山学校和陈湾学校呈现出语文和数学每天每班两节、各占半天的鲜明特点，上午最后一节一般安排音乐、美术、科学等小学科，小学科密集排列在周三全天。除了课程计划实施表上的既定科目，各个学校课程表上都安排了额外内容，如安全教育、班会、写字等，这些科目多应教育局或中心学校要求而设，属于地方课程。在琴水学校每班每周有 1 节礼仪课，下李学校开设有书法课和国学课。

实际执行情况与预先安排有所不同。个案学校课程表编制的科目中，仅有语文和数学两科的实施计划被完全落实，其他科目由兼任该科教学的教师自己决定。半天语文、半天数学的课程实际安排在白山学校、山尖学校和陈湾学校都存在，在这些学校里，走教教师不能前来授课时，学校用语文或数学替代。琴水学校和下李学校尽量提高课程的丰富性。走教教师不能前来授课时，琴水学校的教师带领学生看电视学唱歌、做体操、拍篮球来弥补课。下李学校的课程开设相对丰富，本校教师可以担任起语文、数学、英语、体育、音乐、书法 6 门课程的教学，国学课“教师带着学生读中华经典故事、背诵古诗词”。可见，在“上墙”的课程表之下，个案学校都无法达到课程要求的丰富性标准。

小规模学校中，科目分配往往基于班级而非专业性，一个班的语文、数学、音乐、体育等科目全归于某一到两名老师名下，这就造成个别教师将一个班里的科目“包圆儿”现象，完全开齐课的话，每位教师兼科至少 4 门，最多的要 8 门。从访谈和田野观察得知，对教师“一专多能”的要求已经不现实，新课程改革引入更多专业性和时代性强的科目如英语、信息技术，许多中老年教师在入职前和生活中从未接触过，无法胜任，所以课程表上的全能教师在现实中变成只教语文或数学的教师。县或乡镇派其他学校教师通过走教为小规模学校提供英语、音乐、体育等课程，但走教效果受时间、距离与教师个人因素等多方面影响，并不足以实现增加小规模学校课程丰富性的预期。

据观察，5 所个案小规模学校学生实际课堂学习时间中，语文和数学课占 80% 以上，学校提供的语文和数学之外的课程课时不足、质量偏低的情况比较突出。语文和数学之外的课程的供给质量受师资素质的限制较大。在下李学校，兼任体育和音乐课的 4 位教师从未受过专业训练，他们之所以承担这两门课的教学任务，一是喜爱运动或唱歌，二是强烈认同多样化课程对学生的重要性。任教英语的邹老师是商务英语专科毕业，但在走上讲台之前从未接受过任何小学英语教学的指导，她说："我不知道该怎么上课，全凭自己学英语的经验。"

跑步、做操、学唱爱国歌曲是小规模学校音乐和体育课的主要内容，负责上课的教师也感到力不从心。小规模学校教师年龄大都在 45 岁以上，"唱歌不成调，跑不动跳不起，只能凑合上"（琴水学校丁校长语）。

图 5-2　琴水学校一、二年级学生上音乐课

图 5-3　该校孙老师和学生一起上体育课

（三）班级设置和教学安排

从是否开设完整年级序列和如何复式编班看，小规模学校的办学设置随意性、应急性特征突出，这既是小规模学校灵活性的体现，也反映出学校运转的不稳定。

1. 年级序列逐渐不完整

学校是否开设完整序列的年级与生源和布局调整方案有关，将完全小学改为不完全小学也是一种布局调整措施。下李学校作为一所村级中心小学，一直保持完整的年级序列；其他 4 所学校都已成为不完全小学。自 2005 年起，陈湾小学的五、六年级学生被指定到下李学校上学，四年级学生也逐渐向邻近学校流失，只留下一至三年级；山尖学校也只保留一至二年级。

白山学校和琴水学校在 2010 年春季被定为"非永久保留"学校，

高年级进一步被削减。在只开设了一、二、四、六年级的琴水学校，2011 年秋季开学时有三年级和五年级学生报道，但丁校长无法从中心学校申请下来教师指标，只好“将他们劝走”，有一名三年级的男生家庭经济非常困难，本人也极为抗拒到别的学校上学，但“学校不能为他一个人开一个班，就把他编到四年级，相当于让他跳级了。平时一样上课，课下老师开开小灶”（丁校长语）。可以看出，而不完整的年级设置绝非学校本意，而是师资枯竭的无奈之举。

2. 复式班教学重新被使用

个案学校的班级数多则 4 个，少则 1 个，在完全小学的下李学校也只有 4 个班。在不涉及新增教师的情况下，各校班级设置的决定权掌握在学校手中。是否设置复式班、开设几个年级是师生因素交织作用的结果。开设三个年级却只有两名教师，或单班学生人数太少，以及平衡教师工作量、增加教师竞争等原因都让学校选择开设复式班。

重新采用复式教学在部分地区已较为普遍。在南县，不少小规模学校都于近年开设复式班。这些学校的大部分教师曾在师范学校接触过复式教学培训，或者曾在早期的教育实践中采用过复式教学，他们能比较灵活、合理地处理年级间教学的转换。然而，一部分教师以及大多数家长对复式班教学持拒斥态度。白山学校和琴水学校“宁撤年级不合班”，曾带过复式班的孙兴才老师对复式教学组织形式不认同，他认为复式班“任务重、难管理”，“效果不好，老师太累。我再不愿意教复式班的”。两位校长也认为，家长偏爱单班上课，为保留生源他们不能选择复式班级形式。如果开设复式班，琴水学校的丁校长认为会让学生流失更快：

> 家长都不愿意两个年级的孩子坐在一起上课，他们的想法也对，一节课老师上两个年级的课，分给每个年级的时间少一半，教育质量没保障，不在听课的那个年级也容易乱。我们从没考虑过要复式上课。

学生的课外活动以无组织的自发活动为主，在这些学校里很少配有可以使用的体育器材，有组织的文体活动出现频率非常小，大多数小规模学校已不再举行周期性的全校活动，如庆祝儿童节、新年的文艺晚会，春季或秋季运动会等，“学生少了，热闹不起来”或者“哪有闲钱开展活动”成为学校减少活动组织的理由。下李学校曾组织学生参加全镇的六一儿童节联欢活动，琴水学校组织歌咏比赛并为每个班颁发了优胜奖或组织奖，比起其他学校近十年来没举行过大型全校活动，它们“每隔一两年会有一次”的活动开展频率已相对较高。

二、对教师与学生的管理

（一）教师管理

在因人数少而无法形成同侪竞争与合作氛围的小规模学校，学校运转更多地依靠教师自觉，即教师更多地凭借自己对工作的认同，而非校长与工作纪律的约束，来履行教育教学职责。

1.“我哪里还是校长”

小规模学校教师人手少，人员结构非常简单，几乎不能形成明显的管理层级。校长也由“高高在上的管理者”变成教师“身边的伙伴”，白山学校的孙校长在被称呼“校长”时说：“我哪里还是校长，就这三四个老师，充其量是个小组长。我们这样的学校，没几个校长还拿自己当校长的。现在我们学校都成‘教学部’了，更不能自称校长了。我们就是临时负个责，上面来检查了，布置任务了，有个人可以抓。我们跟其他老师一样，干一样的活，拿一样的钱。”

小规模学校校长对自身管理者角色的意识都有所削弱，甚至故意忽视校长与教师之间的管理层级关系。在只有两名教师的山尖学校和陈湾学校，校长们都说，“就两个人，想办法把学校撑下去就是了，不存在谁管谁”。校长对教师管理的目标设定也有所降低，校长对于学校运转中教师行为的要求，基本都停留在“完成教学任务”层面，下李学校的姚校长说：“老师们都是老手了，教学自然是没话说，不用怎么管。我们人手紧，还能对老师有什么要求呢？每个人上完自己该上的课，只要上课了班里有老师，就行。他们也都自觉，就这几个人，该你上课你不去，脸面上也挂不住。我们也设了全勤奖，也规定了对于该来上课不来上或者提前下课的也罚钱，不过这样的事还没有过。”

教师完成基本课时任务，保障学校教学工作正常开展，成为教师管理的主要目标。由于乡镇中心学校对各个学校的评价仍以考试为主要手段，小规模学校仍需要大力激发教师的竞争意识，“为学校争光”。然而在教师完成基本工作量都有困难时，考察工作质量的绩效管理仅是第二位的目标。

2. “没有钱怎么管”

“与经济挂钩”成为小规模学校校长进行教师管理的唯一手段，舍此，他们表示无法对人数较少的教师群体形成有效激励，并创造出竞争氛围。

绩效工资评定是将教师日常工作“与经济挂钩”的重要途径。现有教师绩效工资发放办法的规定要求根据教师的师德师风、考勤考绩、课时量来综合评定教师的绩效工资等级。在小规模学校，每个教师承担的课时量基本相当，校长以持有校内教师绩效工资等级评定的权力而要求教师按时按量完成教学任务。为避免教师课时量不均引起的绩效工资等级评定障碍，在任教科目分配时，校长会将课时量较高的语文科目分给不同的教师承担。比如，琴水学校的孙老师教一年级数学和二年级语文，而饶老师教一年级语文和二年级数学；在复式班里同样存在分科任教的分工方式，下李学校的阮老师要在同一节课里给二年级上数学，给三年级上语文。此外，以额外的金钱奖励调动教师遵守考勤纪律的积极性，已在部分学校被采用。下李学校、白山学校和琴水学校在2011年开始实行“每月全勤奖30元、迟到或早退一次扣2元”之类的规定，奖金从公用经费和罚款中支出。

根据乡镇内学校成绩排名，小规模学校对教师进行金钱奖励以激励教师提高教学质量。下李学校对考出优秀成绩的教师双重奖励。根据镇内排名，对于任教班级成绩在全镇排第一名的教师，下李学校每人次奖励800元，第二名和第三名依次递减100元；同时，对班级成绩进行校内排名，分学科跨年级对前三名的教师进行奖励，第一名150元，第二名100元，第三名50元。琴水学校则对任教班级成绩在全镇排前三名的教师予以500元至300元的奖励。学校奖励力度有逐渐加大的趋势。琴水学校的孙老师说，金钱奖励制度并不是近几年出现的，随着全县统一教学质量监测更受重视，中心学校对各个学校成绩更加细化和综合地进行排名，学校对于教学成绩突出者的奖励额度越来越高。校内奖励力度和方式受到学校财力约束，可支配经费较少的学校，如陈湾学校和山尖学校，并未设立任何校内奖金。

3.“代课教师只能哄、不能骂”

由于绩效工资制度尚未覆盖到代课教师群体，代课教师的物质待遇与公办教师存在较大落差，所以，尽管校内采取的考勤奖和成绩排名奖一定程度上缓解了教师工资不能“一视同仁”的尴尬，调动了代课教师的工作积极性，但不能从根本上改变代课教师管理难题。代课教师管理难成为许多校长面临的问题。在个案小规模学校，代课教师的聘请需要校长本人动用亲情、友谊、道德等人情关系，代课教师的工作量大而薪酬偏低。在此情况下，校长只能安慰代课教师，而不能严格管理。在陈湾学校，校长同为代课教师，对于所受歧视同样怀有不平之气，校长自然无法对另一位教师进行管理，两人只能“有难同当、有福同享”。在代课教师较多的下李学校，姚校长对他们“只能哄、不能骂”：

代课教师任务最重，他们年轻些，学校的很多额外劳动都要靠他们，上课、管账、干活，哪一样都离不开。你不可能说，不好好干工作就受罚，没办法说出口，说了不仅不起作用还会让他们心里更不痛快。我只能多关心他们、同情他们、理解他们。

（二）学生管理

在小规模学校，教师对学生的管理并没有必须严格遵守的具体规章制度，师生的互动状况通常取决于师生关系性质，而教师的态度和行为显然在师生关系中具有绝对重要影响力。学生对教师是敬爱有加还是敬而远之，取决于教师对学生是刻意疏远、强调服从，还是悉心关爱、平等对待。小规模学校中师生关系也存在明显的人际差异、校际差异。琴水学校的丁校长在与学生的互动中“从不发脾气、爱讲故事说道理”，师生关系较为亲密，而白山学校的孙小叶老师与学生之间刻意营造起交流的鸿沟。学校氛围差异对师生互动的影响也比较明显，整体来看，在下李学校和琴水学校，师生之间更趋于平等、民主、和谐；在白山学校与陈湾学校，教师们倾向于维持刻意的威严，师生关系相对疏远；山尖学校只有一位固定教师，他喜欢悠闲自在，对学生较为随和，时常与学生开玩笑，学生不怕他，也少了尊重。

1.“课堂上有点乱”

对学生施以严厉的处罚是教师进行课堂管理的常用手段，除了不苟言笑、厉声呵斥，许多小规模学校教师还是用体罚的方式震慑“不听话”的学生。白山学校的孙小叶老师，根据自己二十多年的教学经验，以严治班成为她的风格。她在课堂上极少表扬学生，即使学生准确回答出一个较难的问题，她也只是“嗯”一声，在学生不能按要求完成作业时，她会毫不留情地狠狠训斥。

“让他害怕”或“揍一顿”的课堂管理手段主要用于教师发现学生“学不好”时。在课堂上，学生到别人座位处取东西、与同学说话的行为被教师默许，学生回答问题时可以不举手、不起立。在学生走神、私下交谈或打瞌睡时，教师常通过眼神、手势或点名的轻缓方式处理，有时教师会走上前去拿书敲一下以提醒要认真听讲。这类纪律性的问题并不被认为是课堂中的大问题，但学生无法完成教师布置的任务，如做错题、不能背诵课文时将受到教师严厉斥责甚至体罚。保证学生完成学习任务，而非严苛地要求纪律，是小规模学校课堂管理特点。

当然也有“不乱”的课堂。琴水学校丁老师讲授的一节六年级语文课上，教师大量运用鼓励、表扬以及肯定的言语，学生表现出的是放松与合作，纪律井然有序，师生互动融洽。总的来说，在小规模学校课堂上教师对于规范与纪律的强调不如在非小规模学校中明显，小规模学校教师用于纪律控制的时间也比非小规模学校中要少得多。

在一所非小规模学校一个 64 人的班级听课时，观察者统计，一节课中教师利用“小小手、放背后，小嘴巴、不说话”的歌谣进行纪律维持的次数超过 10 次，平均每 3 分钟教师就要以各种方式提醒学生遵守课堂纪律，而言语训斥与直接制止的行为较频繁发生。教师对学生课间和课外活动无处不在、丝毫不敢放松的监控也表明，在一个规模较大的学校里学生受到更严格更密切的纪律与规范的要求，师生关系中教师作为监控者的工具性作用更为明显，而学生需要表现出绝对的顺从。在这节课中，有两次学生因为没有举手就大声说出答案而被教师指出，“回答问题前先举手”；而一个学生坐着回答问题后又被教师要求起立重新说一遍。与这堂课比起来，小规模学校的课堂上学生更自由，教师对学生纪律服从的要求更少，即使在有外人听课时，学生在教师的注视下到别人位子上取东西，与同学交谈，甚至推搡一下玩闹都不会引起教师的额外训诫。

2.“不上课时学生很自由”

小规模学校学生在课外时间是非常自由的。教师个别辅导时，其他学生也可以随意地做自己想做的事情。然而，除了按老师的要求做作业，学生可以做的事情极为有限，学生们并没有正式组织的活动。田野观察发现，除了下李学校有广播且有体育教师，为课间操的正常开展提供了可能以外（课间操偶尔做），其余 3 所学校都没有组织学生上早操或课间操，没有扩音设备、没有体育教师、学生太小等致使课间操无法组织。

在课间走进个案小规模学校，看到的景象大同小异：学生们在走廊里、空地上、台阶上或蹲或坐，三五成群，某一个学生的行为都会引起所有在场学生的注意或一阵笑声，校园里虽有些生气，但不够热闹。教师从来不会干涉学生下课后做什么，而学生也习惯了自己从大大的校园、较少的同伴中寻找乐趣。下午课外活动时间学生全都离校，有教师这样解释，“课外活动就是让学生自己活动”。

在课外时间，教师很少出现在学生的自由活动中，“就让他们自己疯着玩”成为几乎所有个案学校教师的共识。人身安全是学生课外活动时教师唯一关注的内容，不过，学生人数少，教师很容易就能监测到学生活动时的安全情况。正如李霞老师所言，“小孩子玩起来跟疯了一样，我们不怎么管，偶尔看一眼就知道他们在干什么了，一般他们不打架的”。

放学时教师要负责护送学生离校。学生根据回家方向自觉站成不同的纵队，教师将队伍稍做整理后，发出简单的“放学，回家”指令，学生按照顺序排队走出校门，教师们则跟随着自己负责的小队，送到校外指定地方后返回学校或直接回家。

图 5-4　放学后老师护送学生出校

由于学生少，以低年级学生为主，学校的卫生清洁工作很少由学生承担，以班级卫生和纪律检查的方式来管理学生在小规模学校已变得不现实。在白山学校，由于校园内路面未硬化，有很多草茎露出地面，不好打扫，校长抱怨道，“学生太小，连卫生都做不了，学校的任何事情都要靠老师”。白山学校黑板报上学生考勤和卫生检查结果一年中没有任何变化，每个班的评价结果都为“优”，用来管理、激励学生的日常检查仅仅成为装饰黑板报的一个表格。

以校长和教师预设的校内管理目标来衡量，小规模学校管理基本实现了教师按时按量完成工作任务和学生完成学习任务的基础性目标，但由于管理方式和手段不同，不同的学校间表现出管理效果的差异。

以作息时间、课程科目和课外活动作为指标，对5所个案学校的日常运转作一对比（见表5-3），可以发现，在下李学校和琴水学校规范性程度较高，而陈湾学校和山尖学校运转随意性大，不仅不能遵守时间表，课程单调，课外活动也处于放任自流状态。

表5-3　个案学校运转情况比较

指标	白山学校	琴水学校	山尖学校	下李学校	陈湾学校
作息规范性	有电铃，较好执行时间表	有电铃，课时长度固定，完全执行时间表	无电铃，课时长度不等，上下课随意	有电铃，完全执行时间表	无电铃，上下课随意
课程多样性	偶尔上体育、音乐和英语课	开设体育、音乐和英语课，课时不足	偶尔随幼儿园上音乐课	英语课开足，体育和音乐课开起	只开设语文和数学课
活动丰富性	无任何有组织的课外活动	校内组织朗诵比赛、歌咏比赛	偶尔参加幼儿园“六一”活动	参加全镇“六一”联欢活动	无任何有组织的课外活动
管理有效性	师生关系疏离，学生成绩不稳定	合作氛围浓，师生关系亲密，成绩优秀	师生关系亲密，无制度化管理	学校如家，竞争氛围强，学生成绩较好	师生关系疏离，学生成绩较差

第二节　对农村小规模学校生存状态的基本判断

一、小规模学校的生存状况

小规模学校整体和个体都显示出他们正处于发展困境之中，这一困境表现为外部系统无法向其提供充足的资源和有效的管理，小规模学校自主发展能力薄弱。

（一）学校资源不足

1. 学校越来越小

小规模学校不仅呈现出学生少、教师少、班级小、服务范围小的特征，“小”的特征还不断强化。正如 11 省（区）数据所显示的那样，布局调整后绝大多数小规模学校的学生数、班级数、教职工人数都明显减少，对未来生源变化的预期也以“减少”为主。个案学校近年来生源减少的幅度非常大，只有 4 名学生两名教师的山尖学校，在 2000 年以前学生数接近 200 人，十余年间学生减少 98%。图 5-5 粗略呈现了 5 所个案学校自 1990 年至 2011 年生源变动情况。图中显示，5 所个案学校的学生高峰期都超过了 200 人，在 2000 年以后减速迅猛，他们在 2003 年至 2010 年间成为小规模学校，陈湾学校和山尖学校生源减少幅度最大。

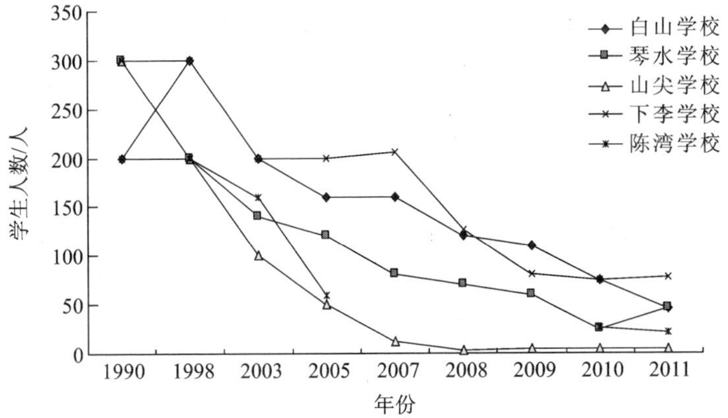

图 5-5　5 所个案学校 1990—2011 年学生变化情况

学校所开设的年级和班级也越来越少。个案学校在 2003 年以前都为完全小学，在 2003 年至 2010 年间都经历了年级或班级的缩减。山尖学校和陈湾学校先后在 2003 年和 2005 年成为不完全小学，2011 年白山学校才开始成为不完全小学，下李学校从 2010 年开始采用复式教学，只保留4 个班。在学生数减少时，减少年级或班级成为应对之策。

教师数的减少在个案学校中较为和缓，以退休或请病假为主，而新补充师资无法进入，优秀师资向外流动过快，成为小规模学校教师越来越少、越来越弱的重要原因。白山学校的两名中年教师于近年被调走，琴水学校的公办教师呈逐年缓慢减少趋势。

2. 经费数量不充足

小规模学校因生源减少而获得的资源数量相应减少，而村委会也几乎停止向小规模学校提供经费支持。以公用经费为例，尽管国家生均补助标准逐年提高，从“新机制”实施以前的几十元上升到现在的 500 元，小规模学校公用经费绝对量有了大幅增长，但小规模学校公用经费获得量的相对水平较低。数据分析显示，与非小规模学校相比，小规模学校实际获得的公用经费标准低 29.7 元。财政部等实施“按 100 人核定公用经费补助资金”政策以后，真正享受这一政策的小规模学校也比较少，在南县和宗县，因实施措施的歧视或学校独立身份的丧失，仅有小部分小规模学校能从这一政策中真正受益。小规模学校公用经费不充足，不仅造成公用经费支出占学校年度总支出比例低于非小规模学校，还使得小规模学校在刚性支出之外的可用经费空间极为有限，用于教育教学支出的比例过低，呈现出公用经费“非必要不支出”与“非紧急不支出”的保底运转特征。

同样，小规模学校获得的生均专项经费与生均基本建设拨款都低于非小规模学校，在专项经费的竞争中，因救急分配到小规模学校的专项经费总量十分有限，是否拥有一位社会交往能力强的校长成为获得专项经费的关键所在。专项经费和基本建设拨款不足，导致不同规模学校硬件设施差距加大。在项目经费的具体分配中，“捆绑使用”的做法在不少县市推广，即将全县或全乡镇的危房改造等项目经费集中使用，重点用于一所或几所学校的维修改建和设施配置。这种做法一扫以往“撒胡椒面”覆盖面广、收效甚微的弊端，资金使用效益快速显现，却因偏重规模较大学校而使“捆绑使用”显示出“劫贫济富”的趋势。在中心小学等规模较大学校，项目经费大量密集地投入，提高了硬件设施水平，而小规模学校只在紧急情况下获得修补的小量资金，多年来学校面貌不改甚至更加破落，两者的差距在下图两所学校的活动场地对比中鲜明显现。教学设施、生活设施等各方面的配置水平在不同规模学校都呈现出一定的差距，由中心向边缘、由大规模向小规模学校办学设施水平逐渐降低。

图 5-6　白山小学活动场地

图 5-7　古水镇中心小学 6 000 平方米的塑胶运动场

3. 师资结构不良

按生师比标准衡量，小规模学校教师超编严重，生师比低于非小规模学校，教师数量充足。然而，农村小规模学校师资结构不良，老龄化、低学历、代课教师多等问题造成师资质量整体较差。

农村学校间师资质量差距越拉越大。大批特岗教师、资教生、免费师范生进入农村学校，高学历、年轻化的教师在农村教师中所占比例有所提升，师资质量得到改进，但这些师资却无法有效覆盖农村小规模学校，小规模学校师资结构呈现“不断恶化”的逆势变化特征。两个个案县试图通过“联校走教”提高优质师资对小规模学校的覆盖，然而走教频率低、不固定、覆盖学科有限，以及走教教师与当地社区相对隔离，不利于家校沟通，不能承担社区“文化领袖”职能，导致走教政策对小规模学校师资力量的实质改变不大，所获得的社区评价也不高。

师资的老龄化与教师队伍实力下降相伴而生。小规模学校老年教师比重大，意味着教师运用普通话和计算机教学的能力整体较差，对外部信息的感知、接受与传导能力也较弱，由于这些能力亦逐渐成为教师专业资格的要件，农村小规模学校师资实际“不合格”的比例将有所上升。随着新课程改革的推进，教师被要求在传统的课堂教学之外承担课程资源开发、儿童多元智力培养等诸多新任务，而年龄偏大的教师学习能力相对要弱，面对挑战越来越大的教育教学任务，他们对自身和学校发展信心更加不足，实际执行能力也相对下降。

（二）学校管理低效

农村小规模学校正在遭遇学校管理系统的双重责难。由于距离过远或所处地理不利，中心学校或中心小学无法对小规模学校形成有效监管，也不能提供及时帮助，在教育局—中心学校（中心小学）—小规模学校的管理系统内，小规模学校被置于孤立无援的边缘位置。同时，通过学校管理系统内的微型调整，将小规模学校的人事、经济管理权上收，使小规模学校不仅失去获取资源的独立身份，在无人问津的状态下又不能“擅自做主”，小规模学校陷入外无援、内无力的两难境地。

1. 无法获得有力支持

小规模学校位于县域和乡镇内学校布局的边缘地带，小规模学校建设与否、发展状况如何，不会影响到区域教育发展的最高水平，无害于教育管理者的政绩评定，所以优质教育资源先县城再乡镇，先中心再边缘的顺序分配规则一直未变，这也加重了向小规模学校配置资源的随意性。

作为最直接的上级管理者，乡镇中心学校或中心小学对学校的管理与支持都非常微弱。中心学校或中心小学对小规模学校的常规管理经常是走马观花式的到校检查，或通过电话进行远程遥控，这些无法对小规模学校的日常运转规范形成有效制约。中心学校非常清楚地认识到这一点，希望村委会能“帮忙管理”，但村委会与小规模学校之间的尴尬关系因小规模学校的抗拒而更加疏离，离得较远的中心学校和近在咫尺的村委会都无法对小规模学校有效约束。这意味着小规模学校必须在有限的资源供给中“靠自己”解决问题。

中心学校或中心小学开展的教研活动、考试评比和文体活动，对小规模学校的辐射力度非常小。由于小规模学校师生人数少，且距离中心小学或镇中心学校较远，参加教研活动和文体活动时障碍重重。比如，这些活动较少考虑到小规模学校实际，并不适合小规模学校参加，小规模学校在活动中只能是旁观者而非真正参与者。此外，教师人数太少，往返交通安全、新增经费负担等，也让小规模学校经常选择“不参加”。考试评比的管理方式能更大范围地覆盖小规模学校，但由于部分乡镇只选择高年级学生进行统一评比，只设立低年级的小规模学校游离于乡镇教育管理者的视线之外，这些学校平时的教与学过程无法被有效监测，教与学的结果“也说不清楚”。

2. 丧失独立的学校管理权

小规模学校必须依靠自觉维持运转和基本规范时，农村学校管理制度却倾向于捆绑发展，即上收小规模学校的独立管理权，使之依附于中心学校或中心小学。随着这种依附性增强，小规模学校资源获得的充足性和稳定性就越差，发展能力被削弱的程度越强。

农村小规模学校正在逐渐丧失它的独立地位。随着规模减小、办学设置不再完整，大部分小规模学校已成为某个完全小学的下属机构。它们不再是独立的经费核算单位，不再独立获得师资，经费和师资统一划拨给中心小学后由中心小学根据实际情况向小规模学校分配；小规模学校对校内事务的管理权力也转移至中心小学，教师绩效等级评定、年级和班级的开设都由中心小学决定。小规模学校甚至不必参加中心学校举行的会议，它对师资、经费、管理各方面的需求也无处表达。按照 2012 年春季个案学校所拥有的校内财权、人事权和日常管理权的大小，个案学校拥有的学校管理权独立程度如图 5-8 所示：

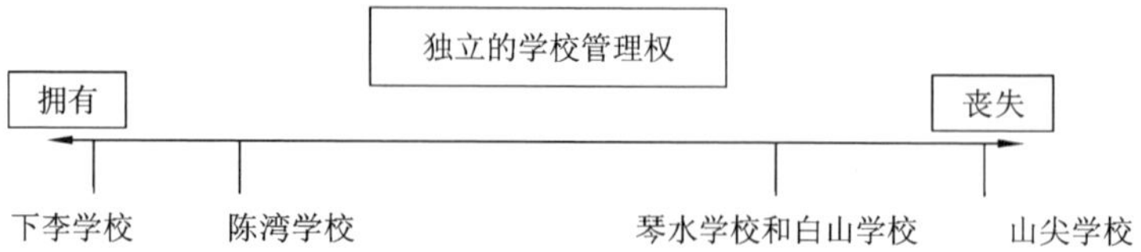

图 5-8 小规模学校所持有的独立管理权

个案学校的独立程度有所不同。山尖小学在2009年已被确定为镇中心小学的教学点，财权、人事权和日常管理权全部交给中心小学；白山学校和琴水学校在古水镇“一体化管理”制度设计中被定为“教学部”，主要管理权力也上交至中心小学；而陈湾学校和下李学校所在镇已经在管理上确定镇中心小学—片区中心小学—村级中心小学—村级不完全小学的学校布局，但陈湾学校仍直接由中心学校管理，下李学校对陈湾学校的校内事务并无任何干涉，但双方的从属关系已经明确；下李学校被设为辐射邻近5所学校的村中心小学，独立身份及所拥有的财权、人事权等并未改变，直接参加中心学校的各项活动，对经费、师资的需求也被中心学校重视。

对于中心学校来说，减少辖区内学校数、降级小规模学校可以减轻中心学校的管理压力，但小规模学校独立地位的丧失导致小规模学校资源保障水平降低，管理效率也更低。(1) 经费被截留。以个案学校的经历观之，小规模学校依附于中心小学后，公用经费流转环节增加，被剥夺状况加剧。(2) 师资被截留。中心小学对师资的截留较为隐性，在小规模学校教师退休或病假时，通常以减少班级数或聘请代课教师的方式来填补师资空缺，而将新增师资如资教生、特岗教师留在本校。(3) 管理效率降低。小规模学校的日常运转正逐渐走向“无人管理”局面，校长的权威认同被弱化，校长主动控制学校运转规范的能力与意识也变弱，只在对外交往与来人接待时才明确“校长身份”。校内管理权被合法剥夺，外部管理无法有效实施，形成小规模学校日常管理的空白地带。

(三) 学校自主发展能力较弱

农村小规模学校的生存命脉完全由它所依附的教育系统控制，在资源供给不足、管理不力的情况下，学校发展前景黯淡强烈削弱了小规模学校的发展信心，学校的自主发展能力也受到来自内外部各种因素的冲击。

1. 发展信心缺乏

学校越来越小，校舍条件越来越差，师资逐渐老化，课程无法开齐开足，这些都不利于教师、家长以及社区对学校的发展抱有充足的信心。正如许多旁观者持怀疑态度一样，小规模学校对于自身发展能力也不自信。德尼·古莱说，“对那些弱小的团体和社会来说，发展还是一个非常痛苦的过程，它们不得不适应各种互相联系而自己又无法控制的复杂关系”。面对周围巨大社会力量产生的刺激，“它们努力适应、保护自己、控制自己”[①]。许多时候，单单“做出改变”这一念头就足够让小规模学校对打破传统平衡产生本能畏惧，尤其是它们自己对长期被印刻的“落后、薄弱”的标签形成认同之后。“我们这样的学校不行”经常从小规模学校教师与校长口中被轻易地讲出，面对未来发展的不自信时常将他们紧紧束缚在“只管今日、不看明朝”的短期行为中。这种不自信植根于长期以来农村社会在追逐城市发展模式的农村自卑心理中，也是农村学校在长期发展中“自居落后”心理的扩散。小规模学校教师和校长很少能准确评价本校的优劣，灵活、亲密、乡土特色不足以引起他们的自豪，资源匮乏的不利也被无限放大，教师们因丧失对学校未来的自信心而不愿积极做出改变，如不再主动制作教具，不再主动家访，不再开教研会。

2. 发展前景黯淡

小规模学校更加弱小的趋势不利于教师、家长及社区对学校发展保持充足的信心，资源投入不足或已经被纳入撤并学校的“黑名单”，则让小规模学校的前景更加黯淡。生源减少的趋势在今后一段时期内很难改变，受由小变弱的惯性力量驱使，小规模学校发展更加薄弱、濒临消失。基于对个案学校各利益相关者的访谈和现实路径的分析，对5所个案小规模学校的未来发展前景的预测如图5-9所示：

---

① 古莱.残酷的选择：发展理念与伦理价值[M].高铦，高戈，译.北京：社会科学文献出版社，2008：14-15.

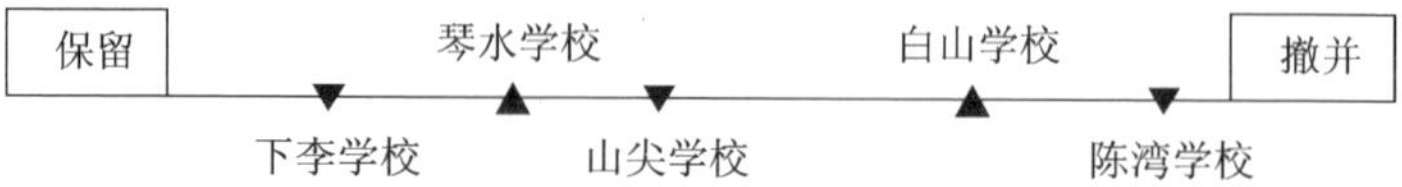

图 5-9　个案学校布局调整前景预测

对靠近左端的 3 所学校做出被保留的预测，主要基于他们的地理位置，如下李学校靠近公路且辐射能力较强，山尖学校是较广范围内的唯一一所学校；或者基于他们受到了社会精英关注，如琴水学校所在村在 2012 年成为县委书记的定点帮扶村；而对陈湾学校和白山学校做出被撤并的预测，则主要因为它们小而弱的局面而导致中心小学希图撤并或侵占资源的欲望加剧。田野调查资料反映，小规模学校内在因素如质量优劣、历史悠久与否或社区需求很少影响到学校的发展前景。

教育部多次强调“布局调整中应保证就近入学”精神，暂缓了学校被撤并的命运。但小规模学校暂时未被撤并，并没有为学校提供更多的安全感和发展信心。因逐渐丧失独立发展的身份和能力，这些小规模学校对必将被撤并的预期仍然强烈。白山学校的孙校长认为，将学校降级为中心小学的附属，就是撤并学校的前奏，“能留一天是一天，不会办太久的”，这样的心理在小规模学校普遍存在，“命运不在我们手里”的焦虑一直充斥在小规模学校校长的话语中。

小规模学校前景黯淡，是学校因小而脆弱的表现，并将进一步加剧这种脆弱的状态。由于学校缺乏与外部影响适度抗衡的能力，在不利因素进入学校发展轨道时也无法进行及时有效的自我调整，只能被动接受外部施加的影响。这种被动发展状态与管理者的“边缘化”发展策略相互呼应，加剧学校的脆弱性，依附于外部环境的未来自然是不确定的、身不由己的，家长的逃离、村委会的挑衅或管理者的错误决策，都将置小规模学校于更加困顿的境地。

3. 发展能力低

前景黯淡对小规模学校的损害，仅在小规模学校内部看，表现在两个层面：一是导致小规模学校过分追求短期性、外显性目标，比如教师以学生考出更高的分数作为教学的唯一目标，采用过度的机械操练和简单重复等手段，而忽视考试范围之外的学生知能发展；再如，学校日常运转规范所要求的各项工作计划、小结、会议和活动记录、教案等各种文字资料通常在上级检查前突击完成，应付检查而非保障运转成为他们完成这些任务的主要动机。二是严重削弱小规模学校的凝聚力。由于学校前景黯淡，“为学校的明天而努力工作”的口号再无从提起，校长在激励教师时也只能用“在这里一天就把这一天干好”之类的话语。整体上看去，老教师坐等退休、年轻教师人心思走的现象较为普遍，任教于小规模学校成为他们满足当下需求的谋生工具，组织发展的内部动力减弱。由于失去了共同愿景，教师的工作职责界限分明，只需完成各自的课时任务而不必借助团队协作，加重了孤军奋战的教师工作传统，在各安己事的工作中，组织目标无处附着。

二、对小规模学校生存与发展的基本判断

对比小规模学校与非小规模学校在资源获得、管理效力和发展自主能力等多方面的差异，小规模学校的生存状况堪忧，夹缝中求生存、无心无力谋求发展的特征明显，虽然小规模学校在镇内考试成绩排名有好有差，但小规模学校的资源不足和管理乏力却极大制约了它的发展空间，小规模学校的综合实力和发展潜力都比非小规模学校弱一些。不可否认，小规模学校发展状态，是农村学校群体在长期的城乡教育失衡发展中基础薄弱的必然反映，是农村学校发展差距的缩影，我们既不能对农村小规模学校发展的薄弱视而不见，也不能将弱小归罪于小规模学校缺乏进取精神，对小规模学校发展状态给出整体而合理的判断，是讨论小规模学校发展问题及解决之道的前提。

（一）小规模学校处在不断被边缘化的状态

在城乡教育发展的不均衡状态中，农村学校发展薄弱、落后于城市学校已成为不争的事实，而小规模学校正处于农村学校群体的边缘，是最薄弱的群体，且正不断被进一步边缘化。

小规模学校的资源基础比较薄弱。“乡、村办学”时代所使用的校舍、师资仍是当前小规模学校主要的资源支撑。当时的资源保障水平决

定了校舍建筑水平和教师专业水准都偏低，虽然在“普九”验收时期及以后投入专项资金进行对农村中小学危房改造，并对师资学历达标提出了强制性要求，小规模学校校舍与师资的底线水平有一定提高，但小规模学校仍受到历史投入积淀的较大制约。

办学责任上移至县级及以上政府之后，小规模学校的资源制约并未得到有效缓解，在国家向农村教育倾斜的资源配置政策要求下，优质教育资源主要到达位于乡镇范围内中心地带或交通干线附近的农村学校，在省→县→乡→校的层层转手后，真正到达小规模学校的部分极为有限。相形之下，农村学校整体办学水平有所提高，但由于资源补充缓慢甚至迟滞，相对优质的师资又不断被其他学校吸走，小规模学校却只能依靠日渐捉襟见肘的资源积淀来维持运转，这显然无法跟上不断提高的办学标准，小规模学校的绝对贫困和相对贫困程度都在加剧。在应当覆盖所有农村学校的倾斜性保障政策中，小规模学校却被政策设计者忽视，被不断推向更加边缘的危险位置，政策的倾斜保障可以说是局部的、片面的、被扭曲了的。

小规模学校的资源困境并未获得资源配置者及政策制定者的充分关注。在城乡教育均衡发展成为教育政策关键词的今天，农村学校中不同类型、不同规模学校的差距并未引起足够重视，小规模学校生存和发展薄弱状况在农村学校的“平均”发展水平中湮没不彰，它对教育公平的冲击也被寄希望于通过转移学生到中心地段学校就学来改变，导致小规模学校的去边缘化发展遥遥无期。

（三）小规模学校是一个分化的群体

小规模学校群体的分化表现在两个维度，其一小规模学校内部发展的水平差异，其二外部对小规模学校的需求差异，两方面的差异也发生一定的交互作用，发展水平影响到家长及子女的就读需求，而外部支持则对学校发展能力产生影响。虽然尚缺乏判断小规模学校发展水平的标准体系，但按照本研究所使用的办学规范、考试成绩、师生认同等指标也可对小规模学校进行优与劣的区分。呈现出良好运转状态的小规模学校在时间、活动、课程的安排上符合一定的规范要求，考试成绩能长期保持优秀，教师和学生对保留学校、办好学校持有强烈愿望并为此积极努力，个案小规模学校中琴水学校、下李学校属于此类；而运转状态较差的学校缺乏基本的办学规范，如上下课时间和活动的安排较为随意，只开设语文和数学科目，考试成绩不定或持续较差，教师缺乏工作热情和责任感，白山学校、陈湾学校和山尖学校接近于此类。

从外部需求看，村民对学校的需求都以一定标准的办学质量为前提，但由于择校的支付能力、邻校距离以及对家庭生活重要性的判断，不同区域的村民对保留并办好小规模学校的需求不同。村民对山尖学校需求非常高，转出山尖学校所产生的上学交通时间、安全担忧、经费支出等成本对普通农民产生压力过大；相对而言，村民对陈湾学校的需求度偏低，学校的办学质量不尽如人意，与邻近学校有条件较好的村级公路相通，且距离不远，择校的生活成本在绝大部分村民可承受范围内。

以这两个维度可将小规模学校分为四个类别，5 所个案学校作为示例被标注于图 5-10 中。结合前面几章的分析可知，上图中所谓的发展良好只是相对小规模学校群体内部而言，这类学校仍面临着严重的资源匮乏和发展薄弱问题。需求度高也主要与服务范围和服务人口有关，即小规模学校的存在可能免除了本地儿童上学的距离、时间、心理、经济等各方面压力，进而引起村民对它的高需求。

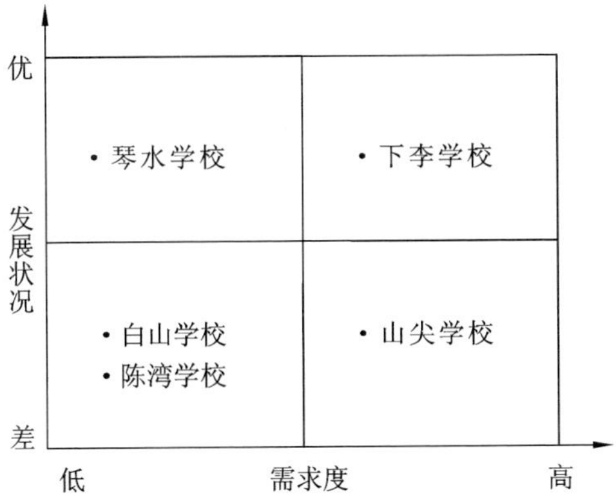

图 5-10　不同需求度和发展状况的小规模学校

（三）小规模学校仍是村落学校的主要形态

小规模学校一段时期内不会消失。农村学龄人口变动仍以小幅反弹表现中的下降趋势为主，人口出生率下降与出生基数决定了农村新增学龄人口空间不大，伴随着国家城镇化的进一步快速推进，由乡向城的流动人口总量只增不减，新增学龄人口中将有更大比例的成为随父母迁移至城镇的流动儿童，农村学校学生总量必将整体下降。

基于中央政策的态度转变，各地已逐渐放缓农村学校撤并速度，近期中央政府又发出“已经撤并的学校或教学点，确有必要的应当恢复”的要求，短期内农村学校数量将保持相对稳定或减幅变缓的态势，平均在校生规模也必将维持在偏低水平，不超过百人的小规模学校必将存在。

农村社会在较长一段时间内仍需要小规模学校满足“就近入学”的需求。由于自然环境不利以及交通发展水平相对较低，为农村儿童就近设立学校仍是关注民生与社会公平的教育政策的主导方向。农村地区居住分散、人口密度小，只服务一至几个村落的小规模学校招生数量极为有限，设立在村落中的学校将维持规模小的特点。

（四）小规模学校亟须强有力的系统支持

农村小规模学校长期薄弱地存在，其弱势地位非朝夕间形成，改善小规模学校的生存状况，也不可能一蹴而就，凭借一次性倾斜扶持也不可能解决它面临的多方面问题。小规模学校发展薄弱的问题已经到了必须引起充分关注的地步，放任农村学校间差距越来越大，通过把弱小学校变为附属学校从而将弱小学校隐藏，甚至直接关闭弱小学校，从表面上消除校际差距，这无异于饮鸩止渴。正视农村小规模学校发展薄弱的问题，充分关注并积极尊重农村小规模学校的生存与发展，并真正提高小规模学校自主发展能力，是小规模学校发展所真正需要的。

改善小规模学校生存状态，提高小规模学校自主发展能力，需要全面系统地看待小规模学校的发展。学校作为一个子系统，与外部大环境的联系密不可分且无时无刻不在。关注小规模学校所呈现的薄弱状态，不仅要着眼于学校资源的匮乏问题，还要有更宏观的视野，思考农村教育发展的方向何在，如何使农村教育发展的价值取向符合农村社会实践，如何使农村教育受益于城镇化和乡土社会的转型，而非仅仅就学校内部而论学校发展，仅拘泥于教育系统内部寻求小规模学校解困之道的尝试，最终必将遭遇失败。

当然，各种具体的帮扶政策也必须要放置于符合小规模学校实际的立体场景中，小规模学校的资源现状、利用能力以及影响日常运转的多种因素，都必须在政策设计时充分考虑。也就是说，不仅要通过倾斜性地资源配置来缓解小规模学校资源匮乏的现状，还要扩大小规模学校的自主空间，着力提高小规模学校有效利用资源的能力。比如，提供条件和平台，以增强小规模学校校长的管理能力和教师的教育教学专业能力；将学校发展与村落建设融为一体，以改变村落与学校相对隔绝的局面；等等。

第六章　对农村小规模学校生存与发展状态的反思

开放系统理论认为，学校存在于所谓的“组织场”之中，学校的“组织场”被连接在一个系统平衡的网络之中[①]。一般来说，学校系统环境中的这些组织都不受学校系统的控制。相反，学校系统总是听任这些组织的摆布。学校系统的输入—加工—输出循环不可避免地要与其他组织发生联系，这些联系有时可能具有解放力量、起支持作用，但有时会起到限制和阻挠作用[②]。在学校发展过程中，必然受到社会、经济、政治、文化等的影响，在处理学校可能出现的组织失败问题时，也应更多关注与外部环境有关的因素，关注整个大系统“实际上的运作（actually function）”。

11省（区）的问卷数据分析与5所个案学校的具体情况，从“面”与“点”上展示了农村小规模学校发展状态。无论从教育资源配置，还是学校的日常运转上看，农村小规模学校都表现出独特性。当然，农村小规模学校也非铁板一块，不同的小规模学校也呈现差异性，教师、村民和村委会对小规模学校的需求和评价也不同。以开放系统理论视角观之，小规模学校边缘化发展状况，既受制于小规模学校内部发展能力不

① BLAU P, SCOTT R.Formal Organizations［M］.San Francisco：Chandler,1962:195.

② 汉森.教育管理与组织行为［M］.冯大鸣，译.上海：上海教育出版社，2005:161.

足，也与外部环境未能为学校发展提供强有力的支持有关。一个组织的效能（以及最终的生存）依赖于它面对变化的环境而改变其自身的能力。农村小规模学校发展薄弱的状态，需要从内外部寻找原因。

第一节 影响农村小规模学校发展的因素分析

一、影响农村小规模学校发展的内部因素

作为公办学校，小规模学校在绝大部分时间内都不需担心必要的资源供养问题，但它依然承受来自外部环境的各种压力。面对变化着的外部环境，小规模学校“往往会发展精心构筑的内部系统和机制，保证一个得到增强的内部稳定水平，以调节外部环境的复杂性”①。在对外部环境做出应答的过程中，小规模学校需要努力维持存在的合法性，它必须“有选择地采纳外部环境所界定的组织目标和程序，通过去做外部主要利益关切者期望它们去做的事情来获取社会的信任”②。依据前述对小规模学校日常运转分析，可以将它应对外部环境压力的目标分为三个层次：完成核心任务→遵守基本规范→表现优秀，只有前一个层次的目标实现后，小规模学校才有可能去努力实现下一个层次的目标。基于对组织发展目标的认同，小规模学校的应对策略主要表现为“量力而行、有限遵守、保底运转”，这是小规模学校受资源、结构、文化等组织内部要素影响而做出的合情选择。

（一）小规模学校的资源性因素

“组织会追求智慧。在这种追求中，它们处理信息，系统提出规划和抱负，解读环境，形成策略和决定，检验经验并从经验中学习。”③ 当然，有些组织比其他组织更聪敏。一个组织的聪敏程度与组织的人力资本有关，即组织员工的经验、技能、受教育程度和动机。小规模学校顺

---

① 转引自汉森.教育管理与组织行为[M].冯大鸣，译.上海：上海教育出版社，2005：385.

② 汉森.教育管理与组织行为[M].冯大鸣，译.上海：上海教育出版社，2005：386.

③ MARCH J G.The Pursuit of Organizational Intelligence[M]. Oxford：Blackwell Business，1999：1.

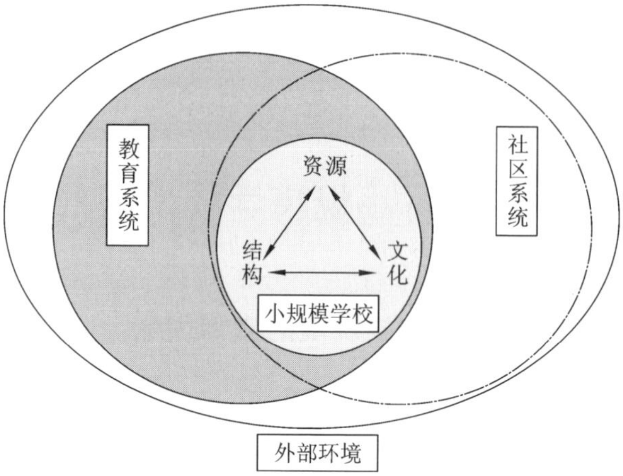

图 6-1　小规模学校的内外部环境

利完成三个层次的任务，离不开具有一定专业素养和职业认同的教师队伍。从小规模学校的教育教学实践看，无法严格执行时间表、课程表的安排，无法提供丰富的课程和活动，乃至为家长和社区代表所抱怨的某些行为，都缘起于小规模学校师资的某些特征。不可否认，经费因素在根本上制约学校的发展，而人力资本因素（对学校而言主要是师资）则更加重要。

1. 教师的能力特征决定了课程供给的单调性与不规范

前述对小规模学校教师群体肖像的刻画，基本反映出小规模学校师资队伍表现出如下能力特征：①教师的专业水平整体较低。他们中代课教师和由民办教师转正的公办教师偏多，职前未受过正式培训，优质的在职培训机会缺乏，导致专业自主发展能力不足；②教师知识和技能的专业广度不够。绝大部分教师所需专业和长期任教课程仅限于语文或数学科目，面对日益多样且专业要求提高的新课程标准深感力不从心；③适应能力不足。他们年龄偏大，初始学历和最高学历都处于偏低水平，学习能力不足，无法及时跟上教育发展要求和家庭教育需求的变化。

小规模学校教师的这些特征决定了他们只能提供较为单调的课程与活动。小规模学校教师大多不能胜任新增科目的教学，如信息技术、英语、音乐、美术、体育等，语文和数学成为仅存的课程。同时，由于语文和数学属于核心课程，是县乡统考的保留科目，这两门科目的教学成为学校组织的核心任务，教师尽可能多地将时间和精力用于语文和数学的教学与辅导，以保证学生考出好成绩，用课程质量的深度来弥补宽广度的不足。近年来，英语逐渐进入小学中高年级课程体系的核心位置，部分小规模学校聘用代课教师以开设英语课，也充分表明学校对完成核心任务的重视。

小规模学校教师的能力特征在教育教学规范的设定中被忽略，比如时间和课程安排体现出鲜明的工业社会节奏，课程内容带有浓厚的城市色彩，教师在教学实践中只能部分地或扭曲地执行此类规范。加之上级监管力度较弱，小规模学校教师很容易按照适合实际情况的方式开展具体工作。比如在一个没有电铃的小规模学校里，教师根据授课进度决定何时下课，一节课只上三十分钟还是两节课连着上，对于教师来说并无重要区别。必要时，教师还会将半天时间全部留给学生自习或者自由玩耍。在一个外来者看来比较混乱的教学节奏，却是小规模学校教师再自然不过的选择。

2. 教师的职业认同分化导致校际教学水平差异

在小规模学校中，单个教师就可以决定一所学校的成败。当一名教师不能对自身职业高度认同时，这种情绪极易传染给其他同事，仅有的数名教师就会在“一团和气”中集体忽视外部施加的规范性要求，而按照个人认可的方式开展教育教学。同样地，当教师对教学规范与组织任务产生积极认同时，他对时间安排、教案作业要求、课堂教学等规范的严格遵守，也极容易转化成学校有序有效的教学供给。当然，校长个人的影响力是至关重要的，他的管理风格能决定学校教育教学的规范性程度。

教师的职业认同充分反映在他们的日常教学中。在师资能力整体相当的情况下，不同学校的课程与时间安排、课堂教学规范却表现出差异，一个主要原因是教师对职业的认同存在校际分化。白山学校和琴水学校同处一镇之内，师生人数相似，但两所学校的教师在整体上表现出对在小规模学校教学的认同度差异。琴水学校的教师“喜欢和孩子在一起”，认为“只要能教书，在哪里都一样”，而白山学校的教师却抱持“不愿意在这里干”的心态，缺乏对教学工作的基本认同，“想到其他学校”，“不想搞教学了”。

教师对职业认同度高，则学校的课程安排和课堂教学的规范性提高，琴水学校的教师尽量增加课程的丰富性，并交叉带班，增加学生与不同教师的接触机会。当教师的职业认同偏弱时，教学安排更易受到外部因素的不利影响，更易于根据现时现场的情境弹性调整。比如，他们会在教学内容讲完时就提前下课，家中农活繁忙时就让学生放假，更易出现上班迟到、早退，因接待来访者就随意中断课堂教学等。在这样的学校里，学生经常被紧紧绑缚于同一名教师，短则一年，长则整个小学就读周期。

（二）小规模学校的结构性因素

小规模学校人员结构简单，难以形成有效的管理层级，学校在非教学的行政事务上也难以实现高度结构化。整体看去，小规模学校表现出更明显的松散联结特征，即在一个正式组织内，却强调非正式关系对组织成员的统领；各成员虽然彼此相关联，却保持一定的独立性。在校长对教师的管理中，便表现出不以规范为目标的管理方式，维护面子，免伤和气，尊重组织成员的独立性和灵活性。在教师对学生的管理中，任务导向的管理策略也同样被使用。

1. 非正式关系削弱了管理规范的效力

小规模学校师生大多来自本村或当地，血缘、亲缘、信仰、文化等将他们紧密地联系在一起，形成各种各样的亲密关系。走进校门，基于师或生的身份所建立的是制度所赋予的正式关系，诸如师生关系、同事关系等。正式关系存在与延续的基础，与乡土社会运行的逻辑大不相同，角色清晰，分工明确，运用既定的规章制度来控制，相对疏离。然而，正式关系是在牢固的非正式关系之网络内形成的，组织成员对于正式关系的依赖远远不如对非正式关系的依赖那么强。他们很清楚，“校长（或教师）的身份是暂时的，亲戚、朋友是一辈子的”。

非正式关系对小规模学校正式关系的强烈影响造成了校内管理规范的低效力。学校管理中，校长必须充分尊重教师的独立性（绝大多数时候校长也无法干涉教师在教室内的行为），只要教师完成核心任务，不影响学校的基本运转，校长便给予教师充分的自由。在教师行为已威胁到学校的存在或整体形象时，校长对其进行次数有限的管束，但也尽量采取不伤面子的柔和方式。校内教师之间的合作关系更容易因面子情结受阻。学校不再组织听评课，不仅因为教师没有时间，还因为他们不希望“暴露弱点”，在“各讲各的课”不会妨碍学校的生存时，建立教师合作关系的规范要求让位于维持单干局面的现实约束。

在课堂教学中，教师虽然被期望扮演至高无上的权威乃至万能的超人角色，但由于小规模学校教师与儿童共同生活于同一个村落中，也许就是儿童的邻居或亲戚，非正式关系对师生关系的影响比之在较大规模学校中更为强烈。由于儿童对教师整体形象的熟识，对这位“自己人”提出的陌生规则很难形成认同，以至于有些教师借用粗暴的体罚或严肃冷峻的面容来将自己“陌生化”，但效果有限，我们仍然看到“课堂有点乱”。而教师课堂教学的主要目标是学生考出好成绩，只要学生能按时按量完成学习任务，他们是否严格遵守课堂纪律，教师并不会刻意要求，仅在学生行为已妨碍课堂教学活动的正常进行时，教师才会强调课堂管理规范。

2. 结构简单降低了管理规范的必要性

小规模学校如家，班级亦是。在一个人员较少的教育组织中，教师与学生对彼此的了解更为全面细致，也更容易建立起亲密关系，学生之间犹如家庭中的兄弟姐妹，而教师则成为这个“家庭”中的家长。小规模学校中低学龄段儿童较多，教师职能中的照顾色彩更为明显。在学生缺乏家庭的有力支持时，教师更如家长，从学生的生活习惯养成、情感补偿到学习行为，教师需要给学生全面的关心与帮助。这种关心和帮助，既是教师对学生家庭结构变化的应对之策，也表明在如家的学校和班级中教师会竭力履行“分内”的家长角色。

小规模学校教师更容易形成对学生学习的责任归属认同。班上的每个学生成绩出现变化，教师都会认为与自己的教育行为有关联，教师的责任感也因此更为强烈。教师能对每一个学生进行个别辅导，及时发现学生作业中出现的每一个细微错误，手把手地耐心教他们改正；在追求优秀表现的学校里，教师还会在课堂内外尽可能地增加个别辅导时间，以实现不让一名学生掉队的目的。

师生之间的亲密关系和更加频繁的教与学互动，也减弱了教师要求学生服从管理规范的必要。在小规模学校班级里，教师通过家长式的温情关爱或密切监督，使学生不偏离课堂教学任务，能充足地学习，而不必像在较大规模学校那样需要教师不断地强调纪律。

仅有的几名教师长期工作在同一所学校，易于形成熟识、亲密的关系，但在交往中他们更注重面子情结，避免伤和气；人数较少的教师群体虽缺乏竞争，且固守习惯的行为方式，但容易达成共识、团结一致。由于校长与教师之间的区别已逐渐模糊，校长对教师的实质性影响减弱，而对单个教师的依赖比在规模较大学校更强，因此，校长需要对教师采取柔性管理，并赋予教师充足的自主空间，以获得教师对学校核心任务的高度支持与投入。这种管理策略随着学校规模变小而逐渐加强。

（三）小规模学校的组织特性

小规模学校师生少、结构简单，经费和师资不足，从而表现出异于常态的组织特征，但作为一个相对完整的组织，它同样需要维护组织的稳定性。在可用资源有限的情况下，以完成核心任务向教育系统彰显其存在的合法性，导致小规模学校在教育教学组织中主要提供核心课程、对规范有限遵守。

小规模学校的经费使用策略也体现出围绕核心任务、维持组织稳定性的特征。前文分析已指出，在小规模学校经费支出中，保基本运转的公务费所占比例较高，招待费成为主要的公务费支出；人员经费和人情往来支出所占比重过大，而直接用于教育教学活动的经费比较少。为维持小规模学校的生存，办公费、水电费等日常开支以及聘用代课教师的经费支出必不可少，而通过发放节假日福利、教学奖金、提供免费午餐等，小规模学校对教师进行直接的物质激励，以此缩小教师在小规模学校工作与在其他学校工作的差距，并保持教师对学校的认同。相对而言，增加课程与活动的丰富性是完成核心任务之后的发展型措施，小规模学校较少投入经费开展各种教育教学活动，这一定程度上还受到生源减少、师资老龄化严重的影响。

对校外人情往来和来人招待的“慷慨”支出符合小规模学校维持组织稳定性的要求。作为处在乡土社会的一个有机体，小规模学校必须按照既定的方式与外部环境中的组织与个人交往，需要以礼金支付和热情招待维持学校在社区系统中外部关系的稳定性。这类经费支出是小规模学校支撑门户的需要，是乡土社会中延传已久的个体交往方式向一个组织的投射，唯有遵守这种交往方式，组织才能获得社区系统对其存在合法性的认同。在小规模学校，无论是校内人员，还是向之支付礼金或招待吃饭的校外人员，都长期浸染于乡土文化之中，他们已经无法摆脱这种无形的束缚。小规模学校必须按照符合社会交往规则的方式，建立与外部环境的常态关系。在那些资源使用空间相对较大的小规模学校，“跑校长”们以同样的交往规则与资源配置者互动，“用私人的面子办公家的事”，为学校争取更多的资源，所支付的花销成本当然从“公家”经费中支出。

小规模学校作为一个基本完整的组织，很难将某一特性与它所采取的行为策略一一对应，更多的情况下，小规模学校资源、文化、管理以及外部的影响综合作用于小规模学校的策略选择。小规模学校被规制于正式的教育管理规范内，但却必须粘连于乡土社会中，在教育制度与农村现实出现一定的冲突时，它正处在冲突的最前沿，需要竭尽所能来调和冲突以保持生存。在社会、经济制度转型过程中，农村教育管理制度也必须发生变革。然而，由于小规模学校距离变革发起者过于遥远，教育变革设计过程中很难考虑到小规模学校的实际需求，变革所带来的发展机遇和资源支持很难顺畅到达小规模学校。当教育资源配置中心逐渐远离小规模学校时，农村小规模学校所能获得的资源保障减弱，从而成为教育变革中沉重代价的最直接承受者，在生源减少、资源不足、制度不利的多重制约之下，小规模学校发展日趋薄弱，无力在教育系统与社区系统中彰显其重要价值，甚至为外力所趋不断被推挤向系统的边缘地带。

二、影响农村小规模学校的外部因素

学校的外部环境中包括了许多聚合在一起的力量。小规模学校处于教育系统与社区系统的双重包裹之中，而他们又都受到来自更大的社会系统的各种力量影响。学校的生存与发展，教育系统和社区系统如何进行系统间的能量交换，都要受到社会、经济、政治、文化等因素制约。小规模学校边缘化的发展状态，受到学校外部各种力量的影响。

以来自国家的力量为例。国家通过系列的经济、教育、文化等宏观政策为小规模学校提供生存与发展的基础，并利用强制力量形塑学校发展不能逾越的边界，但国家力量对学校发展影响是一个十分复杂的过程。考虑到我国教育管理体制具有比较明显的集权倾向，代表国家威权和利益分配价值导向的教育政策是小规模学校发展最为重要的影响力量。本章将在第二节具体、详细地分析相关的教育政策对小规模学校的直接影响。

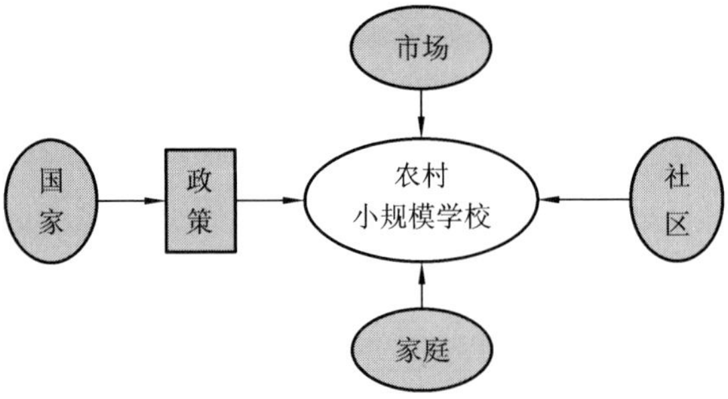

图 6-2　外部环境向小规模学校的资源输入

（一）国家力量对小规模学校发展的重要影响

国家力量主要通过创设相对稳定的制度环境和提供必要资源来决定小规模学校的生存与发展，制定政策是主要手段。国家发展战略目标的转移会形成新的制度环境，也会改变资源在不同区域、不同部门的配置。党的十七大提出“加快推进以改善民生为重点的社会建设”以来，以人为本、更加注重公平成为更加鲜明的政策基调，财力、物力、人力资源在城乡区域间以更均衡的方式配置。《中华人民共和国国民经济和社会发展第十二个五年规划纲要》提出要积极稳妥推进城镇化，提升基本公共服务水平，进行行政体制和财税体制改革等，并以“提高农村义务教育质量和均衡发展水平”作为强化农村公共服务的重要手段，这些改变同样影响到小规模学校发展。

1. 乡村的衰落与优质资源的撤离

城镇化不断推进，农村劳动力加速向非农业部门转移，所产生的乡村衰落问题不可避免地扩散到小规模学校。人口从乡向城、从边远向中心集聚，不仅带走了延续社区活力的生产能力，使乡村变得“人气不足”，而且由于向外流动的人多持有较高的人力资本如健康、知识和技能，并拥有相对优质的社会资本，他们参与决策的意识与能力更强，这样，乡村原有的优质资源逐渐被带走，优质资源内生能力也在不断下降。“国家权力不断从农村社会后撤……在地理上远离了村，它也在实际上逐渐远离了村民的生活”①，或者像有的学者认为的，“人民公社的结束……国家中止了过去对乡村一级的直接组织和直接控制”②，乡村所分享到的权力减少，参与决策的途径也不畅通，留守在乡村的人口所能发挥的影响力更小。

教育发展体现出鲜明的城镇化态势。学校向城镇聚居区集中，不仅是受规模效益驱使，也是适应人口流动的自然型选择。教育的城镇化发展，使大量的优质教育资源向位于中心地带的较大规模学校聚集，而位于边缘位置的小规模学校，无论是资源的实际占有还是对优质资源的吸引都处于不利境地。对小规模学校来说，资源不充足，则“难为无米之炊”，无法跟得上日益提高的教育发展要求；缺乏权力表达的机会，则无法反映自我诉求以影响教育政策的制定。总之，小规模学校无法有效回应教育系统的任务，在教育系统所发挥的作用也更加微弱，在教育系统中不断被推向最边缘。

2. 现有资源配置体制削弱了基层的教育管理自主权

农村义务教育从“三级办学”向“以县为主”管理体制转型后，县

---

① 陈柏峰.纠纷解决与国家权力构成[EB/OL].(2012-08-11)[2022-8-10]. http://www.snzg.cn.

② 毛丹.一个村落共同体的变迁:关于尖山下村的单位化的观察与阐释[M].上海:学林出版社,2000:89.

级政府负责对本地教育发展规划、经费使用、校长和教师人事等方面进行统筹管理，省级和中央政府不断加大转移支付力度，农村义务教育保障水平明显提升[①]。“以县为主”管理体制强化了财政对农村学校的支持，基本实现了资源的体系内供给，且供给者层级逐渐上移。2005年“新机制”改革以后省级和中央政府成为农村小规模学校经费的主要提供者，2011年9月起教育部开始试点建立“国标、省考、县聘、校用”的教师准入和管理制度，则标志着中央和省级政府全权负责基础教育师资供给。

现有办学资源配置体制改善了农村学校经费短缺问题，一定程度上有利于实现区域内学校的均衡发展，但并未根本改变农村小规模学校资源的不充足问题。供给的不充足性表现在小规模学校师资“总量过剩、结构短缺”与经费“来源单一、保底运转”并存，校舍与设备更新缓慢，对小规模学校发展造成极大制约。国家力量对农村教育的统领性控制已彻底改变了农村学校对村落的附着与依赖，但不充足且低效的资源配置体制有可能将小规模学校置于“下无根、上无援”的困境中。

表6-1　不同模式下小规模学校资源供给状况比较

	底层供给	重心上移后的供给
充足	总量偏少，社区资源约束引起不充足	总量增加，内部配置引起不充足
效率	能及时但低水平地满足需求	供给标准提高，需求无法及时得到满足
公平	与其他农村学校间资源差距不明显	与其他农村学校间资源差距较大

脱离了村落和乡镇的底层供给，小规模学校面临诸多困境，教育资源配置权上移后，按生均拨款、生师比等大一统的标准拨付，小规模学校的独特需求被忽视。在农村学校资源配置主体在村落或乡镇一级时，小规模学校的资源需求能及时反映给配置者，师资的年龄结构和学科结构基本保持在较为合理的范围内；在配置责任逐级上移后，由于缺乏顺畅的表达途径，也缺乏足够的表达能力，小规模学校无法及时有效地向

① 赵全军.社会转型与压力型动员[M].上海:上海人民出版社,2009:106.

配置者主张自我利益诉求。小规模学校的实际需求被统一标准扭曲后，更难得到中央、省、县等各级教育行政部门的及时回应。而此时，从乡土社会中获取资源的合法性已经消失，小规模学校的实际需求再也无法从村落中得到满足。当资源配置主体距离小规模学校越远，小规模学校遭遇的双重“漠视”就越明显，生存困境就越严重，小规模学校的边缘化状态也就越发加剧。

3. 小规模学校游离在义务教育均衡发展的主要目标群体之外

2005 年，教育部印发《关于进一步推进义务教育均衡发展的若干意见》，要求各地把推进义务教育均衡发展作为实现“两基”之后义务教育发展的一项重要任务，随后教育部及各省市教育厅又制定了实现这一任务的时间表和线路图。各级教育行政部门通过强化或调整既有的农村学校布局调整政策、义务教育师资和经费管理方式，以促进义务教育均衡发展。中央的布局调整政策从强调撤并学校到强调保留学校，为部分小规模学校提供了继续存留的保护伞；而强化对县域内义务教育校际差距的监测，也可推动县级政府在学校间均衡配置教育资源，在资源向农村学校倾斜配置政策的基础上，进一步增强小规模学校所在农村地区的教育资源获得能力。

然而，由于小规模学校的生均资源占有通常高于非小规模学校，原有义务教育均衡发展督导评估体系以生均指标为主，数量化评估很难反映小规模学校发展状态。比如，在评估开展的初期，小学教学点等小规模学校并未纳入评估范畴，这导致义务教育学校标准化建设将小规模学校排除在外。可见，在推进义务教育均衡发展的进程中，农村小规模学校与非小规模学校的办学差距必须要引起国家的足够重视，否则小规模学校发展将滞留在教育发展中的相对边缘地带。缩小小规模学校与其他学校的发展差距，需要来自国家专门资源支持和强制性要求的保障。

在缩小城乡区域间义务教育发展差距与缩小农村学校内部发展差距两者之间，义务教育均衡发展目标的设计上不能厚此薄彼，一定程度上应将后者放置于首位，因为只有农村学校内部差距缩小了，农村教育发展质量整体提高了，才可能出现真正的城乡区域间义务教育均衡发展。

缩小农村学校内部发展差距，首先要从根本上改变小规模学校在教育系统中的相对边缘和弱势地位。将小规模学校置于义务教育均衡发展的首要和主要位置，为其提供充足的资源保障，提高小规模学校的发展能力，应当成为义务教育均衡发展目标的首要关照。

（二）生源竞争中小规模学校处于弱势地位

改革开放以来，市场经济的铁律开始全面渗透乡村社会并改变着人们日常生活方式的方方面面，农村社会的经济与文化、道德秩序面临着重组与再生①。强调自由竞争、自主选择的市场经济运作模式已经出现在农村社会的各个方面，包括教育。我国的义务教育不仅形成了政府主导、财政全纳的公办学校供给模式，还积极鼓励民办教育的发展，以形成公办学校和民办学校公平竞争、共同发展的格局。

1. 学校间生源竞争不断加剧

生源对学校的重要性，犹如一个生命体中的血液，并正变得越来越重要。校际生源竞争在农村教育系统内没有受到任何形式的抑制，相反，家庭对子女教育需求日益多元化，“禁止收取择校费”的政策要求，以及快速发展的公共交通都为校际生源竞争大开绿灯。在个案县，小学生源的校际竞争已在全县范围内铺开，位于偏远农村地区的小规模学校也难以置身事外。整体来看，小规模学校对生源的吸引力显然不如其他学校，民办学校和公办学校都在从小规模学校服务范围内吸纳生源。在5所个案学校服务范围内，放弃本地就学机会到别校就读的学生，占本地学龄段人口总数的比例最低为50%，最高达90%。

2. 规模较大的学校竞争力较强

规模较大的公办学校依其发展基础好、师资和场地优势以及上级资源的倾斜性投入，通过建设寄宿制学校，发展学校特色，开展丰富多彩的活动，提供托管和饮食交通等生活服务，满足家庭需要。况且，这些学校多位于中心地带，如乡镇中心小学，片区中心小学等，以特色服务和较高的教育质量形成学校品牌，利用品牌的集聚效应和自身的辐射优

① 石磊.三农问题的终结：韩国经验与中国三农问题探讨[M].南昌：江西人民出版社，2005：153.

势，将其他学校服务范围内的生源吸引入本校。这些公立学校与乡镇中心学校、县市教育局以及其他政府机构距离较近，联系比较密切，更易形成有利于学校发展的外部合作关系，这又一定程度上增强了它们的竞争力。

私立学校的生源竞争也时常威胁到小规模学校的生存。私立学校以灵活、针对性强的办学方式满足不同家庭的需求，且私立学校的硬件设施比农村小规模好，小规模学校生源中支付能力较高的家庭更要选择私立学校。在调研中发现，在下李学校辐射范围内，一所私立小学生源爆满。这所私立小学的校长认为在自己的学校里，“教师的责任心更强，提供的服务更优，与家长的联系更频繁更全面”。

3. 小规模学校竞争乏力

小规模学校论辐射能力和品牌效应都不如非小规模学校，学校既缺钱又缺人，很难提供食宿、托管等生活服务，更无法与其他学校抗衡。部分小规模学校师资老弱、校舍破旧、管理涣散等不利条件更加速了学生的外流。就小规模学校目前的状况而言，它在生源竞争中的优势主要表现在两方面，一是方便就近入学，一是师生关系亲密。但方便就近入学的优势正随着农村交通条件改善、校车服务更为便捷而在平原等地区被削弱。

师生关系性质以及互动是否有效更多地取决于师资素质，小规模学校教师年龄老化、知识更新缓慢，与学生渐成隔代关系，不利于亲密关系的形成，也降低了教师因材施教的实质效力。正如在小规模学校现场所看到的，教师仍在使用教四五十人大班的方法来教只有三五人的小班，知识灌输多于能力培养，且随着学校管理效力的降低，部分教师的行为连基本的教育教学规范都无法达到。资源配置不合理以及外部支持乏力，抑制了小规模学校潜在的师生互动优势的彰显。

（三）社区对小规模学校的支持力度日趋减弱

社区支持力度减弱是小规模学校近年来面临的普遍问题。社区对学校的资源撤退不仅表现在物质资源的供给量减少，其文化哺育的能力也在减弱。

1. 来自村委会的投入不断减少

以高度分散的基础教育财政管理体制为特征的三级办学时期，地方政府，尤其是地方基层政府是实施义务教育的主体①，处于行政末梢的乡村组织成为村级小学赖以生存的资源供给者。多元化的农村义务教育经费来源中，社区提供的预算外经费占据大头，社会化和个人化的教育成本分摊方式使农民成为农村义务教育的真正“买单人”②。

“以县为主”义务教育管理体制下，乡村不再承担本地教育的筹资责任，学校不能再通过收费从农村获取资源。乡村向学校的资源投入从数量到所占比重都大幅减少，2007 年农村义务教育经费中非财政性经费投入仅占 5.1%，与国家将义务教育全面纳入财政保障范围同时出现的是乡村物质资源从学校的撤退。小规模学校所在村“零投入”趋势越来越明显，少数小规模学校从村委会获得的零星经费和设施援助，通常是村委会带有慈善甚至封赏性质的行为。村委会的这种行为，只是基于重视本村子弟受教育的传统认知，无任何制度约束力，支持力度极为微弱且不确定。不仅如此，由于农村义务教育对底层政府和村委会的“政绩”含义和政治意义淡化，村委会因为财政压力和行政能力的原因也不再充当农村社会的“全能代表”，而专注于发展经济和维护稳定③。更有甚者，从学校攫取利益来发展本地经济成为某些村委会的惯性选择。社区的资源撤退甚至物质资源从学校向社区的倒流，或缓或急地将小规模学校“推出”社区。

2. 社区文化哺育能力逐渐削弱

农村青壮年劳动力和优质资源拥有者大量流入城镇，不仅意味着农村人力资源和物质资源的进一步丧失，人口结构的扭曲势必导致“产业空、青年人空、住房空、干部空‘四大皆空’的乡村空心化现象”④。在一个走向凋敝和衰落的农村社会中，村落文化的传承和再造缺乏核心力

① 范先佐.我国基础教育财政体制改革的回顾与反思[J].华中师范大学学报(人文社会科学版),2003(5):115.

② 赵全军.社会转型与压力型动员[M].上海:上海人民出版社,2009:77-79.

③ 石磊.三农问题的终结:韩国经验与中国三农问题探讨[M].南昌:江西人民出版社,2005:154.

④ 李培林.从“农民的终结”到“村落的终结”[J].传承, 2012(15):84-85.

量和资源支持，曾经以多彩的民俗、井然的劳作、熟稔的联络编织出的礼制而安稳的村落，也正被卷入城镇化的齿轮中。在乡土价值观被市场经济条件下的消费主义一步步吞噬之时，乡土文化从本体意义上逐渐被农村的中坚力量所遗弃，村落能为儿童成长提供的文化源泉进入枯水期，对学校教育唯城市取向的矫正力量也正消失殆尽。本土文化对儿童成长所应该施加的精神导引更无从谈起，同时，乡土文化的破碎，乡土社会的凋敝，更加速了教师对小规模学校的逃离。可以说，急剧变化的社区正从学校内部和外部冲击小规模学校的发展。

（四）家庭无力为小规模学校提供充足资源

家庭对是否就读小规模学校的选择受多种因素影响，家庭教育需求、对小规模学校认同度，都影响到家庭的择校决策。但整体看，持有更多资本的家庭较多选择离开农村小规模学校，小规模学校学生家庭对学校的支持力度也逐渐减弱。

1. 家庭教育需求分化

在城镇化进程中，农民阶层内部开始出现前所未有的大分化。处于不同社会地位的群体在城市商业文明的渗透与市场经济的运行逻辑影响下，利益意识不断被唤醒和强化，他们所追求的利益类型和实现能力开始分化。以农民家庭的教育需求为例，尽管对优质教育的追求已成为全民普遍趋势，但对于何为优质教育却有不同的认同重点。部分家长认为，学校提供“优质教育”的能力不仅与学校的师资力量、装备水平有关，学生在学校中获得的成长体验、生活照顾同他们的学习成绩同等重要，甚至被低年级家长赋以更大的权重。对优质教育的认同存在差异，则对不同学校的偏好也出现差异。

择校成本成为影响家庭决策的关键因素之一。家庭所拥有的物质资本和社会资本总量不同，其子女在不同类别学校就读的可能性也不同。对于农村儿童来说，就读于城镇较大规模学校比就读于农村小规模学校的生活、交通等成本要高很多。以古水镇为例，在镇中心小学上学的学生比在白山学校上学的学生每学年最低需增加开支 4 000 元，在县城就读的农村学生则要支付更多。家庭经济状况决定了择校自由度，那些持有较为充足资本的家庭更容易出现在非小规模学校，而处于经济、文化、社会资本弱势的家庭只能选择花费较少的学校就近入学。在小规模学校所在社区，家庭条件与就读学校质量的关联更为显著。富裕、人手充足家庭的孩子在以县城学校为代表的优质学校就读，一般收入水平家庭的学生在乡镇中心小学就读，而贫弱家庭只能选择让子女在村内的小规模学校就读。

2. 学校因素和家庭因素共同影响择校决策

在择校决策中，除了成本约束以外，家长更为关注的是学校能否为学生提供安全、健康的成长环境，以及是否有利于学生的学习。就读于小规模学校，可以为儿童提供在家食宿的便利，并降低上下学的交通危险，有利于儿童身体成长。然而，从是否有利于儿童的学习来看，就读小规模学校利弊参半。在小规模学校，单个学生能获得教师更多的关注，但课程与活动相对单调，学校师资与硬件设施水平偏低，这些因素均不利于儿童全面发展。

如图 6-3 所示，家庭对小规模学校的优劣评价与已有研究结论相似，而师资、管理的优劣则因校而异。在有些学校，教师教学成绩突出，管理灵活有针对性，被家长极力认同；但另一些学校的师资薄弱、运转混乱的现象则为村民所诟病。

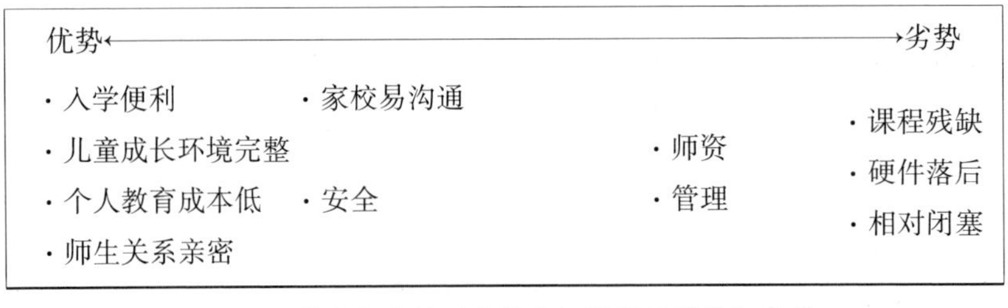

图 6-3　学生及家长眼中的小规模学校优势与劣势

图 6-4 呈现了家庭择校决策中家庭因素的主要特征。家庭所做出的择校决策是基于对学校优劣评价、学生年龄、家庭经济状况等因素，家庭主要的需求能在小规模学校得到满足时，小规模学校就成为首选之地。相对而言，那些子女年龄小、就读年级低的家庭更希望子女在小规模学

校就读，以便于家庭提供更好的生活照顾；择校的成本对贫困家庭的约束更大，贫困家庭儿童更多在小规模学校就读；希望子女“有学上”即可，或者认为小规模学校能带给儿童更好的成长体验的家庭，也倾向于选择在小规模学校就读。

学生年级低 ·		· 学生年级高
家庭贫困 ·	⟷	· 家庭富裕
有学上 ·		· 上好学
强调小规模学校优势 ·		· 强调小规模学校劣势
就读于小规模学校		就读于较大规模学校

图 6-4 不同家庭对不同学校的偏好

3. 弱势地位的家庭更多选择留在小规模学校

整体而言，小规模学校学生的家庭在经济资本、社会资本、文化资本的占有上居于弱势地位。在义务教育进入全免费阶段后，许可范围内的服务项目费用或代收费为学校资金短期周转提供了重要保障，那些聚集了优势资源家庭的学校也因经费充裕而比小规模学校具有更强的发展能量；而在小规模学校，因家庭支持力度弱，预算内财政经费成为唯一的经济命脉。拥有优势资源的家庭在家校联系的主动性和沟通能力上要优于那些文化资本和社会资本匮乏的家庭，小规模学校从学生家庭得到的教育辅助力量过于微弱，家校合作也因各种因素的阻碍难以实现。

由于就读于小规模学校的学生家庭处于相对的资源劣势和社会不利地位，他们主张自我权利的能力更弱，很难发出自己的声音，他们的利益诉求也很难引起重视或得到回应。“家长帮不上忙”的判断不仅适用于他们对自己子女的教育问题，也是他们在学校发展中无能为力的写照。处于资源弱势地位的农民家庭参与决策的机会更少，能力更弱，他们对提高小规模学校教育质量的要求也无法向资源配置者传递。最支持农村小规模学校的家庭是最无力的家庭，进一步加剧了小规模学校的弱小。

小规模学校比我们想象的还更敏感、更迅捷地捕捉到外界环境的变化，但对于这些变化，小规模学校既缺乏应对的知识与能力，也缺乏外部环境的有效支持，仅能完成其基本的教育教学任务。当前小规模学校的被动反应只能保一时生存，无益于解决自身之困，也无法寻找到学校发展的有效路径。外部环境的影响与内部因素在根本上是相互促发的，小规模学校的“愈来愈弱”，是它所处的整个系统失调及其无力应对外来变革而导致的结果。

在影响小规模学校的外部因素中，来自国家的力量应受到更多关注。在我国，中央政府掌控义务教育发展的力度非常强大，这决定了代表国家利益分配价值导向的政策必然是小规模学校发展最重要的影响力量，教育政策因素值得专门分析。

第二节　政策视野中的农村小规模学校发展

公共政策就是“政府选择做哪些事情而不做哪些事情”[①]。教育政策作为公共政策的下位概念，可以被理解为“一切政府选择做或不做的事情，以对社会新成员施加一种它认为对国家社会有裨益的影响”[②]。不同领域的公共政策因其所要解决问题的关联性而相互依存、相互影响，来自教育领域之外的政策与小规模学校发展同样有着千丝万缕的联系，本节重点考虑教育系统内的政策对小规模学校的影响力。

改革开放以来，我国农村教育政策已形成较为完整的体系，资源配置类、教育管理类政策在这一体系中占据了重要的地位。本节选取布局调整政策和经费、师资的配置政策，来分析当前教育政策对小规模学校发展的深刻影响。

一、农村学校布局调整政策分析

（一）政策文本分析

政策总会随着时间的推移不断演进。农村义务教育学校布局调整政

---

① 戴伊.理解公共政策[M].11版.孙彩红，译.北京：北京大学出版社，2008：1.

② 采用了香港中文大学曾荣光教授于2012年3月在华中师范大学教育学院的“教育政策研究”系列讲座中对“教育政策”的界定。

策在布局调整的初期、中期和后期体现出不同侧重。为了与本研究所使用的问卷数据与田野调查发生时间保持一致，本研究选择了2001年至2012年间，即农村学校布局调整中后期，中央与地方各级政府出台的布局调整政策文件进行文本分析。以针对性和实际效力为标准选取15份中央文件，其中名称含有“布局调整”的3份，在文件内容中单列对农村学校布局调整给出指导意见或具体要求的12份；H省及个案学校所在县市的布局调整文件9份，其中省级文件4份，市级文件1份，县级4份。在24份文件中，“村小和教学点”，“薄弱学校”，“农村边远山区、交通不便地区中小学校”或者“自然环境不利的地区小学低年级”等绝大部分特征与小规模学校的内涵相一致，文件中有关这些学校的表述可以被视为布局调整政策对小规模学校的态度。

1. 中央政策由强调撤并到强调保留的态度转变

结合导论部分表0-1对布局调整政策的分析可发现，小规模学校在中央布局调整政策中经历了一个由强调撤并到强调保留的方向性变化。在2006年以前为改变财权与事权严重不对等带来的农村学校发展薄弱状态，并顺应学龄人口减少的大趋势，中央布局调整政策以撤并学校为主要信号；而2006年以来，对乡村振兴、农民福祉的关注以及大撤大并的过激调整方式引发的社会矛盾，导致中央政策不断发出保留小规模学校的信号。

2001年3月发布的《教育部 财政部关于报送中小学布局调整规划的通知》，是15份中央布局调整文件中最早的一份，它要求撤并小规模学校的意图非常明显：

> 小学布局调整要在坚持学生就近入学的前提下，重点调整村小和教学点。要打破村村办学的“小而全”的办学方式，除交通十分不便的地区继续保留必要的低年级教学点外，有计划、有步骤地撤并一些村小和教学点。……要有计划、有步骤地撤并规模小、质量低、效益差的初中，扩大乡镇所在地的初中办学规模。

同年5月，《国务院关于基础教育改革与发展的决定》正式发出“因地制宜调整农村义务教育学校布局”的命令，要求对小规模学校“在方便学生就近入学的前提下适当合并，在交通不便的地区仍需保留必要的教学点”。农村学校新一轮布局调整正式启动后，接收校扩容能力有限、建设步伐缓慢一度阻碍了学校的快速撤并，财力不足抑制了地方政府撤并学校的意愿。为刺激地方政府加快布局调整步伐，规范布局调整中经费使用，中央财政于2003年6月出台《中小学布局调整专项资金管理办法》，由中央财政划拨专项资金保障中心地带、较大规模学校建设。文件要求：

> 布局调整专项资金主要用于支持标准化、具有示范效应的中小学校的改扩建和教学用图书、仪器设备的购置。项目学校必须具有较强的辐射能力和示范作用。撤并规模小、办学条件差的学校和教学点，扩大办学规模，提高项目学校的规模。

同时，小规模学校的撤并也进入中央对农村地区“两基”工作的检查项目。2004年《教育部 财政部关于进一步加强农村地区“两基”巩固提高工作的意见》提出要重视教学点在防止辍学、控制失学上的作用，但撤并小规模学校仍被鼓励，“中央财政将视各地中小学布局调整工作的开展情况，给予适当的奖励和支持”。

经费手段和行政督导的结合，有力推动了农村学校布局调整工作的进行。随着国家对城乡义务教育均衡发展的重视，在布局调整中撤并小规模学校成为提高农村教育发展水平的一种途径。2005年《教育部关于进一步推进义务教育均衡发展的若干意见》提出“坚持实事求是，因地制宜”进行布局调整的原则，并要求“适当调整和撤销一批生源不足、办学条件差、教育质量低的薄弱学校”。

截至2005年年底，小规模学校在政策文本中一直以“条件差、质量低、效益差”的形象出现，成为“适当合并”或“有计划、有步骤地撤并”的对象，“撤并小规模学校”成为文件释放的主要信号。在中央政策的鼓励或默许下，基层政府在布局调整工作中简单化和一刀切情况非常普遍，短短几年内因过度撤点并校产生“上学难”“大班额”“农民负担增加”等问题，引起社会各界和中央决策层重视。

2006年6月7日和9日教育部接连发出两份通知，要求“实事求是，因地制宜，坚持寄宿制学校建设和低年级学生就近入学并举的原则”进行布局调整，并提出以资源共享、远程教育为主要手段改善小规模学校学习条件。2009年《教育部关于当前加强中小学管理规范办学行为的指导意见》中又再次强调“撤点并校要十分慎重，坚持一切从实际出发”；2010年《教育部关于贯彻科学发展观进一步推进义务教育均衡发展的意见》对农村学校布局调整中小规模学校的撤并办法和程序以及建设问题给出了指导性意见。

> 地方各级教育行政部门在调整中小学布局时，要……坚持实事求是，科学规划，既要保证教育质量，又要方便低龄学生入学，避免盲目调整和简单化操作。对条件尚不成熟的农村地区，要暂缓实施布局调整，自然环境不利的地区小学低年级原则上暂不撤并。对必须保留的小学和教学点，要加强师资配备，并充分利用现代远程教育手段传送优质教育资源，保证教育教学质量。

对布局调整政策进行调整，也受更高层级的政策所要求。《国家中长期教育改革和发展规划纲要（2010—2020年）》明确要求，“适应城乡发展需要，合理规划学校布局，办好必要的教学点，方便学生就近入学”。教育部2011年起也将这一态度作为对待农村小规模学校的基调，《教育部2012年工作要点》延续2011年对“继续办好必要的教学点”的要求，提出“推进义务教育均衡发展、布局优化，审慎推进义务教育学校布局调整，坚持办好必要的村小和教学点”。

2012年9月，教育部发出《关于规范农村义务教育学校布局调整的意见》，开始对已有布局调整政策和行为进行调整和规范。该文件突出强调，“农村义务教育学校布局要保障学生就近上学的需要”，并提出低年级学生不寄宿、高年级学生以走读为主，学生单程上学时间不超过40分钟等指导意见，并要求“坚决制止盲目撤并农村义务教育学校。已经撤并的学校或教学点，确有必要的应当恢复”。2016年10月教育部办公厅又发布了《关于农村义务教育学校布局调整有关问题的通报》，要求“切实高度重视、严格撤并条件、规范撤并程序”等。

2006年以来，小规模学校在中央布局调整政策中的形象发生改变，其“必要性”被多次强调，在“条件尚不成熟的农村地区”“自然条件不利的地区”和“交通不便的地区”，小规模学校被要求“暂不撤并”甚至“必须保留”；2010年以来中央又提出“办好”必要的小规模学校。至今日，中央政策从强调“差”到明确“必要”，从要求“撤并”到“保留”到“办好”的态度转变，对农村小规模学校的性质、地位及其价值给予了一定程度的判定和认可。在2018年中央政府也为农村小规模学校量身定制了发展政策，为小规模学校的有序发展提供了针对性的制度保障，强调将其纳入整个乡村教育全局。但农村小规模学校在十余年的大撤大并中“已经撤得差不多了”，相关各方在对待小规模学校发展时也呈现出强烈的路径依赖，通过中央政策的倾斜性保护来对冲前期政策累积的不利影响，尚需一定的时间，更离不开地方政策的有力执行。

2. 地方政策中发展小规模学校的动力不足

中央布局调整文件中对农村小规模学校的态度和方向导引直接决定了地方政策的态度和立场，在新一轮布局调整政策出台之后，各省纷纷制定本省布局调整工作的指导意见和具体办法。2002年《中共H省委办公厅、H省人民政府办公厅关于调整优化农村中小学布局结构的意见》成为H省农村中小学布局调整中最重要的文件。在这份文件中，明确提出了“逐步将中小学布点向人口密集地区和中心城镇收缩”的要求。文件规定：

> 坚持因地制宜、科学规划、讲求效益、积极稳妥的原则……今后国家和省下达的有关教育专款和其他渠道筹措的建设经费，一般应用于规划中长期保留的学校。

> 平原和丘陵地区规模在 6 个班 150 人以下的小学应实行联村办完小或高小，使一所小学服务区域人口逐步达到 5 000 人以上。……布局调整后的学校要办在现有条件较好、人口相对集中、交通比较方便的地方。

根据前文对个案小规模学校的描述，小规模学校无法达到服务人口、办学条件、地理环境等标准，成为该文件中被“收缩”的对象；同时暗示，暂时保留的小规模学校将不会得到各种渠道筹措的建设经费，成为基层政府中断向小规模学校投入建设经费的合法性依据。

在简单化、一刀切地追求学校数量减少的布局调整做法被中央政策明令禁止以后，各地方政府布局调整规划发生相应变化，省级文件中开始出现“以方便和满足群众的需求为出发点”，“立足实际”，“保留、改建一批小学和教学点”等字眼。然而，减少学校数量的要求依然强烈，削弱小规模学校发展能力或者撤并大部分小规模学校仍成为省级政府对布局调整的要求。

H 省教育厅 2010 年出台《H 省教育厅 省发展和改革委员会关于切实做好义务教育学校布局调整 稳步实施学校标准化建设计划的指导意见》，要求各地在规划义务教育学校布局时，“明确永久性保留学校、过渡性保留学校和撤并学校，……结合布局调整进度，按照统一标准、均衡配置的要求，统筹规划保留学校建设”。同年的《H 省教育厅工作要点》对保留学校建设同样予以强调，永久保留学校成为改善农村学校办学条件的首要目标对象。

中央和省级政策的态度转变并未得到市、县级层面的深刻认同。对比来看，2006 年以来，越往下一级政府，所指定的布局调整方案对小规模学校的存留与发展最为不利，而他们却是布局调整工作的直接实施者。在东洪市 2008 年《关于切实做好全市义务教育阶段学校布局调整工作的通知》中要求按照“减少数量、增加容量、提高质量、形成规模”的总体要求，依据“实事求是、相对集中、方便入学和改善办学条件”的原则开展布局调整工作：

> 150 人以上的小学保留为完全小学；100~150 人的实行联村合并办完全小学；100 人以下的改为无经济核算权的教学点或撤销。对居住相对分散的地方可酌情适当调整。小学校均服务半径达 2.5 公里以上。……农村小学和教学点必须在方便学生就近入学的前提下适当合并。办学条件差、危房多、规模小的学校并入办学条件较好、方便多数孩子上学的学校。

县（市、区）级政府更为明显地追求本地布局调整工作中的量化目标。宗县《2008—2010 年布局调整方案》提出“70% 的初中学生进城、70% 的小学生进城、70% 的教师进城”，在迁建可容纳 12 500 人的“教育城”之后，将规模较小的农村学校设置为教学部或教学点；并计划将全县农村小学数量由 2008 年秋季的“完全小学 115 所、初小 44 所和教学点 60 所”减少至 2010 年秋季的“完全小学 31 所、初小 91 所和教学点 69 所”。

南县在 2011 年秋季制定的“义务教育阶段学校布局调整规划统计表”和明细表显示，农村中小学校数量将在 2011—2015 年间减少 46 所，以撤并教学点和初级小学、调整完全小学降级为初级小学和教学点为主。

事实上，市、县布局调整规划方案是在省级教育管理部门的授意或默许下形成的，省级政策中减少学校数量的要求虽已隐身，但在审批下级呈报方案时，这一要求仍发挥极大威力。以南县为例，由于“地理环境复杂，村组交通路网不够完善，学校撤并阻力大”，该县布局调整规划以保留和改变办学形态为主，据此制定的方案在 2011 年两次报送省教育厅时皆被退回。南县时任教育局局长说，教育厅“嫌我们学校保留得太多了，撤并力度不够”。

同样，我们在 2020 年前后出台的一些地方性文件中也不断看到，农村小规模学校的发展受制于地方政府对未来一段时间内“农村学校规模持续收缩”的判断，以及财政能力约束，出于“顺应人口流动趋势”的考虑，减少（即撤并）包括小规模学校在内的农村学校依然是县、市级政府的主要做法。

对于地方政府，尤其在县、市级层面，既要满足省级对削减数量的要求以节约财政支出，又不能与中央政策精神正面冲突，两难境地中，基层政府选择改变小规模学校的办学形式，任由他们自然消失。主要做法是：抽走小规模学校的较高年级，将原来独立的学校设为教学点，撤销他们独立的人事管理权和经济核算权；进一步削减向现有教学点的投入甚至抽离原有资源等。这是任其自然消亡的调整方式，最终仍将带来小规模学校数量的大幅减少①。也就是说，小规模学校的生存威胁虽然短期内被“冰封”，但长久看来依然会扑面而来。

3. 上级政策要求的变化无法及时获得下级响应

各级出台的布局调整政策文本，从最初开始就在两个方面对农村学校布局调整进行规制，一是撤并哪些学校，二是建设哪些学校。从中央政策和地方政策的梳理中，我们可以清晰地看到，小规模学校一直处于被撤并的风口浪尖，而规模大、地处中心位置的学校则不断得到专项经费的倾斜投入。两类学校命运的差别经历了十余年的政策演变依然鲜明。目前看来，不同层级布局调整政策重心有所不同：越往高一级政府，越强调农村小规模学校的必要性及建设策略；越往低一级政府，越突出小规模学校的减少和学校向中心地带的聚拢。下一级政府出台的文件既是整个布局调整政策重要的组成部分，同时也是在文本层面对上一级政策精神的执行，不同层级政策的重心错位体现出政策内部的不协调。

从不同政策文本出台时间与标题看，中央的布局调整相关政策在2006年以后几乎不再有任何鼓励学校撤并的文本表述，而省级和市县级布局调整文件在2011年以后仍在一定程度上鼓励学校撤并。在中央的政策焦点转移之后，省级政府相对快速地进行政策调整，但市县级政府往往拘于前一任务仍在进行而无法戛然而止。这反映出，在布局

① 据2020年全国教育事业发展统计公告，我国以小学教学点为典型代表的小规模学校数量从2017年的10.3万个，减少至9.03万个，这表明，任其自然消亡的调整方式正在隐性但“凶猛”地吞没部分小规模学校。

调整政策从制定到实施的过程中，中央政策对政策执行预期比实际所需时间要短。在前一项政策尚未被充分执行时新的政策已经发布，基层政府应接不暇在所难免。当前后两项政策出现冲突，如从要求撤并小规模学校到强调尽量保留转变后，政策的实际执行者还将感到无所适从。掌握最终决定权的县级教育部门对既有布局调整方案不会因上级简单的一句“叫停”而做出大的改变，改变小规模学校办学形式的隐性调整成为必然。

基层教育决策者在制定具体工作方案时，通常会受到来自教育系统内外既有政策效果的影响，而高层教育决策者显然无从得知影响基层决策者的全部信息。信息错位导致“上有政策”对地方现实情况的针对性不足，而地方受实际限制不得不“下有对策”，这在布局调整政策的执行实践中有鲜明体现。

（二）政策执行过程分析

2002年中共H省委办公厅、H省人民政府办公厅关于调整优化农村中小学布局结构的意见对省级及以下各级政府在布局调整工作中的责任予以明确划分：

表6-2　省级及以下政府的学校布局调整工作职责分工

政府层级	职责
省级	制定指导性意见，对工作进行分类指导，并进行督促检查
市、州、直管市	根据省里制定的意见，对辖区内各县（市、区）中小学调整优化布局工作进行指导，具体制定辖区内普通高中调整优化布局结构方案，并对各县（市、区）调整优化布局方案进行审核。审批普通高中的调整
县（市、区）	负主要责任。将调整优化中小学布局结构规划纳入经济社会发展的统一规划，在此基础上制定调整优化布局结构的工作方案。县（市、区）制定的规划和方案要具体到学校、年级和班，严格按人口出生率变化控制年级数、班组数和班额。审批管理范围内初中、小学的设置和调整。

对于县（市、区）以下层级的政府部门和机构，文件中仅提到“要明确有关部门和乡、村的责任”，具体职责语焉不详。同时要求，“调整优化中小学布局要适应乡（镇）、村改革的需要，原则上调整优化学校布局工作要放在乡（镇）、村调整合并后实施”。职责分工的规定，将农村义务教育学校布局调整的权力交给了县政府和教育局。

1. 不同群体在小规模学校撤并时权力–利益矩阵中的位置

在以撤并小规模学校为主要特征的农村学校布局调整政策执行过程中，小规模学校利益相关者群体的利益发生了相应变化，在权力–利益矩阵分析中，几个主要的利益相关者的位置如下图所示。县级教育行政部门和乡镇中心学校处在“高权力、高利益”的D区，学生和家长处在“低权力、高利益”的B区，而教师、村委会及其他村民等处于“低权力、低利益”的A区，高层决策者处在“高权力、低利益”的C区。

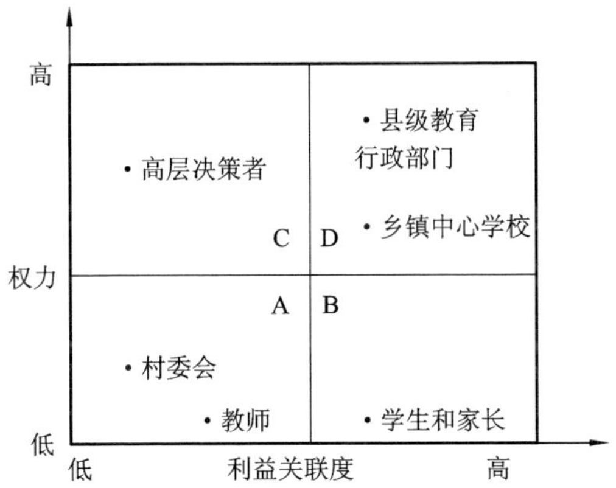

图6-5 小规模学校撤并时相关者在权力–利益矩阵中的位置

从权力高低来分，县级教育行政部门拥有上级赋予和制度赋予的最高权力，对是否撤并小规模学校拥有根本的决定权，而村民、学生和教师几乎处于失语状态。“普通村民只是一个影响社会稳定的重要变量，他们也只是在这个层面上才得到重视"[①]，随着对布局调整引发的冲突性事件的更加重视，在文件规定和实践操作中村民被赋予一定的意见表达权，避免引起社会冲突也成为县级教育行政部门决策与执行时必须考虑的因素，但村民的低权力状态并未改变。教师和村委会在布局调整中的权力获得面临同样情况。在布局调整行为引起较大范围的强烈不满时，"草根力量"对行政权力的反冲也将产生作用，但发生频率极低。事实上，已有研究结果发现，75%以上的社区居民、学生家长和教师在布局调整中并未被征求意见，成为"沉默的大多数"[②]，更无法探究他们的意见是否被听取。

从利益关联度看，小规模学校被撤并对县级教育行政部门和学生、家长的利益影响最大，对村委会、其他村民、教师的影响相对间接和微弱，他们之间对撤并小规模学校的方向性分歧也最明显。

县级教育行政部门从小规模学校撤并中获益最多。学校的大量减少降低了管理成本，学校规模增大产生的规模效益又能大量节约办学的经费成本，可量化的布局调整效果又迎合了上级对该项工作督促检查的标准要求，可谓"一石三鸟"。宗县教育局对布局调整前学校改造升级的增量投入测算表明，每所学校至少需要投入500万元，全县共需资金9.2亿元，而投资4亿元建设教育新城以及建设调整后保留的学校，不仅节约了近5亿元，农村中小学"六室一场"、"班班通"、标准化实验室等的覆盖率和实现水平上也在全省排名前列。

学生和家长因小规模学校撤并所获得的利益是在规模较大、办学条件较好的学校接受较优质的教育，但这些利益的获得并不确定，而且以学生受教育成本的增加为代价。他们所承受的利益损失表现在：上学的经济成本增加，上下学交通安全隐患增加，就读村外学校的心理适应难度增加，对身体健康的可能性损害也存在。不同类别的利益无法运用加

---

① 金太军.村庄治理与权力结构[M].广州:广东人民出版社,2008:90.

② 雷万鹏,张婧梅.构建公正的学校撤并程序:对民众参与度和满意度的实证调查[J].全球教育展望,2011(7):68.

减法来判断学生和家长利益的变化，但与县级教育行政部门利益总量增长的鲜明趋势相比，学生和家长所承受的利益衰减趋势更为强烈，他们为获得可能的优质教育所付出的代价明显增加。

小规模学校的撤并对于不同的教师和村委会的利益影响不同。公办教师对教育系统的吸附能力保障他们在小规模学校撤并后转校、转岗而无生存之虞，那些家住本村的教师将遭受家校距离增大的利益损失；绝大部分的代课教师则在学校撤并后面临失业。

2. 不同群体的权力-利益互动对执行小规模学校撤并策略的影响

根据权力-利益矩阵分析的初始设计，在一个项目的推行中，高权力、高利益（D）的群体应获得最大参与度且获取最大满意度；要向低权力、高利益的群体（B）提供重组信息，并经常听取他们的意见以确定他们的利益与项目目标保持基本一致；低权力、低利益群体（A）的利益诉求要得到密切关注，但不必提供过多信息。低权力、低利益群体A可能向低权力、高利益群体B演变，而低权力、高利益群体B的利益诉求一旦获得态度不甚明朗的高权力、低利益群体C的关注，政策实施将出现变动。以小规模学校撤并这一策略的推行为例，县级教育行政部门因高权力、高利益位置而一直获得最高参与度、最大满足，他们的利益诉求成为小规模学校撤并策略的主要目标，而学生和家长的利益则成为第二位的目标。两个目标产生冲突时，学生和家长的利益通常让位于县级教育行政部门的利益。在学生和家长的利益损害得到高权力、低利益者C的关注时，如校车安全、营养午餐、超大班额等引起高层决策者的警觉，将出台新的文件来调整、规制D使其利益诉求与B保持基本平衡。

高层决策者干预县级教育行政部门行使权力的方式与范围，需要学生及家长的利益损失被充分表达且被高层决策者关注到。由于信息在传递中的损耗不可避免，高层决策者所关注到的只是学生和家长的部分利益；权力在自上而下的续接中易产生损耗和扭曲，也使得高层决策者的干预效果迟滞且力度有限。在布局调整政策推行中，村民及其子女因学校撤并所面临的求学困境从一开始就存在，但直到被大众传媒不断报道，村民的利益诉求才引起关注。上学远、大班额问题，校车安全事故，寄宿生营养问题等，频现媒体，一次又一次将农村学校布局政策的“老病与新伤”推到中央决策层面前。决策层态度的转变，以及部分地区的学校基本上“可撤的已被撤”，小规模学校从一刀切地被撤并到通过改变办学形式来保留，成为县级教育行政部门的必然选择。

在县级财政无法支持的县市，高层决策者态度的转变也难以根本改变小规模学校的命运。在小规模学校仍大量存在的地区，学校的标准化建设以及日常运转所需经费对县级财政压力仍然很大，对省级转移支付力度的要求也不断增加。出于降低学校布局密度、增加服务人口和减轻转移支付经费责任等考虑，省教育厅要求南县加大学校撤并力度，而南县教育局却无法短期内将农村学校数量降至省教育厅的期望范围。在这样的地区，小规模学校仍将大量存在，但却只能低水平生存。

在乡镇范围内实施小规模学校撤并策略时，学生和家长依然保持在权力-利益矩阵的低权力、高利益状态，策略的推行以他们的利益受损为代价。乡镇中心学校在决定哪些学校被撤并时，通常受三个因素影响：学校的辐射能力、发展基础和有无代言人。处于一定范围内中心位置的学校不能撤；发展基础好，得到的村民认同的学校，也不能撤，否则会激起民怨；而学校有无代言人，是指学校是否能得到外界关注，有无社会精英提供资源支持。中心学校在决定撤并已被媒体关注的小规模学校时更加谨慎，而有社会精英支持的小规模学校保留得更久，甚至村委会也会受其影响保护学校利益。然而，社会精英与小规模学校的直接接触微乎其微，他们的子女也极少在小规模学校就读，通过社会精英或大众传媒对小规模学校的关注而改变中心学校撤并决定的可能也非常小。

在强行撤并策略向“任其自然消亡”的策略转变以后，仅仅保留小规模学校并无助于真正维护学生的受教育权益。中心小学对小规模学校资源的抽离很少会被中心学校干涉，而乡镇政府同样支持村委会对小规模学校资源的侵占，学生及家长的利益很难被重视。在一些村庄，由于小规模学校无法享受充足、及时的资源补充，虽然家长们的选择已经由“能否在小规模学校上学”，拓宽为“在小规模学校享受不尽如人意的教育资源”或者“主动到其他学校享受优质资源”，但这一种选择显然同样无法让人满意。

二、教育资源配置政策

（一）农村小规模学校的资源供给方式

1. 中央和省级政府承担主要责任

农村小规模学校所需的经费和师资资源供给责任，被义务教育管理体制决定了由四级政府共同分担。2001 年《国务院关于基础教育改革与发展的决定》确立了“国务院领导下，由地方政府负责、分级管理、以县为主”农村义务教育管理体制，要求进一步落实《中华人民共和国教师法》对中小学教师的管理权限，加强中小学教师编制管理。“以县为主”实质上是将对义务教育的投入责任以及重要人事管理责任由乡级政府移交给县级政府，经费主要由地方财政在中央核定的财力范围内自主安排，中央财政通过“以财力性转移支付制度为主，以专项转移支付制度为辅”的转移支付制度，履行支持义务教育事业发展的职能①。

2005 年《国务院关于深化农村义务教育经费保障机制改革的通知》和 2006 年修订后的《中华人民共和国义务教育法》进一步将义务教育经费保障责任上移，由省级人民政府负责统筹落实义务教育的经费投入，而中央和省级政府设立专项资金向农村学校直接补充教师的做法也全面铺开。需要说明的是，2009 年以后更多的省份成为“省直管县”改革试点，省、市、县三级地方政府间关系逐渐向省、县直通的行政关系转变，市一级政府在义务教育资源供给中的职责也越来越少地出现在上一级文件中。根据中央和省级文件规定，“以县为主”管

① 范先佐.构建“以省为主”的农村义务教育财政体制[J].华中师范大学学报(人文社会科学版),2006(2):113-118.

理体制下，农村义务教育经费和师资供给责任在各级政府的分工如表6-3所示：

表6-3 “以县为主”管理体制下各级政府教育经费和师资供给责任的分工

	中央	省级	县级
经费	制定学校的学生人均公用经费基本标准和义务教育经费保障的具体办法；规范财政转移支付制度；设立扶持农村地区、民族地区义务教育的专项资金；对中西部及东部部分地区农村中小学教师工资经费给予支持	负责统筹落实义务教育经费投入；在财政预算中将义务教育经费单列；定期对学校校舍安全进行检查、维修、改造；均衡各县财力，逐县核定并加大对财政困难县的转移支付力度，向财力薄弱地区工资性转移支付	编制预算；均衡安排义务教育经费；确保将上级人民政府的义务教育转移支付资金按照规定用于义务教育；H省非贫困县市财政按学生年平不低于15元的标准给予公用经费补助
师资	建立义务教育教师资格制度、教师职务制度、教师聘任制度；推行城市教师、大学毕业生到农村支教制度；监测各地教师补充工作情况，作为教育质量评价的重要指标	掌握省内中小学教师编制需求情况，统筹协调、及时满足教师补充需求；统一组织教师公开招聘考试；指导、检查和监督各地中小学教师补充工作	严格按照教师资格申请条件和认定程序，认定义务教育教师资格，通过公开招聘补充教师；解决教师队伍结构性矛盾

注：本表主要依据《中华人民共和国义务教育法》《国务院关于基础教育改革与发展的决定》《国务院关于深化农村义务教育经费保障机制改革的通知》《教育部关于进一步做好中小学教师补充工作的通知》和《H省财政厅 省教育厅关于核定义务教育阶段中小学公用经费标准和生均公用经费财政拨款标准的通知》等文件整理而成。

2. 经费与师资供给的具体方式

“新机制”框架内，中央和地方各级政府的经费责任进一步细分，中央政府对东中西部农村义务教育经费的分担比例有所不同，而各省对本行政区域内义务教育经费的承担比例也有差异。表6-4呈现了H省农村义务教育经费责任分担的具体规定。

表 6-4　H 省农村义务教育经费保障机制关于经费责任分担的具体规定

1.免学杂费补助资金,中央与地方的分担比例,比照实施西部大开发政策的 36 个县(市)为 8∶2,其他县、市、区及带农村的市辖区分担比例为 6∶4。地方承担的免学杂费经费,全部由省级财政承担。
2.向农村义务教育阶段学生免费提供国家课程教科书所需经费由中央财政承担,免费提供地方课程教科书所需资金由省财政承担。
3.向农村义务教育阶段贫困寄宿生提供生活费补助资金由中央和地方按 5∶5 比例分担,地方财政应承担的部分,全部由省级财政承担。地方调高补助标准所需资金,本级财政承担。
4.农村义务教育阶段中小学公用经费补助资金由中央和地方共同承担,与免学杂费补助资金分担比例相同。由地方承担部分,比照实施西部大开发政策的 36 个县(市)和××林区,由省级财政承担;其他县(市、区),由省与县(市、区)按 5∶5 比例分担;带农村的市辖区,由省与市、区按 2∶5∶3 比例分担。
5.农村义务教育阶段中小学校舍维修改造所需资金由中央与地方按 5∶5 比例分担。由地方承担部分,按公用经费补助资金分担比例执行。
6.中央对中西部及东部部分地区农村中小学教师工资经费给予支持,省级人民政府对本行政区域内财力薄弱地区中小学教师工资进行转移支付。

注：根据 2008 年 2 月 29 日下发的《省财政厅 省教育厅关于调整完善农村义务教育经费保障机制改革有关政策的通知》整理。

“新机制”实施以来，农村义务教育经费保障水平明显提高，中央和地方政府也加快了义务教育学校教师补充机制的创新步伐。2006 年以来，中央和地方政府为农村教师补充制定了专门办法。中央政府颁布的《农村义务教育阶段学校教师特设岗位计划》（以下简称“特岗计划”）和 H 省实施的《农村教师资助行动计划》，都是由中央或省级政府直接支付所招募教师的工资，通过合同管理方式赋以他们临时性编制，不占用各县市教师编制；而 2007 年发布的《国务院办公厅转发教育部等部门关于教育部直属师范大学师范生免费教育实施办法（试行）的通知》，以及 2010 年发布的《教育部直属师范大学免费师范毕业生就业实施办法》，要求省级政府统筹负责免费师范生就业的编制和经费保障。由中央和省级直接供给的师资指标逐年增加，仅2006—2010年间发放的特岗教师指标已超过30万，H省也已投放省级招录师资指标近4万名。

2009年3月教育部发布《关于进一步做好中小学教师补充工作的通知》，要求按照“总量调控、城乡统筹、结构调整、有增有减”的原则，适当考虑对特殊地区的增编因素，及时为中小学补充合格教师，重点做好农村中小学教师的补充工作，新任教师的补充实行公开招聘、凡进必考。2012年3月H省人民政府发布《省人民政府关于创新农村中小学教师队伍建设机制的意见》（简称《教师建设新机制》），提出“从2012年起，全省农村义务教育学校新进教师，实行全省统招统派、经费省级负担、县级教育行政部门负责管理、农村学校使用的补充新机制”。在两个个案县，通过接收资教生、特岗教师并在他们期满后考试录用而补充的新教师已经成为教师补充的主体。这再次表明，师资供给责任已主要由省级政府承担。

（二）小规模学校的资源需求特点

小规模学校不能满足国家对班均规模、开设班级和年级数的基本要求，是一种非常态的学校，学校的组织特性决定了它对经费和师资的需求无法因学生数的减少而无限降低，或者说，无论学生多少，学校对资源的需求都是非零起点。小规模学校对资源的需求呈现如下特征：

1. 底线需求刚性

学校自成立之初，就需要专门的场地、安全的教学用房、桌椅黑板和教科书、教学仪器设备，一定数量的教师和维持日常运转的经费，学校规模大小都不妨碍对这些资源需求的底线水平；而学校以年级和班级为存在形式，年级和班级设置的不同会直接影响学校对师资的需求。不同年龄段的儿童接受不同的年级教育，有时需要为一名儿童单开一个年级，如果不能提供复式教学，新开一个班则成为必要。教育教学的特性决定了班级是教师数量需求的最小单位，而小规模学校单个班级对教师数的基本需求无法通过师生比加总来满足，一个班无论有几名学生，至少需要委派一名教师。比如，按照教职工编制标准每23名学生设置1个编制，在标准班级规模下每个班可以获得1.8个教师编制，但绝大多数小规模学校班级规模不足23人，作为一个班级同样需要1.8名教师（假定现有编制标准合理），这远高于要求的生师比标准，有的甚至可以高出十余倍。

考虑到课程设置，小规模学校对教师数量的需求也不能按师生比拆分。由于课程标准不断提高、课程内容更新加速，要求教师“一专多能”已不现实，开设体音美或外语、信息技术等课程需要配置专门教师。对于一所小规模学校来说，至少3名教师才能胜任开设不同类型课程的要求。即使不考虑班级或课程开设因素，为保障小规模学校的正常运转，每个学校至少要有一名以上教师，以避免“一人外出、全校放假”的情况发生。

小规模学校对教师的需求必须以学校为基本单位，这一整体化特征同样适用于它对经费的需求。小规模学校的内部运转决定了对经费的底线需求，许多小规模学校校长以“麻雀虽小，样样不少”来指学校的必需开支。小规模学校的这些开支既有与非小规模统一标准的支出，如来自上级机构的摊派，也有与学生数量变化同幅波动的支出，但小规模学校的整体性支出总量却无法降低到一定水平之下。在同其他教育机构、社区组织与村民个人的资源互动中，维持小规模学校的独立单位身份也需要一定水平的礼金支出。这再次表明，小规模学校的经费需求很难被生均标准的拨款方式所满足。

2. 本地化色彩浓厚

小规模学校对社区提供师资和经费的依赖度已降至最低，但它对社区关系网络的依附却丝毫未变。小规模学校必须主动、充分地按照被预期方式与社区互动，如保障儿童教育顺利进行，维持平稳且熟识的家校关系，参加社区仪式或调解纠纷，支付人情往来费用等。师资的本地化属性为维系学校对社区的依附提供了可能。

师资的本地化属性表现在教师能较稳定地在本校工作且具有本地人身份。首先，教师的稳定性能减弱教师流动带给小规模学校的适应压力，且有助于家长对教师的全面了解和以熟人身份与教师联系。熟人交往方式是村民所擅长的，因此教师的稳定性将增加家长的主动参与意愿，且在家校沟通中为教师创造更多便利。其次，教师的本地人身份是他参与本地事务的通行证，只有熟谙本地文化的教师才能履行自古被赋予的“门礼师”角色职能，才能更好地履行教育示范和传递文化的作用。稳定性与本地人身份可以互为加强，凭借血缘、姻缘关系被认同为本地人的教师能相对稳定地在小规模学校任教。事实上，从20世纪90年代之前民办教师成为农村教师主体到此后20余年间代课教师“屡禁不止”，都在无声地宣示着农村教师本地化属性不可取代。

本地化的经费需求主要源于小规模学校因与外部环境的互动而产生许多规定外支出，一般以人情交往支付礼金的形式出现。由于小规模学校因小而天然具有的脆弱性，这些人情交往对于他们具有非常重要的意义，小规模学校比其他规模学校对社会网络中传递的人情互动信号更为敏感和重视。这种必要和敏感主要体现在下述事实中：①小规模学校教师因少而更加亲密，学校必须以集体名义参与到每位教师家中的庆贺或致哀礼仪中，以深化教师之间的家庭化关系和他们对学校的归属感；②通过金钱化的人情往来获得村委会成员和其他社区精英对学校的支持，是保证社区内学校与其他组织和谐关系的重要途径，而拒绝他们以及那些“考上大学的学生”家长的邀请，将被视为扰乱社区运作秩序的行为，导致双方关系的恶化；③通过金钱化的人情往来保持与中心学校工作人员以及其他学校校长的友好关系，可以避免资源分配时更严重的歧视，维持与其他学校正常的“兄弟关系”。无论学校多么小，是否具有独立身份，在社会网络中都被视为一个单元，都被要求以相同的礼金标准发起互动。

3. 需要倾斜投入和个性化管理

小规模学校处于不利的地理环境中，相对边缘的位置天然不利于吸引优秀师资和经费，迫切需要政策给予其“积极性差别对待”。

倾斜投入经费的需求来自当前小规模学校与其他学校较大的基础条件差距。设施更新缓慢或缺乏，活动场地不合格，教学用房质量差，校园面貌破旧，需要获得较大力度的倾斜性经费投入才能彻底改善。许多年轻、优秀的师资不愿进入小规模学校任教或长期留任，源于小规模学校艰苦的教学、食宿、交通条件和相对闭塞的社区环境，这些问题也需要通过资源的倾斜性投入得到解决。

小规模学校需要制度提供师资和经费管理的弹性空间。小规模学校与它的上级管理者空间距离较远，无法进行及时全面的信息互动，管理效力不足，使一定的弹性管理空间成为必需。但现有管理制度过分强调对小规模学校运转过程的控制，从日记录（校务日志）、周记录（周工作计划和小结）、月评估（教师和班级月考核），到学期和学年工作计划、教师培训记录和心得，以及学校按时保障记账的要求，将管理较大规模组织的方式照搬到小规模学校，导致过程管理因无法实时反馈成为单纯的文字档案记录，不仅无法实现预期的管理效果，在检查前突击加班补充记录也增加了教师的工作负担。从经费管理制度看，严格规定的公用经费支出范围与小规模学校经费开支的随机性和不可控性产生强烈冲突，小规模学校的现实经费开支充分暴露了这一制度的重大缺陷。

（三）标准化供给与独特需求的矛盾

小规模学校实际的资源获得与需求明显错位，表明资源供给标准与配置方式在设计上存在缺陷。统一的资源配置标准以满足大多数人的需求为出发点，必然牺牲弱势群体、少数人的利益。由于供给者与使用者距离增加，标准形态学校的一般化需求成为供给标准的首要考量，学生数成为衡量一般化需求的核心指标。以物资资源配置为例，在生均标准下，学生数成为学校获得经费的唯一指标，不仅公用经费的核拨如此，农村中小学危房改造资金的转移支付额度也如此。在测算危房改造面积时，要求以生均标准校舍面积（小学 4.5 平方米，初中 6 平方米）计算标准校舍，然后根据使用年限、单位校舍改造成本等来确定资金数额。

教师编制分配也以学生数为主要参考。2001 年中央编办、教育部、财政部发布《关于制定中小学教职工编制标准的意见》，要求按照学生数的一定比例核定中小学教职工编制。同年 H 省出台《H 省中小学机构编制管理暂行规定》，对中小学教职工编制标准并未区分城乡，基本取国家的平均值（见表6-5）。这一标准也被上级政府用来监测、控制下一级行政区域内教师超缺编情况，只有教师数量整体缺编时才能获得上一级新招录教师指标。

表6-5　中小学教职工编制与学生比

		初中	小学
全国	城市	1∶13.5	1∶19
	县镇	1∶16	1∶22
	农村	1∶18	1∶23
H省		1∶16.8	1∶21.6

注：国家标准中要求专业教师所占比例，初中一般不低于85%、小学一般不低于91%。

过度加大学生数在资源配置中的权重，极容易导致小规模学校的资源匮乏。现有政策试图通过例外性规定改变这一局面，但效果甚微。比如，要求公用经费拨付时兼顾不同规模学校和教学点的需求，自2010年元月起实行“不足100人的学校按照100人标准拨付公用经费”；但这一政策对小规模学校的覆盖比例非常低。中央政策要求适当增加小规模学校的教师编制，如按照从严从紧的原则对教学点较多的地区适当增加编制；H省也要求对山区、湖区等偏远地区的小学“从实际出发，适当增配教职工编制”，但《教师建设新机制》文件中对教师编制仍然“根据教师自然减员数量和学生数变化情况……空编的情况统筹安排”，这些规定只是将小规模学校现有教师超编予以合理化，而对小规模学校新教师补充并无任何实质改善。正如对11个省（区）的大规模问卷调查和5所个案校情况所显示的，小规模学校师资老弱、经费不足、办学条件差、运转困难的状况并未改变，小规模学校的独特需求在宏大的政策设计与执行中处于被漠视的地位。

资源供给层级提高以后资源保障方式的不合理，是小规模学校资源供需矛盾的源头所在。当前农村师资以中央和省级的空降式补充为主要方式，不同县市、不同学校对教师的个性化需求在逐级向上汇总中被简化成一个个单薄的数字，造成体育专业毕业生教语文、英语专业毕业生教数学等专业错位现象。事实上，空降到农村学校的教师职前培训过短，初期履职能力有限，缺乏固定编制又让他们感觉“前途未卜、心不安定”，实际供给效力有限，即使少数教师到小规模学校任教，所发挥的实质影响也不太明显。

专项转移支付手段在教育经费从高层向基层的拨付中更易获得供给者的青睐，它的针对性强，执行效率也高于一般性转移支付。“新机制”改革实施后，中央和省级政府通过加大专项转移支付规模成功提高了农村义务教育经费保障水平，但专项经费严格要求“专款专用”，导致不少农村学校里“厕所比教室漂亮”；而大部分要求地方配套的项目经费，在为较大规模学校锦上添花的同时，却故意冷落了地处边缘的小规模学校。已有研究者注意到，新机制框架内县内校际经费水平和办学条件差异在逐渐加大[①]。他们认为，由于转移支付额度的分配主要由下级政府来完成，而县域内学校之间经费的公平分配较难实现，在那些生均教育经费水平越高的县，其学校间的差异程度也越大；县内校际生均公用经费差异典型大于县际差异。县内城镇学校和农村学校内部都存在着一些“优势学校”，其生均经费远远高于其他学校，这一点在农村内部表现得尤为突出。

三、对小规模学校相关政策的反思

当前农村教育正发生的变革是在宏大的农村教育政策设计框架内进行的，小规模学校在汹涌而至的变革浪潮中所表现出的群体性迷茫、无力和弱小，折射出长期以来农村教育政策对小规模学校的不公正对待。这种不公正主要表现在如下三方面：

（一）农村小规模学校处于教育政策的边缘地带

检索30年来国家颁布的教育政策文本可以发现，小规模学校始终未能成为政策关注的重要对象。正如小规模学校的设点与布局，总是远离政府所在地，远离交通干线、远离闹市一样，在教育政策体系中小规模

① 孙志军，杜育红.中国义务教育财政制度改革：进展、问题与建议[J].华中师范大学学报（人文社会科学版），2010（1）：113-119.

学校基本上是附着于其他的政策议题被“顺便提及”。对10多年来农村教育发展政策的文本扫描发现，这种“顺便提及”的状况也只存在于有限的几份文件中，大多数权威性甚强的教育政策文本中难觅涉及小规模学校的条款。当然，2018年这一局面终于出现了转变，以农村小规模学校和寄宿制学校为主角的第一份政策文本出台了。

农村学校形态受城镇化进程影响最为明显的，是小规模学校和寄宿制学校的大量出现，但小规模学校却远没有像寄宿制学校那样得到政策的重视。以2004年“农村寄宿制学校建设工程”为开端，中央和省级政府向农村寄宿制学校持续投入专项经费，形成了单独的寄宿制学校政策系列，但小规模学校却未获得相应的关注，仍被视为“一般”的农村学校。

少数关于提高小规模学校资源保障水平的政策要求都表述为“灵活对待”，如要求“保留必要的教学点”，“慎重对待撤点并校”，教学点较多的地区可“按照从严从紧的原则适当增加（教职工）编制”等，但由于使用这些条款时表态重于表意，参考性重于强制性，弹性过大，成为下一级执行者可以与上级讨价还价甚至可视而不见的规定。

同时，这些政策文本表述语义含糊，缺乏可操作性，导致中央政府提出的促进小规模学校发展的政策无法“落地生根”。比如，在布局调整政策中，对“条件尚不成熟”“自然环境不利”“必要”等并无任何进一步说明，甚至经常被提起的“方便就近入学”也无任何可操作的指标来衡量。这些条件作为不得随意撤并小规模学校的主要依据，导致对小规模学校的保护虽有款可依，但可依之条款却让人无所适从。资源配置政策中亦如此，如“兼顾不同规模学校运转的实际情况，保证较小规模学校和教学点的基本需求”，“向规模较小、薄弱学校倾斜”，“兼顾不同规模学校运转的实际情况，保证较小规模学校和教学点的基本需求”等，以上说法都很正确，但如何保证？如何倾斜？如何督导评价？因缺乏操作性规定，这给一线执行者留下了过大的自主空间，也为地方政府行政裁量权的滥用和误用提供了可乘之机。

而事实上，中央政策的出台为这一问题的解决表明了态度、提出了要求之后，更重要的是地方政府如何制定执行政策，如何从落实中央政策目标的高度对小规模学校发展问题予以正视与着力解决。由于小规模学校发展问题一直被视为“仅仅涉及‘农村边远地区’的特殊问题，问题的影响范围、严重程度未能达到政策问题的情境”①，未纳入政策议程，使得小规模学校发展问题一直被置于教育政策体系的边缘地带，这在地方政策层级更是如此。也正是如此，与小规模学校发展利益关联度最高的学生和家长也就会长年处于“失语”状态。在城乡教育均衡发展已成为义务教育最重要目标的今天，县域内，更重要的是，乡镇内不同规模、不同地理位置学校间差距才会越来越大，这显然违背了宏大政策设计的原初目标。

穷究其理，这与现有教育政策仅仅满足于对学校简单地进行城乡划分，而未认识到农村学校内部的差异化和多元化特征有直接关系。近10年来，中央和地方已认识到农村学校发展的重要性，也制定了相应的政策提升农村学校质量，然而，由于政府并未意识到农村小规模学校与其他农村学校在质的方面存在差异，没能认识到农村小规模学校在保障弱势群体权益上的重要作用，导致农村小规模学校的生存与发展无法获得强有力的政策支持。

经过十余年一刀切式的撤并以后，农村小规模学校已经落在农村学校队伍的尾巴上，并被甩得越来越远。现有政策对农村小规模学校议题的重视不足，没有对小规模学校的脆弱予以重点保护，反而担心对其投入会造成浪费。如果政策始终对其保持观望，小规模学校的生存价值和多元功能无法被充分挖掘与发挥，进而缺失了政策的科学定位，这必将在政策起点上就置小规模学校于被忽略的边缘地带。

（二）农村小规模学校政策目标过于狭窄

公共政策目标应具有多元性。由于解决小规模学校相关问题对达成其他政策目标的工具性价值被强调，小规模学校相关政策散落于农村教育政策的各个领域，无法形成相互补充与支持的独立系统，对小规模学校的规制或保护只能停留在浅层，目标的相对单一和保守在所难免。正

① 杨润勇.农村“教学点”相关教育政策分析[J].当代教育科学，2010(6)：12-16.

如杨润勇所指出的，涉及教学点的文件都将目标定位于“数量的控制”，即只停留在它的去留问题上，隐含着“它迟早要退出历史舞台”的潜台词，这不仅引起相关政策条文以小规模学校问题的突发性为基调，寄希望于它“来得迅猛去得快”[①]，故过多地提及“撤并”“保留”，而很少正视对小规模学校的管理、评估和长期发展。2006年中央政策突出强调以往文件中提出但被忽视的“实事求是、适当保留、因地制宜”要求，正是对社会舆论和民情变化的应急式反应，并非源自各级决策者和执行者对小规模学校更深刻的认同。应急式策略自然无法为小规模学校相关政策增添“发展性目标”，无法提供掷地有声的政策扶持。截至2012年，只有三份中央政策文件提到小规模学校发展策略，但都是对已有农村学校发展策略的延续，缺少建设性，过于概括，如“大力推行以光盘教学为主教师教学为辅、光盘教学与教师教学相结合的教学方式”，“通过走教送教等各种途径”，“加强师资配备，并充分利用现代远程教育手段”，“坚持办好必要的村小和教学点”等。而地方政策制定只是鹦鹉学舌式地重复中央政策中对保留小规模学校的要求，“慎重对待”“保留必要”等语句也现身于地方政策文本，而对于如何发展、如何倾斜性地提供资源，地方政策鲜少涉及。

政策目标反映问题的被识别、被重视程度。在2018年前，小规模学校相关政策重短期轻长远、重保留轻发展的一元化目标，固然与小规模学校政策尚未独立成一个完整系列有关，也是小规模学校发展问题尚未被识别为政策领域“真问题”的表现。在农村教育发展的现实中，小规模学校在实践中已成为一个突出的真问题。从新一轮布局调整实施以来大众媒体对小规模学校相关问题的持续报道和不断升温的关注[②]来看，

① 杨润勇.农村“教学点”相关教育政策分析[J].当代教育科学，2010(6)：12-16.

② 从2006年以来，对大量撤并小规模学校引发的不良社会效应的报道频现媒体，如寄宿学校或家长陪读带来的义务教育私人成本增高，走几个小时山路去上学或乘坐不合格校车产生的上学安全问题等。直至2012年5月21日《新京报》、“中国之声”广播电台等媒体仍给予小规模学校重磅级关注。长时间、高密度地对农村小规模学校的媒体关注源于这一问题并未随着时间而自然平复，反而越演越烈，时任国家总理温家宝也在视察时呼吁，不要让孩子把时间都花在上学路上。教育部领导也称，要对“布局调整政策”进行调整。

这一真问题显然没有因政策的顺带性提及而得到改善，将之纳入政策议程变为真正的政策问题已迫在眉睫，因为“要想成功地解决问题，就必须对正确的问题找到正确的答案。我们经历失败常常更多的是因为解决了错误的问题，而不是因为我们为正确的问题找到了错误的答案”①，而“应当解决正确的问题时，却解决了错误的问题”② 是政策最致命的错误。

（三）小规模学校相关政策被扭曲执行

公共政策的制定、执行到落实“是一个充满着连续不断的交易、谈判和政治互动的复杂过程”③，而政策的执行环节更是充斥着各利益主体的持续博弈，政策本身的质量因素、政策问题的因素、政策执行主体的因素、政策执行权力配置的因素、政策执行监督的影响以及社会关系网络④都有可能改变预设的政策效果，这通常被称为政策失真或政策的扭曲执行。尽管中央政策已叫停一刀切地撤并小规模学校，小规模学校却持续减少，薄弱发展状态有增无减，倾斜性提供的公用经费却难以到达小规模学校，这表明小规模学校政策存在着严重的被扭曲执行现象，政策体系内部新老政策的不一致尚未被调和，常出现大政策与小政策相抵触。小规模学校相关政策处于教育政策的边缘地带，缺乏明晰性和系统性，政策执行主体的利益冲突以及权责利的纵向划分缺乏规范，使得原本狭窄的政策目标无法达成。

政策执行主体的因素是造成政策扭曲执行的关键。不同政策执行主体的利益冲突和博弈能力一定程度上决定了政策执行效果。一定时间段内，保留小规模学校或给予其倾斜性资源配置必将削弱其他学校利益，这样的结果对县级教育行政部门这一最主要的执行主体来说，能否保护自己的最大利益并不明确。为了在执行小规模学校相关政策要求中谋取自己的利益最大化，地方政府通过重新定义、趋利避害的方式，在未明

---

① 陈庆云.公共政策分析[M].北京大学出版社,2006:93.

② 邓恩.公共政策分析导论[M].2版.谢明,杜子芳,伏燕,等译.北京:中国人民大学出版社,2002:197.

③ 黑尧.现代国家的政策过程[M].赵成根,译.北京:中国青年出版社,2004:129.

④ 金太军,钱再见,张方华,等.公共政策执行梗阻与消解[M].广州:广东人民出版社,2005:170.

确规定的政策中找到灰色地带。比如，地方政府对上级政策文本中的“保留必要”“倾斜投入”等重要话语进行再定义，软化原本并不强烈的政策约束力，为自己的行为找到合法性借口；又如，选择性执行政策要求，可为且可获益的就坚决贯彻执行，不符合自己利益的敷衍塞责或置之不理。

两个个案县在执行农村学校布局调整政策中所采取的策略与方向同本地利益最大化有着直接相关。宗县教育行政部门因能得到县委、县政府的大力支持，举全县之力配合教育部门的布局调整行为，才能快速实现“70%的学生在县城上学”的设计，大量的小规模学校消失，政府部门也以实现了政策要求的“提高教育质量、实现城乡教育公平”作为重要政绩，并反复申明撤并小规模学校的正确性、合理性。在南县，地方财力无法承担短期内将学校集中的建设经费，且受“彪悍民风”影响，频发的群众上访成为政府部门深感头痛甚至招架乏力的事件，缓和干群关系成为政策执行中首要考虑的目标，尽量保留学校、缓慢推进布局调整成为县教育局的选择。尽管政绩成为地方政府推行政策时的重要目标，地方政府也倾向于采取“和上面合作的方式”，但前提是这种合作不会损害到地方政府的根本利益，不会显著增加地方政府执行来自纵向和横向政策要求的协调成本，尤其在政策资源极为有限、执行成本高于本部门所能承受时，它们选择“抗拒以求自保”。

政策执行中，所需的资源丰富且成本分担合理，则政策的有效执行较易出现；资源不足，成本过高或分担不合理，则政策执行效果将受影响。中央政府和省级政府近年来向下一级的教育财政转移支付出现“以奖代补”的新趋势，实现布局调整、师资补充、标准化办学等政策目标的成本先由下一级财政负责，任务完成得好则获得经费奖励作为成本补偿，而不能按要求完成任务者将不能得到任何补偿。这种分担方式有助于避免经费投入中的挤出效应或“上进下退”，但对于财力缺乏的地方政府，政策执行的成本所带来的压力过大。毋庸置疑，保留和建设小规模学校是一件花钱的事情，现有政策缺乏相应的经费保障与分担机制设计，在节约开支的动机驱动下，上层设计的小规模学校相关政策不易得到地方政府的认同和执行。

政策对于不同的人们来说意味着不同的事物。不仅仅参与者和观察家具有不相同的视角，处于各种位置的行动者也会以不同的方式看待相同的情景[①]。政策又被视为是对社会价值的权威性分配，公共政策的最终目标是推进构成“良好社会”的实质性价值[②]，实质性价值包括效率、公平、人的尊严等等。对于义务教育政策来说，作为公平的正义应当成为其首要价值[③]。2006年新修订的《义务教育法》出台，有学者将此称为“国家的宏观教育政策在形式上重新回归公平的价值取向”[④]的标志，但小规模学校的边缘化发展却时刻警醒着我们，我国农村教育政策仍在向公平价值取向回归的路上步履蹒跚。我们需要认识到政策是学校与政府之间相互影响的结果，与其把政府与社会的关系看成严格的自上而下……不如把政策产生看成一种交叉的和反复的过程——有时把它描述为一件蹒跚的、探索的事情[⑤]，小规模学校相关政策的改进也是如此。在已有政策及外部环境各种力量的影响下，小规模学校发展状况及反映出来的实践问题，正是中国农村教育政策迫切需要解决的问题，这些问题也正反映了原有政策的解释力和包容力相对不足，需要在现有政策的基础上进行深刻变革。

① 科尔巴奇.政策[M].张毅，韩志明，译.长春：吉林人民出版社，2005：5.

② 韦默.政策分析：理论与实践[M].戴星翼，等译.上海：上海译文出版社，2004：138.

③ 霍翠芳.教育公平作为国家基本教育政策的意义解读：制度正义的视角[J].现代教育管理，2011(3)：48-50.

④ 曲铁华，樊涛.新中国农村基础教育政策的变迁及影响因素探析[J]，东北师大学报(哲学社会科学版)，2011(1)：147-153.

⑤ BRIAN D, LYNN W. Paine Shifting Patterns of Authority in Chinese Schools [J]. Comparative Education Review.1991,35(1).

第七章　农村小规模学校发展政策建议

农村小规模学校已成为农村教育系统中最薄弱的环节。办好农村小规模学校，“是实施科教兴国战略、加快教育现代化的重要任务，是实施乡村振兴战略、推进城乡基本公共服务均等化的基本要求”。中央决策层要求各地按照公平优先的价值要求，不能一刀切地对待农村小规模学校，而要保留、发展农村小规模学校。从政策高度对小规模学校科学定位，制定适合小规模学校发展需求的政策，是促进小规模学校发展的必由之路。本章对小规模学校发展政策的设计是基于如下逻辑：只有对小规模学校科学定位，才能制定出适合小规模学校现实与发展需要的政策措施；通过在布局调整政策中分类对待农村小规模学校，以需求为导向为小规模学校配置资源，营造适宜制度环境，以利于小规模学校进行组织变革，从而实现小规模学校健康发展。如下图所示：

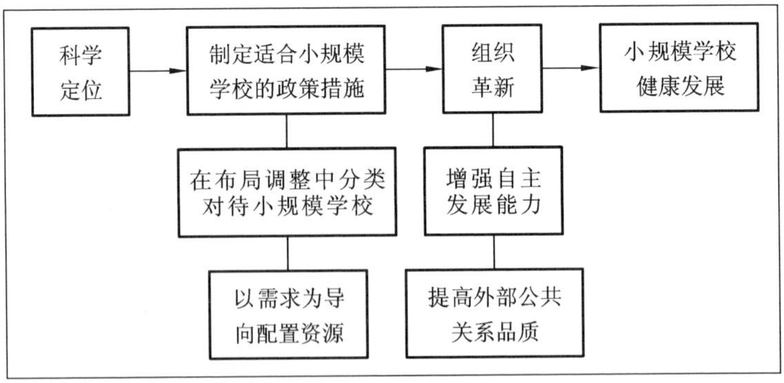

图 7-1　农村小规模学校发展政策设计的逻辑示意图

第一节　对农村小规模学校科学定位

中央与地方对待小规模学校的态度分歧以及小规模学校面临的资源匮乏，根源于小规模学校自身价值未被认可，尤其是在政策的实际执行过程中，它在整个教育系统的合理地位一直没得到正式确立。对小规模学校的科学定位，是制定小规模学校发展政策的必要前提，是确立政策目标并寻找实现路径的主要依据。对小规模学校的科学定位，有助于廓清不同决策者和执行者对小规模学校的误读，减少政策的灰色地带对政策执行的干扰，也将有助于确立小规模学校在农村教育政策体系的重要位置。

基于前文的分析，对小规模学校科学定位应该确认其重要性，尊重其独特性，辨识其差异性。

一、确立农村小规模学校的重要地位

（一）农村小规模学校是教育系统的重要组成部分

农村小规模学校是一种重要的学校类型，它的存在为农村儿童提供了便利的入学机会，具有重要的教育公平保障作用。它曾极大地提高了农村地区尤其是偏远地区的义务教育普及率，直到今日仍能有效地减少这些地区儿童的失学、辍学。当前我国农村义务教育供求关系的焦点已经集中在农村人口对优质教育日益旺盛的需求与教育发展水平不高的矛盾上，农村部分人口也通过“用脚投票”选择离开小规模学校追逐优质教育资源，但选择优质资源需要付出额外成本，那些较少占有经济、文化、社会资源的家庭无法支付这些成本，对他们而言，首要的和主要的教育需求依然是就近低成本地接受教育。他们面临的选择是要么就读小规模学校，要么面临辍学的威胁。个案小规模学校的许多学生属于这一类。他们来自农村弱势家庭，因家庭经济条件差或家庭结构不完整，或者先天性身心缺陷，缺乏择校能力和意愿，他们对小规模学校的依赖程度最重，对撤并小规模学校的反对最强烈，也是小规模学校薄弱发展最大的受损者。小规模学校也满足了更多的家长和学生的就近入学需要。

华中师范大学课题组对全国11省（区）的数据分析显示，近六分之一的家长和学生仍偏爱离家近、规模小的村内学校；田野调查也发现，农村家长及其子女就近入学的需求对小规模学校教育供给质量的变化非常敏感，小规模学校教育质量略有提高就会吸引到更多的本村儿童入读。可见，农村家长强烈希望家庭生活在儿童早期成长中能发挥重要作用，而小规模学校则为学生提供了同时享受全面家庭生活的保障。

农村小规模学校特有的优势在某种程度上恰好是其他学校自身难以克服的劣势，这些优势使得小规模学校成为实施义务教育的一种重要的、有效的组织形式[①]，在教育目标日益多元的今天，小规模学校对保持办学形式多样化和学校系统的活力意义重大。从生态角度看，不同类别、不同形态的生物体共存是保持生态平衡和可持续发展的前提，而规模不同、年级和班级组合不同、分布在中心至边缘不同层级地点的学校，同样构成较为理想的学校生态群。学校的多样化是校际竞争与学习的基础，更是实现学校改进的重要动力源，这种竞争将更有力地促进农村教育的发展，它至少与升级硬件水平同等重要。

保留农村小规模学校，也为家长的选择提供了更大的空间。个案小规模学校不止一次地接收从其他学校转来的非本地学生，并实现差生变优生的转化，充分说明了在其他规模学校可能出现教育失败时，小规模学校的替代作用对家长意义重大。农村家长的教育需求也已出现分化，不仅家庭经济水平、成员结构等影响家长的需求，他们对“优质教育”的理解也影响他们对学校的选择。对部分有择校支付能力的家长的访谈表明，他们认为，在儿童成长早期，健康、快乐、自由比高分更重要，他们宁愿舍弃较大规模学校提供的标准化统一教育，而选择教育氛围相对宽松、亲密的小规模学校。

（二）农村小规模学校是乡村社会的重要组成部分

从世界范围看，农民的终结、村落的终结和三农问题的终结，都不会改变乡村社会的继续存在。这种存在将呈现出与今天的农村不完全相同的形式，但“乡村始终哺育着恬静美满、安全永恒的田园牧歌式梦

① 范先佐，郭清扬，赵丹.义务教育均衡发展与农村教学点建设[J].教育研究，2011，32(9)：34-40.

幻”，互识的群体、人格化的社会关系、稳定的群居、地方性知识的统领，仍将不会改变。在我国，城镇化致力于统筹城乡发展而非消除乡村社会，建设社会主义新农村战略必将把一个发展滞后、人口骤减的农村社会转变为一个“生产发展、生活宽裕、乡风文明、村容整洁、管理民主”的、适宜居住和发展的社会。

乡村社会是不能消除的，难以克服的天险或复杂的地理环境、永远存在的边缘性决定了乡村社会将保持着人口稀疏、流动性低、变迁缓慢的特征，这是任何铺天盖地般的建设都难以根除的。乡村社会是不应该被消除的，土地仍将长期具有庇护价值，乡村生活在一定时期内仍将是大量外流的农村劳动力的避难所，对于那些无法并入过分理性化和组织化的社会的人，如艺术家，那些珍惜乡村社会情调的人，那些退休人员和可以从社会迁移中得到好处的人，乡村社会将是大自然的最佳馈赠①。

在继续存在的乡村社会中，学校的重要作用已经在“学校与社区关系”一章被详细论述。在具有独特乡土文化的中国农村，学校一直被视为村落的一部分。现代学校尚未在乡村正式出现以前，“大多数村庄都有传统学校，更大些的村庄同时可为几所学校提供校舍”②，现代学校进入乡村之后特别是新中国成立以来，“村村有小学”得到民众需求与国家权力的双重响应，直至最近二十余年，这一格局才被逐渐改变。

小规模学校是乡村社会的重要组成部分，学校作为一种符号的存在和作为一类普通的社会机构实体，对社区的政治、文化、经济、社会等方面的积极影响无可代替，有助于维持社区系统的完整性和稳定性。同时它所独具的教育功能，帮助村庄子弟融入更广范围的社会，通过“涉及非地方性的、跨地域的”教学内容，它“帮助建立了一个普遍体系，这一体系让学生将自己看作是更大的文化共同体的一部分，……提供了进入无论从地理还是社会两方面都更广阔的世界的一把钥匙”③。在交给

---

① 孟德拉斯.农民的终结[M].李培林，译.北京：社会科学文献出版社，2005：262.

② 曹诗弟.文化县：从山东邹平的乡村学校看二十世纪的中国[M].泥安儒，译.济南：山东大学出版社，2005：23.

③ 曹诗弟.文化县：从山东邹平的乡村学校看二十世纪的中国[M].泥安儒，译.济南：山东大学出版社，2005：39.

儿童这把钥匙的同时，区别于村外较大规模学校，植根于乡村的小规模学校为儿童的乡村认同提供了可能的土壤。很难想象，如果没有村中的小规模学校，带着“本地条件落后而没有学校”的乡土自卑感成长的儿童，自幼就选择逃离乡土去接受教育的他们，如何形成对乡土的热爱、依恋与认同，并最终成为乡村振兴的中坚力量？缺乏了这种深刻的认同，乡村社会的发展将会后继乏人。

强调小规模学校与乡村社会认同的深刻联系并不是为了刻板地维持“村村办学”格局，乡村社会边界的改变也会影响对小规模学校的需求。贺雪峰指出，“抽象地讲，村庄共同体由三种边界构成，一是自然边界，二是社会边界，三是文化边界；一个村庄同时具有自然、社会和文化的边界，我们说这个村庄是一个共同体”①。从乡村社会的变迁看，通信和交通的发展改变了乡村社会的规模，正如孟德拉斯所描述的那样，二十年间，“（乡村社会）中等规模的标准从方圆 1~3 公里过渡到 10~30 公里”。共同体自然边界的向外拓展也必将引起社会边界和文化边界的外展，村庄共同体在地理、社会和文化意义上都将越来越大，村民对一个更大共同体的依附和认同越来越强烈。伴随着交通便捷性的提高，儿童就学途中的困难与危险将降到最低限度，学校集中到作为中心的政府所在地或中心村庄也将成为必然。

并非所有的农村小规模学校在所有方面都具有同等价值，但就目前而言，小规模学校的价值对于教育系统和社区都具有或多或少的不可替代性，这必须引起所有政策制定者的重视。撤并或保留小规模学校的决定，采取掠夺式还是倾斜性的发展策略，都要充分考虑是否有利于小规模学校重要性的发挥。

二、深刻认识农村小规模学校的独特性

（一）运转灵活的农村小规模学校

小规模学校具有小型组织的普遍特点，比如，结构简单、人员关系亲

---

① 贺雪峰.村庄共同体[EB/OL].(2006-10-31)[2022-08-28].http://www.snzg.cn/article/2006/1031/article_511.html.

密，信息传播快、决策迅速，自由度高、力量更易集中在有限目标等，这些特点使其具有灵活性的天然优势。相比其他学校，小规模学校的学生同教师之间的关系更亲密，家庭氛围更浓厚，学生的个体差异和个性化需求更易被教师关注，他们参与活动的机会更多。对学生的管理更加以人为本，由于不过分强调整齐划一，学生的自由发展空间更大，纪律弹性也大。

小规模学校的教师管理弹性和教学工作灵活性更明显。由于人少，人员管理扁平化甚至单层化，校长与教师之间界限并不鲜明，来自上级的严密监控与严格要求在这里通常不存在。教师之间更加民主、平等，每人都要参与学校的重要决定，教师的责任感和归属感更强，他们更易于把学校形象与自己紧密联系起来。在教学中，教师有充分的自由，从课堂组织形式到教学内容，在能力范围内他们可以进行最大限度的组合而不会被干涉，教师不必担心进度不一致，只需在期末时保证完成既定教学任务，而不必像在较大规模学校那样，每周每月各班的各门科目都要齐头并进。人员管理和工作安排的灵活性，赋予了教师尝试创新和改革的最大空间，他们可以将个人智慧和才能发挥到极致，来体验创造性教学的快乐。

在小规模学校，活动的组织更加灵活，经过简单的筹划和便捷的动员，一场全校性活动就可马上实施。在同一场活动中，每个人的角色更加多元，服务者、主持者、竞技者以及观众等，一场活动可以带给个人更加丰富的体验。在教育变革自上而下或者自下而上地发生时，小规模学校所需支付的成本小，为可能的失败承受的代价也较小。他们往往因为力量有限而更加专注于变革的核心，更注意发挥自己的特色追求个性化，甚至在变革中已无退路而无所顾忌地奋勇向前。尽管研究领域尚缺乏小规模学校更易实现变革成功的有力证据，但具备相似的资源保障和适当的变革方向时，小规模学校成功的空间更大。

玛丽·杜里-柏拉认为，热情的氛围、弹性纪律和教学革新对出身不利阶层的学生来说是积极因素[①]；而“小的就是美的”作为美学原理也被广泛接受。但农村小规模学校群体能否将之践行，它独特的灵活性优

---

① 杜里-柏拉，让丹.学校社会学[M].汪凌，译.上海：华东师范大学出版社，2001：112.

势能否成为强劲发展的推动力，常常受到教师的专业技能与变革能力、所在社区影响以及物质资源保障程度的影响。

（二）生态脆弱的农村小规模学校

毋庸置疑，小规模学校的脆弱性体现在各个方面。“所谓脆弱性，即是人们在无法控制的力量面前束手无策的情形，就目前形势来说，它是指不发达社会没有能力应对紧迫的社会问题。我们说理解‘脆弱性’这一概念是理解不发达状态及推动发展的关键所在”①，德尼·古莱的话不仅揭示了脆弱性的本质表现，也表明理解小规模学校脆弱性之必要与重要。

农村小规模学校的脆弱性源自它可调用资源的不充足。现有统一标准的资源配置显然不利于小规模学校获得充足资源，而小规模学校的地理位置不佳、社会影响力偏小，又影响了它获得更广范围的外部支持。小规模学校资源数量不足、质量不高，决定了它在风险来袭时缓冲空间有限，无法采取更多的可能途径去规避或应对风险。以小规模学校在布局调整中的境况为例，对可能被撤并的揣测或村委会的撤并预谋，小规模学校通常只能听之任之，很难通过学校的努力予以改变。也正是由于预计到无力改变撤并结果，在撤并初现端倪时人心就开始涣散，学校只能在惴惴不安中等待撤并日的到来。事实上，大多数情况下学校连攻破谣言的能力都不具备，一个将被撤并的传言都预示着小规模学校更糟糕的局面，学生向外流失更多，优秀的或有门路的教师更快调离。

缺乏应对能力的小规模学校通常又是风险经常光顾的地方。农村小规模学校发展基础薄弱，对外部变动的反应特别敏感，周边新建一所私立学校，或者某所学校增设了生活服务项目，都将引起小规模学校原已为数不多的学生流失。国家办学标准、课程设置的变动，教育政策的调整，一线教育管理者的执行策略选择，对小规模学校所产生的调适与应对压力都远远大于其他学校。学校内部也经常发出危险信号。学校对个体的过度依赖容易带来更多麻烦，如单个教师就可能决定整个学校的教育质量，教师的变动严重冲击学校的稳定性，以及学校决策的一次失误，

① 古莱.残酷的选择：发展理念与伦理价值[M].高铦，高戈，译.北京：社会科学文献出版社，2008：61.

都将扰乱甚至中断学校的正常运转秩序，甚至一旦发生名誉污损，很难从阴影中走出。

此外，如第五章已经讨论过的，小规模学校发展表现出鲜明的差异性。小规模学校所处地域的地理、文化、人口分布、经济和教育发展状况千差万别，外部环境的差异不仅影响了小规模学校的存在形态和分布密度，还为小规模学校提供了不同的发展机遇和障碍。农村小规模学校群体内部也非铁板一块，不同的人员士气、发展预期、资源利用方式与外部资源输入综合导致小规模学校实际发展水平的差异，这种差异在个案学校中已鲜明显现。对小规模学校的科学定位必须充分认识到这种功能差异性。

小规模学校的灵活并不是它运转良好的通行证，而它的脆弱也并不必然导致发展薄弱，正确认识它的灵活性和脆弱性，并正视小规模学校群体的分化特征，是为了在政策框架内为农村小规模学校找到更适合发展的方式和领域，理解小规模学校的现实特性是能否制定适宜小规模学校生存与发展的政策的关键所在。

第二节　学校布局调整应分类对待农村小规模学校

国际范围看，在小规模学校得到较好发展的地方，倾斜性、针对性的政策支持是至关重要的。尽管部分发达国家的城市小规模学校已显现“优质、稳健、安全”的独特魅力，但数量众多的农村小规模学校却依然步履蹒跚，如何为农村小规模学校创设利好的发展环境，扬其长避其短，处于教育发展不同阶段的许多国家都在积极探索。在学校布局中保留小规模学校的应有位置，为其提供倾斜性、针对性的教育资源保障，积极探索小规模学校发展的多样化道路，并在学校与社区间建立密切联系，是国际范围内小规模学校发展良好的主要经验。在当前我国农村小规模学校发展中，为其提供存留的安全感并针对独特性确保其生长功能，是最为紧迫的任务。如何避免因为保留而出现新的“空心校”？如何遏制地方政府对于“生源极少的小规模学校”粗暴撤并的冲动？……这一系列问题必须在政策设计中得到清晰、完整的回答。

一、区分不同类型的农村小规模学校

基于对11省（区）农村小规模学校数据分析和对5所个案学校深入细致的持续观察，以及长期以来对中西部地区农村小规模学校发展问题的关注和现场调查，本研究认为，呈现出多元发展态势的农村小规模学校在布局调整中至少可以分为三类：（1）永久保留的必要型学校；（2）过渡型学校；（3）撤并型学校。

必要型农村小规模学校之必要在于地理位置、学校质量和学生年龄上，在于乡村文化、教师供给和村民需求上。根据前文对小规模学校按内部发展水平差异与外部需求差异的分析，需求度高或发展好的小规模学校都应归入必要型。①地处偏远、地形复杂、服务范围广的农村小规模学校必须保留，否则将导致当地儿童上学距离过远、交通危险增加。②教学质量好、办学有特色、社会认同度高的学校必须保留，保留此类学校本身就是对认真办好学校的重要激励，是增强校际竞争的重要途径。③低龄儿童较多、去别校上学不方便的学校必须保留，过早离开家庭寄宿在校或每天牺牲休息和玩耍时间乘坐校车，将失去家庭生活对儿童成长的重要支撑，对低龄儿童的成长将造成难以估量的损害。④作为当地文化符号标志的小规模学校必须保留，这类学校的建筑、古树或者学校传统活动已成为当地社区认同的重要部分，一旦撤并，被斩断的历史、文化血脉难以重续；此外有的小规模学校是保护和传承少数民族语言的“火种”，这类学校也不能撤。如宣恩县小茅坡营民族小学，只有1名教师7名学生，但它是全省唯一的一所汉苗双语教学的学校，必须要保留。⑤本地教师供给有保障、村民强烈支持、社区经济条件较差的学校不能撤，以满足部分农村儿童“就近入学优先于优质教育”的教育需求。

过渡型学校是指那些教育质量较差、生源不稳定、民众评价不高的学校，教育质量改观空间较大，且邻近学校容纳能力有限；撤并型学校指那些教学质量差、社区认同度低、生源锐减、交通较为便利，教育质量改观空间不大，邻近学校有较强的接收能力的学校。为便于理解，以5所个案校为例对三种分类予以说明（见表7-1）。

表 7-1 三种分类框架中的个案小规模学校

学校	山尖学校	下李学校	琴水学校	白山学校	陈湾学校
现状	1)1 名教师 7 名学生，2 个年级一个班； 2) 只开设语文和数学课； 3) 距邻校 35 分钟车程； 4) 服务半径 6 公里，含 11 个自然村 2 300 人； 5) 生源流出 70 余人	1)10 名教师 78 名学生，6 个年级 4 个班； 2) 课程开齐，但音乐、美术、体育课时不足； 3) 距邻校 15 分钟车程； 4) 服务半径 4 公里，含 5 个行政村 5 000 人； 5) 生源流出 40 余人	1)5 名教师 36 名学生，4 个年级 4 个班； 2) 课程开齐，但音乐、英语、体育课时不足； 3) 距邻校 15 分钟车程； 4) 服务半径 2 公里，含 5 个自然村 2 800 人； 5) 生源流出 30 余人	1)5 名教师 47 名学生，4 个班 4 个年级； 2) 课程开齐，但音乐、英语、体育课时不足； 3) 距邻校 12 分钟车程； 4) 服务半径 1 公里，含 8 个自然村 2 600 人； 5) 生源流出 40 余人	1)2 名教师 17 名学生 4 个年级 2 个班； 2) 只开设语文和数学课； 3) 距邻校 8 分钟车程； 4) 服务半径 2 公里，含 4 个自然村 1 100 人； 5) 生源流出 30 余人
村民评价	质量差、办学条件差，教师很不负责任，对学校极为不满	质量好、办学条件一般，教师负责任、主动沟通，对学校比较满意	质量好、办学条件差，教师责任心强，对学校比较满意	质量差、办学条件差，教师责任心不强，对学校满意度一般	质量差、办学条件差，教师责任心不强，对学校较为不满
师资支持	无教师走教，不参加全镇教研活动	无教师走教，校聘英语代课教师，参加全镇教研	别校教师偶尔走教，常参加全镇教研活动	别校教师偶尔走教，偶尔参加全镇教研活动	无教师走教，不参加全镇教研活动
撤留理由	生源回流可能性大、本地就读需求高、交通事故易发	作为片区中心小学，对本地生源的辐射力和吸引力强，交通较为便利	生源稳定、社区支持力度强	生源不稳、教师流动意愿强烈、邻校生源饱和	生源锐减、邻校可接收、道路条件好
归类	必要型	必要型	必要型	过渡型	撤并型

该表反映出，教育质量、服务范围或者生源情况、村民评价以及师资状况都不能单独决定对学校的分类，而需要综合各项指标、慎重对待。

慎重对待小规模学校在撤与留问题上的类别认定，是由于不可能存在一个放之四海而皆准的认定标准和既定的认定程序。根据已有研究，对小规模学校的类型认定需要遵循标准多元、程序公正的基本原则①。首先，要充分考虑学校在经济、社会、文化、教育等各个维度的多元价值，对学校进行价值评估。赋予学校的一般性指标如学生数、人口变动趋势、校际距离、交通条件、校龄、建筑状况和社区对学校的依赖度等相应的权重系数，计算学校的总得分，得分越少越应考虑撤并；同时根据学校撤并的特殊性指标，如学校的服务范围已超过一定限度、与少数民族文化或宗教信仰关联密切、交通安全隐患大等，只要具备一项，就表示学校不能撤并。其次，实行公开透明的信息传达和广泛的民众参与机制，通过公示、工作报告、媒体宣传等手段公布学校信息，通过来信来访、民意调查了解民众的意见、建议和需求，充分吸纳利益相关各方对学校的撤或留打分，在政府、家长、学校、社会大众等各方积极的讨论、对话、协商中达成共识，寻求各方利益均衡，共同决定学校的撤留或建设方案。最后，制定学校撤并决策的纠偏机制。学校撤并决策若受到社区成员、家长代表的广泛质疑，应提供有效渠道进行行政申诉。例如，加拿大安大略省 2005 年颁布的《学校关闭指导方针》规定：只要有 50 名家长联名或 50% 的家长提出申诉要求，教育部就要安排第三方独立调查，对学区学校撤并决议过程进行审查，以认定其是否符合教育部的要求。

二、施行小规模学校分类发展政策

区别对待不同类型的农村小规模学校，要求对不同的小规模学校体现不同的政策重心，实施差异性政策：（1）对于“撤并型”小规模学校，应在学生分流、校车服务、校产处置等方面实施配套政策；（2）对

---

① 雷万鹏，张婧梅.构建公正的学校撤并程序：对民众参与度和满意度的实证调查[J].全球教育展望，2011(7)：67-73.

于“过渡型”小规模学校，应保障学校基本办学条件，在校舍安全和师资水平上保障儿童的基本权益；(3) 对于“必要型”小规模学校，应当在经费投入、师资配置、基建设施和学校管理上实施倾斜性政策，促进农村小规模学校特色化发展。

由于后文将重点阐述必要型和过渡型小规模学校的发展政策，此处仅讨论如何构建撤并型小规模学校的配套政策。在学校撤并之前，要对学生分流、食宿保障、交通安全和成本补偿等作出科学的预案。(1) 加强接收校的生源扩容工作。在标准化教室配备、师资调配、活动设施与场地建设、食宿设施配备等方面提前准备，做好预案，确保在新校就读的学生稳妥、顺利安置；(2) 积极解决学生远距离上学的交通问题，形成政府主导、责任共担的校车网络，由交通、财政和教育部门分工合作，保障学生上下学的安全快捷；(3) 在科学测算基础上，对“撤并校”的学生及其家庭进行合理的成本补偿，由政府补偿学生因转校而增加的教育成本，如食宿费用、交通成本等。我国农村义务教育学校的贫困家庭学生因寄宿可获得国家的专项补贴，但对于未寄宿学生的补偿办法尚未出台，可参考美国对农村学区学生的补偿性制度。根据美国有关法规，对农村学生的补偿分为三类，第一类是为家长发放边远地区教育补贴。1983 年，每天接送儿童上学路程在 60 英里①的家庭，每天可得到 18.60 美元的交通补贴。第二类是学生寄宿补贴。一些居住在农场的家庭必须让他们读中学的孩子在村镇寄宿制学校住宿，每月可得到 100 美元以上的边远地区补贴。第三类是家长陪读补贴。常常是母亲到村镇与上学儿童一起居住，陪护儿童上学。对这类家庭的补贴每月最多不超过 200 美元。许多州的农村学校都采取类似的补偿政策②。

需要提醒的是，不能把过渡型小规模学校视为即将撤并的小规模学校。过渡型的应有之义是为此类学校提供一定的缓冲期，视学校教育质量变化、社区人口流动趋势、学龄儿童数量波动以及村民需求而确定要撤并还是保留。在过渡期间，要充分保障学生所应享受到的教育资源配

---

① 60 英里相当于 96.56 千米。

② 王强.从“规模效益”到“机会均等”：二战后美国推进城乡教育和谐发展的路径选择[J].比较教育研究，2007(9)：20-24.

置。虽然我国目前尚无法像有的国家那样为所有学校配置同等规格的资源，如为偏远小规模学校配置全国统一标准的多功能教学楼、体育馆、运动场、游泳池，以至于使单个小规模学校学生所能享受的教育资源显著优于其他学校学生，但保障每个孩子得到符合基本标准的教育，为他们提供最低限度的安全教室、活动场所、全面发展机会，是政府和公共财政支出必须有所为的事。

第三节　对农村小规模学校实行需求导向的资源配置政策

不撤并小规模学校并不会自动解决小规模学校面临的问题，实施满足小规模学校需求的教育资源配置政策才是小规模学校发展的现实起点。11省（区）数据分析和个案小规模学校调查都表明，现有资源配置无法满足小规模学校的需求，国家统一标准与学校的个性化需求矛盾突出。为解决这一矛盾，要改变小规模学校在资源配置中的不利地位，对小规模学校的师资、经费配置坚持需求导向，以学校为基本配置单元，以国家标准为基准，实行弹性配置策略。

一、实施师资配置的弹性化标准

（一）确定合理的教师编制标准

1. 改进教师编制标准确定办法

“一个好的编制应是既要有总的数量的要求，又要有分科的结构要求。”[①] 已有生师比编制标准能满足达到标准规模的学校对教师数量的需求，而按照生师比标准、标准班额计算出的师班比标准则能满足达到标准班额的班级对教师数量的需求，但这些标准未必能满足学校规模和班额过小的学校对教师的需求。以“课程实施计划”中对学生每周所需接受的课时数与教师周授课时数计算所需教师数，并引入班级数测算师班

① 周元武.教育需求和供给影响因素研究[M].武汉：湖北人民出版社，2011：115.

比，则更能体现编制标准对学生接受充足课时的保障；根据课程门类和科目对教师专业能力的要求，在以课时数测算出师班比的基础上，再引入教师任教科目数量和类别，对小规模学校教师需求进行整体上的调整。

2. 确定学校的教师需求数量

参考国家教职工编制标准，改变以学生数决定教师数的单一配置公式，增加师班比的权重，而师班比的确定要综合考虑班级规模、教师能力、国家课程设置标准等。确立教师需求数量的理论模型如下：

一校教师数=f（班级数×师班比，生师比）

师班比=f（班均周课时数，班均课程数，师均周课时量，师均科目数，学生数，其他）

小规模学校年级和班级设置各不相同，又涉及复式班，为计算的便利，此处暂时忽略复式班的特殊性。基于实际，我们假定所有的小规模学校为单轨班级设置，即最多 6 个年级 6 个班。对小规模学校教师需求基数的计算过程为：以小规模学校需要提供的周课时数为分子，单个教师规定周授课时数为分母，计算学校所需教师数，再除以班级数，得出小规模学校教师配备的师班比标准。因课程实施计划中一、二年级周课时数相同，而三至六年级周课时数相同，学校周课时数的计算公式为：学校周课时数=低年级周课时数×低年级班级数+高年级周课时数×高年级班级数。根据这一公式计算出不同年级、班级设置的小规模学校所需提供周课时数；用周课时数除以规定的教师周课时量（取 16、22 两端点），得到开设不同数量班级的小规模学校教师需求数；再将教师数与班级数联立相除，得到基于学生应上的规定周课时数与教师工作量标准的师班比（具体见表 7-2）。

表 7-2　按周课时数配置小规模学校师资的师班比标准

班级数	低方案			高方案		
	周课时/课时	教师数/名	师班比	周课时/课时	教师数/名	师班比
1	26	2	2	30	2	2
2	52	3	1.5	60	4	2

续表

班级数	低方案			高方案		
	周课时/课时	教师数/名	师班比	周课时/课时	教师数/名	师班比
3	82	4	1.3	90	6	2
4	112	6	1.5	120	8	2
5	142	7	1.4	150	10	2
6	172	8	1.3	172	11	1.8

计算结果显示，高方案中要求每个班级配置两名教师，而低方案师班比水平多要求按每班 1.5 名教师的标准配置。根据标准班额计算的省颁标准师班比为 1.85∶1 恰好落在高方案与低方案区间内，这也表明无论按哪种方式计算的师班比，都要求班级无论大小，每个班要保持一名以上教师的配置标准。

3. 考虑课程与质量因素

测算出的教师数量为小规模学校教师需求底线，若增加课程因素，还必须根据教师所能承担的课程门数进行调整。当前课程专业化程度不断加深，无专业背景的教师对许多课程无法胜任，据此可将小学课程分为两类，语文、数学、品德与社会（或品德与生活、科学）、综合实践或地方课程等培养学生的一般性知识和技能，归入普通学科，而体育、音乐、美术、英语和信息技术等课程培养学生某方面特殊技能，可归入特殊学科。在调研中发现，农村小学教师兼科教学方式通常为任教一到多门普通学科兼一门特殊学科。对部分农村教师的调查显示，他们的兼科意愿和能力大多不超过三门，三门以上的科目压力让教师感到无法应付。因此，一个低年级单班的小规模学校要开齐开好课，最少需要 3 名教师，1 名普通学科教师、1 名体育教师、1 名艺术教师，各兼任 2~3 门课，开设高年级单班的小规模学校则需要增加 1 名英语教师。在师班比标准与科目教师需求冲突较明显的学校，可采用联校共用特殊学科教师的办法。

教师编制标准的确定不仅包括数量因素，还要考虑质量因素。根据

《中华人民共和国教师法》规定，国家实行教师资格制度。只有具备一定资格并通过相关部门认定者才能从事教师职业。教师资格证按学校序列和学科分为不同种类。田野调查发现，教师资格证的学科分类在农村学校缺乏实际效力，任教哪门学科根据学校的需要而非教师的学科专长而定，“一证在手、全科通教”非常普遍。这就导致国家的教师资格证无法真正发挥对教师专业能力的保障作用。应鼓励农村小规模学校教师取得多学科教师资格，并为此提供相应的工资等级上浮待遇，以确保“具备相应资格才能任教某一学科”这一国家教师资格制度的原本意图。

（二）大力提高师资供给质量

1. 提高小规模学校教师岗位吸引力

要形成优秀教师进得来、教得好、留得住的顺畅通道，必须落实党和国家对相关倾斜性发展农村学校的政策要求。如《国家中长期教育改革和发展规划纲要（2010—2020年）》要求：“对长期在农村基层和艰苦边远地区工作的教师，在工资、职务（职称）等方面实行倾斜政策，完善津贴补贴标准。建设农村艰苦边缘地区学校教师周转宿舍。”建议在全国范围增设“农村地区教师津贴”，并增加小规模学校任教的权重，形成国家工资标准中边缘学校教师收入整体高于中心地带学校、农村学校高于城镇学校的逆向分布。建议对在小规模学校连续任教超过十年的教师设立专项奖励基金；对持有多学科教师资格证的教师予以专项补助；职称指标按较高比例直达小规模学校，增加小规模学校教师职称晋升机会；为小规模学校改建教师宿舍，配备必需的生活设施，提供水电和电脑网络，尤其要满足女教师对安全、卫生的基本需求。

2. 配置合格的固定师资

向小规模学校配置满足最低师班比要求的合格的固定师资，以满足学校对核心课程任课教师的需求。当前小规模学校教师供需的矛盾突出表现在特殊学科师资上。通过完善中心小学教师走教制度、提高走教频率和实效来缓解这一矛盾外，还应该配置专属于小规模学校的流动师资，可采取多校共用教师编制、教师轮用的方式。此类师资可以通过半流动方式，在每学期的固定时间段只在一所小规模学校任教一门特殊学科，解决校际距离过远造成的走教交通不便问题。比如，一所开设了6个年级的小规模学校，每周音乐课时总计10节，按每学期20周计算，共需提供400节音乐课，一名音乐教师可以在这所学校任教10周，每周20节课，完成课时任务后到另一所学校任教。而在不足6个年级的小规模学校，一名特殊学科教师每学期可接连在3~4所小规模学校任教。小规模学校通过编制分担、教师共用的方式即可利用少量教师基本完成特殊学科教学任务。

3. 面向本地招聘小规模学校教师

在国家实施的农村义务教育学校教师特设岗位计划中单列农村小规模学校招聘类别，由省将指标分配到县，由县级部门面向本地大学专科及以上毕业生为小规模学校招考特岗教师。同时，调研发现，具有正式编制的农村教师岗位对绝大部分农村青年仍具有较强的吸引力，本地就业的优势也为他们所看重，招聘本地师资对小规模学校和本地人口具有双赢效应。据此，县级政府应该积极开拓小规模学校教师补充途径，可采取两种办法，一是从农村应届高中毕业生中筛选符合一定条件者在地方师范院校定向培养师资，以胜任多学科、小班化教学的师资为主导培养目标；二是从满足年龄、学历要求的本地代课教师中招考，转正之前在地方师范院校脱岗培训3~6月。对所有拟进入小规模学校的师资根据现实需要增加针对复式教学的培训内容。本地招考的小规模学校新教师以来自学校所在地或邻近乡镇为主，入职后在小规模学校履行三年服务期。专门的小规模学校师资补充可以以三至五年为一个周期，形成补充的常态化。

4. 提供充足、针对性的在职培训

在县级及以上培训中单列“小规模学校教师培训计划”，确定合理的培训经费分担比例。江西省于2008—2010年设立“农村教学点教师省级培训计划”，对全省5 000名教学点教师进行免费培训；在印度，小规模学校教师每两个月就有一次培训机会，每年暑假需要参加一个月的培训，在培训中加入复式教学和课程重组的知能训练。小规模学校教师培训中，应将校长作为重点培训对象，向他们及时传达教育发展新动态，进行更新办学理念、学校特色开发、公共关系处理等方面增强内生能力的培训。对教师的培训中，根据小规模学校的乡土性和班级规模偏小的特点，加强教材处理、教学组织、活动开展以及特色建设等内容，增强教师培训的实用性，减轻教师的培训经费负担；开设专门培训，提高教师利用多媒体教学仪器和远程教育资源的能力和效率，以减轻教师专业能力的制约；为小规模学校教师提供多学科专业学习机会，帮助他们实现多学科专业达标。

5. 在县域内统筹师资管理

加强县级教育行政部门对教师录用、流动和绩效考核的统筹管理。以县教育局作为新增教师的聘用主体，在聘用初期就强化“系统人”的身份归属，而不属于某一特定学校，为教师在不同学校间顺畅流动消除认同上的阻力；将“新增教师必须在偏远地段学校任教不少于一年”之类的规定纳入教师管理制度。建立教师常态流动机制，尤其要加强教师在不同规模、不同地段学校间的流动。

二、建立需求导向的经费保障机制

以小规模学校需求为导向的经费保障机制是指，在现有农村义务教育教育经费保障机制框架内，提高小规模学校经费保障责任的层级，实现小规模学校经费由县直达，建立纳入小规模学校独特需求的公用经费拨款标准。

（一）实行“基数+补助”的公用经费拨款公式

我国现有公用经费拨款采用按学生人数进行资金分配的公式，这一定程度上反映了学生需求，但由于仅仅以学生数为唯一指标，忽视了不同类别学生对教育经费需求的差异。全世界范围内，调整生均拨款公式，赋以学生数之外的其他指标同等或更大的权重，已成为教育经费拨款方式改革的主要潮流，这也体现了经费拨款中必须考虑作为一个整体的学校（whole school）的需求。

1. 增加学生基数的准确性

加强电子学籍系统的建设与管理，加强电子学籍与儿童出生统计的对接与比较，杜绝电子学籍造假行为发生，以电子学籍系统显示的学生数为主。同时，由于不少基层管理者有几套学生数信息，向不同统计目的的信息收集者提交不同的数字，省级财政部门和教育厅财务处采集到的各县市学生数信息后，要积极主动与不同途径、不同口径获得的人口信息进行比较。如卫健厅（局）、教育厅的基础教育处、发展规划处、督导室等处室每年也会统计学龄人口信息，在不同来源的数字有较大差别时进行现场回溯和核对，以基础教育发展评价等压力抑制基层部门的造假冲动。

2. 增加非学生数因素的拨款权重

为减少对小规模学校的歧视，在公用经费拨款公式中，应以学校生存对资金的最低需求为基数，加上体现学生需求、教师需求和学校需求的综合补助，满足学校差异化需求。学校公用经费的需求基数是一个常数，可以按照不同学生规模设定为阶梯额度，可按照 101 人以下、101~200、201~400、401~700 等级差数列分布确定不同的需求基数。以 2011 年秋季 H 省宗县小规模学校运转情况为参照，少于 101 人的学校每年需求基数定为 3 万元较为合适。综合补助标准的确定应涵盖学生、教师和学校 3 类一级指标及对应的二级指标 11 个，不同指标所获得的权重应有所区别。

选取这些指标主要考虑到它们对宽泛的农村学校公用经费用途产生一定影响，不同学生比例影响到教师工作量和学校对学生的扶助；教师比例和教师与农村其他行业工资水平的差距会影响到学校教师的福利支出、培训费支出；而学校特征的几个指标会影响到日常支出类别、教师工作量、支出水平等，进而影响学校的日常运转成本水平。

表 7-3　公用经费拨款公式两级指标分布

一级指标	二级指标
学生	留守儿童、贫困儿童、残障学生、学业表现
教师	代课教师、新手教师、行业工资差距
学校	班级规模、托管服务、远程教育、所在地价格水平、人口密度

可以将这一拨款公式概括为：

公用经费总量=学校基数+｛f（学生结构，学校特征，教师构成）｝×生均经费+｛f（学生结构，学校特征，教师构成）｝×师均经费这一公式具有开放性和发展性，即学校基数应随着经济发展水平和物价水平而有所增长，综合补助的指标体系也应随着学生结构、学校发展以及教师构成的变化来增减指标，每一指标的加权比重也可以灵活调整。在学校基数的基础上，一个普通学生被计为 1.0 单位，一名普通教师被计为 1.0 单位，三类指标对公用经费总量的影响通过增加单个学生的权重来体现。是否赋以某类群体特殊权重以及赋以多大权重，可以根据其比例是否超过正常范围和是否出现此类指标两种方式加以调整。比如当贫困儿童比例超过 20%，则向每一名贫困儿童赋以 0.25 的额外权重；在学校提供托管服务时，每名学生都可获得 0.01 的额外权重等；新手教师比例超过 30% 时，每名教师获得 0.1 的权重。额外权重的赋予充分体现出国家政策对哪些特殊群体有何种程度的倾斜，在经费保障责任重心上移至省级的机制下，具体赋重方式应交由各省级政府负责。

在美国的大部分州，教育经费拨款方式已经体现出不同群体学生比例、学校特征以及特殊项目等影响，他们对上述指标所赋权重可供决策者参考。

表 7-4　美国部分州对加权单位的处理

类别	州别	处理方式
残障儿童	南加利福尼亚州	赋以每名儿童 2.04 的权重
	新罕布什尔州	对　残障儿童的拨款水平为普通儿童的 3.5 倍
贫困生	佛蒙特州	领取贫困金的家庭的学生每人增加 0.25 的权重
	明尼苏达州 新泽西州	按照贫困集中度分成等级，贫困生比例越高，学生的额外权重越大
	马里兰州	贫困生比例超过 25%，提供 8 000 美元的教师发展资助
学困生	纽约州	不能达到“学生评估项目”最低要求的学生被赋予 0.25 的额外权重

续表

类别	州别	处理方式
远程教育项目	艾奥瓦州、新泽西州等6个州	通过项目资金,为学校提供一定额度的通用拨款,或为每个学生提供41美元的补助
教师特征	俄勒冈州	教师平均教龄高出州平均水平的学校,每个学生增加25美元拨款
	新墨西哥州	以教龄为6~8年的学士、3~5年的硕士、0~2年的博士为1.0单位,学历越低、教龄越短,权重越低
价格水平指数	佛罗里达州	测量各县的三年平均消费价格,对不同地区学校购买物资的实际成本差异进行调整

资料来源：根据理查德·D. 金等著、曹淑江主译的《教育财政：效率、公平与绩效》（第三版）中国人民大学出版社2010年版第197—212页整理而成。

（二）提高项目经费对小规模学校的覆盖面和保障效力

只有在办学基础最薄弱的小规模学校也达到标准化要求，校际差距才能切实缩小。硬件资源的标准化外显性和可衡量性更强，各级政府都以项目经费推进义务教育学校的硬件标准化建设。然而，项目经费在县级分配过程中，受规模效益理论的影响和支持，先大后小，先中心再边缘，着力向"面子学校""被领导关注学校"投入的现象一直未变，导致近十年来小规模学校建设类经费投入中断，小规模学校硬件条件日益恶化。要改善小规模学校的办学条件，形成小规模学校的物质资源更新常态化，必须实现项目经费分配向"底线公平、按需分配"转变。

1. 将农村小规模学校纳入"义务教育学校标准化建设"项目

义务教育学校标准化建设中，标准化学校的教师等软件资源质量要达到基本要求，设备、图书、校舍更要满足教育教学和学校发展的基本需要。农村学校的标准化建设应是一个循序渐进的过程，一步到位的可能性不大，可以先进行基本达标再过渡到完全达标。所谓基本达标是指正常开展教育教学活动所需要的最底线标准，如消除危房，有专门的活动场地和设施，基本的图书音像资料和教学辅助设施。小规模学校是实现基本达标的最薄弱环节，要对其实行特别优惠的倾斜性政策，全面、不打折扣地进行小规模学校基本达标建设。要对小规模学校硬件条件进行摸底清查，对未达到基本标准的方面进行改建、更新和配置。根据测算和已有的实践，实现小规模学校基本达标并不像想象的那样“费钱”，个案学校实现基本达标每校每年所需经费不超过 2 万元，湖北省利川市投入 700 多万就实现了对 103 个教学点的教室、厨房和厕所等办学条件的显著改善。浙江省也于 2008—2009 年间投入 11.3 亿元对全省 280 所 6 个班建制以下的学校进行软硬件改造提升，包括危房、破旧校舍及附属设施维修改造、改厕改水改灶、设备图书艺体器材添置等。相比之下，花费上百万为一所中心小学建设一个标准化的塑胶操场，远远比不上花费上百万元建设十几所小规模学校所产生的社会效益和公平意义。

2. 周期性地投入项目经费并赋以一定的自主使用空间

以五年为周期，确保每一周期内小规模学校能获得至少一次项目经费投入。在硬件资源配置基本达标以后，项目经费的投入应规定大方向，不拘于小细节，以免出现“豪华厕所”与“危房宿舍”并存的不正常现象，只要校园建设资金用于学校办学条件的改善，不应该过度约束经费的支出细节。建什么、如何建、建多少等涉及满足学校具体需求的事应尽量交给学校。比如，是修大门还是进行校园绿化，是“建 30 平方米的城市标准的教师周转房”还是“建 60 平方米的符合农村实际的教师周转房”，都可以交由校长、教师和学生与家长等集体决定。总之，保障小规模学校经常性地获得建设经费，减少过分细节化的约束，是小规模学校项目经费效力最大化必需的重要改变，也是逐步实现完全达标的必然要求。

（三）提高小规模学校经费保障层级

国际小规模学校发展经验显示，中央政府或较高层级政府负责小规模学校资源保障成为较为常见的做法。美国联邦政府实施了专门针对农村教育拨款的“农村教育成就项目”，旨在向地处偏远的农村小规模学校和贫困学校提供专项资金，2002—2004 年间共计拨款 4.98 亿元；全美有 28 个州通过提供最低标准经费、增加生均权重、实施低人口密度地区教育经费补助等方式支持农村小规模学校发展。印度政府联邦为发展贫弱地区基础教育而推行三个著名的全国性项目，“黑板行动”“全国普及基础教育计划”“地区初等教育计划”，都以农村小规模学校为主要目标群体。

在我国，由于历史欠债多，小规模学校发展基础薄弱，按照满足学校需求的方式拨付小规模学校经费，无疑需要新增大笔经费，财力相对薄弱的县级政府可能无法承受。小规模学校建设经费的投资和管理责任应提升到“以中央和省为主”，在教师工资、公用经费、项目经费等方面实行中央与地方按比例分担，中央和省级政府承担90%以上的经费责任。

为提高较高层级政府对小规模学校经费保障的实际效力，应使用更多的一般性转移支付和综合拨款，降低专项转移支付比例。专项转移支付严格限定资金用途，通常要求地方提供一定数量的配套，而一般性转移支付不指定目的或限制资金的用途，上一级政府对经费使用的控制程度最弱，主要体现缩小差异的公平价值，综合拨款则在较为广泛的既定范围内，由地方政府决定资金使用的优先次序，后两类拨款都赋予了地方政府较大的自由裁量权。鉴于小规模学校经费保障本身就偏重公平价值，而中央和省级政府距离小规模学校过远所产生的信息损耗易于减小经费使用效率，所以应更多地运用一般性转移支付和综合拨款方式为小规模学校发展提供经费。

（四）赋予小规模学校独立的经费核算权

目前来看，减少乡镇内中心学校和中心小学的干预和占用，保障小规模学校获得独立的教育经费是最为迫切也最可行的措施。保留小规模学校的独立账户，使其与其他农村学校在经费预算编制过程中拥有相同的需求表达权，对进行预算编制和核算有难度的小规模学校，由中心学校协助。中心学校仅负责核查学校经费开支的真实性和必要性，而不干涉经费具体的使用范围。

三、采取切合实际的学校管理措施

（一）将农村小规模学校在教育管理制度中单列

小规模学校作为一类非常态学校，对其的管理也应区别对待。管理资源作为隐性资源，配置方式和保障程度同小规模学校发展密切相关，应在“分级管理、以县为主”的教育管理责任分担机制中将小规模学校管理责任单列。强化对小规模学校的“分级管理、以县为主”管理责任划分，由高一级政府提供资源保障，由县级切实制定小规模学校发展的具体策略。中央主要负责制定小规模学校发展的指导性政策，提供基础性的经费保障；省级政府建立小规模学校发展备案制度，动态监测农村小规模学校数量变化和质量变动情况，将小规模学校发展纳入义务教育均衡发展评估指标体系，定时对小规模学校进行抽样或全员性普查，确保小规模学校获得不低于平均水平的资源投入。省级政府监督规制县级的小规模学校发展措施和资源配置，以避免县域内小规模学校被歧视性对待。

县级政府切实负责为农村学校提供均等化基础性资源保障，以倾斜性资源配置策略保障小规模学校得到发展所需的基本资源。县级政府负责规划本地小规模学校发展，制定目标、确定步骤，收集并分析小规模学校的需求信息，制定具体的资源配置策略和详细方案，优先满足小规模学校需求，并对经费和师资的配置效果和利用情况进行密切追踪，积极主动创造并激发小规模学校对优质资源的吸引力和凝聚力。在以倾斜性资源配置提高小规模学校发展信心的同时，县级政府要将提高小规模学校发展能力放到更为重要的位置。为小规模学校提供针对性的师资培训，指导学校制定特色发展规划，并创设县域小规模学校发展的交流平台，经常性地开展小规模学校教师和校长研讨活动，邀请专家参与并对他们面临的问题进行专题性会诊。县级政府要时时监测小规模学校发展水平与其他学校的差异程度，将其控制在相对合理的范围，追求义务教育在乡镇内继而在县域内的均衡发展。

乡镇中心学校能为小规模学校提供最及时的帮助。乡镇中心学校要着力发挥对小规模学校运转规范的监督作用，帮助小规模学校解决突发问题，并及时将小规模学校发展中的困难与变化上报到县级教育部门，及时传达、解释上级政策精神，保证小规模学校应有的资源配置到位，协调小规模学校与其他学校关系，同时对小规模学校发展中出现的偏差进行纠正。中心学校还要与乡镇政府、村委会一起，为小规模学校创设发展的良好社会氛围，引导本地社会精英的力量帮助小规模学校发展。

2. 强化办学规范

小规模学校因其相对分散、与管理者距离较远，学校运转的弹性空间较大，在上级管理者无法密切实行管控的情况下，过于强调学校运转的整齐划一和发展目标的高度一致，是徒劳无益的。对小规模学校管理的目标设定应以保证基本规范为主，具体安排应由学校根据实际情况自主确定。比如在个案小规模学校，农忙时节代课教师需要干农活，而学生的家长也不再有充足的时间和精力为孩子提供衣食照顾，调整法定节假日的休息时间，这种行为在学校能保证完成课时任务时应该被允许。又如，为了保证开齐开足开好课程而实行几所学校轮用特殊学科教师的办法，灵活安排课程的开设时间和开设方式也必须被允许。

从当前有关规范学校办学行为的文件重心和个案小规模学校日常运转情况看，对小规模学校办学规范的要求应首先实现在教学与作息时间安排、课程计划执行、校园安全、教育收费等方面的规范。①应保证儿童有正常的休息、体育锻炼时间和符合要求的课堂学习时间，不得随意改变单节课时长度，做到上下课有铃声、有时间表；②严格执行国家课程方案所规定的课程门类、课时量、组织方式等，确保每个儿童不因所处学校规模偏小而无法享受质量基本相当的教育，合理开展校内活动，科学安排课内外作业内容和分量；③定期开展安全教育，落实校园安全防范措施，及时报告和消除各种安全隐患；④严禁一切违规收费行为，服务性收费和代收费要做到信息公开、透明操作，杜绝学校通过各种途径变相谋利。

学校管理以保证办学规范为主要目标，要求上一级管理者对小规模学校的管控保持在一定限度内，为小规模学校提升教育效力、提高针对性留出灵活、弹性的足够空间；管理以保证办学规范为主要目标，还要求中心学校人员、县级教育行政管理者对小规模学校的视察督导成为常态，他们不仅要加强与小规模学校的电话、网络联系，更要增加到访次数，实地了解小规模学校发展状况，积极走访学生家庭及其他社区成员，及时发现学校的办学问题，帮助小规模学校寻求解决问题的方法并积极争取其他部门的援助。

3. 拓展小规模学校发展的多元路径

提高小规模学校的管理效力，还需要积极创新，在学校发展的普通通道之外开拓出更多有利于小规模学校发展的途径。首先应通过有线和无线联网的方式，实现互联网对所有小规模学校的全覆盖。保证有电话网络和电视信号的地方，小规模学校就能使用互联网络资源。也可以与新农村建设中党员群众服务中心的网络建设对接，并进一步加强对卫星教育资源、教学光盘等的组织使用。充分利用发展迅速的信息技术，降低网络资源的使用难度，为小规模学校教师提供最简单、最有效的操作方式；资源开发者要为小规模学校量身定制适合小班教学、复式教学、兼科教学的课程资源及学习资源，让教师不出学校就能及时掌握教育发展新动态和新型、先进的教学组织方式。

小规模学校天然适合开展小班化教育教学改革，而结构简单、人员偏少更利于学校主动通过变革寻找出路。他们更易接受变革建议，内部组织优势也有利于学校有效应对变革中的不确定因素，变革更易于在小规模学校实现。因此管理者和教学变革发起者应将小规模学校作为变革的首要目标群体，向他们提供更多的专业指导、物质资源支持，营造适宜变革的外部氛围，鼓励小规模学校通过参与项目、自主创新等实现校园文化建设、人员管理、课程教材重组等不同方面的变革。

从县级到乡镇都应该积极探索小规模学校发展中的各种合作途径。从 H 省宗县正在实施的联校一体化管理中可得到有益启发，在校际合作中通过“强弱联合”有利于“强校”对“弱校”的资源辐射和管理效能带动，但也同时反映出“强校”对“弱校”发展需求的不了解和有意忽视，并有逐步吞并的意图，不利于小规模学校的独立、可持续发展。有些地方在联合配对时未征求小规模学校的意见而由管理者单方决定，有时反倒遭到小规模学校的抵触。实行“强弱联合”方式时，中心学校要经常获取小规模学校的信息反馈，并对校际联合行为加强监督、约束，避免恃强凌弱的情况发生。

可以在“强弱联合”途径外尝试“弱弱联合”，组织小规模学校抱

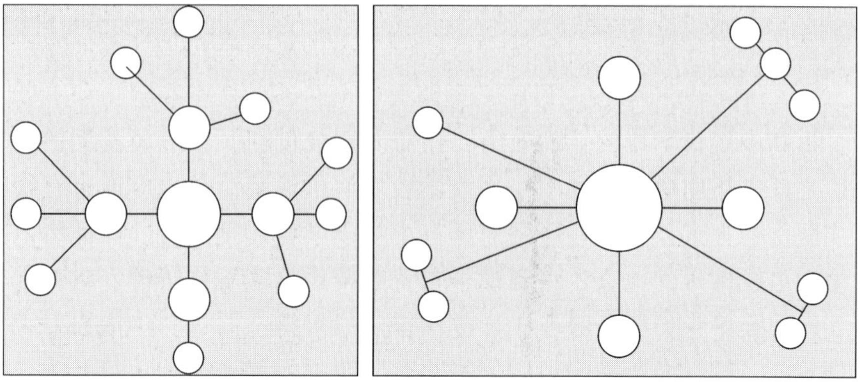

图 7-2　小规模学校合作管理模式（左为强弱联合，右为弱弱联合）

团发展。英国组建了“农村小规模学校群”，成立小规模学校论坛，学校间共用教育教学设施，交流经验、互解疑难、共享网络资源、联手应对挑战。国外已有经验表明，同为小规模学校的合作伙伴之间相似之处更多，合作效果更好。它们所处的发展阶段和状态基本相同，合作的着力点和针对性更有益于帮助它们解决现实问题。作为互助组合，它们之间的关系更趋近于平等，能灵活有效地安排师资和可移动设备的共享，相似的起点也为它们共同开展教研活动和组织校际比赛提供更为平等的平台，更容易达成共识目标。“弱弱联合”同时有利于激发小规模学校的内部竞争力，提升它们的发展动力。

第四节　增强农村小规模学校的自主发展能力

“办好每一所学校，教好每一个孩子”，最终取决于学校的自身发展能力和对资源的利用效率。在实现“义务教育均衡发展”的教育变革中，“学校作为整体”是最重要的变革单元，“这意味着任何学校都必须从内部推动自身的发展，将一所学校行之有效的东西搬到其他学校将徒劳无益。每一所学校都必须循着自己的发展过程前进，并使之制度化”[①]。鉴此，小规模学校应该积极主动地探索自己的主动发展之路，以

① 达林.理论与战略：国际视野中的学校发展[M].范国睿，译.北京：教育科学出版社，2002：198.

建构系统变革能力为核心，构建良好的内外部公共关系，确立它在义务教育均衡发展中的重要位置。

在学校组织的输入、加工和输出过程中，“加工”环节是提高小规模学校的主动发展能力、实现学校变革的核心所在。加工过程由输入到输出之间互动的诸系统构成，通过教育教学过程和其他维护教育教学过程的活动来实现能量转化，这一过程中，学校自我改善能力、增强学生学习的能力和在一个不断改进的教育环境中达到目标的能力[①]是关键所在。梁歆、黄显华根据 Leithwood 等人以及 Youngs 和 King 的研究，将能力建构的因素分为五类[②]，本书认同这一分类，并认为这五个方面的系统改进是学校变革赖以实现的根本动力：

（1）分享的目标。包括了分享学校的发展愿景、发展目标和对学生的期待，学校成员一起创造的未来图景和实现图景的价值观，以广泛参与的方式制定实现愿景的计划，体现出教师如何对待学生的教师个人目标和学生发展目标的结合。

（2）人的发展。包括了教师个体的专业发展和专业社群的发展。教师个体实现知识、技能和态度、信念的改进，是在组织、集体的情境下发生并发挥效用的，教师专业社群的发展主要具有四项特征：①教师能聚焦于反思性专业探究；②学校成员间能够合作、相互信任；③集体责任感；④教师个体和团体的学习得到促进。

（3）组织能量。包括学校结构和学校文化，两者为一体两面，相互支撑。

（4）课程与教学。包括课程的一致性，支持教学的新资源和技术。

（5）学校领导。革新性领导可以促进学校改进，他能够对他所要求的行为、态度进行示范，将领导功能分散至他人。

两位研究者同时指出，学校能力构建离不开积极的合作伙伴的支援。学校的合作伙伴包括地方教育机构、大学研究团体、社区、家庭等等，邻近学校间的伙伴合作以及学校与社区的合作关系是比较常见的。通过

---

① HOPKINS D.让每一所学校成为杰出的学校[M].鲍道宏,译.上海:华东师范大学出版社,2010:31.

② 梁歆,黄显华.学校改进:理论和实证研究[M].上海:华东师范大学出版社,2010:59-63.

学校组织内部变革以及积极构建良好的公共关系，将有效促进学校主动、独立的发展。需要注意的是，因为其脆弱性的本质，小规模学校的发展对倾斜性资源配置的依赖无法取代，发展能量的被激发以基础性资源充足保障为前提。

一、积极培育组织革新的能力

（一）提升小规模学校的发展自信心

小规模学校发展正面临的首要制约便是它们对于自身发展能力的不自信。德尼·古莱说，“对那些弱小的团体和社会来说，发展还是一个非常痛苦的过程，它们不得不适应各种互相联系而自己又无法控制的复杂关系”①，面对周围巨大社会力量产生的刺激，“它们努力适应、保护自己、控制自己”②。许多时候，单单“做出改变”这一念头就足够让小规模学校对传统平衡被打破产生本能畏惧，尤其是它们自己对长期被印刻的“落后、薄弱”的标签形成认同之后。“我们这样的学校不行”经常从小规模学校教师与校长口中轻易地讲出，面对未来发展的不自信时常将他们紧紧束缚在“只管今日、不看未来”的短期行为中。这种不自信植根于长期以来农村社会在追逐城市发展模式时的农村自卑心理中，也是农村学校在长期发展中“自居落后”心理的扩散。小规模学校教师和校长很少能准确评价本校的优劣，灵活、亲密、乡土特色不足以引起他们的自豪，资源匮乏的不利也被无限放大，教师们因丧失对学校未来的自信心而不愿积极做出改变，如不再主动制作教具，不再主动家访，不再开教研会等。

小规模学校教师与校长要去除自卑心理，提升发展自信心，首先，要确信小规模学校作为教育系统重要的组成部分不应该也不可能被消除，小规模学校具有独特而多元的价值，他们所从事的工作对于整个社会发展具有重要的奠基作用；其次，对学校自身的优势与劣势要有全面客观的清醒认识，积极发挥学校因小而灵活而亲密在教育教学中的重要性，

---

① 古莱.残酷的选择：发展理念与伦理价值[M].高铦，高戈，译.北京：社会科学文献出版社，2008：14.

② 古莱.残酷的选择：发展理念与伦理价值[M].高铦，高戈，译.北京：社会科学文献出版社，2008：15.

在力所能及的范围内努力弥补小规模学校资源不足、丰富程度低的缺陷；再次，小规模学校应积极尝试各种变革，在变化中求进步，在变化中增强信心，摒弃小而固步自封、小而自轻自贱的“弱校心态”。

小规模学校可以根据自身情况，由全体教职员共同对有关学校教育的价值观问题充分表达看法，如从事教育的动机、对理想工作环境的期许、学校最值得保存的价值等，基于达成的共识，形成可以为之长期努力的学校愿景，如扶助弱生教育，乡土文化教育等。这一愿景应该是学校希望解决的问题的真实反映；针对学校愿景制定以短期目标、小改变为主，中长期目标为支撑的目标系列，如实现教师行为、学生礼貌、课堂纪律、校园卫生、教与学互动等方面的改变，同时要积极引导教师形成全面发展的学生观，形成“每个学生都能学习、每个学生都能进步”的期待。主动邀请社区人士、家长、其他学校同行、教育行政管理人员参与到学校发展目标的制定与分享，使学校的发展目标成为所有利益相关者的共同目标。

（二）提高教师专业发展能力

教师个体的改变和专业社群的发展都需要学校能够提供个性化支持、激发教师对教学实践的思考、示范重要的价值观和实践①，立足学校教师的具体情况，实施符合学校实际的策略，是非常重要的。哈格里夫斯和富兰指出，教师如一粒粒种子，若撒到贫瘠的土壤自然无法正常地生长发展，要关注教师发展所依赖的生态环境②。

小规模学校对教师专业性的要求更强。从现状看来，增强教师专业性的迫切之处在于提高小规模学校教师灵活组织教学、创造性使用课程资源和开发乡土教学资源上。大部分的小规模学校教师都经历了从大班上课到小班教学的冲击，应充分挖掘利用小班教学的灵活性和师生互动的便捷性、学生学习的自主性，提高课堂效能，创造性地利用课程标准的弹性空间，重组教材以体现课程对本校的适应性，增加学校教育教学

① LEITHWOOD K, JANTZI D, STEINBACH R. Changing Leadership for Changing Times [M]. Buckingham: Open University Press, 1999.

② 转引自卢乃桂，操太圣.中国教师的专业发展与变迁[M].北京：教育科学出版社，2009：104.

与乡土社会的联系。

要提高小规模学校教师专业性，通过参加培训从外部支持中汲取成长的营养固然不可或缺，但鼓励教师在有利的发展土壤中通过反思、参与、创造性运用新知识和新技能，形成主动发展，将更有利于教师的个体成长和群体发展。为教师提供有利的发展土壤和有效的发展机会主要体现在四个方面：（1）为教师提供充足的学习时间，保证教师每周有一定的课时参加网上远程学习或其他自主学习，安排课程表时考虑到教师的相互听课，避免包班上课、全天上课现象。（2）拓展教师的空间，组织教师开展学科内、学科间的专业知能交流与学习活动，加强校际合作与交流，在小规模学校联合体中经常性开展讨论、观摩活动。积极把教师“送出去”，为教师创造机会、争取机会参加校外培训和大型活动。通过网络建立与专家学者、优秀教师的长期、稳定联系，保持内外信息交流的通畅。（3）为教师的专业发展提供良好的学习资源保障，如经费、图书、网络、学习制度与同侪互助氛围，提取一定比例的公用经费作为教师专业发展资金，报销教师因参加校外活动的路费并给予适当补助。（4）向教师提出专业发展要求，组建全校性综合教研组，可以要求年轻教师多写课后反思，教龄较长的教师多组织专题教研等；教研活动要常态化、系列化，根据教学实践出现的问题及时开展针对性讨论和交流，周期性举行围绕小班教学或复式教学、留守儿童教育或弱势群体儿童教育、家校沟通等各种现场观摩或讨论活动。当然，教师本人也要逐渐形成开放、主动的专业发展态度，积极反思教学实践并在具体情境中创造性解决问题，提高专业发展自觉和群体合作习惯，增加同事间正式关系身份的互动。

（三）增强校长的领导力

强有力的领导被众多研究者认为是学校变革的积极因素。农村小规模学校人员结构简单，关系和谐亲密，在过于扁平化的组织结构中领导力呈分散式分布，即每一个人都被赋予一定的影响力期望，每个人都必须发挥自己的领导力才能维持学校组织的正常运转。尽管许多小规模学校校长认为自己已由“校长”变成了“班长”“组长”，个别校长一直强调自己“只是临时负责”，但对于组织发展来说，小规模学校无论多小，都需要一个“领头羊”，他（她）所起到的引领作用和协调功能无法取代。

1. 校长在小规模学校发展中极为重要

校长是学校变革中极为重要的力量，“必须学会关注学生的情况，分享权力，抓住机会，开发一个极具探究性的环境，花时间与学生、教师和父母打交道—同时，又要在各种论争、行动和评价中保持清醒的头脑”[①]。一所小规模学校的良好发展离不开校长的引领和投入，一个具有高效领导力的小规模学校校长能维持学校的运转规范，善于协调校内人员关系并形成本校教师专业发展的有利氛围。从现实情况看，小规模学校校长流动过快、管理随意性太大，不利于学校树立良好形象，他们需要做出更多努力来改变。

2. 校长要善于营造校内和谐的氛围

“管理者必须是人际关系的专家。他在建筑、制定预算或学校经营时能雇到技术人员，但没有什么人能代替他在人际关系中的作用。”[②] 小规模学校校长要真诚对待和尊重每一个教师和学生，人数少为校长及时了解每一个人的新变化提供了极大便利，校长要及时对教师和学生所做出的良好行为给予认可和赞扬，合理化解校内人员间不可避免的小冲突，努力将师生的精力与注意力凝聚到学校的积极形象塑造与发展上，营造信任、合作、共享的校园氛围。校长要积极主动关心师生的生活与学习，努力改善学校教学条件，尽可能提供安全、宜人的校内设施，从办公室、教室的摆设与美化到教师的办公用品购置，都要予以关注。

3. 校长要努力维护学校运转规范

小规模学校校长要强化学校运转规范的自我维护。校长要按照基本规范所要求的，保证上下课有铃声、有课表，按时按量保质地完成课时任务；学校各项工作要有计划有小结，保持活动和课程的基本丰富性，使校园有歌声、笑声、广播声；要求教师达致基本职业规范，并保持校内的统一性，在课外作业布置、师生冲突处理、家访等方面形成教师共

① 达林.理论与战略：国际视野中的学校发展[M].范国睿，译.北京：教育科学出版社，2002：222.

② 转引自倍根，格莱叶.学校与社区关系[M].周海涛，译.重庆：重庆大学出版社，2003：101.

识，保持学校在日常运转以及向外部传递信息时的整体一致性。校长要对学校的基本运转时刻保持清醒的自查，发现失范或疏漏要及时纠偏。保持学校的基本运转规范还需要校长关注校园面貌。尽管校园建筑可能年久失修，但学校为保持校园的干净整洁、爽目宜人每日所做的清洁工作和美化措施，最容易被外部识别，美观、整齐的校园也会使学校师生产生一种自豪感，是产生学校凝聚力的重要因素。

4. 校长要成为教师专业发展的引领者

小规模学校校长同其他教师一样承担大量的教育教学任务，他在教育教学中所表现出的专业发展行为本身就是对其他教师最重要的示范。小规模学校校长要以身作则、率先行动，成为一个主动学习、积极反思的教师，并通过自身经验或从外部获取援助来不断为其他教师提供专业支持；校长还要努力营造良好的专业发展氛围，制定有利的制度提供精神和物质的充足支持，如鼓励教师参加各种专业学习活动，报销路费并给予适当补助等。校长还需要帮助新教师减少入职适应困难，成为新教师在生活、工作、专业发展等方面的主动支持者。校长可组织专门的新教师见面活动，与他们交流学校的基本情况、学校对新教师的期待、工资福利情况以及本校已确立的共享目标等，建立常规化的新教师听评课制度，保障新教师获得充足的校内学习和外出学习机会。对于代课教师，校长也应在入职带领、培训机会分配、资源获得、学校信息等各方面一视同仁，为他们提供平等的校内待遇。校长要充分利用人员结构简单的特点，及时洞察教师个体和群体在观念与行为上的变化以及遭遇到的困难，保持教师发展与学校目标的紧密一致。

（四）办出学校特色

发展特色学校在美国和韩国已成为重要策略。美国在小规模学校运动中创设磁石学校（Magnet Programs），根据儿童特殊的兴趣与能力，开设特色课程，让学生在修习普通课程的同时，获得发挥特殊才能和兴趣的机会，如音乐、戏剧、视觉艺术等；而韩国兴建亲近自然的田园学校、照顾型学校，彰显农村学校特色。

从中央政府的多份教育文件可以看出，国家鼓励学校办出特色、办出水平，这是以提高质量为核心的教育发展观的必然要求。小规模学校因小而灵活，更易发生改变，特色更容易形成。小规模学校面对着农村家长更为多样化的教育需求，拥有可资利用的丰富的文化与自然资源，在特色办学上也有天然优势。如培养儿童独立的生活与学习能力，转化学业进步缓滞的学生，进行亲自然教育，利用教师专长或地方文化特色设立特色课程，如手工制作、书法、民歌、武术、乡村文化溯源等，都可能成为小规模学校特色，一些通识性课程也可以成为亮点，如礼仪课堂、安全课堂、国学课堂等。

办出学校特色，需要学校综合考虑变革目标、所拥有资源、家长需求，也需要充足的物力与人力资源支持；学校特色的形成非朝夕可至，需要来自学校文化和结构的深层次改变。学校文化的变革渗透在学校诸多变革策略的实施过程中，是学校成员艰难地创建、形成他们共享的价值观、规范、信念和假设的过程，而学校结构的变革是为了配合变革策略的。校长在学校文化变革中应起到重要的引导和示范作用，明确学校的定位、变革的方向和目标，能够将他所表达出的学校文化转化为日常的行为，在学校生活中示范这种价值观、规范和信念①。农村小规模学校氛围通常表现为和谐、亲密，家庭式氛围有利于新教师和学生的融入，适宜培育出“以学生为本”“共享的教师文化”等学校文化。一旦分享的目标被确立，学校凝聚力和师生归属感容易循着既有的情感引力通道产生并不断被强化，领导力分散式分布也将更加明显，民主、科学的决策与方案执行方式在形塑学校特色的过程中将起到有力的推动。

二、提高学校外部关系的品质

小规模学校的主动发展必须延伸到学校的外部，尤其要重视它与学生家庭、社区居民以及社区组织之间的公共关系，要在乡村建设中发挥积极作用。小规模学校要提高外部公共关系品质，需要保持开放态度，树立良好形象，建立有效互动，还需要适当处理学校发展中的特殊事件，

---

① 有关学校的文化变革与结构变革是什么以及校长在实现这种组织能量的变革中的作用，参考了梁歆、黄显华所著《学校改进：理论和实证研究》一书中基于对两所学校的变革实例所得出的启示，见该书第240—242页，华东师范大学出版社2010年出版。

如学生安全事故、学校撤并问题等。学校必须树立积极主动走出去的观念，视社区为自己的服务对象和重要伙伴，争取获得外界对学校发展的关注，对学校肯定性的评价，向学校提供资源等。小规模学校与其他学校、上级教育管理部门的公共关系自然受到教育管理制度的约束，相对而言，小规模学校在处理与社区的公共关系中具有更大的自由度。本部分仅针对小规模学校如何构建良好的社区公共关系提出建议。

（一）积极主动地建立良好的社区合作关系

1. 全面优质地培养每一个学生

学校要重视学生作为学校与社区互动通道的重要性。许多家长和社区居民对学校的了解和评判来自学生，他们听学生讲自己的课堂见闻，描述教师行为，评论自己或同学在学校中获得的各种对待。村民经常把学生当作学校代表，学生的行为则成为为学校特征的化身，如上学一段时间后是否养成主动写作业的习惯，是否具备基本的算术、识字能力，是否能歌善舞有特长等，甚至学生在放学路上的行为或者路过某家房屋时的表现，都会成为村民评价小规模学校教育质量的证据。

这样看来，获得学生的认同，全面培养每一个学生，是得到家长和居民的信任与支持的关键一步。要获得学生对学校的认同，关心和爱护每个学生是必不可少的。在一个公平、信任的学校氛围里，学生感觉到自己被作为一个独立的生命体被关注，在学习过程中自己的个体差异能被教师充分考虑，教师和校长能经常与自己交流感情，他们才可能对学校持正面评价。小规模学校具有为每一个学生提供个性化待遇的先天优势，教师和校长因校制宜、注重细节、办出特色，教好每一个学生，将成为改善学校外部形象的最重要途径。

2. 鼓励并帮助家长参与家校合作

小规模学校要鼓励并且支持家庭对学校活动的参与，制定与家长合作的策略，需要针对小规模学校所处的农村社区与学生家庭的特殊性采取适宜的方式和途径。农村教师在与家长合作时，首先，要积极主动联系家长，通过电话、信件或网络与外出务工父母交流，通过电话、家访、家长会等与在家的学生家长保持密切联系，唤醒家长对子女学习的关注。其次，在与家长沟通中，要改变家长在子女教育中“学校独大”的偏颇观点，让他们认识到家庭与学校在子女教育中缺一不可，引起小规模学校学生家长对下述职责的重视：（1）为儿童的就学提供资源保障；（2）督促儿童完成家庭作业；（3）及时与教师交流所观察到的儿童变化；（4）帮助儿童抵制社会不良影响，培养儿童正确的学习目的。再次，在家校联系内容上，建议教师可以将考试结果、学校记录、行为报告、课堂作业分析等提供给家长；或者周期性为家长提供学生在校情况的综合报告，并发放家校联系表由家长填写学生在家情况；同时可以为家长提供指导，向他们传授家庭教育技巧，帮助家长正确面对、科学处理儿童的教育和成长问题。

学校在与家庭互动中，要本着从家长的需要和可能空闲时间出发，而非方便校长和教师的原则，来安排家访、家长会等，根据家庭的独特性采取灵活的方式方法进行沟通与合作。对于祖辈监护或单亲监护留守儿童，教师要提供更多的家庭教育指导，及时了解家庭对学校的期望；那些贫困家庭儿童，需要教师付出更多生活上的照顾和多向家庭提供正面评价，激起家庭培养子女的更大自信心。对类似的特殊家庭儿童，教师要定期到家中了解情况，确保儿童的营养、健康和家庭照料能得到基本保障。

3. 正确对待学校与村委会的关系

村委会虽然已经不再以“衣食父母”的身份影响学校的发展，但二者因共同植根于村落、服务于村落而必须保持相对一致性，他们的合作与良好关系对于村落的发展和儿童教育有着重要意义。尽管大多数财力不足的村委会并不会主动要求介入学校的管理，但小规模学校应主动取得村委会对学校的支持。小规模学校应该在学期开始时主动向村委会介绍学校计划和工作目标，在学期结束时获取村委会对本学期工作的评价，主动邀请村委会对本校工作予以监督和周期性反馈，通过村委会了解村内居民对本校“最喜欢什么”和“最不喜欢什么”，使村委会成为汇集村民建议与分享学校目标的中转站。小规模学校教师也要踊跃参与到家庭重大仪式、村落文化活动中，为村民提供重要的仪式准则和价值引领作用，以争取他们对小规模学校的最大支持。

（二）开拓多种渠道保持顺畅沟通

小规模学校需要有组织、有计划地开拓多种渠道建立与社区的良好关系，这些途径应包括学校积极向外部展示良好形象的单向交流途径，也要包括进行互动的双向交流途径，比如“走出去”“请进来”的面对面的交流方式。在传统途径之外，小规模学校还可以借用新媒体如网络的力量来宣传自己，引起社会关注。

1. 开展家访和召开家长会

家校之间常态的、自由的信息交流非常重要，到学生家里和邀请家长来校是面对面进行正式交流的主要方式。小规模学校应形成固定的家访周期，每学期至少应家访两次，学期开始与结束时各一次，学期中间对发生异常情况的学生要适当增加家访次数。教师到学生家里，能直接了解学生的真实生活环境，了解家长对子女教育的真实想法和具体做法，获知家长对子女的要求，教师据此能对学生的个性有更深入的理解，能更有针对性地处理学生的独特需要，有助于更好地帮助儿童成长。农村小规模学校教师应将非正式地同家长接触与正式地到家访问有机结合，密切、多维度地了解学生的校外表现。

召开家长会是邀请家长到校的一种传统形式，家长到学校亲自参观，感受子女学习环境的变化，了解学校发生的事情，将有助于增强他们对学校的认同与依恋，他们也能更真切地提出对学校发展的看法。但家长会的召开一定要考虑家长的参加意愿与可行性，对于不能到会的家长，学校要提供会议记录概要，保持家长信息灵通，鼓励家长尽可能地多参与。家访和家长会不仅可以拉近小规模学校与家庭之间的距离，也是展示教师工作作风和学校面貌的机会，有利于树立学校的良好形象。

2. 举行多种公开活动

公开活动是展示学校形象的重要途径，应邀请所有感兴趣的人到校参加，如小规模学校的开学典礼、文艺汇演、体育比赛。也可与社区中的部分居民举行联欢，如趣味运动会、家庭文艺比赛等，使村民在活动中真正融入学校，吸引他们自觉提高对学校的关注度。公开活动是一种借助学生力量展示学校形象的重要方式，在各种公开活动中，学生的进步与才能得到全村的关注，不仅学生能受到更强烈的鼓舞，学校与社区也能因学生而更紧密地联系在一起。

学校需要借助各种活动向村民展示办学特色，如植根于地方文化的民歌、故事、武术特色，可以邀请有该方面特长的村民参与指导；学生在特色课程所习得的绘画、音乐技能，也可以通过作品展览、音乐比赛形式展示。学校可以在活动中促进社区建设，如针对农村老龄人口增加、村落空心化状况，由学校组织师生参加村庄的节日庆典活动，或者举行敬老爱老、听老年人讲历史等活动，在培养学生的文化认同和归属感的同时，丰富社区精神文化生活，并促进代际融合和传统文化的传承。

3. 与社区实行资源共享

学校所拥有的场地、设备、器材在为学生服务之余，可以为村民提供一定的学习与使用便利。学校所拥有的图书资料和远程教育资源库、计算机等办公设备可以用来让部分村民阅览、学习和练习计算机技能等，学校教室、运动场地也能成为社区举办公共活动的地方。学校要制定设施租借的详细规章制度，说明租借的时间、目的以及租借主体的资格和申请程序、租借费用的标准等。

学校也应该主动利用社区的设施和资源。新农村建设中各个村庄拥有了图书、计算机、通信网络等资源，部分村庄还兴建了专门的运动场地，比学校拥有了更多更新的资源。学校可以与村委会共用资源，由学校提供人力资源或支付使用费来交换社区的资源设备使用权，如由学校教师帮助村委会处理文字工作等。

学校与村委会的资源共享不仅可以提高现有资源的使用频率，还可以强化二者的合作伙伴关系，学校发展也能在共享中主动进入村委会的视线，有助于获得新农村建设的系统支持。

学校不仅要借助传统渠道主动改善与外部的关系，还可以借助许多新途径展示形象、获取关注。随着掌握新型交流方式的新教师进入，小规模学校可以通过网络建立与外界的密切联系，如通过微博、论坛等展示学校面貌，争取社会关注；还可以与那些进入农村地区的非政府组织建立合作关系，通过志愿者、基金会、研究机构等的介入获得更广范围的社会支持。

（三）建立社区参与学校决策的机制体制

广泛的社区参与机制对小规模学校的发展非常重要。学校在确立共享目标的过程中，必须充分收集社区意见并得到社区认同，才能使之真正成为共享的目标；而社区居民和组织对学校日常运转的监督提供了重要的外部约束力，一定程度可以弥补上一级管理机构对学校运转规范约束力偏弱的问题；小规模学校发展中时常需要做出决策，吸纳社区力量参与学校决策，能帮助学校对学生实施有效的教育。

小规模学校应鼓励以家长为主体的社区代表积极参与学校决策。学校要制定家长参与的制度及流程，如扩大家长参与度，成立家长委员会；学校主动提供相关信息资料，组织讨论，征求家长解决问题的建议以及对学校可能方案的看法；在充分考虑家长意见的基础上做出决定，并将决定向社区反馈。要为家长提供更多的参与机会，并真正重视家长的参与，这是家长支持学校发展的重要方式。

在学校的重大事件决策上，如学校年级、班级的设置变动，学校撤并的决定等，社区参与的意愿更强烈。学校要在更广泛的范围内吸纳各方力量，让家长、其他村民、村委会等所有的利益相关者都应该在学校决策中发出声音，使学校的每一项重要决策最大限度地得到社区支持。以学校撤并为例，在做出决定之前中心学校和小规模学校要组织充分调研，以避免撤并学校被认为是一项武断的、随意的决定。学校不是处于真空中，无论什么原因导致学校撤并，对于社区来说都是一件具有消极性、否定性意义的事情。美国学校管理者协会（American Association of School Administrators）认为，因入学人数下降可能导致的学校关闭决定，至少有 7 个问题需要与公众沟通①：（1）就入学人数下降问题与社区公众进行沟通交流，共享信息；（2）制定并展示过去、现在和未来可能的入学人数的变动情况表；（3）每年进行一次正式或非正式的社区态度调查，以了解他们对学校教育计划的反应，判断他们对入学人数下降所持的看法；（4）建立社区层面的和学区层面的调查小组，保证他们与公众的双向信息交流；（5）为公众提供机会，使他们知道学区是如何处理入

---

① 倍根，格莱叶.学校与社区关系[M].周海涛，译.重庆：重庆大学出版社，2003：208.

学人数下降问题的，同时也听取他们的意见，看他们准备如何处理这一问题；（6）制定明确详细的有关关闭学校、裁减职员、教师安排的计划；（7）向公众展示决定关闭学校的某些标准、尺度或者指导原则。

当小规模学校成为可能被撤并的目标时，学校要发动村民参与讨论。由学校服务范围内能代表不同类型家庭、不同年龄的村民的声音的人以及村委会成员组成委员会，学校向委员会提供学校的详细资料，包括入学人数、新生儿出生率、本村人口外流趋势以及其他可能影响学校发展的数据资料，还应提供学校被撤并后学生转校方案和交通、食宿措施，由委员会成员表达他们的意见，意见无法统一时应该组织全员参与的讨论会，以村民直接投票的方式决定学校是否被撤并。撤并过程中校产处置、学生分流都需要征求村民的意见；学校被撤并后，应向村民提供学生转到其他学校上学而可能获得的教育增益，并向家庭提供儿童转校后适应能力的辅导知识。

吸引村民参与学校决策，不仅有利于促进学校发展，从更深远的影响来看，以教育这一为人熟识的领域为突破口，在参与学校决策的过程中不断提高农民的参与意识和利益表达能力，有利于培育农村自组织能力，形成自主的利益表达机制，进而有利于乡村建设的全面推进。因此，在吸纳社区力量参与学校决策过程中，小规模学校还应该提供培训，提高农民表达利益诉求的意识和通过电话、面谈以及借助媒体等途径参与社区事务决策的能力。

结　语

农村小规模学校发展事关乡村振兴大计，是教育强国的组成部分，更关乎三百多万名[①]小规模学校学生的受教育权利。教育公平是社会公平的重要基础。在城镇学校优于农村学校、农村非小规模学校优于小规模学校的发展格局中，教育公平的最薄弱点无疑在农村小规模学校。在“上好学”的教育需求驱动下，办好小规模学校无疑是促进教育公平进而增进社会公平和民生福祉的重要举措。

本书针对农村小规模学校这一特殊形态的学校群体取样，在开放系统理论视角下，运用混合方法研究范式，探究构建包括学校资源状况、内外互动及组织运转的较完整体系。关注小规模学校如何应对外部环境的制约，如何维持组织存在的合法性，并在呈现小规模学校发展状态的过程中，赋予家长、学生、教师、社区这些直接的利益相关者充分的发言权，检视小规模学校的多元价值，研究关注从静态的宏观特征向实地的微观变化转移，从对悬空的、“印在纸上”的资料的反思，向从生长在田野中的鲜活资料汲取真知转移。本研究指出，小规模学校的发展深受制度性因素影响，教育管理与社区系统将小规模学校置于双重边缘化的不利境地。因此，对小规模学校要科学合理定位，在布局调整中分类对待，根据小规模学校的实际需求配置师资与经费，让小规模学校生存无虞，有自主发展的信心；同时，要深度激活并挖掘农村小规模学校发

---

① 这一数据取自中国教育部2020年教育统计数据中各级各类学历教育学生情况部分“教学点在校生数”。

展的自主潜力，让小规模学校立足本土，自信前行，走上“小而美”的特色发展道路。

本书尝试将混合方法研究范式运用于农村小规模学校发展政策议题，兼容多元方法，既借助于量化方法所能提供的强大的信息简化能力，又充分地将人的意义理解赋予政策全过程。在对小规模学校资源薄弱、运转失范的因果解释中，本书努力从哈贝马斯的生活世界视角，去考察不同个体如何对小规模学校面临的生存与发展困境的影响，以及他们如何在相互协调的交往中保持系统的平衡与“事件的再循环”，试图对小规模学校发展的参与各方的主观意义做出阐释理解。借此，本书努力展现这样一个观点：农村小规模学校对所处的义务教育学校管理系统和乡村社会系统高度依赖，政策的缺位或错位都会导致其发展不良，故促其发展的相关政策不仅要有力度，还要有温度，能充分考量到农村小规模学校发展的重要性和独特性，贴近发展的现实问题和真实需求。

任何议题的政策研究都没有终点，新的政策问题总会在原有问题的解决过程中浮现出来。党的十九大提出乡村振兴战略，要求“坚持乡村全面振兴”，2021 年 6 月开始实施的《中华人民共和国乡村振兴促进法》要求“各级人民政府应当加强农村教育工作统筹”，这为包括农村小规模学校在内的乡村教育持续发展输入了更强的政策支撑，农村学校将融入乡村全面振兴之中。有了法律的护航，原有困扰和制约必将在一定程度上被解除，但新的问题，诸如乡村学校特色发展和办学机制，区域内均衡优质发展等挑战，也将迎面而来。对农村小规模学校发展的政策研究，将随着乡村建设与教育发展而迎来新的地平线，研究者的视野与观点也应相应地移动和开放，以达到加达默尔所谓的“视域融合”①。同时，我们对小规模学校发展议题应该达成起点上的共识，那就是：农村小规模学校发展不仅是一个教育议题，更是关乎乡村社会、关乎人民共享发展成果的重要议题。也许小规模学校在庞大的教育系统中天然地处在边缘位置，但对于它所在的村落系统来说，它始终是乡村发挥其生产、

① 加达默尔.真理与方法：哲学诠释学的基本特征：上卷[M].洪汉鼎，译.上海：上海译文出版社，2004：393-397.

生活、生态、文化等多重功能的重要引擎，我们要更加重视农村小规模学校的发展，真正能够对农村小规模学校予以“积极尊重”。

本书将农村小规模学校的真实的、自然的面像呈现在公共视域中，试图唤起更多的人关注那些地处偏远、不断变小的农村小规模学校的命运以及它们更多的发展可能。教育社会学家科尔曼认为，科学研究在政策过程中可承担两种角色，每一个政策研究者可以进行“政策决策者与政策研究者之间的私人对话，……充当‘君王的谋臣’（adviser to the Prince)，运用现有科学知识提供所需答案”，还应当成为“多元利益中间的仆人”，“提供一个窗口使更多的人能更有效地提出他们的利益与理想”①。本书在小规模学校发展议题中对此所作的些微尝试，是为抛砖引玉，使来者可继。

① COLEMAN J S, et al. High School Achievement: Public, Catholic, and Private Schools Compared[M]. New York: Basic Books, 1982: 220-221.

参考文献

一、著作类

［1］陈敬朴. 农村教育发展水平的质量评价研究［M］. 长春：东北师范大学出版社，2008.

［2］陈敬朴. 农村义务教育质量保障机制［M］. 南京：南京师范大学出版社，2011.

［3］陈奎熹. 教育社会学［M］. 台北：台北三民书局，1990.

［4］陈庆云. 公共政策分析［M］. 北京：北京大学出版社，2006.

［5］陈向明. 质的研究方法与社会科学研究［M］. 北京：教育科学出版社，2000.

［6］范国睿. 多元与融合：多维视野中的学校发展［M］. 北京：教育科学出版社，2002.

［7］范先佐. 教育经济学［M］. 北京：人民教育出版社，2003.

［8］范先佐，等. 人口流动背景下的义务教育体制改革［M］. 北京：中国社会科学出版社，2011.

［9］费孝通. 江村经济：中国农民的生活［M］. 北京：商务印书馆，2005.

［10］冯跃. 教育的期待与实践：一个中国北方县城的人类学研究［M］. 北京：民族出版社，2009.

［11］高春凤. 自组织理论下的农村社区发展研究［M］. 北京：中国农业大学出版社，2009.

［12］贺雪峰. 乡村研究的国情意识［M］. 武汉：湖北人民出版社，2004.

［13］侯钧生. 西方社会学理论［M］. 天津：南开大学出版社，2010.

［14］金太军. 村庄治理与权力结构［M］. 广州：广东人民出版社，2008.

［15］金太军，钱再见，张方华，等. 公共政策执行梗阻与消解［M］. 广州：广东人民出版社，2005.

［16］靳希斌. 教育经济学［M］. 北京：人民教育出版社，2004.

［17］康宁等. 从人口大国迈向人力资源强国［M］. 北京：高等教育出版社，2003.

［18］雷万鹏. 中国农村教育焦点问题实证研究［M］. 武汉：华中科技大学出版社，2007.

［19］李红婷. 无根的社区 悬置的学校：湖南大金村教育人类学考察［M］. 北京：民族出版社，2011.

［20］李艳，李双名. 农村义务教育制度选择论［M］. 北京：北京师范大学出版社，2009.

［21］理查德，斯旺森，斯威特兰. 教育财政：效率、公平与绩效［M］. 曹淑江，译. 北京：中国人民大学出版社，2010.

［22］梁歆，黄显华. 学校改进：理论和实证研究［M］. 上海：华东师范大学出版社，2010.

［23］刘淑兰. 学校与社区的互动［M］. 成都：四川教育出版社，2003.

［24］刘铁芳. 乡土的逃离与回归：乡村教育的人文重建［M］. 福州：福建教育出版社，2008.

［25］卢乃桂，操太圣. 中国教师的专业发展与变迁［M］. 北京：教育科学出版社，2009.

［26］毛丹. 一个村落共同体的变迁：关于尖山下村的单位化的观察与阐释［M］. 上海：学林出版社，2000.

［27］孟繁华，等. 学校发展论［M］. 北京：教育科学出版社，

2011.

[28] 闵维方，等. 教育投入、资源配置与人力资本收益：中国教育与人力资源问题研究［M］. 北京：经济科学出版社，2009.

[29] 缪建东. 家庭教育社会学［M］. 南京：南京师范大学出版社，1999.

[30] 彭虹斌，刘剑玲. 流变与博弈：一个农村小镇 30 年的教育变迁［M］. 重庆：重庆大学出版社，2009.

[31] 蒲蕊. 政府与学校关系的重建：一种制度分析的视角［M］. 武汉：武汉大学出版社，2009.

[32] 钱穆. 文化与教育［M］. 北京：生活·读书·新知三联书店，2009.

[33] 邱泽奇. 社会学是什么［M］. 北京：北京大学出版社，2002.

[34] 任晓辉. 中国义务教育支出绩效评价研究［M］. 上海：复旦大学出版社，2010.

[35] 石磊. 三农问题的终结：韩国经验与中国“三农”问题探讨［M］. 南昌：江西人民出版社，2005.

[36] 司洪昌. 嵌入村庄的学校：仁村教育的历史人类学研究［M］. 北京：教育科学出版社，2009.

[37] 孙志军. 中国农村的教育成本、收益与家庭教育决策：以甘肃为基础的研究［M］. 北京：北京师范大学出版社，2004.

[38] 谭崇台. 发展经济学的新发展［M］. 武汉：武汉大学出版社，1999.

[39] 滕星，张俊豪. 教育的人类学视野：中国民族教育的田野个案研究［M］. 北京：民族出版社，2009.

[40] 王道俊，郭文安. 教育学［M］. 北京：人民教育出版社，2009.

[41] 王守恒，姚运标. 课程改革与教师专业发展［M］. 合肥：安徽教育出版社，2007.

[42] 魏峰. 弹性与韧性：乡土社会民办教师政策运行的民族志

[M]. 上海：上海三联书店，2009.

[43] 翁乃群. 村落视野下的农村教育：以西南四村为例 [M]. 北京：社会科学文献出版社，2009.

[44] 吴筱萌. 理解教育变革中的教师 [M]. 重庆：重庆大学出版社，2010.

[45] 杨小微. 全球化进程中的学校变革：一种方法论视角 [M]. 上海：华东师范大学出版社，2004.

[46] 余清臣. 权力关系与师生交往 [M]. 北京：北京师范大学出版社，2009.

[47] 曾满超. 教育政策的经济分析 [M]. 北京：人民教育出版社，2000.

[48] 张慧真. 教育与族群认同：贵州石门坎苗族的个案研究 [M]. 北京：民族出版社，2009.

[49] 赵全军. 社会转型与压力性动员：改革后中国农村义务教育供给制度研究 [M]. 上海：上海人民出版社，2009.

[50] 周彬. 决策与执行：制度视野下的学校变革 [M]. 北京：教育科学出版社，2005.

[51] 周大鸣. 人类学导论 [M]. 昆明：云南大学出版社，2007.

[52] 周元武，周守珍，尹以森. 中小学校规模设置与投资效益 [M]. 北京：科学出版社，1999.

[53] 周元武. 教育需求和供给影响因素研究 [M]. 武汉：湖北人民出版社，2011.

[54] HOPKINS D. 让每一所学校成为杰出的学校：实现系统领导的潜力 [M]. 鲍道宏，译. 上海：华东师范大学出版社，2010.

[55] 汉森. 教育管理与组织行为 [M]. 冯大鸣，译. 上海：上海教育出版社，2005.

[56] 孟德拉斯. 农民的终结 [M]. 李培林，译. 北京：社会科学文献出版社，2010

[57] PUNCH K F. 社会科学研究法：量化与质化取向 [M]. 林世

华，等译. 台北：心理出版社，2005.

［58］FULLER M L，OLSEN G. 家庭与学校的联系：如何成功地与家长合作［M］. 谭军华，等译. 北京：中国轻工业出版社，2003.

［59］MILES M B. 质性资料的分析：方法与实践［M］. 张芬芬，译. 重庆：重庆大学出版社，2008.

［60］拉塞克，维迪努. 从现在到2000年教育内容发展的全球展望［M］. 马胜利，等译. 北京：教育科学出版社，1996.

［61］JORDAN T，PILE S. 社会变迁［M］. 蒋宜臻，译. 台北：韦伯文化国际出版有限公司，2006.

［62］斯格特. 组织理论：理性、自然和开放系统［M］. 黄洋，等，译. 北京：华夏出版社，2001.

［63］鲍传友. 教育公平与政府责任［M］. 北京：北京师范大学出版社，2011.

［64］达林. 理论与战略：国际视野中的学校发展［M］. 范国睿，译. 北京：教育科学出版社，2002

［65］曹诗弟. 文化县：从山东邹平的乡村学校看二十世纪的中国［M］. 泥安儒，译. 济南：山东大学出版社，2005.

［66］大卫·希尔弗曼. 如何做质性研究［M］. 李雪，张劼颖，译. 重庆：重庆大学出版社，2009.

［67］韦默. 政策分析：理论与实践［M］. 戴星翼，等译. 上海：上海译文出版社，2004

［68］库姆斯. 世界教育危机［M］. 赵宝恒，李环，等译. 北京：人民教育出版社，2001.

［69］经济合作与发展组织. 教育政策分析［M］. 刘明堂，等译. 北京：教育科学出版社，2002.

［70］加达默尔. 真理与方法：哲学诠释学的基本特征：上卷［M］. 洪汉鼎，译. 上海：上海译文出版社，2004.

［71］联合国教科文组织国际教育发展委员会. 学会生存：教育世界的今天和明天［M］. 上海师范大学外国教育研究室，译. 上海：上海译

文出版社，1979.

［72］麦克布莱德，教师教育政策：来自研究和实践的反思［M］. 洪成文，等译. 北京：北京师范大学出版社，2009.

［73］罗慧燕. 教育与社会发展：中国贵州省的一个个案研究［M］. 北京：民族出版社，2009

［74］杜里-柏拉，让丹. 学校社会学［M］. 汪凌，译. 上海：华东师范大学出版社，2001

［75］富兰. 变革的力量：透视教育改革［M］. 中央教育科学研究所，等译，北京：教育科学出版社，2004.

［76］黑尧. 现代国家的政策过程［M］. 赵成根，译. 北京：中国青年出版社，2004.

［77］倍根，格莱叶. 学校与社区关系［M］. 周海涛，译. 重庆：重庆大学出版，2003.

［78］邓恩. 公共政策分析导论［M］. 2 版. 谢明，杜子芳，伏燕，等译. 北京：中国人民大学出版社，2002.

［79］古得莱得. 一个称作学校的地方［M］. 苏智欣，胡玲，陈建华，译. 上海：华东师范大学出版社，2006.

［80］怀特. 再论教育目的［M］. 李永宏，等译. 北京：教育科学出版社，1997.

［81］罗尔斯. 正义论［M］. 何怀宏，等译. 北京：中国社会科学出版社，2009.

［82］斯蒂格利茨. 发展与发展政策［M］. 纪沫，等译. 北京：中国金融出版社，2009.

［83］BRAY M. Are Small Schools the Answer? Cost-Effective Strategies for RuralSchool［M］. London：Commonwealth Secretariat，1987.

［84］BARKER R G，GUMP P V. Big School，Small School［M］. Palo Alto，CA：Stanford University Press，1964.

［85］BRYMAN A. Quantity and Quality in Social Research［M］. London：Unwin Hyman 1988.

[86] JAMES G. MARCH. The Pursuit of Organizational Intelligence [M]. Oxford: Blackwell Business, 1999.

二、学术论文类

[1] 卜文军，熊南凤. 贫困地区中小学布局结构调整存在的问题 [J]. 教育与经济，2007（4）：59-62.

[2] 崔东植，邬志辉. 韩国农村小规模学校合并政策评析 [J]. 教育发展研究，2010（10）：58-63.

[3] 丁道勇. 论教育改革中的教师时间 [J]. 教师教育研究，2009（1）：11-15.

[4] 杜一萍，陶涛. 美国农村小规模学校探究与启示 [J]. 当代教育科学，2008（2）：47-49.

[5] 范铭. 对农村学校布局调整三个“目的”的反思：以陕西为例 [J]. 北京大学教育评论，2011（4）：178-187.

[6] 范先佐，付卫东. 农村义务教育新机制：成效、问题及对策 [J]. 华中师范大学学报（人文社会科学版），2009（7）：110-120.

[7] 范先佐，郭清扬，赵丹. 义务教育均衡发展与农村教学点建设 [J]. 教育研究，2011，32（9）：34-40.

[8] 范先佐，曾新. 农村中小学布局调整必须慎重处理的若干问题 [J]. 河北师范大学学报（教育科学版），2008（1）：7-12.

[9] 范先佐. 构建“以省为主”的农村义务教育财政体制 [J]. 华中师范大学学报（人文社会科学版），2006（2）：113-118.

[10] 范先佐. 我国基础教育财政体制改革的回顾与反思 [J]. 华中师范大学学报（人文社会科学版），2003（9）：112-121.

[11] 冯天荃. 量化研究与质化研究：社会科学领域两种对立的研究范式 [J]. 南京师大学报（社会科学版），2008（4）：92-96.

[12] 郭清扬，赵丹. 义务教育新机制下农村教学点的问题及对策 [J]. 华中师范大学学报（人文社会科学版），2009（6）：115-121.

[13] 胡俊生. 农村教育城镇化：动因、目标及策略探讨 [J]. 教育

研究，2010（2）：89-94.

［14］霍翠芳，教育公平作为国家基本教育政策的意义解读：制度正义的视角［J］. 现代教育管理，2011（3）：48-50.

［15］简新华，黄锟. 中国城镇化水平和速度的实证分析与前景预测［J］. 经济研究，2010（3）：28-39.

［16］江西省教育科学研究所课题组. 农村义务教育经费保障机制改革中若干问题的思考［J］. 江西教育科研，2006（10）：20-24.

［17］雷万鹏，张婧梅. 构建公正的学校撤并程序：对民众参与度和满意度的实证调查［J］. 全球教育展望，2011（7）：67-73.

［18］雷万鹏. 义务教育学校布局：影响因素与政策选择［J］. 华中师范大学学报（人文社会科学版）. 2010（9）：155-160.

［19］李红婷. “半耕时代”乡村教育发展的困境与出路：以湖南大金村为例［J］. 民族教育研究，2010（1）：24-29.

［20］李培林. 从农民的终结到村落的终结［J］. 传承. 2012（15）：84-85.

［21］梁丽萍. 量化研究与质化研究：社会科学研究方法的歧异与整合［J］. 山西高等学校社会科学学报. 2004（16）：25-28.

［22］吕国光. 中西部农村小学布局调整及教学点师资调查［J］. 教育与经济，2008（3）：19-22.

［23］孟祥丹. 当村庄没有了学校［J］. 中国农业大学学报（社会科学版），2009（2）：198-200.

［24］曲铁华，樊涛. 新中国农村基础教育政策的变迁及影响因素探析［J］. 东北师大学报（哲学社会科学版），2011（1）：147-153.

［25］石人炳. 国外关于学校布局调整的研究及启示［J］. 比较教育研究，2004（12）：35-39.

［26］孙来勤，秦玉友. “后普九”时代农村小学教学点边缘化境遇和发展思路［J］. 当代教育科学，2010（8）：3-6.

［27］孙志军，杜育红. 中国义务教育财政制度改革：进展、问题与建议［J］. 华中师范大学学报（人文社会科学版），2010（1）：113-119.

［28］谭春芳，徐湘荷．大就好吗：美国小规模中小学校（学区）合并问题研究［J］．外国中小学教育，2009（2）：19-22．

［29］王海英．农村学校布局调整的方向选择：兼谈农村学校的“撤并”之争［J］．东北师大学报（哲学社会科学版），2010（5）：19-22．

［30］王嘉毅，吕晓娟．教育公平视野中的农村学校布局调整［J］．甘肃社会科学，2007（6）：85-88．

［31］王嘉毅，常宝宁．西部农村义务教育实施“新机制”的成效、问题与对策［J］．教育与经济，2008（6）：1-5．

［32］王强．20 世纪美国农村“学校合并”运动述评［J］．外国中小学教育 2007（8）：1-4．

［33］王强．从“规模效益”到“机会均等”：二战后美国推进城乡教育和谐发展的路径选择［J］．比较教育研究，2007（9）：20-24．

［34］王鑫，章婧．西方中小学学校规模的实证研究综述［J］．浙江社会科学，2010（8）：121-125；129．

［35］邬志辉．中国农村学校布局调整标准问题探讨［J］．东北师大学报（哲学社会科学版），2010（5）：140-149．

［36］吴宏超，赵丹．农村学校合理布局标准探析：基于河南省的调查分析［J］．教育发展研究，2008（17）：11-15．

［37］吴宏超．农村教学点的未来走向：国外的经验与启示［J］．外国教育研究，2008（6）：74-78．

［38］杨润勇．农村“教学点”相关教育政策分析［J］．当代教育科学，2010（6）：12-16．

［39］杨润勇．中部地区农村义务教育阶段办学面临的突出问题研究［J］．当代教育科学，2009（3）：16-19．

［40］曾荣光．教育政策研究：议论批判的视域［J］．北京大学教育评论，2007（10）：2-30；184．

［41］张乐天．全球化视野中的农村教育［J］．比较教育研究，2003（12）：59-63．

［42］安黎黎．混合方法研究的理论与应用［D］．长春：华东师范

大学，2010.

［43］孙雪荧. 美国农村教师培养计划研究［D］. 长春：东北师范大学，2010.

［44］赵丹. 农村教学点问题研究［D］. 武汉：华中师范大学，2008.

［45］朱秀艳. 美国小规模学校研究［D］. 武汉：华中师范大学，2004.

［46］OVERBAY A. School Size：A Review of the Literature［J］. Research Watch，2003（12）.

［47］BERRY C，WEST M. Growing Pains：The School Consolidation Movement and Student Outcomes［J］. Comparative Education Review 1991，35（1）.

［48］HOWLEY C. Small by Design：Critiquing The Urban Salvation of "Small Schools"［C］. The Annual Meeting of the International Society for Educational Planning，2004（10）.

［49］HOPKINS D，ELLIS D P. The Effective Small Primary School：Some Significant Factors［J］. School Organisation，1991（1）.

［50］HARGREAVES E. Multigrade Teaching in Peru，Sri Lanka and Vietnam：An Overview［J］. International Journal of Educational Development，2001（21）.

［51］ESKO K，JANNE P. Small Rural Primary Schools in Finland：A Pedagogically Valuable Part of the School Network［J］. International Journal of Educational Research，2009（48）：109-116.

［52］FOWLER W J，WALBERG H J. School Size，Characteristics，and Outcomes［J］. Educational Evaluation and Policy Analysis，1991，（13）2.

［53］GREENWALD R，HEDGES L V，LAINE R D. The Effect of School Resources on Student Achievement［J］. Review of Educational Research，1996（66）.

[54] SLATE J, JONES C. Effects of School Size: A Review of the Literature with Recommendations [J]. Essays in Education, 2005 (3).

[55] JOHNSON R B, ONWUEGBUZIE A J. Mixed Methods Research: A Research Paradigm Whose Time Has Come [J]. Educational Researcher, 2004 (7).

[56] JIMERSON L. The Hobbit Effect: Why Small Works in Public Schools [R]. Rural School and Community Trust, 2006 (8).

[57] WALKER M. Choice, Cost and Community: the Hidden Complexities of The Rural Primary School Market [J]. Education Management Administration & Leadership, 2010 (6).

[58] BLUM N, DIWAN R. Small, Multigrade Schools and Increasing Access to Primary Education in India [J]. CREATE Research Monograph, 2007 (10).

[59] PITTMAN R B, HAUGHWOUT P. Influence of High School Size on Dropout Rate [J]. Educational Evaluation and Policy Analysis, 1987 (4).

[60] RUNE K, LINDA H. Reviews of Research in Rural Schools and Their Communities: Analytical Perspectives and A New Ggenda [J]. International Journal of Educational Research, 2009 (48).

后　记

本书的主体部分源自本人的博士毕业论文。冒着高温酷暑修改书稿时，我的眼前不禁浮现起十年前在多所农村小规模学校调研时的情形：老师们真诚质朴的笑容，孩子们生龙活虎的身影，还有从校园望去，绵延向远方的山坡、小溪，以及几缕袅袅升起的炊烟，让我的心头满溢着清凉与惬意。

自博士毕业至今的这些年间，让我欣喜的是，当年博士论文写作时与导师雷万鹏先生反复讨论最终确定的“农村小规模学校”这一关键词，以及界定农村小规模学校为在校生规模在100人以下的标准，获得了学界和相关政策制定者的认可与接纳。如2018年发布的《国务院办公厅关于全面加强乡村小规模学校和乡镇寄宿制学校建设的指导意见》就采用了这一标准。同样，对农村小规模学校的经费、教师编制标准、学校管理等也都提供了倾斜性的保护和发展鼓励建议，多年来研究者们对小规模学校发展的建议也在这一文件中变成了现实的政策。让我更为欣喜的是，在政策的倾斜性保护下，慎重对待农村小规模学校的撤并，执行科学规范的撤并程序，都已成为广泛的操作实践。并且，小规模学校的生存得到保障后，“小而美”成了诸多小规模学校的“奔头”，他们的校园更加美丽了，师资更加有力了，人们对小规模学校的态度也更加友好了，指向农村小规模学校发展的研究成果也越来越多了。

这些年我持续关注着农村小规模学校的发展。虽然有了中央政策的加持，农村小规模学校的每一步仍然走得并不容易。会不会“自然消亡”？能否办好？在家长、教师以及政策的制定者和执行者中间仍存有争议。当然，越来越多的人开始关注并思考小规模学校“如何办好”，对其内涵发展的讨论也远远多于对其出路的担忧。那么，在小规模学校办学活力成为一个重要的话题之时，本书所展现的农村小规模学校的真实发展情境，应该有助于带动人更多基于研究者与研究对象的平视去展开探究，为他们提供参照和判断依据。总之，任何与小规模学校相关的讨论和决策，都应扎根于小规模学校发展的真实日常中，深入把握小规模学校发展的独特性。提供一幅幅鲜活的小规模学校日常图景，埋首于现实的沃土对小规模学校发展议题进行有限但深入的探索，这大概也是本书所能做出的一点贡献吧。

感谢湖北省崇阳县和阳新县教育部门对我调研的支持，尤其是在白霓镇歇马山小学和后溪小学、桂花泉镇三山学校和浮屠镇公桥小学和阿冯小学，校长、老师和可爱的孩子们所给予我的，将永远温暖着我前行的每一步。感谢奋战在农村小规模学校的教师们，感谢你们给孩子插上飞翔的翅膀，也呵护着他们安放于乡土的根。谨以此书向你们致敬！

本书的完成与出版离不开我的导师雷万鹏先生。先生打开了学术的大门，让我看到更高更远处的风景。先生治学严谨，教之有方，是我永远的榜样！我还要感谢华中师范大学教育学院，为我的研究生学习铺设了一条繁花似锦的道路，给予了我向上的力量。感谢我的父母、妹妹和女儿，感谢老友瑞庆，你们让我的生活充满温暖和希望，让我品味到人生的幸福。

（笔者于 2022 年 8 月 28 日）